FÜRSTINNEN UND STÄDTERINNEN

FÜRSTINNEN UND STÄDTERINNEN

Frauen im Mittelalter

herausgegeben von

Gerald Beyreuther
Barbara Pätzold
Erika Uitz

Herder
Freiburg · Basel · Wien

Herstellung: Clausen & Bosse, Leck 1993
Gedruckt auf umweltfreundlichem,
chlorfrei gebleichtem Papier
ISBN 3-451-22957-9

Vorwort

Die Idee für das vorliegende Buch entstand bei den Arbeiten am Manuskript des inzwischen erschienenen Bandes »Herrscherinnen und Nonnen. Frauengestalten von der Ottonenzeit bis zu den Staufern«. Ähnlich wie in dieser vorwiegend das Frühmittelalter behandelnden Publikation sollte der Frage nachgegangen werden, ob und wie sich die großen gesellschaftlichen Umbrüche im späten Mittelalter, die volle Entfaltung des Städtewesens, Strukturveränderungen im politisch-staatlichen Bereich, neue geistige Bewegungen wie die gotische Spiritualität und die Mystik, auf die Lebenssituationen der Frauen unterschiedlicher sozialer Herkunft und Standeszugehörigkeit auswirkten. In den Blick gerieten dabei sowohl Herrscherinnen als auch Territorialfürstinnen, Städterinnen und geistliche Frauen.

Für die Auswahl der einzelnen Frauenpersönlichkeiten waren sowohl die Quellenlage und der Forschungsstand als auch die Sachkompetenz der für eine Mitarbeit gewonnenen Autoren die bestimmenden Kriterien. Bei oft ganz unterschiedlichem methodischen Herangehen der Verfasser werden in den Biographien – eingebettet in das jeweilige politische und soziale Umfeld – vielfach neue Sichtweisen auf die einzelne Frauenpersönlichkeit geboten und auch neue Forschungsergebnisse vorgestellt.

Der Band wendet sich vor allem an ein breiteres, historisch interessiertes Publikum, soll aber auch Fachhistorikern und Studenten Anregungen bieten.

Inhaltsverzeichnis

Einleitung

Im Jahre 1399 schreibt die Schriftstellerin Christine von Pisan, eine der bemerkenswertesten Frauen des Spätmittelalters, in ihrer Schrift »Der Sendbrief vom Liebesgott« (L'Epistre au Dieu d'Amours) im Hinblick auf das gängige frauenfeindliche Bild in der Literatur:

> *»Und angenommen, es gäbe einfältige Frauen*
> *oder solche mit verschiedensten Lastern,*
> *ohne Treue, Liebe und Redlichkeit,*
> *stolz, schlecht und voll Unerbittlichkeit*
> *oder unbeständig, leichtfertig und wankelmütig,*
> *mißtrauisch, verschlagen und trügerisch,*
> *darf man deshalb alle in Bausch und Bogen verurteilen*
> *und behaupten, daß es keine gibt, die etwas wert ist?«*

Den Gelehrten, die dieses Bild von der Frau nach wie vor verbreiteten, erwiderte Christine, daß nicht die Frauen diese Bücher schrieben und auch nicht von ihnen stammte, was allerorts über sie und ihr Verhalten geäußert würde.

Dieses Urteil Christines macht deutlich, daß sich auch zu ihrer Zeit, im Spätmittelalter, prinzipiell noch immer nichts an der von den Kirchenvätern begründeten negativen Bewertung der Frau geändert hat. Diese galt während des gesamten Mittelalters als das schwächere Geschlecht, als die Verführerin, durch deren Verschulden das Menschengeschlecht der Sünde verfallen war. Deshalb blieb auch der Grundsatz der völligen Unterordnung unter den Mann bestehen. Diese Anschauung hatte vor allem für die Rechtsstellung der Frau weitreichende Folgen. Während unverheiratete Frauen und Witwen bestimmte Freiheiten hinsichtlich der Verfügungsgewalt über ihr Eigentum besaßen, waren Ehefrauen in dieser Hinsicht weitgehend von ihrem Gatten abhängig. Vor allem in Kreisen des Adels und des reichen Bürgertums wurden Ehen deshalb unter dem Aspekt von Macht und Besitz geschlossen.

Wenn die genannten Rechtsgrundsätze, die auch in dem im 13. Jahrhundert entstandenen und in Deutschland am weitesten verbreiteten Rechtsbuch, dem Sachsenspiegel, fixiert wurden, im wesentlichen im späten Mittelalter noch galten, so haben doch die tiefgreifenden Umbrüche, von denen die gesamte mittelalterliche Gesellschaft auf wirtschaftlichem, politischem, sozialem und geistigem Gebiet seit dem 12. Jahrhundert erfaßt wurde, auch langfristig auf die bestehenden Normen und Grundsätze eingewirkt. Entscheidend für diesen zähen, nur in kleinen Schritten voranschreitenden Prozeß, war zweifellos das Aufblühen der Städte. Sie entwickelten sich nicht nur zu Zentren von Handel, Handwerk und Gewerbe, sondern sie wurden auch geistige und kulturelle Mittelpunkte.

Um die ausgedehnten und immer komplizierter werdenden Handelsgeschäfte erfolgreich tätigen und im Konkurrenzkampf bestehen zu können, benötigte der Kaufmann mehr und mehr eine gediegene Bildung. Er mußte lesen, schreiben und rechnen können. Aus dieser Notwendigkeit heraus entstanden seit dem 13. Jahrhundert die ersten städtischen Schulen, an denen das Bürgertum bald auch seine Töchter unterrichten ließ. Trotz ihrer zunehmend besseren Bildung blieb den Frauen generell der Zugang zu öffentlichen Ämtern untersagt. Dennoch haben viele Frauen ihre Kenntnisse aktiv genutzt. Sie unterstützten ihre Väter oder Ehemänner, die oft monatelang auf Handelsreisen unterwegs waren, bei der Führung des Geschäfts, das sie nach deren Tod oftmals selbständig weiter betrieben. Der Vorteil für den Kaufmann, eine des Lesens und Schreibens kundige Frau zu haben, war erheblich, so daß es nicht verwundert, wenn gebildete Frauen im Spätmittelalter auf dem Heiratsmarkt begehrt waren.

Eine solche aktive und gebildete Bürgerin begegnet uns in der Gestalt der Florentinerin Alessandra Strozzi. Mit 16 Jahren einem politisch einflußreichen und vermögenden Wollhändler vermählt, wurde sie bereits mit 29 Witwe. Als ihr Mann nach dreizehnjähriger Ehe in der Verbannung starb, wurde sie zum moralischen Rückhalt ihrer Familie. Mit erstaunlichem geschäftlichem Geschick und unter großen Anstrengungen gelang es ihr, nennenswerte Teile des Familienvermögens zu bewahren und so zum sozialen Aufstieg der Söhne beizutragen.

Einen guten Einblick in die Lebensumstände der dänischen Städtebürgerin des 15./16. Jahrhunderts bieten die Biographien dänischer Bürgersfrauen, obwohl sie lediglich bruchstückhaft zu rekonstruieren sind. Zeitlich verzögert sind hier ähnliche Entwicklungen zu erkennen, wie in dem fortgeschritteneren West- und Mitteleuropa. Obwohl in Dänemark die gleichen restriktiven rechtlichen Bestimmungen für die Frau hinsichtlich ihrer Abhängigkeit vom Familienoberhaupt gelten, wie im übrigen Europa, beginnen sich doch in der Praxis während des 15. Jahrhunderts im Zusammenhang mit einem in dieser Zeit stürmisch verlaufenden städtischen Aufschwung und unter dem Einfluß sich langsam wandelnder Vorstellungen von der gesellschaftlichen Stellung der Frau die Möglichkeiten für die Frauen zu verbessern, ihr Leben aktiver zu gestalten. So erlangten viele von ihnen als Ergebnis einer erfolgreichen beruflichen Tätigkeit großes Ansehen; die Ausübung eines politischen Amtes war ihnen aber auch hier verwehrt.

Christine von Pisan wurde, wie Alessandra Strozzi, bereits sehr jung Witwe. Im Gegensatz zu der begüterten Florentinerin stand sie mit drei Kindern völlig mittellos da. So war sie gezwungen, für sich und ihre Familie einen Broterwerb zu finden. Da sie keine fremde Hilfe erwarten konnte, mußte sie sich auf ihre eigene Kraft besinnen und die ihr zu Gebote stehenden Mittel nutzen. Diese bestanden in der Bildung, die ihr durch ihren Vater und die wissenschaftliche Atmosphäre am französischen Hof vermittelt worden war, und sie begann zu schreiben. Sie war die erste Frau, die als Schriftstellerin ihren Lebensunterhalt verdiente. Ihre Bücher, in denen sie sich mit allen relevanten Themen ihrer Zeit auseinandersetzte, sind ein Spiegel der herrschenden politischen und gesellschaftlichen Verhältnisse. Ihr eigenes Schicksal und das Wissen um die eigene Kraft, die sie erfolgreich ausprobiert hatte, mag sie bewegt haben, engagiert für die Rechte der Frau und einen Wandel des noch immer von ihr vorhandenen Bildes zu streiten. Sie steht damit offensichtlich unter dem Eindruck des neuen Menschenbildes der Frührenaissance, das von Weltoffenheit und einem Selbstwertgefühl des Menschen geprägt war und das bei aller Religiosität, die das Leben der Menschen nach wie vor maßgeblich bestimmte, aus dem Glauben an die schöpferische Kraft des Einzelnen gespeist wurde. Wie Jeanne d'Arc verfolgte sie das große politische Ziel der Stärkung des französischen Königtums und der für Frankreich siegreichen Beendigung des »Hundertjährigen Krieges«.

Noch ein anderes, dem Lebensgefühl der Renaissance scheinbar völlig entgegenstehendes geistiges Phänomen tritt uns in dieser Zeit entgegen – die religiöse Mystik, die im 13. und 14. Jahrhundert ihren Höhepunkt erreichte. Zweifellos hängt auch diese Erscheinung, die sich in einem übersteigerten Bestreben, eine vollkommene Vereinigung der Seele mit Gott zu erreichen, äußerte, mit den Umbrüchen jener Zeit zusammen. Die Krise der Kirche, ihre Verweltlichung, die Auseinandersetzungen zwischen Kaisertum und Papsttum, das Aufkommen von sich weitverbreitenden Ketzerbewegungen, Epidemien und Hungersnöte erzeugten Ängste über den Zustand der Welt und ließen vielen eine intensive Hinwendung zu Gott als den einzigen Ausweg erscheinen. Es ist kein Zufall, daß vor allem Frauen die Trägerinnen der Mystik waren. Die intensive Religiosität, die sich in ekstatischem Erleben, in Visionen und Erscheinungen äußerte, umgab diese zu tiefstem Fühlen fähigen Frauen mit der Aura der Heiligkeit und verhalf ihnen damit zu gesellschaftlicher Anerkennung. Was der Frau sonst verwehrt blieb, die aktive Einflußnahme auf das öffentliche Leben, wurde der Mystikerin möglich. Da das in ihren Visionen und Erscheinungen Erfahrene als göttliche Offenbarung angesehen wurde, konnten sie in einem gewissen Maße die öffentliche Meinung durch Kritik an den in Kirche und Gesellschaft herrschenden Zuständen beeinflussen und ihre Repräsentanten in Handlungszwang bringen. Sowohl Birgitta von Schweden als auch Margery Kempe, beide in ihrem weltlichen Leben sehr aktive Frauen, haben als Visionärinnen versucht, auf führende Persönlichkeiten ihrer Zeit Einfluß zu nehmen.

Noch etwas anderes haben die Mystikerinnen bewirkt. Durch ihre Selbstüberwindung, ihre Aufopferung und ihre Hartnäckigkeit in der Verfolgung religiöser und politischer Ziele trugen sie als Vorbilder wesentlich dazu bei, Frauenpersönlichkeiten, die an sich hohe Ansprüche stellten, zu formen und zu großen ideell-spirituellen und politischen Leistungen zu befähigen. Herausragende Beispiele dafür sind Agnes von Böhmen mit ihrem hohen Einsatz bei der Durchsetzung der neuen gotischen Spiritualität in ihrer Heimat und Margarete von Dänemark mit ihrem klugen, standhaften Wirken für die Vereinigung der drei nordischen Reiche Dänemark, Norwegen und Schweden.

Sicherlich war es von nicht geringer Bedeutung für ihr späteres Denken und Handeln, daß die Erziehung Margaretes in der Hand einer

Tochter der hl. Birgitta von Schweden gelegen und Agnes ihre geistige Prägung in den entscheidenden Jahren ihrer Kindheit durch die hl. Hedwig von Schlesien erfahren hatte.

Das religiös-kulturelle Engagement weiblicher Mitglieder königlicher Familien, wie bei Agnes von Böhmen und Sophie von Wittelsbach, vermochte in einem gewissen Maße Macht- und Einflußverlust der Königin, der im hohen Mittelalter eingetreten war, als das Königtum gegenüber den sich formierenden fürstlichen Landesherrschaften zunehmend an Macht verlor, zu kompensieren. Die wachsenden Verwaltungsaufgaben erforderten die Einbeziehung speziell ausgebildeter Beamter in die Regierungsgeschäfte. Der Königin kamen mehr und mehr lediglich repräsentative Aufgaben zu. Gleichwohl haben einzelne Herrscherinnen versucht, aktiv in die Politik einzugreifen.

Im spätmittelalterlichen deutschen Reich findet der Umschichtungsprozeß der politisch-staatlichen Strukturen auch seinen Ausdruck in der Verlagerung von Aktivitäten der Königin in die Territorialpolitik – wie bei Sophie von Wittelsbach – und in der bedeutenden politischen Rolle, wie sie befähigte Landesfürstinnen vom Format einer Margareta Maultasch jetzt spielen konnten.

Auffällig ist ferner, daß sich mit zunehmender sozialer Geltung und religiöser Einflußnahme der Frauen im Spätmittelalter auch die Ehe- und Familienbeziehungen durch alle gesellschaftlichen Stände verändern. In Ehen aller Stände beginnen teilweise noch sehr zaghaft, wie bei König Jagiello und seiner dritten Ehefrau Elisabeth, gefühlsbetonte Beziehungen einer kultivierten Liebe einzuziehen. In dieser Hinsicht dürften von der Mystik, die im Gegensatz zur Überbetonung der Sexualbeziehungen in der traditionellen Ehelehre die geistigen Partnerschaftsbeziehungen zwischen den Eheleuten in praxi aufwertete, langfristige Wirkungen ausgegangen sein. Sie trafen sich mit in der Frührenaissance wirkenden, die Ehe aufwertenden Einflüssen. Wie der Streit um den zweiten, frauenfeindlichen Teil des Rosenromans (Roman de la rose) des Jean de Meung und die außerordentlich engagierte Parteinahme Christine von Pisans für ihre Geschlechtsgenossinnen in dieser Auseinandersetzung zeigt, standen dieser Entwicklung jedoch noch starke Kräfte entgegen.

Insgesamt spiegeln die in diesem Band zusammengefaßten Biographien mit ihrem großen Facettenreichtum die im hohen und späten

Mittelalter auf die Formung der weiblichen Individualität und die Gestaltung der Beziehungen zwischen den Geschlechtern wirkenden widersprüchlichen Ideen und gesellschaftlichen Kräfte wider. Damit liefern die einzelnen Beiträge reiches Material für die noch zu schreibende Geschlechtergeschichte.

Gerald Beyreuther

Elisabeth, thüringische Landgräfin und Heilige

Wir müssen solches gerne ertragen. Denn es ist bei uns wie bei dem »Schilf, das im Fluß wächst. Wenn der Fluß anschwillt so ist es niedergedrückt und neigt sich und das Wasser fließt darüber, ohne es zu knicken. Läßt die Flut aber nach, dann richtet das Schilf sich wieder auf und wächst voller Kraft heiter und schön heran. So müssen auch wir uns gelegentlich beugen und erniedrigen und uns danach wieder froh und schön aufrichten.«[1] Caesarius von Heisterbach überliefert diese demütigen aber auch Optimismus ausstrahlenden Worte Elisabeths. Sie stehen im Zusammenhang mit körperlichen Züchtigungen durch Konrad von Marburg während der Zeit ihrer aufopfernden Arbeit im Marburger Hospital. Elisabeths Wirken als Landgräfin, das sich vor allem mit der Wartburg bei Eisenach verbindet, lag zu dieser Zeit bereits hinter ihr. Es währte ohnehin nur etwa sieben Jahre – von 1221 bis 1227/28 war die 1207 geborene ungarische Königstochter thüringische Landgräfin. Als Heilige wird Elisabeth aber seit mehr als sieben und ein halb Jahrhunderten verehrt. Ihr »Leben« als Heilige währt damit ungleich länger als ihr mit knapp 25 Jahren nur sehr kurzes irdisches Dasein. Das heutige Bild der Landgräfin ist so verständlicherweise – auch bei Fehlen des religiösen Zugangs – von den Elisabeth-Bildern vieler Generationen, einschließlich der zahlreichen Legenden und des erst relativ spät mit ihrem Wirken in Verbindung gebrachten Rosenwunders, geprägt[2] und es stellt sich durchaus die Frage, ob Elisabeth als historische Persönlichkeit überhaupt zu fassen ist. Daß diese letztlich bejaht werden kann, ist nun wiederum zum großen Teil den unmittelbar nach ihrem Tod im Jahre 1231 einsetzenden Bemühungen um eine »offizielle« Heiligsprechung Elisabeths zu verdanken, denn die in diesem Zusammenhang angefertigten Protokolle, Berichte und Lebensbeschreibungen enthalten zahlreiche Aussagen von Zeitgenossen, die lange Zeit an der Seite Elisabeths gelebt hatten. Spuren ihres Wirkens finden sich auch in weiteren Quellen, wie den landgräflich-thüringischen Urkunden, so daß die Quellenbasis für mittelalterliche Verhältnisse sogar als ungewöhnlich gut zu charakterisieren ist.[3] Dadurch ist es durchaus möglich, sich auch von der historischen Elisabeth ein Bild zu machen, was nur bei wenigen ihrer Zeitgenossinnen gelingt. Das ist nicht zuletzt auch dem Umstand zu verdanken, daß das Leben Elisabeths stets in hohem Maße mit dem politischen Zeitgeschehen verbunden war.[4]

Bezogen und beziehen sich auch Verehrung und Erinnerung in erster Linie auf das persönliche, aufopfernde Engagement Elisabeths für die Armen und Kranken so ist es doch andererseits die thüringische Landgräfin und dann die verwitwete Landesfürstin, die über die Mittel für die karitative Tätigkeit verfügte. Elisabeths hoher gesellschaftlicher Rang verschaffte ihr dann auch nach dem Verlassen der Wartburg Autorität, die die Durchführung bestimmter Vorhaben erleichterte und den Verkehr mit bedeutenden Persönlichkeiten ihrer Zeit ermöglichte. Und es war der thüringische Landgrafenhof, an dem sie den Großteil ihrer Kindheit verbrachte und ihre Erziehung erhielt.

Elisabeth kam in einer Zeit nach Thüringen, in der sich die Wartburg bei Eisenach zur Residenz und zum bevorzugten Wohnort der Landgrafen entwickelte. Erst unter ihrem Schwiegervater Hermann I. begann man mit dem repräsentativen Ausbau der Burganlage.[5] Bei ihrer im Umherziehen ausgeübten Reiseherrschaft hatten die Ludowinger zunächst neben Eisenach auch die Neuenburg, Weißensee und Eckhardsberga als Aufenthaltsorte bevorzugt. Elisabeths Tochter Sophie wurde dann aber 1224 bereits auf der Wartburg geboren. Zu diesem Zeitpunkt stellte die Burg schon den politischen Mittelpunkt der Landgrafschaft und den bevorzugten Aufenthaltsort des Hofes dar, der sich unter Hermann I. zu einem Anziehungspunkt für die führenden Vertreter der zeitgenössischen Literatur, ja zu einem Zentrum der höfischen Kultur in Deutschland entwickelte.

Vier Jahre war Elisabeth erst alt, als sie 1211 nach Thüringen geholt wurde. Die beabsichtigte spätere Heirat mit dem Landgrafensohn hatte – selbstverständlich für die Zeit und die Herkunft der Betroffenen – politische Hintergründe und Zwecksetzungen. Dabei stand offenbar noch nicht einmal die Verbindung zum ungarischen Königshaus im Vordergrund, die den Ludowingern zweifellos glanzvoll erscheinen mußte.[6] Manches deutet vielmehr darauf hin, daß Landgraf Hermann I. mit dieser Ehe vor allem das Bündnis mit der Familie Andechs-Meranien, der Elisabeth mütterlicherseits entstammte, bekräftigen wollte.

Den Hintergrund für diese Allianz bildet die Reichspolitik – namentlich die Auseinandersetzung zwischen den Staufern und den Welfen. Der Ludowinger hatte im Thronstreit nach dem Tode Heinrichs VI. im Jahre 1197 eigener Vorteile wegen mehrfach die Fronten gewechselt. Seit 1210/11 gehörte er dann einer Fürstengruppierung an, die sich gegen den inzwischen zum Kaiser gekrönten, aber mit dem Papst verfeindeten Welfen Otto IV. zusammengefunden hatte. Zu den führenden Kräften dieser prostaufischen Parteiung zählten auch Angehörige der mächtigen und verzweigten Familie der Herzöge von Andechs-Meranien. Diese Beziehungen Landgraf Hermanns I. zu den Andechs-Meraniern machen es sehr wahrscheinlich, daß die Ehe zwischen Ludwig und Elisabeth zur Bekräftigung der hochpolitischen Allianz zur Durchsetzung des staufischen Herrschaftsanspruchs vereinbart worden ist. Die junge ungarische Königstochter war somit gewissermaßen ein Unterpfand für die Stabilität dieses Bündnisses.[7]

Mit dieser Erklärung scheint eine Nachricht Dietrichs von Apolda in seiner etwa 80 Jahre nach den Ereignissen verfaßten Lebensbeschreibung Elisabeths in Einklang zu stehen. Dietrich berichtet nämlich nicht von einer romantischen Brautwerbung in Ungarn, von der die Legende weiß, sondern erzählt von einer aus Männern und Frauen zusammengesetzten thüringischen Gesandtschaft, die nach Ungarn geschickt wird, um Elisabeth abzuholen. Das aber bedeutet, daß die für solche Ehe nötigen Absprachen vorher getroffen worden sein müssen. Es ist auch nicht der ungarische König sondern Elisabeths Mutter, die Königin aus dem Hause Andechs-Meranien, die gegenüber den Thüringern als handelnde Person auftritt, für eine ansehnliche Mitgift sorgt und weitere Zahlungen verspricht.[8]

Über Elisabeths Kindheit am thüringischen Landgrafenhof wissen wir nur wenig. Der kurz nach ihrem Tode verfaßte Bericht ihrer langjährigen Dienerin Guda zeigt Beispiele der Frömmigkeit des Kindes auf. So soll sich Elisabeth altersgemäßen Kinderspielen durch die Flucht in die Kirche entzogen und ihre Gespielinnen durch Geschenke dazu veranlaßt haben, einige Pater noster oder Ave Maria mit ihr zu beten. Hier mag eine gewisse Veranlagung des Kindes durchaus sichtbar werden. Andererseits ist der Bericht im Zusammenhang mit der beabsichtigten Heiligsprechung entstanden und die Absicht, das einer Heiligen gemäße Leben der Elisabeth schon in früher Jugend nachzuweisen, allzu deutlich.[9]

Gewiß wird man aber davon ausgehen können, daß vor allem die Landgräfin Sophia aus der bayerischen Herzogsfamilie der Wittelsbacher die Heranwachsende beeinflußt hat. Sie war als Pflege- und spätere Schwiegermutter Elisabeths nicht deren Gegenpol oder Widerpart – wie sie in Legenden geschildert wird – sondern eine fromme Frau, die sehr in Sorge um das Seelenheil ihres stark auf das Weltliche orientierten Gatten lebte und einige Jahre nach dem Tode Landgraf Hermanns dem Eisenacher Zisterzienserinnenkloster St. Katharinen beitrat.[10]

Beim Tode des Landgrafen war Elisabeth erst zehn Jahre alt. Ihr damals 17jähriger künftiger Ehemann wurde nun als Ludwig IV. nicht nur zum Vormund seiner Geschwister. Auch Elisabeth unterstand jetzt seiner hausherrlichen Gewalt.[11] Als die miteinander Aufgewachsenen, die sich auch während ihrer Ehe als Bruder und Schwester anredeten, 1221 heirateten, war Elisabeth vierzehnjährig.

Mit dem Herrschaftsantritt Ludwigs IV. änderte sich bald das Klima am thüringischen Hofe. Der junge Landgraf hatte offenbar nicht die kulturellen Ambitionen seines Vaters. Weltliche Dichtung und Gesang wurden nun zunehmend durch geistliche Spiele und eine gewisse Nüchternheit abgelöst.[12] In anderer Hinsicht knüpfte Ludwig jedoch an die Politik seines Vaters an: Auch er betrieb in den zehn Jahren seiner Regierung unter Einsatz aller zur Verfügung stehenden Mittel eine erfolgreiche Territorialpolitik, die zur Stärkung der landgräflichen Macht führte. Das ging nicht ohne Konflikte ab, die auch mit militärischen Mitteln ausgetragen werden mußten. Vor allem war der Zusammenstoß mit dem Mainzer Erzbischof nicht zu vermeiden, da dieser Ansprüche auf thüringische Gebiete geltend machte. Wie schon sein Vater, geriet auch Elisabeths Gatte unter erzbischöflichen Bann.

Ludwig war durch seine territorialpolitischen Zielsetzungen in zahlreiche Fehden verstrickt und zu größeren und kleineren Waffengängen genötigt. Eine mäßigende Einflußnahme Elisabeths, gar eine Kritik an der kriegerischen Tätigkeit ihres Mannes, sind nicht überliefert und kaum anzunehmen. Jedenfalls ist die Vermutung, daß Elisabeth den jungen Landgrafen allmählich vom Kriegshandwerk bekehrt hat[13], kaum durch Fakten zu belegen. In dieser Beziehung überschritt die Landgräfin Elisabeth die Grenzen der Zeit sowie ihrer Herkunft und sozialen Stellung nicht.[14]

Während der Regierungszeit ihres jungen Gatten tritt die Wartburg klar als Residenz hervor – hier wurden die meisten Regierungsgeschäfte besorgt, fanden Beratungen und Verhandlungen statt, wurden Fürsten, Herren und Gesandtschaften empfangen, Gastmähler und Festlichkeiten abgehalten. In die regen Aktivitäten am landgräflichen Hof war die Landgräfin Elisabeth auf jeden Fall seit ihrer Eheschließung einbezogen. Sie nimmt mit ihren Hofdamen an Festessen teil und trägt zumindest zu offiziellen Anlässen prächtige Kleidung. Der Konflikt mit ihren geistlichen Interessen war jedoch nicht immer zu vermeiden. Wie berichtet wird, kann sie einmal einer Predigt Magister Konrads von Marburg nicht beiwohnen, weil die Markgräfin von Meißen zu Besuch am thüringischen Hofe weilte.[15] Andererseits wissen wir von ihrer Dienerin Guda, daß sie auch bei der Wahrnehmung ihrer Interessen als Landesherrin übertriebenen Luxus zu vermeiden suchte. So pflegte sie »viele kleine Gelübde Gott gegenüber zu machen, z. B. an Festtagen vor der Messe die Ärmel nicht annähen zu lassen und am Sonntagvormittag keine Handschuhe zu benutzen«.[16] Dem Bericht ihrer Zofe Isentrud ist sogar zu entnehmen, daß Elisabeth ihre repräsentativen Pflichten nutzte, um ihre religiösen Überzeugungen auch ihren Standesgenossinnen zu vermitteln. So führte sie mit zu Besuch weilenden weltlichen Damen Gespräche über Gott und drängte sie, von profanen Eitelkeiten, »wie z. B. vom Tanzen, von angehefteten Zierärmeln und von gar zu eng anliegenden Gewändern oder von Seidenbändern, die zum Schmuck in das Haar geflochten werden, und von sonstigem Haarschmuck und anderem zu meidendem Flitter« Abstand zu nehmen. Sie ging sogar so weit, ihnen dann Ärmel zu schicken, die geziemend waren und den guten Sitten entsprachen.[17]

Die prononcierte Ablehnung des Kleiderluxus war zugleich Kritik an der Lebensführung des Hochadels. Das hat Elisabeth mit Sicherheit verschiedentlich in Widerspruch zu ihrer Stellung als Landgräfin und den sich hieraus ableitenden repräsentativen Aufgaben gebracht. Zum offenen Ausbruch des Konflikts kam es aber noch nicht, zumal Elisabeth in Ludwig einen Ehemann hatte, der ihrer Lebensführung am Landgrafenhof, ihrer schon damals praktizierten Fürsorge für Arme und Kranke und der gewissenhaften Befolgung kirchlicher Vorschriften, viel Verständnis entgegenbrachte.[18] Und tatsächlich schildern die Quellen Ludwig nicht als patriarchalischen Eheherrn, sondern loben vielmehr seine außerordentliche Geduld in dem Bemühen, die Gefühle Elisabeths zu verstehen und sich ihren frommen Bestrebungen zumindest nicht in den Weg zu stellen.[19]

Dagegen reagierte das übrige landgräfliche Haus mit wachsendem Unverständnis, ja mit Entrüstung auf die Eingriffe in die Lebensformen des Hofes und ihr zunehmendes Streben nach Buße, Selbsterniedrigung und ihre Hinwendung zu den Armen.[20] Der sich verschärfende Gegensatz zwischen Elisabeth und ihren Verwandten sowie der Hofgesellschaft überhaupt konnte freilich noch überbrückt werden, solange sie selbst Landgräfin war und Ludwig ihr Schutz bot.

Die religiösen Bestrebungen Elisabeths verstärkten sich in der Mitte der 20er Jahre, was gewiß mit der Ausstrahlung der vom Armutsideal geprägten Frauenbewegung[21] dieser Zeit nach Thüringen und dem ersten Auftreten der Franziskaner in Eisenach im Zusammenhang steht. Die von der Begine Hadewich in der ersten Hälfte des 13. Jahrhunderts aufgestellte Liste der »Vollkommenen« nennt auch fromme Frauen aus Sachsen und Thüringen. Daraus wird man schließen können, daß Elisabeth von der von Westeuropa ausgehenden religiösen Frauenbewegung – wie den Armutsbewegungen ihrer Zeit überhaupt – Kenntnis hatte. Ein direkter Kontakt mit den Beginen ist aber in den Quellen nicht überliefert. Anders verhält es sich mit den Bettelmönchen. Hier sind direkte Begegnungen bezeugt. Elisabeth war von ihrem Auftreten offenbar stark beeindruckt. Die Franziskaner verbreiteten das Armutsideal des hl. Franziskus in weiten Bevölkerungskreisen. Elisabeth überließ ihnen bereits 1225 in Eisenach eine Kapelle und bat den Laienbruder Rodeger um Unterweisung in Fragen der Keuschheit, Demut, Geduld und Barmherzigkeit.[22]

Es ist die Frage gestellt worden, ob schon durch Rodeger und seine Eisenacher Mitbrüder der entscheidende Einfluß auf die junge Landgräfin ausgeübt worden ist. Zweifellos war Elisabeth in dieser Zeit auf geistliche Hilfe angewiesen. Die Spannungen zwischen ihren Verpflichtungen als Landgräfin und ihren sich unter dem Eindruck der franziskanischen Armutsbewegung immer stärker ausprägenden religiösen Zielen waren in der kurzen Zeit ihrer Ehe gewachsen und müssen ihr immer bewußter geworden sein. Das tolerierende Verständnis, das ihr Ludwig entgegenbrachte, genügte ihr in dieser Situation offenbar nicht mehr. Elisabeth bedurfte des Rückhalts, Rates und Beistands einer geistlichen Autorität, eines Beraters, der ihr bei der Verwirklichung ihrer Ideale und den daraus erwachsenden Entscheidungen behilflich sein konnte.

Eine solche enge Bindung einzugehen, war einem Franziskanermönch freilich kaum möglich. Und der Laienbruder Rodeger konnte Elisabeth gewiß in ihrem Streben nach freiwilliger Armut und Selbsterniedrigung ermutigen, der Landgräfin geistigen Rückhalt bei der Verfolgung dieser Ideale zu leisten, dazu wird er aber kaum in der Lage gewesen sein.[23]

In dieser Situation erscheint im Frühjahr 1226 der Kreuzprediger Konrad von Marburg am thüringischen Landgrafenhof. Die näheren Einzelheiten der ersten Begegnung mit der damals 18 oder 19 Jahre alten Landgräfin sind nicht bekannt. Vielleicht war Konrad zunächst wegen Ludwigs geplantem Kreuzzug an den Landgrafenhof gekommen. Jedenfalls genoß er bald das Vertrauen der landgräflichen Familie. Elisabeth bestimmte ihn zu ihrem Beichtvater und legte ihm gegenüber darüberhinaus ein zweifaches Gelöbnis ab: Sie schwor Konrad in Gegenwart Ludwigs Gehorsam und ewige Keuschheit für den Fall, daß ihr Mann vor ihr stürbe.[24]

Mit diesem Gelübde unterstellte sich die Landgräfin in weiten Bereichen ihres Lebens dem Willen Konrads von Marburg und dieser übertrug ihr nun gemäß seinen strengen religiösen Vorstellungen mancherlei Aufgaben und hielt sie zu verschiedenen Bußübungen an. Elisabeths Selbstkasteiungen nahmen von nun an bedeutend zu. Asketische Übungen – wie Nachtwachen, Kniebeugen und Geißelungen – gehörten seit jeher zur Bußpraxis und zum Streben nach Vollkommenheit. Sie nahmen auch im Leben der Beginen und anderer frommer Frauen sowie der Franziskaner einen bedeutenden Platz ein.[25]

Zu den Auflagen Konrads gehörte auch ein Speisenverbot, das Elisabeth und den Frauen ihres Gefolges untersagte, aus unrechten Abgaben herrührende Nahrung zu verzehren. Das Verbot bezog sich daher auf die Nutzung jener landgräflichen Güter, die ihr kein reines Gewissen erlaubten.[26] Was Konrad wirklich damit meinte, ist in der Forschung umstritten. Zum einen wird davon ausgegangen, daß sich das Verbot auf Güter bezog, die durch erzwungenen Zins und übermäßige Härte den Bauern von erbarmungslosen Eintreibern abgepreßt worden sind.[27] Überzeugender erscheint jedoch die Interpretation, daß Konrad hier die landgräflichen Einkünfte im Auge hatte, die von ehemals kirchlichem, nun aber durch die Landgrafen der Kirche entfremdeten Besitz stammten.[28] Nach allem was wir über Konrad von Marburg wissen scheint doch ein kirchenpolitisches Engagement näher zu liegen als ein soziales.

De facto lief das Speisengebot Konrads jedoch darauf hinaus, daß Elisabeth durch das permanente Infragestellen der von ihr als Landgräfin genutzten Güter auf ihre Rechtmäßigkeit hin, ihre eigene soziale Stellung anzweifelte und dabei an die Grenzen dessen stieß, was man am Hofe zu tolerieren bereit war. Die Hofdame Isentrud von Hörselgau schildert – offenbar aus eigener Erfahrung – die Konsequenzen des von Magister Konrad auferlegten Speisegebotes: Elisabeth und die Frauen ihres Gefolges konnten mitunter nur notdürftig ihren Hunger stillen, da Speisen von eindeutig rechtmäßiger Herkunft oft nicht zur Verfügung standen.[29]

Wer war nun dieser Mann, dem die geistige Führung Elisabeths anvertraut war? Als »Prediger« und »Magister« wird Konrad in zwei Urkunden aus den Jahren 1215 und 1216 – den ältesten Zeugnissen zu seiner Person überhaupt – bezeichnet. Hier findet sich auch der Hinweis, daß er aus Marburg stammt.[30] Wahrscheinlich wurde Konrad in den 80er oder 90er Jahren des 12. Jahrhunderts in der kleinen landgräflichen Stadt als Sproß einer der angesehenen Familien geboren. Den akademischen Grad des Magisters wird er nach dem Studium an einer Hochschule erworben haben, doch wissen wir hierüber nichts Näheres. Es ist viel gerätselt worden, ob Konrad von Marburg einem Orden angehört hat, vielleicht Prämonstratenser war. In jüngeren Untersuchungen wird aber von der Annahme ausgegangen, daß Konrad zwar zu den Prämonstratensern, Zisterziensern und auch Franziskanern enge Kontakte hatte, selbst aber Weltgeistlicher war. Als vom Papst eingesetzter Kreuzprediger richtete sich seine agitatorische Arbeit freilich nicht allein auf die Wiedergewinnung des Heiligen Landes. Auch für die Verfolgung der Ketzer und die Befolgung des Armutsgebotes setzte sich Konrad ein. Im Gegensatz zu den meisten anderen Predigern hat Konrad von Marburg sein Amt nicht als Abt oder Inhaber anderer kirchlicher Würden angetreten. Er verfügte offenbar nicht über die materielle Unterstützung durch eine bedeutendere kirchliche Institution.[31] Dennoch war es ihm bereits zu Lebzeiten Ludwigs gelungen, eine außerordentlich einflußreiche Stellung am landgräflich-thüringischen Hofe einzunehmen, die sich nicht zuletzt darin ausdrückt, daß er auch den Landgrafen in geistlichen Fragen beriet und die landgräflichen Kirchenlehen in der Zeit von Ludwigs Abwesenheit verwaltete. Seine Strenge in geistlichen Angelegenheiten hat Elisabeth gewiß imponiert, in seiner Kompromißlosigkeit mochte sie eine Stütze für die Verwirklichung ihrer religiösen Ideale gesehen haben.

Von den schon genannten repräsentativen Verpflichtungen der Landgräfin einmal abgesehen, weiß man eigentlich nicht viel über die politische Wirksamkeit Elisabeths. In mehreren Urkunden Ludwigs IV. aus den Jahren 1221 bis 1227, die zumeist Schenkungen zum Gegenstand haben, wird ihre Zustimmung ausdrücklich genannt.[32] Allerdings begegnet Elisabeth hier nicht wie viele frühmittelalterliche Herrscherinnen als Fürsprecherin oder Bittstellerin, was von deren Beteiligung an der Herrschaftsausübung zeugte. Auch stimmt Elisabeth den beurkundeten Rechtsakten nicht in einer politischen Funktion – als eine Art Teilhaberin der Herrschaft – zu. Die Urkunden erwähnen vielmehr stets das Einverständnis von Ludwigs Verwandten, seiner Mutter, seiner Gemahlin und seiner Brüder – stets in dieser Reihenfolge! Ein wirkliches Mitspracherecht der Fürstin wird hier also nicht deutlich.

Eine besondere Verantwortung kam Elisabeth in ihrer Stellung als Landgräfin allerdings während der häufigen und zum Teil längerwährenden Abwesenheit Ludwigs zu.[33] Während dieser Zeit hatte sie die uneingeschränkte Leitung der landgräflichen Hofhaltung inne, schaltete und waltete sie offenbar eigenverantwortlich. Deutlich wird dies, als Ludwig IV. 1226 für etwa vier Monate nach Italien gezogen war, wo Kaiser Friedrich II. einen Reichstag nach Cremona einberufen hatte. In Thüringen herrschte zu dieser Zeit eine große Hungersnot, verursacht durch einen ungewöhnlichen Kälteeinbruch, ein großes Viehsterben unter den Rindern und Schafen sowie eine gewaltige Teuerung des Getreides.[34] Elisabeth bekämpfte die Hungersnot mit wohlüberlegten Maßnahmen: Sie verteilte die gesamte in den landgräflichen Kornkammern aufbewahrte Jahresernte an die Armen, wobei sie jeweils nur soviel gab, wie unbedingt zum Lebensunterhalt notwendig war. Auch verkaufte sie ihren Schmuck, um den Erlös den Hungernden zukommen zu lassen, und wies den Ärmsten und Schwächsten einen Platz vor der Wartburg zu, wo sie ihnen mit eigener Hand die Reste der Mahlzeiten verteilte. Ihre Hofdame Isentrud berichtet, daß sie ferner denjenigen, die arbeiten konnten, Kleidung und Sicheln gab, damit sie ernten und sich von ihrer Arbeit ernähren konnten.[35] Am Fuße der Wartburg ließ sie außerdem ein Hospital für diejenigen unter den Hungernden einrichten, die zu schwach waren, ihren Anteil bei den täglich erfolgenden Verteilungen in Empfang zu nehmen. Die sehr umsichtigen Maßnahmen der Landgräfin haben nachträglich die Billigung durch ihren Gatten erfahren, der sie damit auch vor Angriffen der landgräflichen Familien in Schutz nahm.[36]

Die aus politischen Gründen geschlossene Ehe Elisabeths war eine glückliche, daran lassen die Quellen keinen Zweifel.[37] Doch sie währte nur kurze Zeit, denn Ludwig IV. erlag bereits im Jahre 1227 einer Seuche, die das Kreuzfahrerheer Friedrichs II. in Unteritalien dezimierte. Der Landgraf hinterließ eine junge Witwe und drei kleine Kinder.

Der frühe Tod des Landgrafen hatte für Elisabeth tiefgreifende Veränderungen zur Folge. Die junge Landgrafenwitwe übernahm nach dem Tode ihres Mannes nicht die Regentschaft für ihren unmündigen Sohn. Diese übte vielmehr ihr Schwager Heinrich aus, mit dem es sogleich zum Konflikt kam. Heinrich verweigerte Elisabeth die ihr zustehenden Wittumsgüter, jene Ländereien und Einkünfte, die ihr bei der Heirat zu lebenslangem Nießbrauch übergeben worden waren. Mit diesen Gütern sollte ihre Versorgung nach dem Tode des Gatten sichergestellt werden. Heinrich fürchtete gewiß zu Recht, daß Elisabeth die Güter für karitative Zwecke einsetzen oder gar verschenken würde. Aus der Sicht der Landgrafenfamilie war daher der Entzug des Wittums in gewisser Weise verständlich, denn es mußte angenommen werden, daß Elisabeth die Wittumsgüter wie Eigengüter behandeln und damit der Familie entfremden würde.[38] Lediglich die Versorgung an der landgräflichen Tafel wurde Elisabeth zugestanden, was diese aber wegen des Speiseverbots Konrads von Marburg vor große Probleme stellen mußte.

Die junge Witwe hat dann auch bald die Wartburg verlassen. Unter welchen Umständen sich Elisabeth vom landgräflichen Hof begab, ob sie regelrecht vertrieben worden ist oder eher aus eigenem Antrieb ging, ist umstritten. Die zeitgenössischen Quellen berichten sowohl von einer Vertreibung[39] als auch davon, daß Elisabeth nach dem Tod ihres Gatten an der Einhaltung des Speiseverbots gehindert wurde, woraus geschlossen worden ist, daß die Landgrafenwitwe selbst die Konsequenz zog, die Wartburg zu verlassen.[40]

Es schloß sich für Elisabeth eine schwere Zeit ungeklärter und unsicherer Verhältnisse und des unsteten Wanderlebens an, die einen neuen

Lebensabschnitt einleitete. Zunächst verbrachte die junge Landgrafenwitwe den Winter 1227/28 mit ihren drei Kindern, von denen das jüngste noch kein Jahr alt war, und einigen wenigen verbliebenen Begleiterinnen unter schwierigen Umständen in Eisenach.

Konrad von Marburg hatte sich bereits kurz nach dem Tode des Landgrafen an Papst Gregor IX. mit der Bitte gewandt, daß dieser Elisabeth in seinen apostolischen Schutz aufnehmen und ihn selbst mit der weiteren Sorge um die Rechte und Besitzungen Elisabeths betrauen möge. Konrads Bemühungen blieb der Erfolg nicht versagt: Spätestens im Februar/März 1228 sind ihm entsprechende päpstliche Urkunden zugegangen.[41] Sie sind nicht erhalten, doch zeigen vergleichbare Dokumente, daß der betroffenen Person und ihrem Besitz der durch die Drohung mit der Exkommunikation gesicherte päpstliche Schutz gewährt worden ist.

Durch sein schnelles und energisches Handeln erreichte Konrad von Marburg, der ja bereits Beichtvater und geistlicher Berater Elisabeths war, daß er jetzt auch in den weltlichen Angelegenheiten, quasi anstelle ihres verstorbenen Gemahls, für die verwitwete Landgräfin Verantwortung trug. Er begab sich sofort nach Eisenach. Zu einer Begegnung mit Elisabeth, die sich als entscheidend für ihr weiteres Leben herausstellen sollte, kam es im März 1228.

So erbärmlich sich die Situation der Landgrafenwitwe damals auch darstellen mochte, dem Ziel eines Lebens in Armut und Erniedrigung entsprach sie durchaus. Konrads Bemühungen um die Regelung der Wittumsproblematik und die Festlegung des weiteren Lebensweges dürften ihr daher nicht ohne weiteres willkommen gewesen sein. Die sich anbietenden standesgemäßen Möglichkeiten des Witwenlebens waren der Eintritt in ein Kloster nach dem Vorbild ihrer Schwiegermutter Sophia oder ein Leben als Klausnerin. Elisabeth verwarf beide Varianten und bat ihren Seelenführer und Schutzherrn darum, ihr das Leben einer Bettlerin zu gestatten, was Konrad aber entschieden ausschlug. Statt dessen nahm er ihr am Karfreitag 1228 in Eisenach ein erneutes Gelübde ab. In Gegenwart Konrads und einiger Minderbrüder löste sich Elisabeth in der Franziskanerkirche von »allen Anverwandten und ihren Kindern, ihrem eigenen Willen, jedem Glanz der Welt und allem was der Heiland im Evangelium zu verlassen geraten hat«. »Als sie dann aber«, so setzt Konrad von Marburg seinen Bericht fort, »auch auf ihre Besitzungen verzichten wollte, da hielt ich sie zurück, einmal wegen der zu zahlenden Schulden ihres Mannes und zum anderen wegen der Armen, denen sie, so wollte ich es, mit den Möglichkeiten ihres Wittums Gutes tun sollte«.[42] Elisabeth erneuerte und verschärfte damit ihr Konrad bereits 1226 gegebenes Gehorsamsgelübde durch den Verzicht auf Eltern und Kinder sowie auf den eigenen Willen.

Von Elisabeths schwieriger Situation nach dem Tode ihres Mannes hatte bald auch ihre Verwandtschaft erfahren. Sowohl vom ungarischen Hof als auch von den Andechs-Meraniern gingen Bemühungen aus, die verwitwete Landgräfin in die Obhut ihrer Familie zurückzuholen. Bischof Ekbert von Bamberg, ein Onkel Elisabeths, plante sogar eine Neuvermählung. Wahrscheinlich Anfang April 1228 wurde sie von ihrer Tante, der Äbtissin Mechthild von Kitzingen, zu Ekbert gebracht, der sie – um Druck auszuüben – auf seiner Burg Pottenstein festhielt. Elisabeth widersetzte sich diesen Plänen energisch und soll sogar damit gedroht haben, daß sie sich die Nase abschneiden würde, um sich dadurch unansehnlich zu machen. Da bot ihr die Rückführung der gerade aus Italien eintreffenden Gebeine Ludwigs IV. die Gelegenheit zur Rückkehr nach Thüringen.[43]

Bei den Bestattungsfeierlichkeiten für den Landgrafen Anfang Mai in Reinhardsbrunn ergab sich für Konrad von Marburg die günstige Möglichkeit, mit der landgräflichen Familie die offenen Fragen, vor allem das Wittums-Problem zu verhandeln. Im Zusammenhang mit dieser Begegnung gelang es ihm, mit Elisabeths Schwägern Heinrich und Konrad eine Kompromißlösung zu finden: Die landgräfliche Familie verpflichtete sich, Elisabeth für die ihr vorenthaltenen Witwengüter eine finanzielle Entschädigung in der beträchtlichen Höhe von 2000 Mark zu leisten. Ferner erhielt sie einige Ländereien bei Marburg zur lebenslänglichen Verfügung. Hier wurde noch im Sommer 1228 mit der Errichtung eines Hospitals begonnen – die Übersiedlung Elisabeths nach Marburg stand zu diesem Zeitpunkt also bereits fest.[44] Die verwitwete Landgräfin war erst 21 Jahre alt, als mit ihrem Umzug nach Marburg ihr letzter Lebensabschnitt begann, der etwa drei Jahre währte und während dem sie durch ihr aufopferungsvolles Handeln endgültig das Ansehen einer Heiligen erlangte.

Es ist nicht klar, wer oder was den entscheidenden Anstoß für Elisabeths Übersiedlung nach Marburg und den Plan der dortigen Hospitalgründung gab. Nach Konrads Bericht ist die junge Witwe ihm gegen seinen Willen nach Marburg gefolgt. Die Hofdamen Guda und Isentrud geben dagegen an, Konrad habe Elisabeth befohlen, in seine Heimatstadt überzusiedeln.[45]

Nach dem Bericht späterer Chronisten hat Elisabeth in dem kleinen Ort Wehrda die Fertigstellung des Marburger Hospitals – eines schlichten Fachwerkbaus aus Holz und Lehm – abgewartet. Die Hospitalkapelle wurde wahrscheinlich noch im Herbst 1228 geweiht. Als Patron wählte Elisabeth den gerade erst heiliggesprochenen Franz von Assisi, womit das Marburger Hospital die erste dem hl. Franziskus geweihte Kirche nördlich der Alpen erhielt.[46] Noch im selben Jahr konnte das Marburger Hospital seine Tätigkeit bereits aufnehmen.

Sofort nach der Hospitalgründung hat Konrad von Marburg Ende 1228/Angang 1229 Elisabeth durch einen weiteren Schritt von ihren bisherigen Bindungen gelöst. Über die Anordnung, die Elisabeth sehr treffen mußte, berichtet Konrad selbst: »Da ich aber sah daß sie vollkommen werden wollte, nahm ich ihr alle überflüssige Dienerschaft und hieß sie mit drei Personen zufrieden sein, einem Laienbruder, der ihre Geschäfte führte, einer frommen Jungfrau aus niedrigstem Stande und einer vornehmen Witwe, die taub und sehr unfreundlich war. Denn es sollte durch die Magd ihre Demut vermehrt und durch die unfreundliche Witwe ihre Geduld geübt werden.«[47] Er schickte also die beiden aus Thüringer Ministerialenfamilien stammenden Hofdamen Guda und Isentrud fort, die wie Elisabeth selbst ein Gelübde lebenslanger Enthaltsamkeit abgelegt hatten. Ihren Platz nahm nun Hedwig von Seebach, eine adlige Witwe, die von den beiden verdrängten Frauen später in den finstersten Farben geschildert wird, ein. Die vertriebene Isentrud gab nach dem Tode Konrads von Marburg darüber zu Protokoll: »So stellte der Magister Konrad auf die vielfältigste Weise ihre Standhaftigkeit auf die Probe und suchte ihr in allem den Willen zu brechen, indem er ihr das Gegenteil befahl. Dann, um sie noch mehr zu verletzen, entfernte er nach und nach die geliebten Menschen aus ihrem Umkreis, damit sie über jeden einzelnen Schmerz empfinde. Schließlich vertrieb er mich, die ihr sehr liebe Isentrud, die sie nur mit großen Schmerzen und unendlichen Tränen ziehen ließ. Zuletzt nahm er auch meine Gefährtin Guda von ihr, die seit ihrer Kindheit mit ihr zusammengewesen war, und die Elisabeth am allermeisten liebte.«[48]

Die von Konrad bestellten Frauen in Elisabeths Umgebung meldeten jeden Verstoß gegen die Gehorsamspflicht sofort dem Magister, etwa wenn Elisabeth den Armen etwas gab, was Konrad verboten hatte. Als Strafe erhielt sie dann auch Schläge, die zu den seit jeher erbrachten asketischen Leistungen gehörten. Elisabeth soll nach den Worten Isentruds diese Züchtigungen mit Geduld, ja sogar mit Freuden ertragen haben. Zu ihrem Gehorsam gegenüber Konrad von Marburg heißt es weiter: »So sehr war Elisabeth gehorsam, daß sie, wenn sie Besuch von uns, Isentrud und Guda erhielt, es nicht wagte, uns ohne Erlaubnis Konrads etwas zu essen zu geben oder mit uns zu sprechen«. Hier wird gleichzeitig sichtbar, daß es Konrad doch nicht gelungen war, jeden Kontakt Elisabeths zu ihren ehemaligen Hofdamen abzubrechen.

Die Betreuung der Hospitalinsassen – Kranke, Arme und Pilger – wurde unter Elisabeths Leitung von Hospitalschwestern und -brüdern, die das Gelübde der Armut, der Keuschheit und des Gehorsams geleistet hatten und eine schlichte Tracht, das sogenannte »graue Gewandt« trugen, besorgt. Zu ihnen gehörten auch die später im Kanonisationsprozeß aussagenden Zeuginnen Elisabeth, Irmgard und Hildegund. Insgesamt dürften es kaum mehr als zehn Hospitalschwestern gewesen sein.

Bei der Betreuung der »Patienten« in einem mittelalterlichen Hospital handelte es sich in der Regel nicht um ärztliche Versorgung, sondern um reine Pflege.[49] Elisabeth hat sich daran selbst beteiligt und persönlich sehr engagiert. In ihrem Selbstverständnis war sie nach ihrem Eintritt in die Hospitalgemeinschaft nur Schwester im Dienst an den Kranken wie die anderen auch. So bediente Elisabeth die Kranken, spendete ihnen Trost und half sogar beim Baden. Hier knüpfte sie im Grunde ja an eine Seite ihrer karitativen Tätigkeit an, die sie schon am Landgrafenhof in Eisenach praktiziert hatte. Bereits dort hatte sie sich der Pflege ekelerregender Kranker angenommen, bei einer öffentlichen Fußwaschung am Gründonnerstag sogar die Wunden Aussätziger geküßt. Insofern war ihr Wirken im Marburger Hospital die konsequente Fortsetzung ihres bereits als Landgräfin eingeschlagenen Weges. Magister Konrad griff hier nur ein, wo die Gefahr zur Selbstgefährdung für Elisabeth zu groß war. So ließ er, als er entdeckte, daß sie eine Aussätzige ohne sein Wissen in ihr Haus zur Pflege aufgenommen hatte, die Leprose wieder entfernen. Elisabeth selbst erhielt für ihren selbstzerstörerischen Ungehorsam Schläge.[50]

Doch auch eine andere Form von Elisabeths karitativer Tätigkeit, die Almosenverteilung an Arme, wurde von Konrad kontrolliert. Elisabeth soll einen beträchtlichen Teil des von der Landgrafenfamilie erhaltenen Geldes an Arme verteilt haben, allein die damals gewaltige Summe von 500 Mark an einem einzigen Tag.[51] Als der Magister ihr verbot, den Bedürftigen zuviel auf einmal zu geben, griff sie zu einer List: Elisabeth gab den Einzelnen mehrfach je einen Pfennig, und als ihr das untersagt wurde, je ein Brot, schließlich nur je ein Brotstück.[52]

Elisabeth verrichtete im Marburger Hospital Arbeiten wie die anderen Schwestern auch. Sie hat sich sogar namentlich bei den besonders unangenehmen Aufgaben noch hervorgetan – was dann selbstverständlich in den im Zusammenhang mit den Heiligsprechungsverfahren entstandenen Berichten auch gebührend herausgestellt worden ist. Und dennoch hatte sie auch hier zumindest faktisch eine Sonderstellung inne. Die anderen Schwestern, die in den Quellen als ihre »Dienerinnen« oder »Mägde« bezeichnet werden, sprachen von Elisabeth als ihrer »Herrin« und von dem Hospital als dem »Hospital Elisabeths«.[53] Elisabeth war es auch, der die Gewinnung neuer Schwestern oblag und die die vornehmen Besucher empfing.

Elisabeth ist in ihrer Marburger Zeit ihren Lebensidealen sehr nahegekommen. Dennoch entsteht zumindest für den heutigen Betrachter gerade in diesem, ihrem letzten Lebensabschnitt der Eindruck der Strenge und Düsternis – nicht zuletzt wenn man das heitere Wesen des Franziskus bei der Verwirklichung ähnlicher Vorstellungen von einem Leben in Armut und Entsagung damit vergleicht. Es wird nun sogar von strengen Reaktionen ihrerseits berichtet, die eigentlich so gar nicht zu ihrem Wesen zu passen scheinen, wie etwa das Abschneiden der Haare bei der vergeblich ihre Unschuld betonenden Hildegund oder das Schlagen einer Hospitalinsassin, die der vorgeschriebenen Beichte zu entgehen suchte. Nur eine einzige heitere Begebenheit ist aus dieser Zeit überliefert: Während der Abwesenheit Konrads von Marburg hatte Elisabeth einen Teil der Summe, die ihr die Landgrafenfamilie als Ausgleich für das vorenthaltene Wittum gezahlt hatte, an die Armen verteilt. Dabei soll sie sich sehr zufrieden darüber geäußert haben, die Bedürftigen glücklich gemacht zu haben.[54]

Ansonsten waren die dunklen Töne bestimmend. Und auch die seltsame, ja geradezu abstoßende Begegnung Elisabeths und Konrads im Kloster Altenberg fand in dieser Zeit statt: Magister Konrad von Marburg ließ dabei Elisabeth, die sich bis aufs Hemd entkleiden mußte, wegen einer angeblichen Gehorsamsverletzung so heftig mit einer Rute schlagen, daß die Spuren der Züchtigung noch wochenlang zu sehen waren.[55]

Es ist viel gerätselt worden, wie es möglich war, daß Konrad von Marburg, eine der düstersten Persönlichkeiten der Kirchengeschichte des Mittelalters, zur dominierenden Gestalt in Elisabeths Leben werden konnte. Dabei wurde kürzlich mit Recht darauf hingewiesen, daß sich trotz der eigentlich recht günstigen Quellenlage dennoch die innersten Motive Elisabeths nicht ergründen lassen.[56] Man wird davon ausgehen können und müssen, daß es Konrad selbst bei den zuletzt genannten Geißelungen nicht um eine sinnlose Demütigung und Entwürdigung Elisabeths oder gar um ein Abreagieren verbotener sexueller Gelüste ging.[57] Vielmehr ist schon von der durch Konrad selbst bekundeten Sorge um ihr Seelenheil als Motiv auszugehen. Freilich ist in diesem Zusammenhang mit Recht darauf verwiesen worden, daß ein derartiges Anliegen Konrads bei dem völligen Fehlen solcher Eigenschaften wie der Achtung vor der Würde des Mitmenschen oder des Einfühlungsvermögens in die Seele einer Frau zu den geschilderten »Auswüchsen« führen mußte.[58]

Im Alter von nur 24 Jahren starb Elisabeth nach kurzer Krankheit in der Nacht zum 17. November 1231 im Franziskushospital in Marburg. Die ihr verbliebenen Besitzungen hatte sie in einem letzten Willen zur Verteilung an die Armen bestimmt. Elisabeth wurde drei Tage lang aufgebahrt und dann in Anwesenheit zahlreicher Geistlicher und vieler Armer und Kranker in der Kapelle ihres Hospitals beigesetzt.

Bereits unmittelbar nach Elisabeths Tod begann ihre religiöse Verehrung. Ohne Zweifel rechneten viele damit, daß sie bald in die Schar der Heiligen aufgenommen werden würde. Daher zogen der Körper der Toten und ihre Gewänder bereits während der dreitägigen Aufbahrung die Reliquiensammler an. Laut Bericht ihrer Dienerin Irmgard hatten viele Leute Stücke von den Tüchern, die um das Gesicht der Toten gewickelt waren, abgeschnitten oder abgerissen, Haupthaare und Nägel entfernt und sogar die Ohren verstümmelt und die Brustwarzen abgeschnitten.[59]

Die wunderbaren Krankenheilungen an Elisabeths Grab setzten bereits unmittelbar nach ihrer Beisetzung ein. Wenige Monate später kamen die Heilung suchenden Kranken schon aus Trier und Utrecht an ihr Grab nach Marburg.[60] Und sofort nach ihrem Tod setzten auch die Bemühungen Konrads ein, Elisabeth durch ein Heiligsprechungsverfahren zur Ehre der Altäre zu erheben. Dafür verfaßte er eine von legendären Verklärungen weitgehend freie Lebensbeschreibung Elisabeths[61]. Der im Sommer 1232 vorgenommene erste Versuch scheiterte dann aber daran, daß die der Kurie zugeschickten Schreiben und Dokumente dieser noch nicht hinreichend erschienen. Eine vom Papst eingesetzte Kommission, der Konrad von Marburg, der Erzbischof von Mainz und der Abt von Eberbach angehörten, stellte daraufhin einen schon recht ausführlichen Katalog von 106 Wunderberichten zusammen.[62] Diese Sammlung wurde von einer zweiten Kommission unter Leitung des Bischofs von Hildesheim im Oktober 1234 um 23 weitere Mirakelschilderungen erweitert. Der von dieser Kommission niedergeschriebene Bericht über Elisabeths Leben (Libellus de dictis quatuor ancillarum s. Elisabeth confectus)[63] enthält viele Aussagen, die von Elisabeths früheren Hofdamen und Dienerinnen zu Protokoll gegeben worden sind. Die Berichte der Frauen, die lange Zeit in Elisabeths Umgebung verbracht hatten, lassen zwar die Absicht erkennen, ein einer Heiligen gemäßes Verhalten und tiefe religiöse Bindungen Elisabeths schon von früher Kindheit an zu bezeugen, stellen aber dennoch als zeitgenössische Berichte sehr wichtige Informationsquellen dar.

Am Pfingstsonntag des Jahres 1235, es war der 27. Mai, wurde Elisabeth von Thüringen in Perugia in aller Form heiliggesprochen. Anwesend war Elisabeths Schwager, der Landgraf Konrad. Konrad von Marburg, der das Heiligsprechungsverfahren eingeleitet hatte, konnte den Erfolg seiner Bemühungen nicht mehr erleben, da er bereits im Juli 1233 einem Mordanschlag zum Opfer gefallen war.

Die Kanonisation Elisabeths wurde von Papst Gregor IX. selbst vorgenommen. Die Heiligsprechungsurkunde ist in elf Originalausfertigungen erhalten. In ihr werden die Verdienste der Landgräfin und die durch sie bewirkten Wunder aufgezählt und Elisabeth selbst als *vas admirabile* – als bewunderungswürdiges Gefäß – bezeichnet. Ferner wird allen, die an Elisabeths Todestag ihr Grab in Marburg aufsuchen, ein Ablaß von einem Jahr und vierzig Tagen zugesichert.[64]

Die Vermutung liegt durchaus nahe, daß der Papst mit der Heiligsprechung Elisabeths in einer Zeit zunehmender Kritik an der Kirche und angesichts der zeitgenössischen religiösen Frauenbewegung ein

Zeichen setzen wollte: Die Suche nach dem individuellen Heil in einer radikalen Nachfolge Christi müsse nicht zwangsläufig mit Auflehnung und Irrglaube verbunden sein sondern habe durchaus in der Kirche ihren Platz und sei auch kein Vorrecht des männlichen Geschlechts – so könnte die Botschaft an die Zeitgenossen wohl gelautet haben.[65]

Knapp ein Jahr nach der Heiligsprechung fand am 1. Mai 1236 die Erhebung der Gebeine Elisabeths aus dem Erdgrab in der Marburger Hospitalkapelle statt. Die Translation, an der auch der Stauferkaiser Friedrich II. teilnahm, wurde in außerordentlich festlicher Form begangen und bedurfte umfangreicher Vorbereitungsarbeiten. Caesarius von Heisterbach berichtet darüber folgendes: Da wegen der starken Inanspruchnahme des Kaisers es nicht möglich war, den heiligen Leib in seinem Beisein angemessen auszugraben, habe der Deutschordensprior Ulrich von Dürn mit sieben Brüdern drei Tage zuvor nachts bei verschlossener Kirchentür das Grab geöffnet, den noch unverwesten, wohlriechenden heiligen Leichnam gehoben, in Purpur gehüllt, in einen Sarg aus Blei gebettet und so in das Grab zurückgelegt. In der Morgendämmerung des 1. Mai habe der Kaiser, bekleidet mit einer grauen Tunika und barfuß mit großer Ergebenheit und Demut, von Fürsten unterstützt, den Sarg mit dem heiligen Leichnam erhoben und an den vorbereiteten Platz überführt. Elisabeths Haupt wurde vom Rumpf getrennt, die Fleischstücke wurden abgelöst. Dem so präparierten Schädel – der Hauptreliquie – setzte Friedrich II. dann eine mit kostbaren Steinen geschmückte, goldene Krone auf – als Zeichen seiner Verehrung der Heiligen, »die eine Königstochter gewesen war«.[66]

Die mit päpstlichen Ablässen ausgestattete Elisabethkirche zu Marburg entwickelte sich bereits in den folgenden Jahren zu einer beliebten Wallfahrtsstätte, die zeitweilig mit dem berühmten Santiago de Compostela konkurrieren konnte. Das Armen-Hospital der Elisabeth wurde, ganz im Gegensatz zu den Intentionen der Heiligen nun nicht mehr mit Notleidenden sondern mit Kranken des Deutschordenshauses und mit Pfründnern belegt.[67]

Elisabeth ist durch ihre Tochter Sophie zur Familienheiligen des hessischen Landgrafenhauses ja zur Patronin des Landes geworden. In ungewöhnlicher Weise wurde ihre Hilfe von Sophie im Streit mit Markgraf Heinrich von Meißen um das Thüringer Erbe der Ludowinger schon bald in Anspruch genommen: Sie nahm ca. 1250 eine Rippe ihrer Mutter mit nach Eisenach, wo die Reliquie, um dem Schwur – daß

Thüringen ihrem Sohn Heinrich und nicht dem Markgrafen von Meißen zustehe – besonderes Gewicht zu verleihen, in der Katharinenkirche auf den Altar als Schwurunterlage deponiert wurde, ohne allerdings den erhofften Erfolg zu bewirken.[68]

Im Laufe der Zeit veränderte sich bereits im Spätmittelalter der Charakter der Elisabeth-Verehrung. Der Kult, der beträchtlich an Breitenwirkung verloren hatte, wurde durch den der Reformation zuneigenden hessischen Landgrafen Philipp den Großmütigen mit religiöser Begründung abgeschafft.[69] Als er 1539 den Elisabeth-Schrein öffnen ließ, um die Überreste zu bestatten, haben schon viele Teile gefehlt, die als Reliquien an andere Stellen übertragen worden sind. Bei der im Ergebnis langjähriger Auseinandersetzungen erzwungenen Übergabe der Gebeine der Landgräfin an den Deutschen Orden am 12. Juli 1548 wurden die Überbleibsel genau registriert: »... ein haubt mit einem kinbagken, item funf rorlein klein und gross, item ein riebe, item zwei schulterbein und sonst ein breit bein«.[70] Letztlich wurde das, was von den Reliquien noch übrig war, 1782 von Kaiser Joseph II. dem Kloster der Elisabethinnen in Wien übereignet. In der Marburger Elisabethkirche gibt es mit hoher Wahrscheinlichkeit heute keine Reliquien der Heiligen mehr.[71]

Für Caesarius von Heisterbach stand es fest: Gott hatte seine Dienerin Elisabeth nach ihrem Tode vor allem deshalb durch die zahlreichen Wunder verherrlicht, weil sie Königstochter und Gattin eines großen Fürsten war und sich gerade von einer solchen Position aus in einem solchem Maße demütigte, daß sie nach dem Verlust ihres Gatten auf Ehe, Ehre und Reichtümer verzichtet und den Armen Christi gedient habe. Caesarius bemißt also das Verdienst Elisabeths vor allem an der sozialen Distanz zu den Notleidenden, für die sie sich engagiert hat.[72] Und tatsächlich hat sich die thüringische Landgräfin, eine Fürstin, in einer Weise zu den Armen und Notleidenden »herabgebeugt«, wie das in ihrer Zeit ungewöhnlich war. Karitatives Engagement schlechthin war dabei nicht das besondere. Mildtätiges Wirken des Adels durch Stiftung eines Teils der Hinterlassenschaft – in Form von Seelgeräten und Anniversarien – war im Spätmittelalter durchaus verbreitet. Die Verteilung der Spenden wurde dann in der Regel nicht vom Wohltäter selbst, sondern von Mönchen, Nonnen oder Angehörigen religiöser Bruderschaften besorgt, so daß ein über die materiellen Zuwendungen hinausgehendes Handeln der Stifter dabei nicht erforderlich war.[73]

Elisabeths Engagement für die Armen und Notleidenden setzte nicht erst als Witwe ein, sondern begann schon in ihrer Zeit als Landgräfin. Ihr Streben nach Buße, vollkommener Armut und rückhaltloser Hinwendung zu den Bedürftigen ließ sie dicht an die Grenze des mit ihrem sozialen Status Verträglichen geraten. Nur durch das Verständnis und die Unterstützung ihres Mannes kam es noch nicht zum offenen Ausbruch des Konflikts zwischen ihren Idealen und ihren Verpflichtungen als Landgräfin. Der Tod Ludwigs IV. und Elisabeths Abschied vom landgräflichen Hof haben diesen Spannungszustand beendet und man mag mit Recht bezweifeln ob er für die Beteiligten über Jahre überhaupt zu ertragen gewesen wäre, ob auf Dauer ein Kompromiß hätte gefunden werden können. Dennoch bleibt festzuhalten, daß Elisabeth ihre am franziskanischen Armutsideal orientierten religiösen Ziele nicht im Kräftemessen mit einem mehr oder minder starken Eheherrn durchzusetzen brauchte. Bei deren Verwirklichung stand sie vielmehr einer übermächtigen geistlichen Persönlichkeit gegenüber, die ihr einerseits willkommene Hilfe und geistlichen Beistand leistete, die sie andererseits aber durch Härte und Rigorosität der Selbstaufgabe nahe brachte.

Als Botin des Herrn, die den auf den Burgen sitzenden unkeuschen und eitlen Frauen zur Mahnung gesandt wurde, charakterisiert Mechthild von Magdeburg die thüringische Landgräfin.[74] Gewiß bezieht sie sich dabei auf die Schilderungen von Elisabeths Kritik am übertriebenen Kleiderluxus ihrer Standesgenossinnen. In der Absage an die höfische Minnekultur liegen tatsächlich Gemeinsamkeiten mit der religiösen Frauenbewegung ihrer Zeit. Und gewiß kann man ihr Eintreten gegen den Luxus in der Lebenshaltung und für das Enthaltsamkeitsgelübde von Witwen als »religiöse Aktivität unter Frauen« werten. Unmittelbare Kontakte der Landgräfin mit diesen Kreisen sind jedoch nicht bekannt und auch hinsichtlich der Wege, über die Elisabeth mit deren Gedankengut in Berührung gekommen sein könnte, gibt es nur Spekulationen. Der Forschung bleibt hier noch ein weites Feld.

Anmerkungen

[1] Libellus de dictis quatuor ancillarum s. Elisabeth confectus, S. 71. S. unten Anmerkung 3.

[2] E. Gössmann, Elisabeth von Thüringen, in: Martin Greschat (Hrsg.), Mittelalter 1 (Gestalten der Kirchengeschichte 3), Stuttgart, Berlin, Köln, Mainz 1983, S. 303. Auf folgende neuere Literatur wird ferner verwiesen: Sankt Elisabeth. Fürstin, Dienerin, Heilige. Aufsätze, Dokumentation, Katalog. Hrsg. von der Philipps-Universität Marburg in Verbindung mit dem Hessischen Landesamt für geschichtliche Landeskunde, Sigmaringen 1981; W. Maurer, Zum Verständnis der hl. Elisabeth von Thüringen, in: Zeitschrift für Kirchengeschichte 65 (1953), S. 16–64; N. Ohler, Elisabeth von Thüringen. Fürstin im Dienste der Niedrigsten (Persönlichkeit und Geschichte 114/115), Göttingen/Zürich 1984; O. Reber, Die heilige Elisabeth. Leben und Legende, St. Ottilien 1982.

[3] Der sogenannte Libellus de dictis quatuor ancillarum s. Elisabeth confectus, hrsg. von A. Huyskens, Kempten/München 1911 (künftig zitiert als: Libellus); Die Schriften des Caesarius von Heisterbach über die heilige Elisabeth von Thüringen, hrsg. von A. Huyskens, in: Die Wundergeschichten des Caesarius von Heisterbach, hrsg. von A. Hilka 3 (Publikationen der Gesellschaft für Rheinische Geschichtskunde 43), Bonn 1937; Das Leben des heiligen Ludwig, Landgrafen in Thüringen, Gemahls der heiligen Elisabeth, nach der lateinischen Urschrift übersetzt von Friedrich Köditz von Salfeld, hrsg. von H. Rückert, Leipzig 1851; Summa Vitae des Konrad von Marburg, hrsg. von Huyskens, Quellenstudien zur Geschichte der heiligen Elisabeth, Landgräfin von Thüringen, Marburg 1908, S. 156–160.

[4] Gössmann, Elisabeth, S. 305 weist in diesem Zusammenhang zu Recht darauf hin, »daß das Leben Elisabeths wesentlich mehr in die politischen Konstellationen ihrer Zeit einbezogen ist, als eine Rezeption ihrer Gestalt als Heilige ahnen läßt«.

[5] F. Schwind, Die Landgrafschaft Thüringen und der landgräfliche Hof zur Zeit der Elisabeth, in: Sankt Elisabeth (wie Anm. 2), S. 37–41.

[6] Schwind, Landgrafschaft, S. 37.

[7] Gössmann, Elisabeth, S. 305.

[8] Cronica Reinhardsbrunnensis, ediert von O. Holder-Egger, Monumenta Germaniae Historica, Scriptores XXX,1, Hannover 1846, S. 577. Deutsche Übersetzung der Chronik in: Elisabeth von Thüringen, hrsg. und übersetzt von W. Nigg, Düsseldorf 1963, S. 113–166. S. auch Schwind, Landgrafschaft, S. 37.

[9] Topisches in der hagiographischen Darstellung von Kindern aus dem 13. und 14. Jahrhundert untersucht C. Opitz, Frauenalltag im Mittelalter. Biographien des 13. und 14. Jahrhunderts (Ergebnisse der Frauenforschung 5), Weinheim und Basel 1985, S. 43–46. Sie stellt als ein Charakteristikum der Kindheitsdarstellungen die Frühreife der Beschriebenen heraus, die sich in der besonders ausgeprägten Fähigkeit der kindlichen Heiligen ausdrückt, »religiöse Übungen zu betreiben und religiöses Gedankengut zu lernen und weiterzugeben, die über die Fähigkeiten ›normaler‹ Gleichaltriger weit hinausgeht« (S. 43).

[10] Sophie hat Enthaltsamkeit gelobt und bei den Nonnen des Zisterzienserordens gewohnt, ist aber nicht selbst Nonne geworden. Ihr Vermögen hat sie behalten »um damit Schäden wieder gutzumachen, die ihr Gatte angerichtet hatte – Schwind, Landgrafschaft, S. 39, Anm. 65.

[11] Schwind, Landgrafschaft, S. 40.

[12] Schwind, Landgrafschaft, S. 40.

[13] L. Küppers, Elisabeth. Heilige in Bild und Legende, Recklinghausen 1967, S. 6.

[14] Gössmann, Elisabeth, S. 309.

[15] Libellus, S. 26f.

[16] Libellus, S. 14; R. Kroos, Zu frühen Schrift- und Bildzeugnissen über die heilige Elisabeth als Quellen zur Kunst-und Kulturgeschichte, in: Sankt Elisabeth (s. Anm. 2), S. 188.

[17] Libellus, S. 23. Die Übersetzung nach Kroos, Zeugnisse, S. 188.

[18] Schwind, Landgrafschaft, S. 40.

[19] In den Quellen wird die innige Beziehung zwischen Elisabeth und ihrem Gatten immer wieder hervorgehoben, etwa wenn Ludwig fürsorglich die Hand Elisabeths in der seinen behält, als diese sich zum nächtlichen Gebet vor das Bett kniet oder wenn er sich schlafend stellt, als seine Ehefrau von ihren Zofen zum Kapellenbesuch und zu Kasteiungen geweckt wird usw. S. Gössmann, Elisabeth, S. 306.

[20] M. Werner, Die Heilige Elisabeth und die Anfänge des Deutschen Ordens in Marburg, in: Marburger Geschichte, hrsg. von E. Dettmering und R. Grenz, Marburg 1980, S. 123ff.

[21] Zum Terminus »religiöse Frauenbewegung« und seiner Verwendbarkeit für das Mittelalter s. P. Dinzelbacher, Rollenverweigerung, religiöser Aufbruch und mystisches Erleben mittelalterlicher Frauen, in: Religiöse Frauenbewegung und mystische Frömmigkeit im Mittelalter, hrsg. von P. Dinzelbacher und D. R. Bauer, Köln/Wien 1988, S. 37–39 und 51f.

[22] M. Werner, Die heilige Elisabeth und Konrad von Marburg, in: Sankt Elisabeth (s. Anm. 2), S. 48.

[23] Werner, Elisabeth und Konrad, S. 49.

[24] Werner, Elisabeth und Konrad, S. 49.

[25] Werner, Elisabeth und Konrad, S. 51.

[26] Libellus, S. 18: »de quibus non haberet sanam scientiam«. S. Gössmann, Elisabeth, S. 308.

[27] R. Schneider, Elisabeth von Thüringen, in: Die großen Deutschen 1, Berlin 1956, S. 142. S. auch Gössmann, Elisabeth, S. 308.

[28] Wenck, Elisabeth und Papst Gregor IX., S. 141; E. Busse-Wilson, Das Leben der Heiligen Elisabeth von Thüringen. Das Abbild einer mittelalterlichen Seele, München 1931, S. 126. S. auch Gössmann, Elisabeth, S. 308.

[29] P. G. Schmidt, Die zeitgenössische Überlieferung zum Leben und zur Heiligsprechung der heiligen Elisabeth, in: Sankt Elisabeth (wie Anm. 2), S. 3.

[30] E. G. Franz, Kloster Haina. Regesten und Urkunden 1: 1144–1300 (Veröffentlichungen der Historischen Kommission für Hessen und Waldeck 9,5), Marburg 1962, Nr. 13, S. 14 und Anhang V, S. 439; H. Beyer, L. Eltester, A. Goerz, Urkunden-

buch zur Geschichte der mittelrheinischen Territorien 3, Koblenz 1874, Nr. 43, S. 48. S. Werner, Elisabeth und Konrad, S. 46.

31 Werner, Elisabeth und Konrad, S. 46f.

32 Regesta Diplomatica necnon epistolaria historiae Thuringiae 2 (1152–1227), Nr. 1476, 2001, 2118, 2137, 2246 und 2409, S. 357f., 362, 381, 385, 402 und 427.

33 Ludwig war nach Berechnungen von Opitz, Frauenalltag im Mittelalter, S. 156f. mindestens ein Drittel, vielleicht sogar die Hälfte der sieben Jahre dauernden Ehe abwesend.

34 Kroos, Zeugnisse, S. 192.

35 Libellus, S. 30. S. auch Gössmann, Elisabeth, S. 307f. und Schwind, Landgrafschaft, S. 41.

36 Gössmann, Elisabeth, S. 308.

37 Die Quellenbelege für die gegenseitige Zuneigung und starke emotionale Bindung zwischen Elisabeth und Ludwig stellt Opitz, Frauenalltag im Mittelalter, S. 162–164 zusammen.

38 W. Moritz, Das Hospital der heiligen Elisabeth in seinem Verhältnis zum Hospitalwesen des frühen 11. Jahrhunderts, in: Sankt Elisabeth, S. 103.

39 Libellus, S. 33: »eiecta fuit de castro«.

40 Werner, Die Heilige Elisabeth, S. 124ff. und Werner, Elisabeth und Konrad, S. 53. S. auch Gössmann, Elisabeth, S. 309f.

41 Werner, Elisabeth und Konrad, S. 53.

42 Werner, Elisabeth und Konrad, S. 53f.

43 Gössmann, Elisabeth, S. 310; Werner, Elisabeth und Konrad, S. 55.

44 Werner, Elisabeth und Konrad, S. 55.

45 Libellus, S. 41. S. auch Werner, Elisabeth und Konrad, S. 56.

46 Moritz, Das Hospital der heiligen Elisabeth, S. 102.

47 Summa Vitae (wie Anm. 3), S. 158. S. Werner, Elisabeth und Konrad, S. 57f.

48 Libellus, S. 47f.

49 Moritz, Das Hospital der heiligen Elisabeth, S. 111.

50 Summa Vitae, S. 159. S. Werner, Elisabeth und Konrad, S. 60.

51 Libellus, S. 43f. und 55ff.

52 Caesarius von Heisterbach bemerkt dazu treffend: »Seht mit solch frommer List umging sie bei den Werken ihrer Barmherzigkeit die Weisungen Konrads, ohne dabei auch nur im geringsten die Gehorsamspflicht zu verletzen!« – Caesarius (wie Anm. 3), S. 376. S. dazu Werner, Elisabeth und Konrad, S. 60.

53 Werner, Elisabeth und Konrad, S. 57.

54 Libellus, S. 55–57 und 63; Caesarius, S. 120. S. Gössmann, Elisabeth, S. 313.

55 Libellus, S. 69ff. S. Werner, Elisabeth und Konrad, S. 59. Das Elisabeth-Zitat s. oben S. 5.

56 Werner, Elisabeth und Konrad, S. 45 und 63.

57 So Busse-Wilson, Das Leben der Heiligen Elisabeth, S. 234f: »Und wenn es auch so richtig ist, in Konrad von Marburg den Mönch zu sehen, der die Erregung, in die ihn eine ihm verbotene Frau versetzte, durch Geißelung abreagierte, so liegt der letzte Grund der grausamen Züge seines Tutorenamtes doch wohl tiefer. Was Konrad

fürchtete war in Wahrheit gar nicht so sehr der Bruch des priesterlichen Keuschheitsgelübdes. Er fürchtete vielmehr das, was dem Ausbruch der Sexualität vorausgeht – den Durchbruch der Liebe. Ein grobes Sexualverhältnis war bei der geistigen und sittlichen Niveauhöhe beider Partner ausgeschlossen, ein Liebesverhältnis aber war noch unmöglicher angesichts der seelischen Konstitution des Konrad von Marburg.«

58 Werner, Elisabeth und Konrad, S. 62: »Als Motive für seine oft sehr rigorosen und verletzenden Maßnahmen nennt Konrad – und die Aussagen der Augenzeugen und sonstiger zeitgenössischer Betrachter stimmen hiermit überein – vor allem seine Sorge um das Seelenheil und das körperliche Wohlergehen Elisabeths und sein Bestreben, ihr zu noch höheren Verdiensten zu verhelfen. Bei aller gebotenen Zurückhaltung gegenüber derartigen, im Rückblick getroffenen Aussagen wird man diesen Angaben doch zu folgen haben und zögern, Konrad vorwiegend äußere oder gar eigennützige Interessen zu unterstellen.« Zur Problematik der Motive Konrads s. auch Gössmann, Elisabeth, S. 311 f.

59 Th. Franke, Zur Geschichte der Elisabethreliquien im Mittelalter und in der frühen Neuzeit, in: Sankt Elisabeth (wie Anm. 2), S. 167.

60 Schmidt, Zeitgenössische Überlieferung, S. 2 und Karte 5: »Pilger in Marburg. Herkunftsorte der durch bezeugte Wunder Elisabeths Geheilten (1231–1235)«.

61 Schmidt, Zeitgenössische Überlieferung, S. 1. weist daraufhin, daß die späteren Lebensbeschreibungen weniger auf das Individuelle als auf das Erbauliche und Wunderbare zielen. So habe z. B. Caesarius von Heisterbach zwischen 1236 und 1237 in stetem Rückgriff und Bezug auf die Bibel und die Martinsvita des Sulpicius Severus seine Elisabethvita abgefaßt. Die Lebensbeschreibung eines anonymen toskanischen Franziskaner des 13. Jahrhunderts, die unter den Wundern erstmals das Rosenwunder erwähnt, markiere den Punkt, an dem die Elisabethvita zur Elisabethlegende wird. Das Rosenwunder, das ursprünglich Elisabeth von Portugal zugesprochen worden ist, paßt dabei gar nicht zu Elisabeth von Thüringen, da Ludwig ihr karitatives Wirken nicht beargwöhnt hat – Gössmann, Elisabeth, S. 304.

62 Epistola examinatorum miraculorum sancte Elyzabet ad dominum papam, hrsg. von A. Huyskens, Quellenstudien (wie Anm. 3), S. 155–239.

63 S. Anm. 3.

64 Schmidt, Zeitgenössische Überlieferung, S. 4.

65 K. Elm, Die Stellung der Frau in Ordenswesen, Semireligiosentum und Häresie zur Zeit der heiligen Elisabeth, in: Sankt Elisabeth (wie Anm. 2), S. 24.

66 H. Beumann, Friedrich II. und die heilige Elisabeth. Zum Besuch des Kaisers in Marburg am 1. Mai 1236, in: Sankt Elisabeth (wie Anm. 2), S. 152.

67 Moritz, Das Hospital der heiligen Elisabeth, S. 113: »Das... Elisabeth-Hospital wurde ein reiches, vorwiegend vom Adel getragenes Deutschordenshaus.«

68 Franke, Zur Geschichte der Elisabethreliquien, S. 168.

69 Franke, Zur Geschichte der Elisabethreliquien, S. 169; Gössmann, Elisabeth, S. 314.

70 Urkundliche Quellen zur hessischen Reformationsgeschichte 3, bearb. von G. Franz (Veröffentlichungen der Historischen Kommission für Hessen und Waldeck 11), Marburg 1955, Nr. 601, S. 29. S. Franke, Zur Geschichte der Elisabethreliquien, S. 172.

[71] Franke, Zur Geschichte der Elisabethreliquien, S. 174.
[72] Beumann, Friedrich II. und die heilige Elisabeth, S. 154.
[73] Moritz, Das Hospital der heiligen Elisabeth, S. 109.
[74] »Elyzabeth die ist und si was ein botte
den ich gesant habe ze den unseligen vrowen,
die in den burgen sassen, mit der unkuscheit
also sere durchflossen ... und mit der italkeit
also stete unbevangen, das si nach rehte
in de abgrunde solten sin gegangen.«
Mechthild von Magdeburg, Offenbarungen, hrsg. von P. Gall Morel, Regensburg 1869 (Nachdruck: Darmstadt 1963), S. 166, S. Gössmann, Elisabeth, S. 312.

Anna Skýbová

Agnes von Böhmen – eine Přemysliden-Prinzessin als Verfechterin einer neuen Spiritualität

»…um die Wahrheit zu sagen, ich liebe sie wie meine eigene Frau, meine Kinder, über alle Güter und ich bevorzuge sie vor allen Menschen«. So äußerte sich 1237 der böhmische König Wenzel I. (1230–1253) in einem Schreiben an Papst Gregor IX. über seine Schwester Agnes.[1] Der König bat darin um Unterstützung von Wünschen und Anliegen der Prinzessin. Man könnte vermuten, daß er seiner brüderlichen Pflicht genügen und damit die Bedeutung dieser Angelegenheiten hervorheben wollte. Die Äußerung bedeutet jedoch mehr. Sie weist auf die innige, für jene Zeit außerordentlich tiefe Beziehung des Königs zu seiner Schwester Agnes hin.

Dem Papst war zweifellos nicht nur das Wirken des Königs, sondern auch das der Prinzessin Agnes bekannt. Sechsundzwanzigjährig stand sie über die Grenzen ihrer Heimat hinaus bereits im Ruf tiefer Frömmigkeit und strengem asketischen Lebens. Im Brief des Königs ist nicht nur die Unterstützung der Schwester, sondern auch der offensichtliche Stolz des Mitglieds eines alten Herrschergeschlechts auf einen seiner Abkömmlinge zu erkennen. Wenzel I. verstand, daß der Glanz und die Berühmtheit seiner Schwester Agnes, einer Přemysliden-Prinzessin, auf sein ganzes Haus, die herrschende Dynastie, zurückfiel, und das Prestige des Staates erhöhte. Er konnte sich daher öffentlich und stolz zu den Absichten seiner Schwester bekennen, die schon lange vor dem Jahre 1237 und dann bis zu ihrem Tode den damaligen Vorstellungen entsprechend dieses beispielhaft fromme Leben führte.[2] Seit ihrer Jugend zeigten sich bei ihr Neigungen und Charaktereigenschaften, die in diese Richtung wiesen und ihr zugleich diese Lebensweise erleichterten. Ein starker Wille und sicher auch ein anerzogener Familienstolz halfen ihr, ihre Anlagen zu entwickeln und zu vertiefen, aber auch ihre Absichten zu verwirklichen. Es war nur natürlich, daß sie zu ihren großen Lebensvorbildern die hl. Clara, die hl. Hedwig und ihre Base Elisabeth von Thüringen, die von Papst Gregor

IX. (1227–1241) zwei Jahre zuvor, also 1235, heiliggesprochen worden war, gewählt hatte.

Doch nicht nur zwischen den königlichen Geschwistern herrschte ein gutes Einvernehmen. Verständnis fand Agnes auch bei ihrer Mutter, der Königin Konstantia, die die Absichten ihrer Tochter auch materiell unterstützte. Agnes wiederum war und blieb eine nimmermüde Ratgeberin nicht nur ihres Bruders, den sie überlebte, sondern auch für ihr ganzes Geschlecht, vor allem aber für Wenzels Sohn und Nachfolger Přemysl Ottokar II. (1253–1278), seine Kinder und Familie. Unbewußt wie auch ganz bewußt nützte sie ihrer Familie mit ihrer für das 13. Jahrhundert modernen Frömmigkeit. Durch ihr frommes, außergewöhnliches Leben erhob sie ihre Familie im kirchlichen Bereich unter die bekanntesten Geschlechter Europas.

Die Přemysliden waren ein altes Herrschergeschlecht.[3] Ihre Anfänge sind direkt mit den Ursprüngen des böhmischen Staates verbunden und verlieren sich im mythologischen Dunkel der Ankunft der Tschechen in Mitteleuropa. Diese Überlieferung war auch noch zu Anfang des 13. Jahrhunderts lebendig. Fast 100 Jahre zuvor hatte ein Domherr des Prager Kapitels die Chronica Boemorum, die »Chronik der Böhmen« verfaßt. Der Autor, Cosmas (1042–1125)[4] bewies darin nicht nur in einer lebendigen und anziehenden Weise seine innige Liebe zu seiner böhmischen Heimat und ihrer Geschichte, sondern auch sein enges Verhältnis zu dem regierenden Haus der Přemysliden. Darüber hinaus hatte diese Chronik schon im 12. Jahrhundert bemerkenswerte, wenn auch nicht so bedeutende Nachfolger, die die Familienideologie der Přemysliden, die entsprechend der Herrschaftsauffassung jener Zeit zugleich Staatsideologie war, in vieler Hinsicht weiterentwickelten. Es ist bemerkenswert, daß diese Familienideologie der Přemysliden fast gleichzeitig mit dem Entstehen der Chronica Boemorum in einzigartiger Form auch ihren Ausdruck in der bildenden Kunst fand.[5]

Die Přemysliden hatten, wie auch andere Herrschergeschlechter, bis zum Anfang des 13. Jahrhunderts schon eine Reihe von heilig- oder seliggesprochenen Familienmitgliedern aufzuweisen. An erster Stelle steht als Märtyrer Fürst Wenzel der Heilige (+929 oder 935), sowie seine Großmutter, die hl. Fürstin Ludmila, die ebenfalls als Märtyrerin verehrt wurde. Beide galten zu Agnes' Zeiten als Schutzpatrone des Landes. Zu ihnen gehört auch die selige Fürstin Mlada, Tochter des

Fürsten Boleslaw I. (935–967/972). Diese hatte 967 das erste Kloster auf dem Gebiet des Přemyslidenstaates gegründet, das Benediktinerinnenkloster bei der St. Georgskirche auf der Prager Burg. Mit ihrem Namen ist auch die Gründung des Prager Bistums um 973 verbunden.

Zu Anfang des 13. Jahrhunderts war das ebenso umfangreiche wie problematische, vor allem auf den hl. Wenzel und die hl. Ludmila zurückgehende Legendenschrifttum nicht nur in Böhmen, sondern auch über seine Grenzen hinaus bekannt.[6] Die Handschriften der Chroniken und Legenden wurden zum größten Teil im Prager Domkapitel aufbewahrt, dessen Sitz die Prager Burg war, von wo aus auch die přemyslidischen Herrscher regierten. Auf der Burg hatten auch die beiden Schutzpatrone des Landes ihre letzte Ruhestätte gefunden; die hl. Ludmila in dem bereits erwähnten Benediktinerinnenkloster und der hl. Wenzel im St. Veitsdom. Diese räumlichen Gegebenheiten sind insofern von Bedeutung, als die Kinder der Přemysliden von frühester Jugend an mit der Tradition ihres Geschlechts in Berührung kamen. Die Erzieher der jungen Přemysliden, Prager Bischöfe und Domherren, machten die Kinder anhand der überlieferten Chroniken und Legenden mit der Stammes- und Landesgeschichte vertraut. Dieses Wissen war nicht nur den Söhnen, sondern auch in angemessener Form den Töchtern des herrschenden Geschlechts zugänglich.

Wie das gesamte 13. Jahrhundert, aber vor allem die Zeit nach dem Aussterben der Přemysliden im Mannesstamm 1306, zeigt, war das Bewußtsein von der Einzigartigkeit der alten Dynastie der Přemysliden, ihrer Stellung und Bedeutung auch in Schichten des Volkes eingedrungen, die sozial niedriger standen als die Herrscherfamilie, die Kirche und der böhmische Adel.[7] Diese Verbundenheit mit dem Herrscherhaus hatte ihren Platz im historischen Bewußtsein breiter Schichten der tschechischen Gesellschaft gefunden.

Es müssen hier auch einige Besonderheiten der Stellung der Frauen aus dem Geschlecht der Přemysliden erwähnt werden. Es ist allgemein bekannt, daß die slawischen Frauen zu Anfang des Mittelalters eine freiere Stellung hatten als ihre nichtslawischen Geschlechtsgenossinnen.[8] Ein Grund dafür war möglicherweise die relativ späte Verbreitung und Festigung des Christentums und die sich nur langsam formenden güterrechtlichen Verhältnisse. Lange hatte die Frau das Recht, ebenso wie der Mann, ihren Partner frei zu wählen, sogar das Recht auf mehrere Lebensgefährten, ohne daß sich für einen der Partner die

Frage der Ehescheidung stellte. Dies konstatierte in Böhmen der hl. Adalbert schon im 10. Jahrhundert mißbilligend. Hundert Jahre später schildert der Chronist Cosmas tadelnd die Geschichte der Familienverhältnisse des Fürsten Oldřich (1012–1034)[9], der ohne Ehescheidung seine legitime Gattin, eine deutsche Fürstin, verbannte, um sich mit der ebenfalls verheirateten böhmischen Bauersfrau Božena zu verbinden. Der dieser Verbindung entstammende Sohn, der berühmte Přemyslidenfürst Břetislaw I. (1034–1055), war demnach eigentlich unehelich. Doch gerade er war es, der durch seine Söhne einen neuen Zweig des Geschlechts der Přemysliden gründete.

Interessant ist, daß nach der Überlieferung des Geschichtsschreibers Cosmas am Anfang des böhmischen Staates Frauen standen, nämlich die drei Töchter des Krok, der als Nachfolger des Ahnherrn Čech galt. Eine von ihnen, die Fürstin Libussa, Priesterin und Seherin, erkor sich durch ihre freie Entscheidung Přemysl den Ackermann, den sie direkt vom Pfluge holen ließ, zu ihrem Mann. Nur durch diese ihre Entscheidung konnte Přemysl der Ackermann, mythischer Ahnherr der Dynastie, das Geschlecht begründen. Der Sage nach überbrachte ein Pferd die Botschaft zu Přemysl nach Staditz, wo der künftige Fürst sein Feld pflügte. Das Pferd kannte den Weg, da die Fürstin, wie Cosmas berichtet, schon früher zu Přemysl geritten war. Es ist zu ergänzen, daß dies ein weiter Weg war, da die Fürstin Libussa auf der Burg Vyšehrad in Prag lebte, während das Dorf Staditz weit in Nordwestböhmen liegt!

Diese Sagen, wie auch die historischen Tatsachen über die bevorzugte rechtliche Stellung der slawischen Frauen waren am Anfang des 13. Jahrhunderts noch gut bekannt. Die Zeiten änderten sich jedoch sehr und auch die Stellung der Frau, besonders derjenigen aus der herrschenden Dynastie hatte sich gewandelt, denn seit der Herrschaft der mythischen Fürstin Libussa ist keine böhmische Fürstin mehr bekannt, die das Recht gehabt hätte, im böhmischen Staat allein zu regieren. Im Gegenteil, die Erbansprüche der Frauen der Přemysliden und später der Luxemburger wurden auf ein Minimum beschränkt. Sie verloren das Recht, selbständig zu regieren und büßten auch das Anrecht auf den Thron faktisch ein.[10] Das bedeutete jedoch nicht, daß die weiblichen Angehörigen der Přemyslidenfamilie keine gute Erziehung erhalten hätten, daß sie sich ihrer adeligen Herkunft nicht bewußt gewesen wären und daß sie keinen Einfluß auf die staatlichen Entscheidungen hätten nehmen können. Wie alle Frauen aus Herrschergeschlechtern wußten und akzeptierten sie, daß ihr Schicksal den Entschlüssen ihres herrschenden Vaters oder Bruders unterworfen war, die diese im Interesse der Dynastie faßten und die Přemyslidinnen zu einem Objekt dynastischer Politik machten. Falls sie aus verschiedenen Gründen – sei es Witwenschaft oder fehlende Gelegenheit zu einer angemessenen Heirat – jedoch nicht in das politische Kalkül einbezogen wurden, konnten sie über ihr Leben fast frei verfügen. Diese Freiheit war vor allem durch den Eintritt in ein Kloster zu verwirklichen. Als Beispiel seien die bereits erwähnte Fürstin Mlada, die Gründerin des Klosters an der St. Georgsbasilika, sowie die Prinzessin Kunigunde, eine Großnichte der hl. Agnes und Äbtissin dieses Klosters, genannt.

Die Prinzessinnen aus dem Haus der Přemysliden waren im allgemeinen starke und zielbewußte Frauen, die über Herrschereigenschaften verfügten und es auch verstanden, diese zur Geltung zu bringen. Sichtbar unterschied sich von ihrer die Stellung der von der Forschung bisher unberücksichtigt gebliebenen Königinnen, die im frühen und hohen Mittelalter nach Böhmen einheirateten, denn die Přemysliden behandelten ihre Ehefrauen keineswegs so, wie es von christlichen Herrschern zu erwarten gewesen wäre. Im Gegenteil, Prinzessin Agnes erlebte das auch in ihrer eigenen Familie mehrmals mit, sie verstanden es im 13. Jahrhundert sogar, ihr Privatleben so zu verwirren, daß auch ihre politische Situation sich komplizierte.[11]

Prinzessin Agnes wurde höchstwahrscheinlich 1211[12] als letztes Kind König Přemysl Ottokars I. (1197, 1198–1230) und seiner zweiten Gattin, Königin Konstantia, geboren. Konstantia war die Tochter des ungarischen Königs Béla III. (1172–1196) und die Schwester der späteren ungarischen Könige Emmerich und Andreas II. (1205–1235). Für den späteren geistlichen Lebensweg der Prinzessin war die Verwandtschaft mütterlicherseits von keiner geringen Bedeutung. Über ihren Onkel Andreas II. ergab sich die Nähe zu der 1235 heilig gesprochenen Elisabeth von Thüringen, die seine Tochter war. Einer Tante der hl. Elisabeth mütterlicherseits, der nach ihrem Tod ebenfalls heilig gesprochenen Fürstin Hedwig, Gemahlin Heinrichs I. des Bärtigen von Schlesien, wurde frühzeitig die Erziehung der kleinen Agnes anvertraut.

Diese schwer überschaubaren Beziehungen unter den regierenden Geschlechtern Mitteleuropas sind nicht nur wegen der dynastischen

Bindungen und der sich daraus ergebenden möglichen Kontakte wichtig. Sie lassen auch Zusammenhänge des Wirkens von Vorbildern und geistige Strömungen erkennen, zu deren Trägern oft die Frauen wurden, die eine für die damalige Zeit gute Bildung und eine große politische Übersicht hatten. Die intelligentesten und aufnahmefähigsten unter ihnen blieben in ihrer Umgebung keineswegs passive Zuschauerinnen. Ihre ganze Erziehung führte sie von Kindheit an dazu, den Widerspruch zwischen dem wirklichen Leben und dem christlichen Ideal zu begreifen. Sie lernten auch den Unterschied zwischen dem Leben am Hofe und der wirklichen Armut kennen. Nachdem sie ihre Pflichten gegenüber der Dynastie und der Familie, Nachkommen zu gebären, erfüllt hatten, bemühten sie sich, durch persönliche Askese und aufrichtige caritative Tätigkeit diesen Widerspruch zu lindern und zu beseitigen, wozu sie durch ihre Stellung die wirtschaftlichen Möglichkeiten besaßen. Dies erklärt vielleicht auch, warum diese adeligen Frauen ihre Aufmerksamkeit gerade der Lehre des hl. Franziskus und der hl. Clara zuwandten: einer Frömmigkeit, die auf wirkliche Armut und Liebe zu Gott, also auf Menschenliebe begründet war.

Diese für die damalige Zeit höchst moderne religiöse Reformbewegung, in einer ganz anderen sozialen Umgebung in Norditalien entstanden, fand Widerhall und Verständnis im Umkreis der adligen Familien, vor allem jedoch unter den Frauen. Eben weil sich ihre regierenden Väter, Brüder oder Gatten kaum dem asketischen und caritativen Leben widmen konnten, übernahmen im geistlichen Stand lebende Frauen der königlichen Familie diese Aufgabe. Bewußt oder unbewußt dienten sie so den Interessen ihres Geschlechts. Indem sie sich gemäß den zeitgenössischen Vorstellungen dem Ideal eines wahren christlichen Lebens näherten, wurden sie nicht nur zur Zierde ihrer regierenden Familie, sondern sie luden auch deren Sünden auf sich, um durch ihren Ruf der Heiligkeit und, im günstigsten Falle, durch die Heiligsprechung auch für die Zukunft Beschützerinnen und Schutzpatroninnen des Geschlechts und des Landes zu werden. In dieser Hinsicht griffen manche von ihnen auch aktiv in die hohe europäische Politik ein. Eine solche Möglichkeit bot sich den weltlich lebenden Frauen aus dem Herrschergeschlecht nicht. Sie blieben meist nur ein passiver, wenn auch wichtiger Faktor der dynastischen Politik.

Wie bereits gesagt, wurde Prinzessin Agnes in der zweiten Ehe Přemysl Ottokars I. geboren. Das ist deshalb erwähnenswert, weil die Entwicklung des Ehekonflikts, in den sich ihr Vater über lange Jahre verstrickt hatte, Agnes im engsten Familienkreise die Gefahren der Karriere einer hochgeborenen Ehefrau drastisch vor Augen führte und in Verbindung mit persönlichen ehepolitischen Erfahrungen auf ihre späteren Entscheidungen sicher nicht ohne Einfluß geblieben ist. Přemysl I. hatte in zwanzigjähriger Ehe mit der Wettinerin Adelheid von Meißen vier Kinder, drei Töchter und den Thronfolger Wratislaw, gezeugt. Zur Verstoßung seiner legitimen Gattin gab es weder innen- noch außenpolitische Gründe. Allein seine Leidenschaft für die junge ungarische Prinzessin Konstantia brachte ihn in eine schwierige Lage. Um seinem Verlangen einen Schein der Legitimität zu geben, ließ er sich von der Wettinerin scheiden. Behilflich war ihm dabei der gefügige Prager Bischof Daniel, der die Scheidung mit dem nicht zutreffenden Argument zu naher Verwandtschaft zwischen Přemysl und Adelheid begründete. Der Spruch des Prager Bischofs über die Ungültigkeit der Ehe reichte Přemysl Ottokar I., um schon im Jahr darauf (1199) die Ehe mit der jungen Konstantia zu schließen. Die tief beleidigte Adelheid und ihre Verwandten wehrten sich. Nicht nur um ihrer selbst willen, sondern auch wegen der Kinder. Přemysl Ottokar I. ließ es an Grausamkeit gegen seine erste Gattin nicht fehlen. Während des Ehescheidungsprozesses wurde ihr von der bewaffneten Wache der Zutritt zum Gerichtssaal verwehrt und damit die Möglichkeit genommen, ihre Rechte zu verteidigen. Sie entschied sich deshalb, Gerechtigkeit bei der Kurie zu suchen. Papst Innozenz III. war über Přemysls Betragen zwar tief empört – er nannte Konstantia sogar eine Ehebrecherin – zugunsten der verstoßenen Adelheid griff er jedoch nicht ein, obwohl das in seiner Macht gelegen hätte. Stattdessen ließ er zur Behandlung von Adelheids Beschwerde einen langwierigen kirchlichen Prozeß eröffnen. Weder die weltliche noch die kirchliche Gerechtigkeit griff zugunsten Adelheids ein. Hohen Interessen der europäischen Politik, in der Papst Innozenz III. die unberechtigte Ehescheidung Přemysls zu seinen Gunsten ausnutzen wollte, wurden die Rechte der verstoßenen, gedemütigten und moralisch mißhandelten Königin geopfert.

1198, als Přemysls Ehe mit Adelheid auseinanderbrach, löste sich dagegen ungewöhnlich konfliktlos die Frage der Thronfolge im Geschlecht der Přemysliden. Die Versöhnung der Brüder, des Markgrafen von Mähren Wladislaw Heinrich und Přemysl Ottokars I., brachte für eine lange Zeit die dynastischen Streitigkeiten zum Erliegen. Herr scher wurde Přemysl Ottokar I. Beide Brüder nutzten die Situation zur Festigung der Position des böhmischen Staates in Europa. Přemysl Ottokar I. wurde zu einem begehrten Verbündeten für die einen und zum gefürchteten Feind für die anderen und zögerte nicht, zu seinem Vorteil auch in die Reichspolitik einzugreifen. Im 12. Jahrhundert hatten die staufischen Könige störend in die böhmischen Angelegenheiten eingegriffen. Nun hatte sich die Lage geändert. Nach dem Tode Kaiser Friedrichs I. Barbarossa und dem seines Sohnes Heinrich VI., erlebte das Reich eine Zeit des Wandels und der Unruhe, während der sich die Staufer bemühen mußten, ihre Macht wieder zu festigen. Auch der mächtige Papst Innozenz III. suchte seinen Willen in den Reichsangelegenheiten zur Geltung zu bringen.

Der kluge und tüchtige Přemysl Ottokar I. zögerte nicht, in dieser oft unübersichtlichen Lage in die Machtkämpfe um den Reichsthron so einzugreifen, daß für ihn selbst Vorteile daraus erwachsen konnten. Im Verlaufe dieser Kämpfe wechselte er deshalb für entsprechenden Vorteil mehrmals seine Orientierung.

Diese unruhigen Wellen der europäischen Politik bewirkten auch in den böhmischen Ehescheidungsangelegenheiten kuriose Wandlungen. 1204, als Přemysl Ottokar I. auf die Seite des Staufers Philipp von Schwaben überging, mußte er als eine der Bedingungen Adelheid von Meißen wieder aufnehmen. Zu jener Zeit hatte er mit Konstantia schon drei Töchter. Als aber im nächsten Jahr, 1205, Konstantia den Sohn Wenzel, den späteren König Wenzel I., gebar, entschloß sich Přemysl Ottokar I. endgültig für Königin Konstantia. Obwohl er später Schwierigkeiten mit der Anerkennung des Erbanspruchs für Wenzel I. hatte, änderte er seinen Entschluß nie mehr. Die komplizierte Familienlage war sicher nicht leicht für beide Königinnen und ihre Kinder.[13] Sie wurde erst durch Adelheids Tod Anfang 1211 gelöst. Von den neun Kindern der Königin Konstantia (vier Söhne und fünf Töchter) wurde als letztes 1211 Prinzessin Agnes geboren. Sie war das einzige Kind, das erst nach dem Tode der verstoßenen Königin Adelheid zur Welt kam.

Für den alternden königlichen Vater ergab sich mit der Geburt der Tochter vor allem das Problem ihrer künftigen Stellung im Rahmen seiner dynastischen Pläne. Die Entscheidung fiel ihm dann offensichtlich aber nicht schwer, denn Agnes blieb nicht lange im Familienkreise, oder besser gesagt, in der Nähe ihrer Mutter. Zum Bräutigam wählte ihr der Vater wahrscheinlich einen der Söhne der schlesischen Fürsten aus der Familie der Piasten. Als dreijähriges Mädchen wurde Agnes mit ihrer älteren Schwester Anna nach Schlesien geschickt. Heim und Erziehung wurden den beiden Přemyslidinnen fortan im neugegründeten, noch nicht fertiggebauten Zisterzienserkloster in Treibnitz unweit von Breslau geboten. Die Aufsicht über ihre Erziehung hatte die Gründerin des Klosters, die bereits erwähnte Fürstin Hedwig, Gattin des schlesischen Piastenfürsten Heinrich I. des Bärtigen. Zur Zeit der Ankunft der Mädchen in Treibnitz stand die Fürstin bereits im Ruf einer Heiligen.[14] Das Legendenschrifttum übertreibt wohl nicht, wenn in ihm behauptet wird, daß ihr Handeln beide Kinder beeinflußte, besonders aber wohl die jüngere Agnes, die sicher aufnahmefähiger und empfindsamer war als ihre Schwester, fand sie sich doch der neuen Umgebung im Kleinkindalter ausgesetzt. Das erklärt sicher auch, warum sie sich ihrer Schwester Anna als ihrer Lieblingsschwester besonders eng anschloß. Anna wurde später mit Heinrich dem Frommen, dem Sohn der Fürstin Hedwig und des Fürsten Heinrich I., der 1241 in der Schlacht mit den Tataren bei Liegnitz fiel, verheiratet.

Agnes blieb nicht lange in Treibnitz. Schon nach drei Jahren kehrte sie nach Böhmen zurück. Der Grund für ihre schnelle Rückkehr war höchstwahrscheinlich der Tod des jungen schlesischen Fürsten, dem sie als Ehefrau bestimmt worden war. Um welchen Fürsten es sich genau handelte, ist nicht bekannt.

Nach ihrer Rückkehr wurde für Agnes das bekannte tschechische Prämonstratenserkloster Doxan bei Leitmeritz als Ort bestimmt, an dem ihre Erziehung vertieft werden sollte. Die königliche Stiftung des Klosters zeigt, daß es sich um ein vornehmes Kloster handelte, in dem Frauen adeliger Herkunft erzogen wurden oder auch ihr Leben verbrachten.[15] Diese Tradition des Klosters bewahrte sich auch in späterer Zeit. Obwohl über diese Zeitspanne in Agnes' Leben außer den Nachrichten in den Legenden wenig bekannt ist, darf man doch mit Sicherheit annehmen, daß sie in Doxan neben der religiösen Erziehung auch die Grundlagen einer Allgemeinbildung erhielt. Das entsprach sowohl dem damaligen Brauch bei der Erziehung königlicher Töchter als auch dem Alter des Mädchens. Nach zwei Jahren verließ die nunmehr Achtjährige das Kloster in Doxan wieder, denn ihr Vater bereitete ein anderes Heiratsprojekt vor, für welches die Erziehung in Doxan doch nicht ausreichte. Der diesmal für sie ausersehene Ehemann sollte der ein Jahr ältere Sohn Kaiser Friedrichs II. sein, der 1219 schon zum Römischen König gewählte Heinrich (VII.). Von da an war Agnes mit den Staufern und ihrer Politik schicksalhaft verbunden. Für die zukünftige Königin und Schwiegertochter des Kaisers war eine Erziehung, die den höchsten Ansprüchen höfischer Kultur entsprach, vonnöten. Dazu wurde der Hof des Babenberger Herzogs Leopold VI. ausgewählt. Hier also sollte das Mädchen Agnes alles erlernen, was die Hofetikette vorschrieb, vom Tanz bis zum guten Benehmen.

Es ist auch hier kein Exkurs in die komplizierte europäische Politik nötig. Erwähnt werden soll nur, daß der künftige Bräutigam der Přemyslidin, von seinem Vater allein im Reich zurückgelassen, vorläufig noch zu jung war, um selbständig regieren zu können. Der Kreis seiner Ratgeber, vor allem der ambitiöse Kölner Erzbischof Engelbert hatte mit Heinrich andere, seinen eigenen Interessen entsprechende Heiratspläne. Verhängnisvoll für Agnes wurde es, daß auch der mit ihrer Erziehung beauftragte Herzog Leopold Gefallen an diesen Plänen fand, sollte doch danach statt Agnes seine Schwester König Heinrichs Frau werden und seine Tochter englische Königin.

Přemysl Ottokar I., der nur zu gut mit der europäischen Politik und deren geheimen Windungen vertraut war, wurde unsicher, als es 1225 noch immer zu keiner Hochzeit gekommen war. Wohl um das Heiratsprojekt doch noch zu sichern, trat er auf dem Ulmer Reichstag sogar mit der Mitteilung über die Mitgift seiner Tochter an die Öffentlichkeit. Er war bereit, Agnes mit einer Mitgift im Werte von 45 000 Pfund Silber, einem außerordentlich hohen Betrag, auszustatten. So hoch schätzte der böhmische König die angestrebte Verwandtschaft mit Kaiser Friedrich II. ein.

Es scheint jedoch, daß trotz dieses Angebots die Entscheidung schon gefallen war. Selbst der künftige Bräutigam erklärte, er wolle Agnes nicht, obwohl er sie bisher nie gesehen hatte und wohl auch später nie zu Gesicht bekam. Nach einer weiteren, wenn auch nicht grundsätzlich anderen Variante der Ehediplomatie wurde schließlich Margarete von Babenberg, die Tochter Herzog Leopolds, die einige Jahre älter war als ihr Bräutigam, Heinrichs Frau. Freude über diesen Erfolg war aber keineswegs angebracht, wie der weitere unglückliche Lebensverlauf seiner Tochter an der Seite König Heinrichs (VII.) zeigte. Der Fall ist wohl ein Musterbeispiel dynastischer Manipulation mit adligen Frauen.[16]

Der böhmische König erfuhr von diesen Wendungen erst bei Agnes' Rückkehr nach Böhmen 1225. Seine Reaktion entsprach den Vorstellungen, die er von seiner Stellung und seiner Macht hatte. Die Auflösung des Heiratsversprechens empfand er als eine tiefe Beleidigung, die er ohne Zögern mit militärischen Einfällen in babenbergisches Gebiet vergalt. Es ist interessant, daß er die größte Schuld Herzog Leopold VI. zuschob, gegen den sich auch sein Zorn wandte, obwohl auch Kaiser Friedrich II. dieser Änderung des Heiratsplanes für seinen Sohn zugestimmt hatte.

Schon damals vielleicht begann Agnes den Eintritt in einen Orden zu erwägen. Stolz wie sie war, empfand sie wohl mehr als ihre eigene Erniedrigung die Demütigung ihres Vaters, von dem sie viele Eigenschaften geerbt hatte, wie sich in späteren Lebensabschnitten deutlich zeigen wird. Sicherlich waren Demut, Frömmigkeit, Glauben, Gehorsam die offensichtlichen Früchte einer klösterlichen Erziehung. Ist jedoch nicht eine ausdauernde und zähe Neigung zur Askese Ausdruck eines starken Willens? Und die Ausdauer, mit der sie beharrlich ihre Pläne durchsetzte? Und wieviel königlicher Stolz, den sie auch zur Geltung brachte, zeigte sich in ihrem Werk, dessen Monumentalität bis dahin in Böhmen nicht seinesgleichen hatte? Ihr Sinn für die Würde, den sie so oft bewies? Waren dies nicht angeborene Voraussetzungen, die sie von ihrem Vater ererbt hatte?

Nach ihrer Rückkehr blieb Agnes am königlichen Hof der Přemysliden. In dieser Zeit begann sie wohl, wie erwähnt, über die Aufgabe des weltlichen Lebens zugunsten eines Lebens im Kloster nachzudenken, wenn auch die Verwirklichung dieser Absichten nicht von ihrem Willen abhing, da die Entscheidung über ihr künftiges Leben völlig in den Händen ihres autoritären königlichen Vaters lag. Doch sollte man daraus nicht schlußfolgern, daß der Vater in keinem nahen Verhältnis zu seiner Tochter gestanden hätte. Dies zeigt ein Ereignis aus eben diesen Jahren. Es handelt sich um eine Episode, die bisher in der Literatur als Ausdruck von Agnes' Frömmigkeit und Barmherzigkeit interpretiert wurde. Im Jahre 1227, als der königliche Hof auf der Burg Elbogen weilte, predigte und sammelte dort Konrad von Marburg, dessen Name vor allem mit seiner inquisitorischen Tätigkeit im Reich verbunden ist, und der durch seine Beziehung zu Elisabeth von Thüringen als deren Beichtvater sich um ihre Heiligsprechung verdient gemacht hat, ein Kreuzzugsheer. Seine Werbetätigkeit muß den böhmischen König, der sich von der babenbergischen Beleidigung noch nicht erholt hatte, nicht nur deshalb verärgert haben, weil auch er selbst ein Heer zu einem Kreuzzug aufstellen wollte, sondern weil Konrad in seiner Werbetätigkeit erfolgreicher war. König Přemysl Ottokar I. ließ Konrad verhaften und zum Tode verurteilen. Es wird berichtet, daß ihn vor der sicheren, schon vorbereiteten Hinrichtung nur die Fürsprache einer Königstochter rettete. Nach allen Erwägungen kann es sich dabei nur um die Prinzessin Agnes handeln. Man darf diese Erzählung, die sicherlich einen historischen Kern hat, nicht nur mit der Herausbildung des Bildes der hl. Agnes in der Überlieferung in Verbindung bringen. Sie war sicher auch Ausdruck einer tatsächlich vorhandenen engen Beziehung zwischen Tochter und Vater, von Zuneigung und gegenseitigem Verständnis.

In den Jahren 1225–1231 erscheinen noch einige Male – mehr oder weniger historisch belegt – Berichte und Vermutungen über eine für Agnes geplante Heirat.

Um 1227 deuten gewisse Anzeichen ein Interesse des englischen Königs an. Da jedoch aus einer solchen Heirat auf eine Annäherung Přemysl Ottokars I. an die antikaiserliche Opposition hätte geschlossen werden können, schwand auch diese Möglichkeit, die jüngste Tochter angemessen zu verheiraten.

Der Vollständigkeit halber sind noch weitere drei nicht ganz eindeutige Heiratsanträge zu erwähnen, die alle von Seiten der Staufer kamen. Fast gleichzeitig mit dem englischen Antrag soll auch Kaiser Friedrich II., der 1228 bereits wieder verwitwet war, selbst Interesse bekundet haben. Aber offensichtlich lag dem Staufer nur daran, sich in schwierigen Zeiten die Loyalität Böhmens zu sichern. Indes hatte auch Přemysl Ottokar I. kein Interesse daran, sich die päpstliche Kurie zum Feinde zu machen, denn diese hätte eine Ehe des Kaisers mit Agnes als unannehmbar betrachtet. So sind wenigstens die Briefe zu verstehen, die in dieser Zeit Papst Gregor IX. der böhmischen Königin, dem böhmischen Adel und auch dem ungarischen König Andreas II. sandte. Deshalb hat man wohl am Prager Hof mit Erleichterung registriert, daß Kaiser Friedrich II., der mit den Vorbereitungen eines Kreuzzugs beschäftigt war, seine Absicht nicht weiter verfolgte. Eine auch eher platonische Wiederaufnahme des kaiserlichen Heiratsprojektes erfolgte erst 1231. Zu der Zeit war Přemysl Ottokar I. nicht mehr am Leben und Agnes' Stellung und Entscheidungsmöglichkeit deshalb unabhängiger. Schon 1230, als ihr Vater noch lebte, hatte sie schriftliche Verhandlungen mit Papst Gregor IX. angeknüpft. Darum konnte sie, ebenso wie ihr Bruder, der schon regierende König Wenzel I., dem Kaiser endgültig erwidern, daß sie bereits einen anderen Bräutigam erwählt hätte, nämlich Christus. Mit seiner Krone konnte die kaiserliche nicht konkurrieren. Das mußte auch Kaiser Friedrich II. anerkennen.

1231 gab es noch einmal ein staufisches Interesse an der Hand der böhmischen Prinzessin. Diesmal sollte der Kandidat ihr ehemaliger Bräutigam König Heinrich (VII.) sein. Heinrich wollte sich auf Empfehlung seiner Reichsräte von Margarete von Babenberg scheiden lassen. Auch dieses Eheprojekt war selbstverständlich politisch motiviert. Die gegen den eigenen Vater gerichtete Scheidung seiner Ehe mit Margarete kam aber nicht zustande. Friedrich II. konnte energisch eingreifen. Er versöhnte die Eheleute, setzte 1231 seinen Sohn vom Thron ab und brachte ihn und seine Frau als Gefangene nach Italien. Heinrich starb 1242.

Die zahlreichen mit der Person der Agnes verbundenen Heiratsmanipulationen machen es wohl verständlich, daß sie nicht länger Gegenstand derartiger Verhandlungen sein wollte. Oft wird Agnes nach den Neigungen beurteilt, die sie von Jugend an in ihrem asketischen und frommen Leben zeigte, andererseits werden die Mißerfolge der Heiratspolitik als entscheidendes Motiv für ihren Entschluß, das weltliche Leben aufzugeben angeführt. Es ist jedoch nicht notwendig, in der einen oder der anderen Motivierung einen Widerspruch zu suchen. Vielmehr müssen wir deren Zusammenhang und gegenseitige Bedingtheit sehen. Die gebildete, für ihre Zeit auch welterfahrene Agnes erkannte mit Verstand und Gefühl, daß sie ihren Platz nicht in der Heirat suchen mußte. Und zudem konnte sie ihrem Volk, ihrem Geschlecht, in dessen Tradition sie erzogen worden war, am besten in Böhmen dienen. Dies begriff nicht nur der Bruder, König Wenzel I., Unterstützung fand sie auch bei ihrer Mutter.

Als Agnes ihren Wunsch äußerte, in ein Kloster einzutreten, war sie schon zwanzig Jahre alt. Ihre durch Gefühl, Verstand und Lebenserfahrung geführte Entscheidung war eine freie und zielbewußte Tat einer erwachsenen, intelligenten Frau. Alles, was sie seit ihrer Kindheit im Klostermilieu erlebt hatte, stand in der Sicht dieser introvertierten Frau unvergleichlich höher als das höfische Leben, zu Hause wie auch außerhalb Böhmens, selbst wenn man davon ausgehen kann, daß sie in beiden Klöstern als königliche Tochter eine privilegierte Stellung einnahm, in Trebnitz noch dazu in der Gesellschaft ihrer älteren Schwester. In Trebnitz wie in Doxan begegnete sie einer gütigen und freundlichen Umgebung, die sie sanft und gewaltlos, durch Vorbilder vermittelt zu der Erkenntnis führte, daß aus menschlichem Leiden allein die Zuflucht in Gott zu suchen sei. Darum dürfen die späteren Schilderungen ihres Lebens in der Legende[17], nach der sie auch am babenbergischen Hof eher wie eine Nonne gelebt und alle höfische Unterhaltung gemieden hat, nicht als bloßes Klischee verstanden werden. Agnes, die stolze přemyslidische Prinzessin, erlebte die prägende Zeit ihres Erwachsenwerdens in einer Umgebung, die ihr nicht fremd war. Besonders nach ihrer Rückkehr aus Bayern an den böhmischen Hof begriff sie ihre problematische Stellung als überflüssige Braut. Die Unsicherheit und Unruhe, ihre benachteiligte Stellung als Frau am Hofe standen im Gegensatz zu dem Frieden, der Ruhe und der Gleichheit im Kloster. Die Entscheidung lag allerdings bei ihrem Vater, dessen Rechte Agnes gehorsam akzeptierte, und dies nicht nur aus Pflichtgefühl. Man kann davon ausgehen, daß er für sie nicht nur Vater war, sondern auch König »von Gottes Gnaden«. Seine Entscheidungen über ihr Schicksal wurden auch von Gott getroffen. Sie hätte darum nie etwas gegen den königlichen Willen ihres Vaters unternommen. Auch einer Heirat würde sie sich sicher nicht verweigert haben, wenngleich die Schicksale der verheirateten adeligen Frauen in ihrer Umgebung kein verlockendes Beispiel abgaben. Es ist kaum vorstellbar, daß sie in ihrem zwanzigsten Lebensjahr das Schicksal ihrer Mutter wie auch das der Adelheid, der ersten Frau ihres Vaters, und die schwierige Lage ihrer »glücklicheren« Rivalin Margarete von Babenberg nicht reflektiert hätte.

Gewichtig für ihre Entscheidung mag auch gewesen sein, daß sie durch ihren Eintritt in ein Kloster ihre Heimat nicht verlassen mußte.

Ihre innere Entscheidung für das Leben im Kloster war weder schwer noch mühsam. So ist es überflüssig, nach weiteren entscheidenden Beweggründen zu suchen. In der Forschung wird vielfach darauf hingewiesen, daß ihre Lebensvorbilder sowohl die hl. Elisabeth als auch die hl. Hedwig und die hl. Clara waren. Obzwar auch am Anfang dieser Studie auf diese Tatsache Wert gelegt wurde, darf doch die Bedeutung dieser Vorbilder auch nicht überschätzt werden. Alle diese

Frauen unterschieden sich voneinander durch ihre Lebenserfahrungen, die sie in ihrem Denken und Handeln beeinflußten und ihr Bedürfnis und ihre Sehnsucht nach der Vergeistigung ihres bisherigen Lebens kennzeichneten. Die Kraft ihrer inneren Berufung war so groß, daß sie dann selbst zu Repräsentantinnen neuer geistiger Strömungen wurden. Die Přemyslidin Agnes, in der Tradition ihres Geschlechtes stehend, wandte ihre gesamte geistige Erfahrung ihrem Lande zu und beeinflußte die geistige Entwicklung der tschechischen Gesellschaft des 13. Jahrhunderts nachhaltig.

Es stellt sich allerdings die Frage, warum Agnes, als sie das weltliche Leben aufgab, nicht ein bereits bestehendes Kloster zu ihrem Aufenthaltsort wählte, beispielsweise das schon erwähnte Benediktinerinnenkloster auf der Prager Burg, oder warum sie die Neugründung nicht einem schon bestehenden Orden überließ, wie es fast zur gleichen Zeit ihre Mutter Konstantia tat[18], sondern ihre Aufmerksamkeit ganz neuen, fast unbekannten Ordensinstitutionen zuwandte. Nicht lange nach ihrer Entscheidung für das geistliche Leben gründete sie in Prag den ersten Konvent für die Schwestern, die bei San Damiano in Assisi lebten und deren Vorsteherin die hl. Clara war.

Es ist wohl nicht ganz zu Unrecht angenommen worden, daß Agnes über die Tätigkeit dieser Schwestern, ebenso wie über die des Mönchsordens der Minoriten, der von Franz von Assisi, dem geistigen Freund der hl. Clara, gegründet worden war, wahrscheinlich während ihres Aufenthaltes im »Ausland« erfahren hatte. Doch läßt sich dagegen einwenden, daß bereits 1228 die Existenz eines Minoritenkonvents bei St. Jakob in der Prager Altstadt nachweisbar ist. Die Bettelmönchsorden, sowohl die Dominikaner als auch die Minoriten, waren gegen Ende der Regierungszeit Přemysl Ottokars I. nach Böhmen gekommen.[19] Wichtig für Agnes' Entscheidung, sich den neuen Orden zuzuwenden, war wohl der Umstand, daß sich diese gerade zu der Zeit niederließen, als sie nach dem gescheiterten Heiratsprojekt mit dem Kaisersohn Heinrich nach Böhmen zurückkehrte. In tiefer seelischer Not suchte ihr empfindsames Herz, das Herz eines heranwachsenden Mädchens, dringend einen Trost bei Gott. Es ist nicht ausgeschlossen, daß die Heiligsprechung des Franziskus von Assisi, zu der es erst 1226 gekommen war, auch in Prag in einer verhältnismäßig kurzen Zeit bekannt gewesen ist und bei ihr einen nachhaltigen Eindruck hinterlassen hat.

Nicht nur im Ausland, auch in Böhmen konnte Agnes bereits den

Widerhall der modernen gotischen Spiritualität erleben, zu deren erster großer Anhängerin sie bald selbst werden sollte. Im Unterschied zur älteren Generation der adeligen Frauen vermochte gerade sie, weil sie so jung war, diese neuen geistigen Strömungen besser zu verstehen und deshalb ihrer Verbreitung und Unterstützung ihr Leben zu widmen. Sicherlich unterschied sich das geistige Milieu in Böhmen am Anfang des 13. Jahrhunderts von dem des übrigen Europa, besonders auch von dem Italiens, sehr stark. Im Wirken der Prinzessin Agnes ist aber sichtbar, daß dieses Land für die neuen religiösen Strömungen nicht unempfindsam war, und sein eigenes, modifiziertes, oft auch als tschechisch aufgefaßtes Verständnis dafür fand. Dies ist wohl die eigentliche Erklärung für die Zuneigung der Agnes zu den Bettelorden, die in ihrer weiblichen Ausprägung von solch einer herausragenden Persönlichkeit, wie es die hl. Clara war, repräsentiert wurden. Das Leben der Schwestern »Damianerinnen«, für Agnes in der hl. Clara sichtbar personifiziert, war für sie zweifellos erstrebenswert.[20]

Die gesellschaftliche Stellung der Prinzessin Agnes erleichterte ihre Verhandlungen mit der Kurie, denn eine Korrespondenz mit dem Papst zu führen war für eine Königstochter viel leichter als zum Beispiel für eine unbekannte Patriziertochter. Es können daher noch zu Lebzeiten ihres Vaters ihre ersten nach Rom führenden Schritte verfolgt werden. In den ersten Briefen eröffnete Agnes ihre Absichten und Vorhaben[21] dem Papst nur in groben Umrissen. Ihre späteren Briefe sind freimütiger und konkreter.

Anfangs richtete Agnes ihre Aufmerksamkeit auf caritative Tätigkeit. So muß auch die Gründung einer Bruderschaft des hl. Franziskus verstanden werden, die dem Spital ähnelte, das ihre Base, die hl. Elisabeth von Thüringen, in Marburg gegründet hatte. Das weitere Schicksal beider Spitäler war jedoch ganz unterschiedlich. Bei der Gründung der Spitalbruderschaft wurde die Prinzessin von ihrer Mutter, Königin Konstantia, materiell unterstützt, indem sie in Prag auf Poříčí und bei St. Peter gekaufte Grundstücke diesem Zwecke widmete. Hier wollte auch Agnes ursprünglich ihr Kloster gründen. Eine weitere mit der Tätigkeit dieser Bruderschaft verbundene Örtlichkeit befand sich bei St. Kastalus in Prag. Jedoch schon zu Agnes' Lebzeiten fand das Kloster seinen endgültigen Standort am Fuße der Moldaubrücke auf der Altstädter Seite des Flusses bei der Kirche des Heiligen Geistes, die später dem hl. Franziskus geweiht wurde. 1250, als die Mitglieder dieser Hospitalbruderschaft bereits eine bekannte Gemeinde bildeten, gestand ihnen Papst Innozenz IV. das Recht zu, eigene Abzeichen zu benutzen. Der Prager Bischof erteilte ihnen dann 1252 das Recht, am Mantel ein rotes Kreuz mit einem roten Stern zu tragen. Seit dieser Zeit können die Kreuzherren mit dem roten Stern als eine selbständige Ordensgemeinschaft betrachtet werden, die sich bald nicht nur in den böhmischen Ländern, sondern auch außerhalb ihrer Grenzen ausbreitete. Die Kreuzherren, die mit Recht die hl. Agnes als ihre Gründerin ansehen, sind der einzige in Böhmen beheimatete Orden.[22]

Gleichzeitig mit der Gründung dieser Bruderschaft widmete Agnes ihre unermüdliche Aufmerksamkeit der Ankunft und der Tätigkeit der Ordensschwestern von San Damiano. Großzügig bereitete sie auch den Bau eines neuen Konvents für die Schwestern, von Kirchen und weiteren Gebäuden vor, da der neu erbaute Klosterkomplex auch dem männlichen Teil des Ordens dienen sollte.[23] Die dafür ausgewählte Stelle lag am rechten Moldauufer. Der Bau kam sehr schnell voran, hatte er doch seinen großen Mäzen und Förderer im König selbst und in seiner Familie. Die Monumentalität des Bauwerks fand in Prag nicht ihresgleichen. Es entsprach in Form und Inhalt den modernsten Vorstellungen der sich entwickelnden gotischen Architektur und verlieh damit zugleich der Spiritualität dieser Zeit Ausdruck. Diese Monumentalität, gepaart mit der filigranen Herausarbeitung des Details, steht jedoch gleichsam im Widerspruch zu der strikt geforderten unbedingten Armut des Ordens, dem das Bauwerk bestimmt war. All dies, was wir heute über die Funktion und Bestimmung des gesamten Objektes wissen, beweist, daß es in der Gestalt, in der es erbaut wurde, gleichzeitig als königliche Begräbnisstätte dienen sollte, oder eher noch im Geiste der modernen Frömmigkeit als letzte Ruhestätte für diejenigen Mitglieder der königlichen Familie, denen diese Form der gotischen Frömmigkeit am nächsten stand.[24]

Im Jahre 1233 kamen die ersten fünf Ordensschwestern in Prag an, wahrscheinlich aus Norditalien, wo sie bereits eine direkte Beziehung zum Konvent der hl. Clara gehabt hatten. Schon im Herbst desselben Jahres erweiterten sieben böhmische Edelfrauen die neu entstehende Kommunität. Im März 1234 stellte König Wenzel I. das neue Kloster unter seinen Schutz und zu Pfingsten desselben Jahres wurde Agnes hier eingekleidet. An der großen Feier nahm eine Reihe von bedeutenden weltlichen und kirchlichen Gästen aus Böhmen und aus dem Ausland teil. An erster Stelle natürlich König Wenzel mit Königin Konstantia. Noch 1234 ernannte Papst Gregor IX. Agnes zur Äbtissin und erteilte dem Kloster eine Reihe kirchlicher Privilegien.

Obwohl der Bau des gesamten Objekts selbst sehr interessant ist, waren doch alle Verhandlungen, die Äbtissin Agnes zur Durchsetzung ihrer Ideen, wie diese Kommunität aussehen sollte, unternahm, viel gewichtiger und bedeutungsvoller. Möglicherweise ging es ihr dabei auch darum, Vorstellungen über das geistige Antlitz ihres Landes zu realisieren.

Die Schwestern von San Damiano, die sich im Kloster niederließen, richteten sich nach den Regeln des Benediktinerordens, nicht also nach denen, die der hl. Franziskus nach komplizierten Verhandlungen für die Minoriten ausgearbeitet hatte. Damit wollte sich Agnes nicht zufrieden geben, da die Benediktinerregeln bei weitem nicht so streng waren, wie die der Minoriten. Hier liegt wohl einer der Gründe, warum sie selbst nicht in den Benediktinerinnenorden oder einen anderen der älteren Orden eintrat. 1234–1260 wandte sie viel Zeit und Energie auf, um bei der Kurie für ihren Orden und ihren Konvent die Erlaubnis zu erlangen, nach den Ordensregeln des hl. Franziskus leben zu dürfen. Volle Unterstützung fand sie dafür bei ihrem Bruder, aus dessen Schreiben an Papst Gregor IX. eingangs zitiert wurde. Doch obwohl der Papst kein Interesse hatte, sich in dieser Zeit seiner Auseinandersetzungen mit Kaiser Friedrich II. auch mit Wenzel I. zu verfeinden, gelang es Agnes nicht, ihr Ziel bei der Kurie zu erreichen. Im Gegenteil kamen aus Rom Schreiben, nach denen die Lebensbedingungen der Ordensschwestern schon im Hinblick auf die wesentlich härteren klimatischen Bedingungen in Mitteleuropa eher gemildert wurden. Es ist gewiß, daß diese Haltung der Kurie ihr ungeklärtes Verhältnis zu diesem Mendikantenorden widerspiegelte. Agnes war unermüdlich, wie zwei Dutzend von Schriftstücken beweisen, die zwischen Rom und Prag ausgetauscht wurden. In diesen Zeitraum fallen auch vier direkt an Agnes gerichtete Briefe der hl. Clara, die allerdings nur in Abschriften überliefert sind. Die Briefe sind schon aus dem Grund bemerkenswert, als hier, in der ersten Hälfte des 13. Jahrhunderts, Frauen verschiedener Stände im Briefwechsel standen. Zwar behandeln sie lediglich Fragen des Glaubens und des geistigen Verständnisses, aber allein die Tatsache eines Briefwechsels zwischen einer Patriziertochter aus Assisi und einer Königstochter zeigt den in dieser Zeit vorsichgehenden tiefgreifenden geistigen Wandel, als eine Idee den tiefen sozialen Unterschied zwischen beiden Frauen zu verwischen im Stande war.

Wie aus dem Briefwechsel der beiden Frauen hervorgeht, unterstützte die hl. Clara Agnes in ihren Bestrebungen, die Ordensregel des hl. Franziskus durchzusetzen, mäßigte sie jedoch hinsichtlich der Einhaltung strenger Fastengebote und sonstiger Entsagungen.

Die ablehnende Stellungnahme Papst Gregors IX. zu Agnes' drängendem Ansuchen hatte eine Reihe von Gründen, die im inneren Leben der Kirche und ihrer Einstellung zu den Mendikantenorden zu suchen sind. Positiv wurden bisher die klaren, wenn auch etwas hintergründigen Worte ausgelegt, die Papst Gregor IX. an Beatrix von Kastilien über Agnes' Eintritt ins Kloster schrieb. Er lobt zwar ihre Tat, charakterisiert sie jedoch als unter dem direkten Einfluß des Vorbildes der Elisabeth von Thüringen stehend. Man könnte in diesen Worten auch die unausgesprochene Vermutung des Papstes sehen, daß sich Agnes durch ihre Handlungsweise auch um ihre Heiligsprechung bemühe. Dafür würde die gewiß auch der Kurie nicht unbekannte Tatsache sprechen, daß Agnes in Böhmen in dem Ruf eines heiligmäßigen Lebens stand. Sie hatte alle Klosterwürden und Güter aufgegeben, und lebte mit ihrer Schwester in wirklicher evangelischer Armut, wenn sie in ihrem Kloster sicher auch weiterhin eine bedeutende Stellung einnahm, wie ihr Titel »ältere Schwester« zeigt. Papst Gregor IX. lehnte jedoch, wie bereits erwähnt, Agnes' Gesuch nach Einführung strengerer Regeln ab. Er milderte im Gegenteil die Ordensregeln im Prager Konvent. Doch Agnes lebte auch weiterhin wie früher. Die päpstliche Vermutung, Agnes' Handlungsweise sei ihrem Ehrgeiz zuzuschreiben, ihre Heiligsprechung zu erreichen, dürfte demnach etwas vereinfachend gewesen sein.

Als es 1253 der hl. Clara nicht lange vor ihrem Tode gelang, die päpstliche Bewilligung der Regeln ihres Ordens zu erreichen, die grundsätzlich aus denen des hl. Franziskus hervorgingen, zögerte Agnes nicht. Sie ersuchte erneut die Kurie, daß auch ihr Konvent diese Regel anwenden dürfe. 1260 endlich bestätigte ihr die Kurie die Gültigkeit dieser Klosterregeln für ihren Konvent. Hier wird deutlich, daß Agnes eine begeisterte Anhängerin der evangelischen Armut Christi, eine Trägerin der neuen gotischen Spiritualität war, deren eifrige Verfechterin sie in Mitteleuropa wurde. In gewissem Sinne wurde sie zu einer engagierten Mitkämpferin der hl. Clara, die ohne Zweifel Agnes' Tätigkeit auch so verstand.

Die Mission und die Stellung der hl. Clara einerseits und der Přemyslidin Agnes andererseits waren unterschiedlich. Dies ist schon aus der Titulierung ersichtlich, die Agnes benutzte. »Agnes, discipula s. Francisci, soror regis Boemorum« – »Agnes, Schülerin des hl. Franziskus, Schwester des böhmischen Königs«. Agnes blieb auch hinter den Mauern ihres Klosters weiterhin eine Přemyslidin. Sie lebte ganz sicher in der Erkenntnis, daß ihr Geschlecht von Gottes Gnaden regierte. Sie verlor die Ereignisse in ihrer Heimat nie aus der Sicht und griff mehrmals ein, obwohl die Verhandlungen nicht einfach waren.

1249 wurde ihre Klosterkirche zur Stätte der Versöhnung zwischen König Wenzel I. und seinem revoltierenden Sohn Přemysl Ottokar II. Hinter König Wenzel I. stand das Interesse der Kurie, Přemysl repräsentierte dagegen die kaiserlichen Interessen. In Agnes' Engagement müssen dagegen keine höheren politischen Motive gesucht werden; sie sah im Zwist zwischen dem regierenden Vater und seinem Sohn eher den Machtkampf unter den beiden letzten Angehörigen der Přemyslidendynastie.

Für diesen Neffen war Agnes ohne Übertreibung mehr Mutter als Tante, die zudem in einer Klosterzelle eingeschlossen lebte. Darum begleitete sie nicht als Angehörige des Ordens, sondern als Přemyslidin seinen Feldzug zum Marchfeld mit der Vision eines tragischen Endes. Keine übernatürlichen Kräfte, eher ihre Fähigkeit, Přemysls Situation realistisch zu beurteilen, füllte ihr Herz und Verstand mit einer geradezu materialisierten Angst um das Schicksal des Königs und des Landes. Sie war imstande, die Lage ihres Neffen einzuschätzen, die durch den päpstlichen Bann und die Reichsacht so schwierig war. Das Interesse der Kurie, Přemysls politischen und militärischen Rivalen Rudolf von Habsburg zu unterstützen, vermochte kaum, in Agnes die přemyslidischen Gefühle in den Hintergrund zu rücken. Sie und ihr Kloster trugen an der Seite ihres Volkes tapfer die Schrecken der brandenburgischen Besatzung und der habsburgischen Plünderung. Ihr Kloster, das wirkliche Not litt, gewährte vielen Geschädigten Zuflucht, Agnes selber erlebte am 24. Mai 1283 nicht mehr die Rückkehr des jungen Königs Wenzel aus seiner Gefangenschaft nach Böhmen. Sie starb am 2. März 1282 in ihrem Kloster, wo sie auch bestattet wurde.

Nur scheinbare Widersprüche kennzeichnen das Leben der Agnes von Böhmen, einer Schülerin des hl. Franziskus und gleichzeitig der königlichen Tochter und Schwester. Ihr Leben ist vielmehr ein Abbild der leidvollen Entwicklung der europäischen Zivilisation mit ihrem Sehnen und Suchen nach Wegen, die Gegensätze zwischen Armut und Reichtum, zwischen Macht und Gehorsam, oft mit dem Verlust der menschlichen Würde verbunden, zu verwischen. Das Christentum war und ist noch immer einer dieser möglichen Wege. Mit Innerlichkeit empfing Agnes die mit tiefer Liebe zum leidenden Nächsten verbundene gotische Spiritualität des hl. Franziskus und wurde deren begeisterte Anhängerin. Durch all das, was sie durchlebte und wie sie sich zum Leben stellte, reiht sie sich zu den bedeutendsten Frauen des 13. Jahrhunderts.

Man könnte vermuten, daß auch Agnes, wie so vielen ihrer Zeitgenossinnen im 13. Jahrhundert, die Heiligsprechung hätte zuteil werden können, nicht nur wegen des weit über die Grenzen Böhmens hinausgedrungenen Rufs ihres heiligmäßigen Lebens, sondern wegen ihres humanistischen Anliegens und ihrer caritativen Verdienste. Dies geschah aber nicht. Die mit ihrer Heiligsprechung zusammenhängenden Komplikationen wurden in der letzten Zeit ausführlich untersucht, so daß es nicht notwendig ist, sich damit hier auseinanderzusetzen[25], doch sollen wenigstens kursorisch die unruhigen politischen Verhältnisse erwähnt werden, die ihre Lebensgeschichte noch nach ihrem Tode begleiteten. Hier muß nicht nur die gespannte Situation in Böhmen nach der Schlacht auf dem Marchfeld berücksichtigt werden, sondern auch das Aussterben der Přemysliden im Mannesstamme 1306 und die Thronbesteigung durch die anfangs in Böhmen fremde Dynastie der Luxemburger, ferner die Verbreitung der Ketzerei in Böhmen in der ersten Hälfte des 14. Jahrhunderts und der damit verbundene lange Aufenthalt des Prager Bischofs Johann IV. von Dražice in Avignon, der eher einer Gefangenschaft glich. Erst die kaiserlichen Ausmaße der Politik Karls IV. machten es möglich, die Kanonisierung der Agnes von Böhmen in Angriff zu nehmen. Jedoch die tristen Verhältnisse in der römischen Kirche, die desolate Regierung Wenzels IV., begleitet von einem in das Hussitentum übergehenden Bürgerkrieg, änderte in Böhmen die Vorstellung und das Bild von der Heiligkeit.

Aber nicht einmal in der widerspruchsvollen Zeit nach der Schlacht am Weißen Berge (nach 1620), die das Böhmen der Reformation in ein katholisches Barockland verwandelte, fanden sich genügend Kräfte um bei der Kurie die Kanonisierung der Agnes von Böhmen durchzusetzen, obwohl zu dieser Zeit der Kult um Agnes wieder auflebte. Josef II. (1780–1790) schließlich hob 1782 das von Agnes gestiftete Kloster auf.[26] Erst im 19. Jahrhundert, unter vollständig veränderten nationalen und religiösen Verhältnissen in Böhmen, wurde sie durch das Verdienst des Prager Erzbischofs Kardinal Friedrich von Schwarzenberg am 3. Dezember 1874 von Papst Pius IX. selig gesprochen.

Erst unlängst, sicher durch die Bemühungen des tschechischen katholischen Klerus, wurde Agnes von Böhmen am 12. November 1989 von Papst Johannes Paul II. in Rom feierlich kanonisiert.

Unbestritten können in ihrer Kanonisierung rein tschechische nationale Aspekte gesucht und gefunden werden. Das geistige Profil der Agnes ist jedoch nicht auf die nationalen Grenzen festgelegt. Ihre Heiligsprechung bedeutet die Bewahrung und Unterstreichung des christlichen Humanismus, eines auch in unserer Zeit notwendigen Wertes.

Anmerkungen

1 Codex diplomaticus et epistolaris Regni Bohemiae III,1, hrsg. von G. Friedrich, Prag 1943, Nr. 130, S. 164f.

2 Temi e Problemi nella mistica famminila trecentesca, hrsg. von O. Capitani, Todi 1983; A. Vauchez, La Sainteté en Occident aux derniers siècles du Moyen Age d'après le procès de canonisatio, Rom 1981; Ders., Religion et société dans l'Occident médiéval, Turin 1981.

3 Wenn das einzigartige Werk von F. Palacký beiseite gelassen wird, sind für die Zeit der Přemysliden vor allem folgende Arbeiten zu nennen: V. Novotný, Čechy královské za Přemysla I. a Václava I. (1197–1253), České dějiny I,3, Prag 1928; J. Žemlička, Století posledních přemyslovců, Prag 1986, wo die gesamte grundlegende Literatur angeführt wird. Auf folgende deutschsprachige Werke sei hingewiesen: Handbuch der Geschichte der böhmischen Länder 1, hrsg. von K. Bosl, Stuttgart 1967 und J. K. Hoensch, Přemysl Otakar von Böhmen. Der goldene König, Graz/Wien/Köln 1989.

4 Wie zahlreiche andere mittelalterliche Handschriften ist auch die Chronica Boemorum von Cosmas nicht im Original erhalten. Heute sind 15 Abschriften bekannt, aus denen eine Reihe von mittelalterlichen Chronisten geschöpft hat. Anfang des 17. Jahrhunderts erschien die Chronik erstmals im Druck. Von den späteren Ausgaben ist wohl die beste: Die Chronik der Böhmen des Cosmas von Prag, hrsg. von B. Bretholz (MGH, Scriptores, NS 2), Berlin 1923 (Nachdruck 1980). Über Cosmas und seine Chronik existiert eine umfangreiche Literatur. Verwiesen sei auf: D. Třeštík, Kosmas, Prag 1966; Ders., Kosmova kronika, Prag 1968.

[5] A. Merhautová, D. Třeštík, Románské umění v Čechách a na Moravě, Prag 1983, vor allem S. 63–219.

[6] Es gibt zahlreiche Legenden über den hl. Wenzel und die hl. Ludmila. Die Einschätzung dieser Legenden ist schon von alters her sehr widersprüchlich. Eine fast erschöpfende Übersicht dieser Literatur ist bei D. Třeštík, Počátky Přemyslovců, Prag 1981, S. 97–104 zu finden.

[7] Es handelt sich vor allem um die im zweiten Jahrzehnt des 14. Jahrhunderts entstandene gereimte Chronik in tschechischer Sprache des sog. Dalimil (Nejstarší česká rýmovaná Kronika tak řečeného Dalimila, ed. B. Havránek u. J. Daňhelka, Prag 1958), die unter anderem auch aus der Chronica Boemorum schöpfte.

[8] Il matrimonio nella società altomedievale 2, Spoleto 1977.

[9] Wenn Cosmas Oldřichs Heirat verurteilt, preist im Gegensatz dazu die erwähnte Chronik des Dalimil seine Tat mit beschwingten Worten – die Verse werden von nationalem Pathos getragen. Es ist bemerkenswert, daß wie Oldřich und Božena so auch die Fürstin Libussa in der Tradition des Volkes nicht als Vertreter der Gleichberechtigung der Frau erschienen, sondern als Beweise nationaler tschechischer Gefühle. So wird auch die festliche Oper »Libussa« von B. Smetana empfunden, mit deren Erstaufführung 1881 das Nationaltheater in Prag eröffnet wurde.

[10] J. Šusta, K volbě r. 1306, in: Sborník prací historických k šedesátinám J. Golla, Prag 1906, S. 153–160; A. Skýbová, Karlovy snany o stanovení nastupnické posloupnosti na českém trune v lucemburském rodě, in: Karolus Quartus, Prag 1984, S. 159–169.

[11] Es handelt sich nicht nur um die Schicksale ihres Vaters Přemysl Ottokar I., sondern auch um Agnes' Neffen König Přemysl Ottokar II. (1253–1278), dessen beide Vermählungen wirklich unausgeglichen waren. Kein Wunder, daß sein Privatleben schon im Mittelalter zum Gegenstand zweideutiger Gerüchte wurde, die in der tschechischen Literatur der Neuzeit häufig widersprüchliche Beurteilung fanden.

[12] Prinzessin Agnes und ihre Tätigkeit erscheinen in jedem historischen Werk, das den Přemysliden gewidmet ist (siehe Anm. 3). Ferner sei verwiesen auf: J. K. Vyskočil, Blahoslavená Anežka Česká, Prag 1933; Ders., Legenda Blahoslavené Anežky a čtyři listy sv. Kláry, Prag 1932; J. Votočková-Joachimová, Anežka Přemyslovna (Postavy české minulosti 2), Prag 1940; Z. Kalista, Blahoslavená Anežka Přemyslovna, in: Královny, kněžny a velké zeny ceské, Prag 1941, S. 85–103; J. Beran, Blahoslavená Anežka Česká, Rom 1974; J. Mikulka, Anežka Přemyslovna, Prag 1988. Im Zusammenhang mit der Kanonisierung der Agnes von Böhmen am 12. November 1989 in Rom erschien eine Reihe von Veröffentlichungen. Von ihnen seien hier lediglich genannt: Blahoslavená Anežka Česká, Prag 1989 und J. Polec, Světice Anežka Přemyslovna, Prag 1988 (deutsch: Agnes von Böhmen. Königstochter – Äbtissin – Heilige, München 1989); H. Soukupová, Anežský klášter v Praze, Prag 1989

[13] Zur Zeit von Adelheids erzwungener Rückkehr zu Přemysl wurde ihre Tochter Margarete nach Dänemark verheiratet.

[14] Hedwig war zur Zeit der Ankunft der beiden Přemyslidinnen in Treibnitz vierzig Jahre alt. Sie stammte aus Bayern, ihre Schwester Gertrud war Ehefrau des ungarischen Königs Andreas II. und Mutter der hl. Elisabeth von Thüringen. Sie war also Schwägerin der Königin Konstantia, der Mutter von Agnes.

15 Die erste Frau des böhmischen Fürsten Wladislaw II. (1140–1172, seit 1158 König) Gertrud gründete 1144 im Dorf Doxan in einer Sumpflandschaft bei einer Furt über den Fluß Eger ein Prämonstratenserinnenkloster. Für einen Mitbegründer des Klosters wird auch ihr Mann gehalten. Das Kloster brannte 1200 aus, wurde jedoch bald neu aufgebaut. Während der ganzen Zeit seines Bestehens wurde es als Stätte der tschechischen weiblichen Bildung betrachtet.

16 Als Margarete von Babenberg 1242 zur Witwe wurde, trat sie in ein Kloster ein. Sicher ahnte sie nicht, daß sie so bald wieder zum Gegenstand politischer Machenschaften werden sollte. Nach dem Tode des kinderlosen Bruders Friedrich 1246 wurde sie als babenbergische Erbin anerkannt und wurde (wie auch ihre Nichte Gertrud) zum Gegenstand der Heiratsinteressen der Přemysliden, die nur mit Mühe ihre Ansprüche und das Interesse für das babenbergische Erbe verbargen. 1252 wurde Margarete mit dem Sohn des böhmischen Königs Wenzel I., Přemysl Ottokar II., verheiratet. Diese Heirat ist ein nahezu kurioser Beweis für unangemessen durchgesetzte dynastische Interessen. Zur Zeit der Heirat war Přemysl 19 Jahre, während die Braut Margarete von Babenberg ungefähr 50 Jahre alt war. Man kann jedoch nicht sagen, daß Přemysl Ottokar II. Interesse an einer Scheidung hatte. 1260 hatte er, ohne Zweifel mit Wissen der Königin, drei uneheliche Kinder, darunter einen Sohn mit Namen Nikolaus. Die wahrscheinliche Mutter aller drei Kinder war die österreichische Adelige Agnes von Kuenring. Erst nach einem ablehnenden Bescheid des Papstes über das Recht dieses Nikolaus, böhmischer König zu werden, ließ sich Přemysl Ottokar II. ohne Zustimmung des Papstes sofort von Margarete scheiden (1261) und heiratete die Enkelin des ungarischen Königs, die junge Kunigunde. Margarete verließ Böhmen und starb 1267 im Kloster.

17 Vor 1328 entstand die Legende über Agnes und ihr Leben. Mit aller Wahrscheinlichkeit wurde sie im Prager Milieu von einem Minoritenprister geschrieben, der noch mit Ordensschwestern sprechen konnte, die Agnes persönlich gekannt hatten. S. ausführlich: Vyskočil, Legenda blahoslavené Anežky (wie Anm. 12)

18 Königin Konstantia gründete 1233 in Tischnowitz in Mähren ein Zisterzienserinnenkloster, wo sie auch 1240 bestattet wurde.

19 Ausführlich s. Anm. 3, ferner: L. Jirásko, Kláštery ve městech v Čechách a na Moravě ve 13. st., in: Hospodářské dějiny 4 (1979), S. 133–164.

20 Es sei noch erwähnt, daß die Dominikaner kein vergleichbares Frauenvorbild hatten. Hier sind wohl auch die Ursachen dafür zu suchen, warum Agnes die Lehre der Damianerinnen so unermüdlich verbreitete, damit das geistige Antlitz der böhmischen Gesellschaft vertiefte und durch ihre Tätigkeit dieser die neuen Strömungen der westeuropäischen Zivilisation des 13. Jahrhunderts näher brachte. Wie empfindam und offen die gotische Spiritualität von dem Geschlecht der Přemysliden angenommen wurde, davon zeugt das Schicksal der um ein Jahr älteren Schwester der Agnes, Beate. Es kann fast mit Sicherheit angenommen werden, daß ihr Vater ihr einen angemessenen Bräutigam irgendwo im Ausland gefunden hatte. Es ist jedoch nicht bekannt um wen es sich handelte, da fast 60 Jahre ihres Lebens im Dunkel der Überlieferung verbleiben. 1271 erscheint sie jedoch mit ihrem Sohn in Mailand, wo sie unter dem Namen Wilhelmine von Böhmen, Guigliema Boema, bekannt ist. Ihre Fröm-

migkeit fesselte soviel Aufmerksamkeit, daß sich sehr bald eine Gruppe von Anhängern um sie bildete. Sie kleidete sich in Leinengewänder und lebte sehr einfach. Mit ihrem Namen ist eine Reihe wundersamer Genesungen verbunden, sie selbst soll sogar Wundmale Christi gehabt haben. Sie war eine geistige Tochter der Zisterzienserabtei Chiaravalle, wo die böhmischen Kämpfer bestattet wurden, die 1158 bei der Belagerung Mailands gefallen waren. Sie starb in Mailand am 24. August 1282, einige Monate nach Agnes' Tod und wurde auch in dieser Abtei bestattet. Ihre Anhänger erwarteten sogar ihre Auferstehung und bekannten sich zu dem, was Abt Joachim von Fiore über das Heil lehrte. Kein Wunder, daß sie die Aufmerksamkeit der Inquisition erregten, so daß sie seit 1300 verfolgt und drei von ihnen verbrannt wurden.

[21] S. dazu vor allem Polec, Agnes von Böhmen (wie Anm. 12).

[22] V. Bělohlávek, J. Hradec, Dějiny českych křižovniku s červenou hvězdou, Prag 1930; W. Lorenz, Die Kreuzherren mit dem roten Stern, Königstein/Ts. 1964; V. Rudolf, Křícžovníci s červenou hveždou do r. 1419, rekonstrukce jejich činnosti, Phil.-Diss. Prag 1990 (ungedruckt).

[23] Die ersten Minoriten werden im für Männer bestimmten Teil des Klosterkomplexes zum Jahre 1241 erwähnt, als der Guardian der Minoriten zum ersten mal genannt wird.

[24] Im Kloster, genauer in der Klosterkirche St. Franziskus, wurden König Wenzel I., eine seiner Töchter, Königin Kunigunde, die zweite Frau König Přemysl Ottokars II., und ihre Schwester bestattet. Weiterhin auch die Nichte der Äbtissin Agnes, Kunigundes Tochter Agnes. Zur Bauentwicklung des Klosterkomplexes: Umění posledních Přemyslovcü, Prag 1982, S. 280f. und Soukupová, Anezký klášter v Praze (wie Anm. 12).

[25] S. vor allem die zitierte Arbeit von Polec und die weitere in Anm. 12 zusammengestellte Literatur.

[26] S. dazu ausführlich Soukupová, Anezsky klåster v Praze (wie Anm. 12).

Thomas Krzenck

Sophie von Wittelsbach – eine Böhmenkönigin im Spätmittelalter

Wer heute gesicherte Daten über die zweite Gemahlin des römisch-deutschen und böhmischen Königs Wenzel, Sophie von Wittelsbach, erhalten möchte, dürfte in der einschlägigen deutschsprachigen Literatur kaum Erfolg haben. Lediglich »Bosl's Bayerische Biographie«[1] enthält knappe, wenige Zeilen umfassende Informationen, die allerdings im wesentlichen auf die Legende verweisen, der Prager Generalvikar Johannes von Pomuk hätte sich als Beichtvater der Böhmenkönigin geweigert, ihrem Gatten die Verfehlungen Sophies zu offenbaren und sei aus diesem Grunde 1393 zu Tode gekommen. Knappe biographische Skizzen bieten darüber hinaus zwei tschechische Aufsätze von F.M. Bartoš[2] bzw. R. Urbánek[3], die dem Nichtspezialisten allerdings schwer zugänglich sein dürften. Hin und wieder taucht der Name Sophie von Wittelsbach in Untersuchungen zu den luxemburgisch-bayerischen Beziehungen im 14. Jahrhundert oder in Abhandlungen zu Fragen der Entstehung des Hussitismus in Böhmen auf. Die Aussagekraft der zeitgenössischen Quellen des Spätmittelalters, in erster Linie der Urkunden, Briefe sowie der erzählenden Quellen ist aber durchaus ergiebig, so daß im folgenden ein Lebensbild dieser Böhmenkönigin gezeichnet werden kann.

Sophie von Wittelsbach wurde wohl 1376 als Tochter Herzog Johanns II. von Bayern-München und der Katharina von Görz geboren.[4] Über den Geburtsort schweigen die Quellen, auch die Kindheit der Bayerin bleibt im verborgenen. Die Wittelsbacher, denen Sophie in väterlicher Linie entstammte, waren seit 1180 im Besitz des Herzogtums Bayern. Im Ergebnis zahlreicher Erbteilungen war Sophies Vater, Johann II., fast ganz Niederbayern zugefallen. Im Jahre 1372 vermählte er sich mit der Tochter des Grafen Mainhard VII. von Görz und Tirol, Katharina.[5] Geopolitisch und strategisch kam den Grafen von Görz zu dieser Zeit großes Gewicht zu, da deren Herrschaft im Pustertal die Verbindung zwischen Tirol und Kärnten unterbrach und damit auch für die Habsburger von hoher Bedeutung war. Doch erfüllten sich die Hoffnungen des Wittelsbachers auf Wiedergewinnung von Herrschaftsrechten in Görz und Tirol letztlich nicht. Nach Jahren der gemeinsamen Regierung Johanns mit seinen Brüdern Stephan und Friedrich kam es 1392 zu einer Landesteilung, die Johanns Herrschaft auf den südwestlichen Teil Oberbayerns (Bayern-München) und ein Drittel der neuböhmischen Pfandschaften beschränkte.[6]

Ansonsten trat Sophies Vater politisch nicht besonders hervor. Er widmete sich vor allem der Jagd[7] und blieb im Schatten seiner tatkräftigeren Brüder. Was verschaffte angesichts dieses relativ bedeutungslosen Vaters Sophie die Stellung einer Königsgemahlin? Diese Frage kann nur vor dem Hintergrund der luxemburgisch-wittelsbachischen Beziehungen beantwortet werden, die deshalb einer näheren Betrachtung bedürfen.

Zu den prägendsten Merkmalen der Regierungszeit Karls IV. – Sophies Schwiegervaters – zählte zweifellos dessen weitausgreifende Heiratspolitik, die allein schon seine vier eigenen Ehen eindrucksvoll dokumentieren.[8] Dazu kommen die 20 Heiratspläne für die neun seiner insgesamt elf Kinder, die die ersten Lebensjahre überlebt hatten.[9] Im Hinblick auf Neuböhmen nutzte Karl u.a. die Eheverbindungen mit den Wittelsbachern.[10] Er heiratete 1349 Anna von der Pfalz und brach damit zugleich unmittelbar in die zu dieser Zeit bestehende Front des Hauses Wittelsbach, das gegen Karls Königtum opponiert hatte, ein.[11]

1363 kam es zu einer weiteren luxemburgisch-wittelsbachischen Eheverbindung: Der am Prager Hof weilende Herzog Otto IV. wurde mit Karls fünfjähriger Tochter Elisabeth verlobt, drei Jahre später übertrug man diese Verlobung auf die ältere Tochter Katharina. Die mit den Eheplänen verbundene Erbverbrüderung von 1363 führte dann zehn Jahre später zum Erwerb der Mark Brandenburg durch den Luxemburger.

Im Jahre 1370 wurde der sieben Jahre zuvor zum böhmischen König gekrönte neunjährige Sohn Karls IV., Wenzel, in Nürnberg mit Johanna von Wittelsbach, der Tochter Herzog Albrechts von Niederbayern-Straubing, vermählt. Mit diesem Schritt gelang Karl ein wichtiger Schachzug gegen die antiluxemburgische Koalition, in der auch die Wittelsbacher vertreten waren und die den Erwerb der Mark Brandenburg durch Karl IV. unterbinden wollte.[12] Bereits am 17. November 1370 wurde Johanna in Prag zur böhmischen Königin gekrönt.

Über das Eheleben Wenzels und Johannas wissen wir leider so gut wie nichts: die Wittelsbacherin trat wohl nur bei offiziellen Anlässen in Erscheinung, wie etwa während der Beisetzungszeremonien für Karl IV. im Jahre 1378.[13] Die Ehe blieb kinderlos. Johanna starb bereits am 31. Dezember 1386 auf der Burg Karlstein. Über die Umstände ihres Ablebens kursierten verschiedene Gerüchte, doch dürfte Johanna vermutlich der damals wütenden Pest zum Opfer gefallen sein. An den mehrtägigen Trauerfeierlichkeiten nahm ihr Gatte nicht teil. Er zog es vor, sich auf seine Burg Zĕbrák zurückzuziehen, wo seine Anwesenheit für Anfang Januar 1387 beurkundet ist.[14]

Mit neuen Heiratsplänen machte sich Wenzel, der nach dem Ableben seines Vaters zunächst ohne Schwierigkeiten dessen Nachfolge im Reich und in Böhmen angetreten hatte, erst 1388 vertraut. Zwar gab es wohl eine Vielzahl anziehender Frauen von erlesener Schönheit in der unmittelbaren Umgebung des Königs, doch ein erhoffter Erbe konnte nur einer legitimen Verbindung entstammen. Daher wurden Wenzels Vermittler bald in verschiedener Richtung aktiv. Pläne einer ehelichen Verbindung mit der aragonesischen Königstochter Johanna[15] wurden dann zugunsten einer erneuten Liaison mit einer Wittelsbacherin aufgegeben.

Die Verhandlungen um die Vermählung der Tochter Herzog Johanns II. von Bayern-München mit Wenzel IV. fanden vor dem Hintergrund des süddeutschen Städtekrieges statt, in den auch der Böhmenkönig in seiner Eigenschaft als Reichsoberhaupt eingegriffen hatte.[16] Das angestrebte Ehebündnis mit Sophie bevorteilte zweifellos die Wittelsbacher, durch deren Begünstigung der König – bei Aufgabe seiner über den Parteien stehenden Haltung – mehr und mehr auf die Seite der Fürsten übertrat.[17] Als sich Herzog Friedrich am Prager Hof zu Verhandlungen aufhielt, befand sich im Gefolge des Wittelsbachers auch dessen Nichte Sophie, die wohl durch ihre von den Zeitgenossen gepriesene Schönheit die Aufmerksamkeit Wenzels auf sich lenkte.[18] Über die Heirat wurde man sich dann ungewöhnlich schnell einig. Ob die Hochzeit allerdings gleich am zweiten Tag nach Eröffnung des Reichstages in Eger (Cheb) stattfand, also am 2. Mai 1389, kann nicht zweifelsfrei als gesichert gelten. Festzustehen scheint lediglich, daß die Eheschließung vor dem 23. Dezember 1389 vollzogen wurde: Zu diesem Zweck ließ Wenzel – wie bei derartigen Anlässen üblich – eine Krönungssteuer für die neue Königin im Königreich Böhmen ausschreiben.[19] Die Krönung der fast noch kindlichen Gemahlin sollte jedoch erst gut zehn Jahre später stattfinden.

Was besitzen wir nun an Nachrichten über die Wittelsbacherin aus dem Jahrzehnt zwischen ihrer Vermählung und ihrer feierlichen Krönung zur böhmischen Königin im Jahre der Absetzung ihres Gemahls als römisch-deutscher König? Franz Martin Pelzel, der erste Biograph König Wenzels[20], berichtet, daß der Böhmenkönig seiner Frau 100 000 ungarische Gulden auf »gewisse boehmische Staedte« zur Morgengabe verschrieben habe und die Stadt Pilsen (Plzeň), da sie näher an Bayern lag, zum Beilager bestimmt hätte.[21] Die Chronisten Václav Hájek z Libočan (+1553) und Jan Dubravius (+1553) berichten übereinstimmend von den Festlichkeiten anläßlich der Hochzeit. Neben Turnieren und verschiedenen Ritterspielen sollen auf dem Altstädter Markt auch zahlreiche Volksbelustigungen stattgefunden haben, auf denen u.a. bayerische Gaukler auftraten.[22]

Aus dem gleichen Jahr ist ein Willebrief der Königin erhalten, in dem Sophie den Verkauf eines »Drittails aller herrschaft Lannd vnd lawten zu Gorrcz« an Graf Heinrich und Graf Meinhard, Brüder von Görz, durch die bayerischen Herzöge Stephan, Friedrich, Johann und Ernst vom 24. Juli 1392 bestätigt.[23] Das Schreiben Sophies vom 25. Juli 1392 beginnt mit den Worten »Wir Offney von gots gnaden Romische Kuniginn zu Beheim...«.[24] Sie erklärt darin zugleich, daß sie das Schreiben mit dem Siegel ihres Gemahls (in seiner Eigenschaft als römisch-deutscher König) petschieren lasse, da sie selbst zur Zeit über kein eigenes Siegel verfüge.[25]

Am 2. Juni 1392 erfolgte die Grundsteinlegung zum Bau eines Schiffes der St.-Veits-Kathedrale auf dem Prager Hradschin.[26] An der Feier, die unter Leitung des Prager Erzbischofs Johann von Jenstein stand, nahm der königliche Hof mit Wenzel und Sophie an der Spitze teil. Es war dies die Zeit des großen Konfliktes zwischen dem Prager Erzbischof und Wenzel, der mit der Ermordung des Generalvikars Johann von Pomuk, des Beichtvater Sophies, durch den Böhmenkönig am 20. März 1393 einen traurigen Höhepunkt fand.

Der Streit zwischen König und Erzbischof war bereits 1384 ausgebrochen und entzündete sich immer wieder an Besitzstreitigkeiten und an der Frage der Auslegung der erzbischöflichen Privilegien. 1393 spitzte sich die Auseinandersetzung erneut zu, als der erzbischöfliche Generalvikar Johann von Pomuk den Plan des Böhmenkönigs, in

Westböhmen ein neues Bistum zu schaffen, durchkreuzte. Das neue Bistum sollte mit den reichen Einkünften der Abtei Kladrau (Kladruby) ausgestattet werden, was Johann durch die schnelle Neuwahl des Kladrauer Abtes zu verhindern wußte. Der aufs höchste verärgerte Wenzel ließ die führenden erzbischöflichen Beamten unter persönlicher Beteiligung foltern und den Generalvikar – unter dem Schein eines Rechtsaktes – in der Moldau ertränken.[27] Die einleitend angedeuteten Gründe für die Ermordung des Generalvikars als Beichtvater unserer Sophie entsprechen also nicht den politischen Gegebenheiten und Motiven, doch wirkte die Annahme, Johann von Pomuk habe Beichtgeheimnisse der ihm anvertrauten Königin nicht weiter geben wollen, auf die Legendenbildung und die Vorstellung von einem angeblichen Mißverhältnis zwischen Wenzel und Sophie. Die Spekulationen gingen später sogar noch weiter: Sophie habe ein Verhältnis mit ihrem Hofmeister aus den Jahren 1393–1400 – Jíra z Roztok – gehabt.[28]

Die vorgeblichen Unstimmigkeiten zwischen den Eheleuten sollten aus den Liebesbeziehungen des Königs resultieren, die u.a. in der Legende um das Verhältnis des Königs zu einer Bademagd namens Susanna angesprochen werden. Diese Legende gehört zu dem regelrechten Sagenkreis, der sich über Jahrhunderte um König Wenzel gebildet hat. Die Quellen des 15. Jahrhunderts wissen freilich nichts von einer Befreiung des Königs durch eine Bademagd. Erstmals berichtet 1541 die »Kronyka česká« des Václav Hájek z Libočan über diese vermeintliche Begebenheit. Der gefangene Wenzel sollte danach unter Bewachung in ein Badehaus geführt worden sein. Von dort aus gelang ihm mit Unterstützung einer jungen Magd die Flucht. Wenzel soll ihr diesen Dienst später mit 1000 böhmischen Gulden entlohnt haben. Er habe dann, so fährt Hájek fort, der Susanna erklärt, daß sie als seine Gefährtin, die mit ihm gegessen habe, nun auch die Nacht bei ihm im Bett verbringen müsse. Die gehorsame Susanna habe sich diesem königlichen Wunsche nicht widersetzen dürfen und ihm vielmehr stattgegeben.[29]

Die Schilderungen Hájeks sind inzwischen als Fabel entlarvt worden. Zahlreiche Historiker gingen allerdings seit dem ausgehenden 19. Jahrhundert davon aus, daß die bildkünstlerischen Motive aus dem unmittelbaren Umfeld Wenzels Hájek den Anstoß für seine Legende vom König und dem Bademädchen gegeben haben könnten. Dies führt uns zur sogenannten Wenzelsbibel, die der Luxemburger als Sammler wertvoller Bücher vor 1390 hatte anfertigen lassen und an deren Ausgestaltung mehrere Illuminatoren arbeiteten.[30] Besondere Aufmerksamkeit verdient der eigentümliche und in seinem Symbolgehalt noch nicht vollständig erfaßte Randschmuck. Über 600 Miniaturen zieren dieses buchkünstlerische Meisterwerk. Neben dem Eisvogel als Symbol der ehelichen Treue kehrt ein Bademotiv in verschiedenen Variationen wieder, u. a. in Gestalt einer nur spärlich bekleideten Bademagd, die dem König die Haare wäscht. Gewiß handelt es sich dabei um ein erotisches Motiv, doch von hier aus auf eine Affäre des Königs mit einer Bademagd zu schließen, ist doch sehr gewagt und kaum gerechtfertigt. Josef Krása, der die Handschriften aus Wenzels Besitz einer eingehenden Analyse unterzogen hat, nimmt an, daß auch die Bademagd in den Bereich der höfischen Liebe gehört und höchst wahrscheinlich als die Königin Sophie angesehen werden kann.[31] Auch das häufig auftauchende weiß-blaue Minneband legt die Vermutung nahe, daß mit der Dienerin Wenzels zweite Gemahlin Sophie von Wittelsbach gemeint ist. Die scheinbaren Anzüglichkeiten der Darstellung liefen damit auf ein allegorisches Bekenntnis zur Ehe hinaus.

Inwieweit diese kinderlos bleibende Ehe harmonisch verlief, ist eine ganz andere Frage. Zwar können beiden Eheleuten auf der Grundlage der überlieferten Quellen keine Affären nachgesagt werden – ganz im Gegensatz zu Wenzels Bruder Sigismund und seiner zweiten Gemahlin[32] – dennoch dürfte es Sophie mit ihrem königlichen Gatten keineswegs leicht gehabt haben. Dieser wurde von den auf ihn zukommenden politischen Problemen in Böhmen und im Reich offenbar im zunehmenden Maße überfordert, was schließlich im Jahre 1400 zum Verlust seiner römisch-deutschen Königswürde führte. Dazu kam die widersprüchliche Persönlichkeit des Herrschers, dem die Chronisten zwar einerseits Klugheit und Gelehrsamkeit nachsagen, der andererseits aber zu fürchterlichen Wutausbrüchen neigte, was wohl krankheitsbedingt war, nach Aussage jüngerer Forscher aber auch im übermäßigen Alkoholgenuß seine Ursache gehabt haben könnte.[33]

Doch kehren wir zu Sophie von Wittelsbach und zur gesicherten Quellenüberlieferung zurück. Mit dem Tod der Kaiserin Elisabeth, der vierten und letzten Gemahlin Kaiser Karls IV., im Februar 1393 wurden zugleich die den böhmischen Königinnen traditionsgemäß übertragenen Leibgedingestädte frei. Die Auseinandersetzungen Wenzels mit dem Prager Erzbischof und die sich formierende Adelsfronde verhinderten wohl einen problemlosen Übergang dieser Städte an Sophie von Wittelsbach. Die älteste erhaltene Urkunde der Königin, die sie im Besitz dieser Leibgedingestädte zeigt, ist auf den 26. Februar 1399 datiert.[34] Sophie bestätigt darin Urkunden Johanns von Luxemburg und ihres eigenen Gemahls, aus denen hervorgeht, daß die Bewohner der Städte Trutnov und Königinhof (Dvur Králové) sowie deren Umgebung nicht der Rechtsprechung der Kreisämter und Gerichte unterstanden. Königgrätz (Hradec Králové), das ebenfalls zu den Leibgedingestädten zählte, gehörte 1396 noch Wenzel IV.[35]

Aus dem gleichen Jahr erfahren wir in einem Schreiben Hermann Ebners des Älteren an Straßburger Bürger vom 13. Februar, in dem es um die Ernennung König Sigismunds zum Reichsvikar durch seinen Bruder Wenzel geht, über Sophie »...ich loz eur weishait wissen, daß sich under her der kuenk zu under frauen der kuengin gelegt und geschloffen hot an der nehsten sampstztag naht noch sand Antony tag zu Prag in seinem hof. also hat er drey naht pey ir geschloffen.«[36]

Im darauffolgenden Jahr, am 28. Februar 1397, stiftete Sophie eine Kirche in Koči bei Chrudim.[37] Noch vor ihrer Krönung zur böhmischen Königin im Jahre 1400 begleitete die Königin dann ihren Gatten auf einer Reise in das Binnenreich und nach Frankreich. Hier wurden sie am 23. März 1398 vor den Toren von Reims von König Karl IV. von Frankreich feierlich begrüßt. Die Verhandlungen, die der Beilegung des Schismas dienen sollten, endeten jedoch lediglich mit der Unterzeichnung eines allgemeinen böhmisch-französischen Bündnisvertrages, den Wenzel und Herzog Ludwig von Orleans vereinbarten.[38] Der König, Sophie und die engsten Räte wohnten während der Zeit der Verhandlungen in der Abtei St. Rémy. Die erhaltenen Rechnungen zeugen von einer standesgemäßen Bewirtung durch die französischen Gastgeber: Das Königspaar und die Angehörigen des Hofes bewohnten luxuriös eingerichtete Gemächer, die mit stilvollem Mobiliar angefüllt waren, das den Gästen zugleich als Geschenk übereignet wurde.[39]

1399 taucht Sophie in einer am 6. Januar von Wenzel ausgestellten Urkunde auf, mit der der Böhmenkönig gemeinsam mit seiner Frau dem Bischof von Olmütz (Olomouc) ein Haus auf der Prager Kleinseite vermachte und den neuen Besitzer von allen Abgaben befreite.[40]

Am 15. März 1400 erfolgte schließlich die festliche Krönung Sophies von Wittelsbach zur böhmischen Königin. Die geplanten Feierlichkeiten sollten die Solidarität unter den Luxemburgern manifestieren, den Eindruck der bestehenden Rivalitäten zwischen Wenzel, Sigismund, Prokop und Jobst widerlegen und zugleich die bayerischen Verwandten der Königin fester an die Luxemburger binden.[41] Alles verlief nach den von Karl IV. festgelegten Regeln. Der König selbst blieb dem Akt in der St.-Veits-Kathedrale aber fern – man weiß nicht, ob aus Angst vor einem Attentat oder aber aus Abneigung gegen Sigismund und Jobst. Auch die bayerischen Verwandten der Wittelsbacherin nahmen an der Zeremonie nicht teil!

Unter den kirchlichen Würdenträgern ragten der Prager Erzbischof Olbram ze Škvorce und der Bischof von Leitomischl (Litomyšl) hervor. Anwesend waren ferner Vertreter der böhmischen Landesmetropole. Unter einem Baldachin schritt die Königin zum Altar. Die königlichen Insignien trugen führende böhmische Hochadlige. Den Gottesdienst zelebrierte Erzbischof Olbram. Nach der Krönung hielten Heinrich von Rosenberg und Břeněk ze Skály die vom Haupt des heiligen Wenzel genommene Krone über die Königin Sophie. Ein großes Festmahl im Königspalast auf der Prager Burg beendete an diesem Tag die Krönungsfeierlichkeiten.

Doch bald ließen beunruhigende Nachrichten, die aus dem Reich in Böhmen eintrafen, die glanzvollen Aktivitäten des 15. März vergessen. Für Wenzel begann erneut eine Periode voller Demütigungen und vergeblicher Anläufe, seine Herrschaft in Böhmen und im Reich zu stabilisieren.[42]

Im Sommer 1401 kam es wieder zu bewaffneten Auseinandersetzungen mit der böhmischen Herrenliga. Seit dem 10. Januar des darauffolgenden Jahres weilten Wenzel, seine Gemahlin und der königliche Hof in Königgrätz, wo Anfang Februar Verhandlungen mit Sigismund stattfanden, die am 4. Februar zur Ernennung des ungarischen Königs zum Landesverweser im Königreich Böhmen führten. Wenzels Macht erlitt dadurch erneut Einbuße. Doch es sollte noch schlimmer kommen: Einen Monat später geriet der Böhmenkönig zum zweiten Mal in die Hände seiner einheimischen Kontrahenten, die ihn für gut eineinhalb Jahre gefangensetzten. In dieser Zeit hielt sich Sophie von Wittelsbach wohl wiederholt in der von ihr bevorzugten Leibgedingestadt Königgrätz auf, wo sie bereits im Jahr ihrer Krönung einen Altar gestiftet hatte.[43] Auch als Urkundenausstellerin trat Sophie in diesem Zeitraum in Erscheinung.[44]

Den Besitz der Leibgedingestädte Königgrätz, Mělnik, Chrudim, Polička, Jaroměř, Trutnov und Königinhof bestätigte Wenzel seiner Gemahlin im übrigen durch einen Eintrag in die böhmischen Landtafeln, der allerdings nicht erhalten ist.[45] Der Königin gelang es durch eine vernünftige Wirtschaftsführung und durch eine entsprechende Verwaltung in den folgenden Jahren, ihren Besitz sogar noch zu erweitern: 1409 erwarb sie die nicht unbedeutende Herrschaft Potstein mit der Kleinstadt Kostelec nad Orlici.[46] Allerdings boten die der Königin überschriebenen Leibgedinge in einem Fall auch Anlaß zum Streit. Unter den ihr zugedachten Gütern befand sich auch die Burg Albrechtice u Týniště. Während seiner Inhaftierung in Wien sah sich der bedrängte Wenzel genötigt, diesen Besitz dem böhmischen Magnaten Jan Krušina von Lichtenburg, einem Gefolgsmann seines Bruders Sigismund, zu überschreiben.[47] Wieder in Freiheit, änderte Wenzel jedoch seine Meinung und meldete im Mai 1411 Anspruch auf den Besitz vor dem Landesgericht an. Die höchste Gerichtsinstanz bestätigte die Königin als rechtmäßige Eigentümerin und zwar mit der Begründung, daß der Eintrag in den Landtafeln größeres Gewicht besäße als die Urkunde Krušinas.[48]

Dennoch waren die Streitigkeiten damit keineswegs beigelegt. Jan Krušina von Lichtenburg weigerte sich, das zu seinen Ungunsten ausgefallene Urteil anzuerkennen und beschwor im Jahre 1414 einen bewaffneten Konflikt mit der Königin herauf. Sophie von Wittelsbach sah sich sogar veranlaßt, den in Italien weilenden und inzwischen zum römisch-deutschen König gewählten Sigismund von Luxemburg um Unterstützung zu bitten. Im Juni 1414 kam es zur Unterzeichnung eines Waffenstillstandes zwischen den sich bekämpfenden Parteien.[49] Königin Sophie behielt die Oberhand über Albrechtice und erwarb in den Folgejahren auch die Herrschaft über zwei andere Burgen: Bradlec und Lichnice.[50] Als Erbe und Anwärter der böhmischen Krone gab Sigismund von Luxemburg in einer am 10. September 1412 ausgefertigten Urkunde sein Einverständnis, daß sein Bruder Wenzel seiner Gemahlin Sophie »hundert tusent hungrischer gulden uf den steten Grecz, Chrudim, die Hoemawte, Jermier, Policz, Melnik, Truthnow vnd zu dem Houe (d.h. Königinhof – Th. K.) mit iren zugehorungen zu der summe, die sy vor doruf hat«, verschrieb.[51] Einen eigenen Hof besaß Sophie ferner seit 1413 auf dem Altstädter Markt in Prag. Das Gebäude hatte zuvor dem mährischen Markgrafen Jobst gehört.[52]

Die territorialen Erwerbungen und der Besitz der Leibgedingestädte ermöglichten es der Königin, im Lande einen gewissen Einfluß auszuüben und zu einer wichtigen Stütze der sich herauskristallisierenden hussitischen Bewegung zu werden. Vor dem Hintergrund gesamtgesellschaftlicher Krisensymptome keimte bereits in den Bemühungen um einen individuellen religiösen Nonkonformismus unter der Regierung Karls IV. die böhmische Reformbewegung.[53] Insbesondere das Ringen um die umstrittene Lehre des Oxforder Reformtheologen John Wyclif bildete dann die Grundlage für die Entstehung einer Reformpartei, die von einer jungen Generation Prager Universitätsmagister angeführt wurde, deren prominentester Vertreter zweifellos Jan Hus war. Diese Universitätsgelehrten suchten sich durch die Rezeption der Philosophie und Reformtheologie Wyclifs gegenüber der nominalistischen Tradition der deutschen Majorität an der Prager Universität zu profilieren.[54]

An der 1402 geweihten Bethlehemskapelle predigte in tschechischer Sprache auch Jan Hus, was der Reform zu einer nationalen Gegenposition verhalf, die in den Städten durch Spannungen zwischen einem starken deutschen Patriziat und nachdrängenden tschechischen Mittelschichten eine Verschärfung erfuhr. Zum Zuhörerkreis bei Predigten in der Bethlehemskapelle zählte – wie wir aus späteren Grußschreiben und Botschaften des in Konstanz angeklagten Hus wissen[55] – neben zahlreichen Vertretern des Adels, der Geistlichkeit und des Bürgertums auch Königin Sophie.[56]

Zu den Folgen der Verkündung des Kuttenberger Dekrets von 1409 gehörte, daß die Wyclif-Anhänger die Mehrheit im Magisterkollegium gewannen und wenige Jahre später die gesamte Prager Universität beherrschten. Jan Hus, seit 1409 in einem Musterprozeß bei Erzbischof und Kurie augenscheinlich der Sprecher der Wyclifiten, geriet seitdem in eine Führungsposition. Auf ausdrücklichen Wunsch des Prager Erzbischofs Zbyněk Zajíc z Hazmburka erließ Papst Alexander V. am 20. Dezember 1409 ein Verbot von Predigten in »Privatkapellen« Böhmens, was natürlich in erster Linie das Auftreten von Hus in der Prager Bethlehemskapelle treffen sollte. Doch der Prager Universitätsmagister ließ sich davon nicht beirren. Über ein Verbot wyclifitischer Bücher verstärkte der Metropolit seinen Druck auf die wachsende Reformbewegung, die Wenzel aus eigenen politischen Erwägungen anfangs zumindest tolerierte. Am 18. Juli 1410 verhängte der Erzbischof dann über Hus den Kirchenbann. Von der regen diplomatischen Tätigkeit in der Folge dieser Entscheidung zeugt die Korrespondenz Wenzels und seiner Gemahlin mit Papst Johannes XXIII. und dem Kardinalskollegium.[57] Sophie trat in Briefen für Jan Hus und die Aufhebung des Predigtverbotes ein und unterstützte damit auch in etwa gleichlautende Schreiben ihres königlichen Gemahls. Sie wies in einem Brief darauf hin, daß das Verbot des Gotteswortes zum Aufruhr führen könnte.[58] Diese selbstbewußte Äußerung gegenüber dem Papst zeigt, daß sich Sophie den Gefahren, die der Reformbewegung drohten, offenbar bewußt war.[59]

Proteste kamen auch aus den Reihen des böhmischen Adels und der Prager Altstadt. Doch der am päpstlichen Hof weilende Gesandte Wenzels, Hieronymus Seydenberg, opponierte gegen seinen königlichen Herrn und forderte stattdessen vom Papst einen antihussitischen Feldzug.[60] Letzterer übertrug die »böhmische Angelegenheit« daraufhin Kardinal Colonna, der sich am 25. April 1410 in einem Schreiben an den Prager Erzbischof gewandt und diesen zum Einschreiten gegen Hus und seine Anhänger mit Unterstützung durch die weltliche Macht aufgefordert hatte. Als Reaktion darauf antworteten Wenzel und seine Gemahlin in Briefen Ende September / Anfang Oktober 1410 Papst Johannes XXIII. und dem Kardinalskollegium. Die Königin trat darin für Hus ein und bat um die Aufhebung des Kirchenbanns. Zugleich bezeichnete sie als Quelle der Kampagne gegen Hus ausdrücklich die Unseriosität seiner Gegner und verwies auf die Gefahr einer aus der Verfolgung von Hus erwachsenden Volksbewegung.[61]

Nach einer kurzen Phase scheinbarer Entspannung erreichten die Auseinandersetzungen aber bereits 1412 einen neuen Höhepunkt. Die Zahl der Anhänger der Reformbewegung wuchs, wie dies u. a. der steigende Zulauf zu den Bethlehemspredigten belegt. Das Auftreten des Jan Hus gegen einen päpstlichen Ablaßhandel, den Wenzel genehmigt hatte und an dem der König auch beteiligt werden sollte sowie die Hinrichtung von drei Handwerksburschen, die im Sinne Hussens gegen den Ablaßhandel opponiert hatte, ließen die königlichen Vermittlungsversuche endgültig scheitern.[62] Nach dem Mißerfolg einer Übereinkunft mit der theologischen Fakultät führten auch die Bemühungen um eine Beilegung des Konflikts bei König Sigismund zu keiner Lösung, so daß Hus als einziger Ausweg der Aufbruch zum Konstanzer Konzil blieb. Davon unterrichtete Hus in einem Schreiben Wenzel und Sophie Ende August 1414.[63]

Die Königin versuchte nun nicht mehr, Hus offen zu unterstützen, doch scheint sie der hussitischen Bewegung weiter zugeneigt gewesen zu sein. Sonst hätte sich Hus über die Königin in seinen Konstanzer Briefen wohl kaum so dankbar geäußert und Sophie gebeten, der »Wahrheit Gottes« treu zu bleiben und über ihn nicht als Ketzer zu urteilen.[64] Noch am Tage vor seiner Verbrennung als Ketzer, zu der ihn die Konzilsväter verurteilt hatten, äußerte Hus in einem Schreiben an seine Freunde in Böhmen aus der Konstanzer Kerkerhaft den Wunsch, der Königin für ihre ihm gewährte Unterstützung zu danken.[65]

Beschuldigungen gegen die Königin, sie mache sich der Hilfe für die böhmischen Ketzer verdächtig, kamen 1416 aus Böhmen und – sicherlich nicht unbeeinflußt davon – auch vom Konstanzer Konzil. Im Manifest eines namentlich nicht bekannten Priesters aus dem Umfeld der St.-Veits-Kathedrale werden sowohl gegen Wenzel als auch gegen seine Gemahlin schwere Vorwürfe und Ausfälle laut, wobei die Behauptung, die Königin stamme aus dem ketzerischen Geschlecht Kaiser Ludwigs IV. von Bayern, den das Papsttum zu Fall gebracht habe und dessen Enkelin nun diese Schmach rächen wolle, nur die Spitze des Eisberges von Verleumdungen darstellte.[66] Sophie, so heißt es, sei »wölfisch«, sie bringe ihren tyrannischen Gatten mit seinen nichtswürdigen Hofleuten und Räten mit Haß und Wutanfällen gegen die Geistlichkeit in Rage und lasse durch ihre Grausamkeit, Hartherzigkeit und Bosheit den Charakter einer Frau vergessen.[67] In den Anschuldigungen des Konzils gegen Sophie von Wittelsbach stehen die Vorwürfe, die Wittelsbacherin mißachte die Konstanzer Beschlüsse und unterstütze die Hussiten, die das Abendmahl in beiderlei Gestalt reichten sowie die Beschuldigung, die Wittelsbacherin lasse Altgläubige aus ihren Pfarreien vertreiben und gewähre Anhängern des Hussitismus in unter ihrem Einfluß stehenden Ländereien Schutz, im Mittelpunkt.[68]

In einem Schreiben Sigismunds von Luxemburg an Sophie – wohl vom September 1417 – bat der auf dem Konzil weilende römisch-deutsche König die Gemahlin seines Bruders eindringlich, sie möge den in Böhmen vorgekommenen Gewalttätigkeiten gegen Religion und Kirche Einhalt gebieten. Zugleich drohte er, andernfalls mit Hilfe des Konzils in Böhmen eingreifen zu wollen.[69] Auch die Brüder der Böhmenkönigin sahen den schmalen Grat am Rande des Abgrunds, auf dem sich ihre Schwester bewegte. Etwa zur Weihnachtszeit des Jahres 1418 begab sich daher Herzog Ernst von München nach Böhmen, um Sophie zur Nachgiebigkeit aufzufordern.[70] Der Chronist Hans Ebran von Wildenberg berichtet dazu in seiner aus der zweiten Hälfte des 15. Jahrhunderts stammenden Chronik der bayerischen Fürsten, daß Sophie bei ihrem Glauben bleiben wollte, worauf der Herzog ihr einen Backenstreich gab und Böhmen wieder verließ.[71]

Die gegen Sophie erhobenen Vorwürfe waren nicht unbegründet, zumal die Königin – wie Laurentius von Březová bestätigt – nach Böhmen geflohenen Pikarden, d.h. aus Frankreich kommenden Anhängern einer religiös-sozialen Laienbewegung, 1418 in Prag Unterkunft und Unterstützung gewährte.[72]

Trotz des Konzilsurteils über Hus und der Verurteilung des Laienkelchs ließ der alternde Wenzel der hussitischen Bewegung in seinem Lande, insbesondere in den königlichen Städten, freien Lauf. Nach wiederholten Mahnschreiben aus Konstanz beugte er sich aber zu Beginn des Jahres 1419 einem Ultimatum des neuen Papstes Martin V. und König Sigismunds. Ende Februar 1419 verfügte Wenzel die Wiedereinsetzung der Kelchgegner in ihre Pfarreien. Kelchpriester wurden von ihren Predigtstellen entfernt und aus königlichen Städten ausgewiesen.[73] Der päpstliche Nuntius Fernando von Lucca hatte zuvor die Zugeständnisse des Prager Hofes als unzureichend abgelehnt und die Königin Sophie am 20. Februar aufgefordert, innerhalb von 30 Tagen vor dem in Hodonin weilenden Nuntius zu erscheinen und sich dort des Vorwurfs zu erwehren, sie unterstütze die Ketzer. Sollte Sophie diese Vorladung nicht ernst nehmen, müsse man härtere Schritte gegen sie unternehmen.[74] Fernando beschuldigte die Königin zugleich, an ihrem Hof und in ihrem Rat reformsüchtige Beamte zu beschäftigen. Gerade diese offenkundige Unterstützung des Hussitismus hätte auf Seiten der offiziellen Kirche den größten Unmut gegen sie hervorgerufen.[75] Die Anschuldigungen und die öffentliche Meinung würden – so Fernando – darauf hinauslaufen, daß Sophie den mit dem königlichen Amt verbundenen Pflichten nicht gerecht werde.[76]

Über den in die Wege geleiteten Prozeß liegen keine näheren Informationen vor, doch die Folgen der Ereignisse vom 20. Februar 1419 sollten sich als weitreichend und schwerwiegend erweisen. Sie mündeten, nach Verhandlungen einer Gesandtschaft Wenzels mit Sigismund von Luxemburg, in dem erwähnten Beschluß der Rückgabe hussitischer Pfarreien an die vorherigen katholischen Inhaber. Dies geschah insbesondere in Prag, sicherlich auch auf dem platten Lande und auch auf den Besitzungen der böhmischen Königin.[77] Im Zusammenhang damit steht auch die Abkehr der Königin von ihrer bisherigen »hussitischen« Überzeugung.[78] Ihre vollständige Rückkehr in den Schoß der katholischen Kirche erfolgte im Zuge der wachsenden Polarisierung innerhalb der in Aufruhr begriffenen böhmischen Gesellschaft.[79] Eine Kelchprozession in der Prager Neustadt am 30. Juli 1419 unter Führung des wortgewaltigen Predigers Johannes von Seelau (Jan Želivský) führte zum Sturm auf das Neustädter Rathaus und zur Lynchjustiz an den anwesenden Stadträten, tschechischen Katholiken, die erst kurz zuvor von Wenzel eingesetzt worden waren.[80] Der Versuch des Königs, die Bewegung einzudämmen, scheiterte. Wenzel starb bald darauf, am 16. August 1419, auf der Neuen Burg bei Kunratitz.

Nun erst – unter dramatischen innenpolitischen Umständen eines krisengeschüttelten Landes – hatte Sophie von Wittelsbach als Regentin politische Verantwortung für die Geschicke Böhmens zu tragen. Nach den Bergwallfahrten des Frühsommers 1419 und dem nachfolgenden Aufruhr in Stadt und Land versuchte die Königinwitwe, einen Bürgerkrieg durch eine allgemeine Landfriedenseinung zu vermeiden.[81] Am 6. Oktober 1419 erklärten die Prager ihren Beitritt zu diesem zur Wahrung der Freiheit des Wortes Gottes sowie zur Ehre der böhmischen Nation geschlossenen bewaffneten Bund.[82] Zu den beigetretenen Vertretern des böhmischen Hochadels zählten u.a. Čeněk von Wartenberg, Johann Michalek von Michalovice, Aleš Škopek von Duba, Heinrich von Wartenberg, Viktorin von Kunštat[83] und seit Anfang Oktober 1419 auch Ulrich von Rosenberg.[84]

Doch die Prager waren indes zur Bastei für die Revolution geworden. Um dieser Entwicklung Einhalt zu gebieten, besetzten Sophie von Böhmen und »gewisse Barone dieses Königreiches« am 17. Oktober die Prager Burg, das Kloster Strahov, das Kloster des heiligen Thomas und den Bischofshof.[85] Im Verlauf der ausgebrochenen Kämpfe um die Prager Burg und die Kleinseite mußte die Königinwitwe am 4. November allerdings einen Rückzug antreten: »Es war also jene Nacht, für viele eine Nacht des Weinens und der Traurigkeit, fast ähnlich dem

Jüngsten Tag so sehr, daß Königin Sophie mit Herrn Ulrich von Rosenberg aus Angst inmitten der Nacht von der Prager Burg floh, weil die Königlichen nur mit Mühe die Burg vor der Eroberung durch die Prager bewahrten.«[86] Neun Tage später kam es zum Abschluß eines Waffenstillstandes zwischen der Königinwitwe und der Prager Gemeinde, der »unter Strafe von fünfzigtausend Schock« abgesichert wurde.[87] Auf der von Sigismund von Luxemburg im Dezember nach Brünn (Brno) einberufenen Versammlung führender Vertreter des Landes endete die Regentschaft der Könginwitwe bereits. Nachfolgend taucht sie in den böhmischen Quellen noch mehrere Male in Begleitung Sigismunds auf, ohne daß von einem politischen Einfluß Sophies die Rede sein könnte.[88]

Seit 1422 finden wir die Königinwitwe in ihrem Alterssitz Preßburg (Bratislava), den ihr Sigismund zugedacht hatte. Ihre Korrespondenz mit den beiden Brüdern in München erhellt nachdrücklich die starke, insbesondere finanzielle Abhängigkeit von Sigismund, der ja – zumindest formal – seit dem 28. Juli 1420 auch böhmischer König war. Man muß aus dem Briefwechsel unvermeidlich den Schluß ziehen, daß Sigismund die Königinwitwe vor allem materiell vernichten wollte, denn Klagen, der Luxemburger verweigere ihr fällige Finanzleistungen, ziehen sich wie ein roter Faden durch die Korrespondenz. Erst nach persönlicher Intervention Herzog Wilhelms, der Sophie Anfang Juli 1424 in Preßburg aufsuchte[89], veranlaßte Sigismund einige Wochen nach dem Besuch am 24. August 1424 zwei Vertraute, 6000 ungarische Gulden an die Königinwitwe zu zahlen.[90]

Schon im darauffolgenden Jahr gab es erneut Sorgen. Eine Klage Herzog Wilhelms bei Sigismund[91] führte lediglich dazu, daß sich der Luxemburger bereit erklärte, einen nicht näher bezeichneten Teil der versprochenen Summe Ende September 1425 an Sophie zu zahlen. Während eines dreitägigen Aufenthaltes in Preßburg[92] erneuerte Sigismund sein Versprechen vor den Augen der Königinwitwe, ohne allerdings seinen Zahlungsverpflichtungen nachzukommen.[93] Auch in der Folgezeit hielt Sigismund Sophie und ihre Brüder, die sich bemühten, das Los ihrer Schwester zu erleichtern, mit Versprechungen hin. Am 17. März 1426 gelobte Sigismund von Luxemburg der verwitweten Sophie von Wittelsbach, die ihr an Jahrgeld und Schuld fälligen 25000 ungarischen Gulden in bestimmten Raten bis 1430 zu zahlen.[94] Zugleich sicherte ihr der König für die Zeit ihres Aufenthaltes in Ungarn zum Unterhalt ihrer Hofhaltung jährlich 6000 ungarische Gulden zu.[95] Dennoch beklagte sich Sophie bei ihren Brüdern über die vielen falschen Versprechungen Sigismunds, der sie – so ihre eigenen Worte – »vernichten« wolle.[96]

Aus der in der Folgezeit geführten Korrespondenz geht hervor, daß Sophie von Sigismund kein Geld erhielt[97] und daß sich die Königinwitwe zudem vergeblich um die Zusendung der versprochenen Summen bemühte.[98] Darüber hinaus äußerte Sophie den Wunsch, ihren Alterssitz zu verlassen und in ihre Heimat zurückzukehren.[99] Sie besäße, so Sophie, jedoch nur silberne Gerätschaften und Schmuck, die sich zudem noch in Händen der Gemahlin des Preßburger Stadthauptmannes befänden, weshalb sie die Stadt nicht heimlich verlassen könne.[100] Doch ihren herzoglichen Brüdern mußte wohl mehr am gönnerhaften Wohl des Königs, denn an der Ausführung einer Übersiedlung ihrer Schwester gelegen sein, die letztlich ihren Lebensabend doch in Preßburg verbrachte. Hier starb sie am 4. November 1428.[101]

Über das Leben der Königin an ihrem Alterssitz Preßburg ist – abgesehen von den finanziellen Sorgen – so gut wie nichts bekannt. Lediglich bei dem Chronisten Hans Ebran von Wildenberg lesen wir: »...die königin hett am letzten ir wesen zuo Prespurgk; do lebt sie gar eins geistlichen leben und war begraben in ir cappellen, die sie gepawet hett. etliche sprechen, das sie grosse pues auf sich selb gelegt hab.«[102]

Auch das Testament der Königinwitwe ist – allerdings unvollständig und ohne Datum – überliefert.[103] Darin festgehalten sind die Besitzungen Sophies, so u.a. die Burgen Potstein und Bradlec[104]. Die finanziellen Forderungen an Sigismund beliefen sich auf 30 000 Gulden. Zum persönlichen Besitz der Königin gehörten Schmuck und Mobiliar, worauf allerdings eine Hypothek gegenüber der Gemahlin des Preßburger Stadthauptmanns und deren Kinder in Höhe von 950 Gulden lastete. Hinzu kamen ausstehende Besoldungen der Bediensteten ihres Hofes. Im letzten Satz des erhaltenen Teils des Testaments äußert Sophie den Wunsch, ihr ein »ewige gedächtnuss« zu errichten.[105] Am 25. November 1428 sandten Herzog Wilhelm und Ernst von Bayern, die von ihrer Schwester zu Testamentsvollstreckern bestimmt worden waren, drei Räte nach Preßburg und beauftragten diese zugleich, die Verstorbene in das Familiengrab nach München zu überführen.[106] Doch dafür war es zu spät. Außerdem schaltete wohl Sigismund den Olmützer Bischof Jan Železný ein, der im königlichen Auftrag die Testamentsvollstreckung vornehmen sollte.[107] Ein wichtiger Schritt hierzu war die Anfertigung eines Verzeichnisses über die Hinterlassenschaften der Königin, was im Beisein zahlreicher Zeugen geschah, zu denen auch der herzogliche Hofmeister Stefan Ebster aus München gehörte.[108]

Die persönlichen Hinterlassenschaften der Königin füllten insgesamt sechs Truhen. Das zwischen dem 17. und 21. Januar 1429 zusammengestellte Inventar[109] führt auch elf Handschriften auf. Fünf davon werden nur ganz allgemein beschrieben – wahrscheinlich handelte es sich um Bücher religiösen Inhalts, darunter vielleicht auch Husschriften.[110] Die anderen sechs Werke sind namentlich erwähnt: ein Psalter in rotem Leder, eine Bibel, ein Buch über die zehn Gebote, ein Buch über die sieben Freuden der Jungfrau Maria, die Auslegung des Matthäus-Evangeliums und – als einziger Roman – eine Darstellung des Lebens Alexanders des Großen.

Im Mai 1429 stellte Sigismund von Luxemburg, der seit Anfang April in Preßburg weilte um mit einer hussitischen Delegation mit Prokop dem Kahlen an der Spitze zu verhandeln, den beiden bayerischen Herzögen Ernst und Wilhelm einen Geleitbrief aus, damit diese die Erbschaft ihrer verstorbenen Schwester abholen konnten.[111] Die den Brüdern im Testament der Königinwitwe zugesprochenen Herrschaften gab Sigismund allerdings nicht frei. Schließlich bestimmte man 2500 Gulden aus dem Besitz Sophies für die Wahrung des Andenkens an die Verstorbene durch Messen u.ä. Die überlieferte Instruktion vom 13. September 1429, die genau festlegt, auf welche Weise der im Dom zu Preßburg beigesetzten Böhmenkönigin gedacht werden sollte[112], gibt auch Auskunft über die von Sophie errichtete Kapelle in der Preßburger Kathedrale und deren geplante baulichen Veränderungen.[113]

Die Ausführung der geplanten Umbauten darf bezweifelt werden, auch ist die Grabstätte der Königin heute nicht mehr auffindbar. Sophie von Wittelsbach kam – bedenkt man das Wenige, was wir über sie vor dem Jahre 1400 wissen – aus dem Dunkel der Geschichte und sie tauchte nun auch wieder darin ein. Sie hinterließ kaum Spuren in der böhmischen Historie und sie wirkte im Gegensatz zu mancher ihrer Vorgängerinnen kaum als Fundatorin, so daß fast keine architektonischen Zeugnisse an sie erinnern. Wir wissen wenig über ihr Denken und Fühlen in einer politischen Umbruchszeit der älteren böhmischen Geschichte, doch ist ihr Andenken als Zuhörerin von Jan Hus in der Prager Bethlehemskapelle und als Patronin des »böhmischen Ketzers« gewahrt geblieben.

Anmerkungen

1 Bosl's Bayerische Biographie. 8000 Persönlichkeiten aus 15 Jahrhunderten, hrsg. von K. Bosl, Regensburg 1983.

2 F. M. Bartoš, Česká královna v bouři husitské revoluci, in: Jihočeský sborník historický 10 (1937), S. 15 ff.

3 R. Urbánek, Královny Johana a Žofie, in: K. Stloukal, Královny, kněžny a veliké ženy české, Prag 1940, S. 143 ff.

4 W. K. Prinz von Isenburg, Die Ahnen der deutschen Kaiser, Könige und ihrer Gemahlinnen, Görlitz 1932, S. 68.

5 Zu Herzog Johann II. von Bayern vgl. : H. Rall, Wittelsbacher Hausverträge des späten Mittelalters. Die Haus- und staatsrechtlichen Urkunden der Wittelsbacher von 1310, 1329, 1392/93, 1410 und 1472, München 1987, S. 184.

6 Ebenda, S. 184.

7 Handbuch der bayerischen Geschichte 2: Das alte Bayern. Der Territorialstaat vom Ausgang des 12. Jahrhunderts bis zum Ausgang des 18. Jahrhunderts, hrsg. von M. Spindler, München 1969, S. 210.

8 Vgl. D. Veldtrup, Zwischen Eherecht und Familienpolitik. Studien zu den dynastischen Heiratsprojekten Karls IV., Warendorf 1988.

9 Vgl. die Rezension zu Veldtrup, Eherecht von F. Seibt in: Bohemia 31,2 (1990), S. 398 f.

10 F. Seibt, Karl IV. Ein Kaiser in Europa 1346–1378, 2. Auflage, München 1985, S. 268.

11 H. Stoob, Kaiser Karl IV. und seine Zeit, Graz/Köln/Wien 1990, S. 64 f.

12 Urbánek, Královny Johana a Zofie, S. 143.

13 Ebenda.

14 J. Spěváček, Václav IV. 1361–1419. K předpokladum husitské revoluce, Prag 1986, S. 186.

15 Brief des aragonesischen Königs vom 27. Juli 1388 aus Saragossa an Wenzel, in: H. Finke, Aragonesisch-sizilische Beziehungen zum bayerisch-pfälzischen Hause im 14. Jahrhundert, in: Zeitschrift für die Geschichte des Oberrheins, N.F. 39 (1926), S. 510f., Nr. 1.

16 E. Holtz, Reichsstädte und Zentralgewalt unter König Wenzel 1376–1400, Phil. Diss. (masch.) Berlin 1986, S. 93 f.

17 Ebenda, S. 94.

18 Fuit femina formae et procerae staturae. So urteilt Ladislaus Sunthemius, Hofhistoriograph Maximilians I. über die Königin (A. F. Oefele, Rerum Boicarum Scriptores, Bd. II, Wien 1763, S. 570) – Vgl. auch Bartoš, Česká královna, S. 16. In einem Brief Wenzels IV. vom 22. August 1388 nennt dieser Johann II. von Bayern-München bereits »unsers liben oheme« (nach Lindner, wie Anm. 19).

19 Vgl.: Bartoš, Česká královna, S. 16. Bereits am 9. November titulierte Papst Bonifaz IX. Sophie als Königin (K. Krofka, Monum. Boh. Vatic. V, S. 136, Nr. 217). Hinweise auf den Ort und den genauen Zeitpunkt der Hochzeit fehlen. Der Chronist Jan Długosz (+1480), Historia polonica, in: Opera omnia II, hrsg. von A. Przezdziecki, Krakau 1863ff., S. 123 betont nachdrücklich, daß die Hochzeit vor dem Judenpogrom in Prag (Ostern 1389) stattgefunden habe. Nach Th. Lindner, Geschichte des deutschen Reiches unter König Wenzel, Bd. 2, Braunschweig 1980, Beilage III, S. 456, folgt Długosz hier einer böhmischen Quelle, während eine Benutzung der Historia Bohemica des Aeneas Sylvius Piccolomini als nicht wahrscheinlich anzunehmen ist.

20 F. M. Pelzel, Lebensgeschichte des römischen und böhmischen Koenigs Wenceslaus, Teil I-II, Prag 1788–1790.

21 Ebenda, I, S. 248.

22 J. Dubravius, Historia regni Bohemiae libri XXXIII, Prag 1552.

23 Kaufbrief ediert bei Pelzel, I, Urkundenbuch, S. 117, Nr. LXXXIX.

24 Ebenda, S. 119, Nr. XC. Offney (Offemia) wurde Sophie im heimischen Bayern genannt.

25 Aus diesem Umstand schlußfolgerte Pelzel, daß die Heirat mit Wenzel erst unmittelbar zurückläge (also 1392!) und ein eigenes Siegel deshalb noch nicht fertig war (Pelzel I, S. 255).

26 Handbuch der Geschichte der böhmischen Länder, hrsg. von K. Bosl, Bd. 1, Stuttgart 1967, S. 481ff.

27 Ebenda, S. 482 – Vgl. auch Přehled dějin Československa I/1 (do roku 1526), Prag 1980, S. 365.

28 Vgl.: Urbánek, Královny Johana a Žofie, S. 147.

29 Böhmische Chronika Wenceslai Hagecii, Prag 1596, Teil 2, fol. 54; s. auch: A. Horčička, Die Sage von Susanna und König Wenzel, in: Mitteilungen des Instituts für österreichische Geschichtsforschung 1 (1880), S. 107ff.

30 P. Spunar, Kultura českého středověku, Prag 1985, S. 424.

31 J. Krása, Die Handschriften König Wenzels IV., Prag 1971, S. 76f.

32 Vgl. künftig meinen Aufsatz »Barbara von Cilli – eine ‹deutsche Messalina›?«, in: Mitteilungen der Gesellschaft für Salzburger Landeskunde 131 (1991), S. 1ff.

33 I. Lesný, Osobnost českého krále Václava IV. z hlediska neurologa, in: Folia Historica Bohemica 5 (1983), S. 294.

34 Codex iuris municipalis regni Bohemiae, Bd. II (1225–1419), hrsg. von J. Čelakovský, Prag 1895, S. 928, Nr. 718.

35 Ebenda, S. 885.

36 Deutsche Reichstagsakten unter König Wenzel, 2. Abteilung 1388–1397, hrsg. von J. Weizsäcker, München 1874, S. 427, Nr. 247.

[37] Bartoš, Česká královna, S. 17, Anm. 4.

[38] Vgl.: Spěváček, Václav IV., S. 286.

[39] Ebenda, S. 285.

[40] »et consorti suae reginae Sophiae« – Regesta Bohemiae et Moraviae aetatis Venceslai IV. (1378 dec. – 1419 aug. 16.), Bd. 2: Fontes archivi capituli ecclesiae Wissegradensis, hrsg. von V. Vavřínek, Prag 1968, S. 27, Nr. 67.

[41] Bartoš, Česká královna, S. 17.

[42] Handbuch der Geschichte der böhmischen Länder, S. 488.

[43] Vgl.: Pelzel, Lebensgeschichte, Teil I, Urkundenbuch, S. 62, Nr. CLXVIII.

[44] Vgl.: Codex iuris municipalis II, S. 972, Nr. 753.

[45] Bartoš, Česká královna, S. 17, Anm. 6.

[46] Ebenda, Beilage: Mnichovský fascikl a jiné listiny královy Žofie (Das Geheime Hausarchiv in München bewahrt unter der Signatur 543 einen Band auf, der u. a. Urkunden Sophies von Wittelsbach enthält.). – Am 24. Oktober 1409 bestätigte Wenzel den Kauf bzw. Erwerb.

[47] A. Sedláček, Zbytky register králu rimských a českých, Prag 1914, S. 73, Nr. 482.

[48] Archiv český, Bd. II, Prag 1841, S. 377.

[49] Archiv český, Bd. III, Prag 1844, S. 277. Vgl. auch: Urbánek, Královny Johana a Žofie, S. 153.

[50] Archiv český, Bd. III, S. 291.

[51] Codex iuris municipalis II, S. 1153, Nr. 854.

[52] Urbánek, Královny Johana a Žofie, S. 153.

[53] Handbuch der europäischen Geschichte, hrsg. von Th. Schieder, Bd. 2, Stuttgart 1987, S. 526.

[54] Ebenda, S. 526f.

[55] F. Palacký, Documenta Mag. Ioannis Hus (Nachdruck Osnabrück 1966), S. 147, Nr. 91. In einem Schreiben des Prager Universitätsmagisters an seine böhmischen Freunde (amicis suis in Bohemia) vom 29. Juni 1415 heißt es: »Králowé, mé milostiwé panie, děkujte otemne ze wšeho dobrého, jež jest mi činila«.

[56] Ebenda, S. 411. In einem Schreiben vom September 1410 an Papst Johannes XXIII. bekennt Sophie: »Ceterum beatisseme pater! pro singulari V^{ram} Sanct. humillime rogamus gratia, quatenus capellam Bethleem, quam nobis et nostris regnicolis ad audiendum verbum dei reputamus perutilem, confirmare perpetuis temporisbus dignaretur«. Vgl. auch: Urbánek, Královny Johana a Žofie, S. 151.

[57] Palacký, Documenta Mag. Ioannis Hus, S. 409ff.

[58] »nec enim pati possumus, quod verbum domini in nostris castris et civitatibus tam quandem oppugnantium patiatur«. Ebenda, S. 413.

[59] Urbánek, Královny Johana a Žofie, S. 152. Bereits am 1. Juni 1410 hatte Johannes XXIII. Sophie in einem Schreiben aufgefordert, in ihrem Bemühen um das Wohl der Kirche fortzufahren und ihr zu diesem Zweck zwei Vertraute gesandt. Vgl.: Archiv pražské metropolitní kapituly. I. Katalog listin a listu z doby předhusitské (-1419), ed. von J. Eršil und J. Pražák, Prag 1956, S. 231, Nr. 828.

[60] Spěváček, Václav IV., S. 435.

[61] Palacký, Documenta Mag. Ioannis Hus, S. 423 (B).

[62] Handbuch der Geschichte der böhmischen Länder, S. 503ff.
[63] Vgl.: V. Novotný, M. Jana Husi korespondence, Prag 1920, S. 192–196, Nr. 75–78.
[64] Novotný, M. Jana Husi korespondence, S. 293, 332 und 337 (Briefe vom 21. und 29. Juni 1415).
[65] Husovy listy z Kostnice, in: Ze zpráv a kronik doby husitské, hrsg. von I. Hlaváček, Prag 1981, S. 192. Aus der Beziehung Sophies von Wittelsbach zur hussitischen Bewegung und zu Jan Hus selbst kann jedoch nicht geschlußfolgert werden, daß der Reformator Beichtvater der Königin war. Vgl.: F. M. Bartoš, Legenda o tom, že Hus byl zpovědníkem královny Žofie, in: Jihočeský sborník historický 8 (1935), S. 102f.
[66] F. M. Bartoš, Předvečer husitské revoluce v osvětlení pražského duchovního, in: Jihočesky sborník historický 8 (1935), S. 43–49.
[67] Ebenda, S. 45.
[68] Palacký, Documenta Mag. Ioannis Hus, S. 640f.: »It quod praefata D. Regina processus et mandata apostolica et decreta hujus sacri Constantiensis consilii publice et notorie contemnit et communicantes populum sub utraque specie, sectam Wiclefistarum et Husitarum publice fovit et fovet, protegit atque defendit.« Vgl. auch: F. M. Bartoš, Husitská revoluce. Doba Žižkova 1415–1426, Prag 1965, S. 22.
[69] Regesta imperii XI. Die Urkunden Kaiser Sigmunds (1410–1437), verzeichnet von W. Altmann, Innsbruck 1896, S. 180, Nr. 2545.
[70] Bartoš, Česká královna, S. 20.
[71] Hans Ebran von Wildenberg, Chronik von den Fürsten von Bayern, hrsg. von F. Roth (Quellen und Erörterungen zur bayerischen und deutschen Geschichte N.F. 2, 1. Abteilung), München 1905, S. 145. S. auch: Bayerische Chronik von Ulrich Füetrer, in: Ebenda, S. 205.
[72] Die Hussiten. Die Chronik des Laurentius von Brežová 1414–1421, aus dem Lateinischen und Alttschechischen übersetzt, eingeleitet und erklärt von J. Bujnoch, Graz/Wien/Köln 1988, S. 157ff.
[73] Handbuch der Geschichte der böhmischen Länder, S. 493.
[74] Bartoš, Husitská revoluce, S. 54.
[75] A. Neumann, Nové prameny k dějinám husitství na Moravě, Olomouc 1930, S. 16.
[76] Ebenda, S. 49.
[77] Urbánek, Královny Johana a Zofie, S. 155; Bartoš, Česká královna, S. 20.
[78] Urbánek, Královny Johana a Zofie, S. 155.
[79] J. F. Klassen, Women and Religious Reform in Late Medieval Bohemia, in: Renaissance, Reformation, Bd. V, Nr. 4, 1981, S. 215.
[80] Handbuch der europäischen Geschichte II, S. 528.
[81] Handbuch der Geschichte der böhmischen Länder, S. 515. Text in: F. Palacky, Urkundliche Beiträge zur Geschichte der böhmischen Länder, Bd. 1, Prag 1873, S. 2, Nr. 4.
[82] Ebenda, S. 2, Nr. 5.
[83] Ebenda.
[84] Listář a listinář Oldřicha z Rožmberka, Bd. 1: 1418–1437, hrsg. von B. Rynešová, Prag 1929, S. 12, Nr. 19.
[85] Bujnoch, Chronik des Laurentius von Brežová, S. 57.

[86] Ebenda, S. 59.

[87] Ebenda, S. 60.

[88] Nach Abschluß des Waffenstillstandes vom 13. November 1419 verließen die zuvor nach Prag geströmten ländlichen Hussiten die Stadt. Die Mehrzahl von ihnen wandte sich unter der Führung von Jan Žižka nach Pilsen (Plzeň) und schloß sich »nach Vertreibung der Gegner der Wahrheit in eben dieser Stadt gegen Königin Sophie sowie die Barone und die übrigen Königlichen ein« (Bujnoch, Chronik des Laurentius von Brežová, S. 66). Sophie von Wittelsbach sandte daraufhin ein »nicht geringes Kriegsvolk« zur Belagerung der Stadt Pilsen, das Zižka und seine Anhänger schließlich vertrieb. Viele radikale Hussiten strömten nun in die seit Ende Februar 1420 im Entstehen begriffene Kommune Tábor. Folgen wir den Angaben der Chronik des Laurentius von Brežová, befand sich Sophie im Mai 1420 im Gefolge Sigismunds von Luxemburg in Altbunzlau, Melnik und Schlan (Chronik, S. 90) sowie in Kuttenberg, Tschaslau, Kolin, Nimburg, Leitmeritz und in weiteren Städten (Ebenda, S. 156). Am 16. August verkündete der päpstliche Nuntius Fernando von Lucca einen Kreuzzug gegen die Hussiten in Anwesenheit des Hofes (Palacký, Urkundliche Beiträge I, S. 46). Am 9. März 1421 weilte die Königinwitwe in Znaim (Znoimo), wie Neumann feststellte (Nové prameny, S. 161). Am 10. März 1422 befand sich Sophie in Skalica, von wo sie sich an ihre Brüder wandte (Münchener Faszikel, bei Bartoš, Česká královna, S. 27).

[89] Bartoš, Česká královna, S. 27 (Münchener Faszikel).

[90] Regesta imperii XI, Nr. 5963.

[91] Bartoš, Česká královna, S. 28 (Münchener Faszikel – Brief Wilhelms an seinen Bruder Ernst vom 2. Juli 1425).

[92] Regesta imperii XI, Nr. 6424–43.

[93] Bartoš, Česká královna, S. 22 und 28 (Münchener Faszikel).

[94] Regesta imperii XI, Nr. 6568; Bartoš, Česká královna, S. 28 (Münchener Faszikel).

[95] Bartoš, Česká královna, S. 22.

[96] Ebenda, S. 28 (Münchener Faszikel – Schreiben Sophies vom 12. Juli 1426 an ihre Brüder).

[97] Ebenda, S. 29 (Schreiben Sophies an ihre Brüder vom 20. November 1426). Allerdings befahl Sigismund am 14. November 1427 den Nürnberger Bürgern Sebold Pfinzig und Peter Volkeimer die 1000 ungarischen Gulden, welche sie von der Stadt Erfurt für deren Judenbrief erheben sollten, der Königin Sophie von Böhmen auszuzahlen. Vgl.: Regesta imperii XI, Nr. 6990.

[98] Bartoš, Česká královna, S. 23.

[99] Ebenda, S. 29 (Münchener Faszikel).

[100] Ebenda, S. 23.

[101] Ebenda. Warum die Alten Böhmischen Annalen irrtümlich das Jahr 1425 angeben, bleibt unklar. Spěváček irrt, wenn er gleichfalls auf 1425 als Sterbejahr verweist. Die Münchener Korrespondenz und die Regesta imperii zeigen eindeutig, daß Sophie von Wittelsbach in den Jahren 1426–1427 noch lebte!

[102] Ebran von Wildenberg, Chronik, S. 145.

[103] Oefele, Rerum Boicarum Scriptores II, S. 211 f.

[104] Die Burg Bradlec übertrug Sigismund nach dem Tod der Königin am 7. Mai 1429 an Hynek Krušina von Lichtenburg, den einstigen Widersacher Sophies, zu erblichem Besitz. Vgl.: Archiv česky III, S. 501, Nr. 262.

[105] Bartoš, Česká královna, S. 23.

[106] Ebenda, S. 29 (Münchener Faszikel).

[107] Ebenda, S. 24.

[108] Ebenda.

[109] Ebenda, S. 29 (Münchener Faszikel).

[110] Krása, Die Handschriften König Wenzels IV., S. 18.

[111] Ebenda.

[112] Regesta imperii XI, Nr. 7283.

[113] Bartoš, Česká královna, S. 25.

Sabine Tanz

Birgitta von Schweden – Heilige im Spannungsfeld von Politik und Visionen

Birgitta von Schweden oder Birgitta von Vadstena wurde 1303 als Tochter Birger Peterssons und seiner Gemahlin Ingeborg Bengtsdotter auf dem Herrensitz ihrer Familie in Finsta, ca. 50 km nordöstlich von Stockholm geboren.[1] Sowohl ihr Vater als auch ihre Mutter, die neben Birgitta noch sechs weitere Kinder gebar,[2] gehörten dem schwedischen Hochadel an. Birger Petersson galt als einer der vermögendsten Grundherren Schwedens und nahm als Lagman (Landvogt) von Uppland auf die Wahl des Königs Einfluß. Er stammte ebenso wie seine Gemahlin Ingeborg, die er nach dem Tod seiner ersten Frau Kristina Johannsdotter 1295 in zweiter Ehe geheiratet hatte, in direkter Linie von dem schwedischen König Sverkar I. (1134–1156) aus dem Geschlecht der Folkunger ab.

Birgitta, die von zeitgenössischen Quellen als ein blondhaariges Mädchen von ätherischer Schönheit geschildert wird, wuchs in einer Atmosphäre auf, »in der es so natürlich war, Gott zu lieben, wie es natürlich war, ihre Mutter zu lieben«.[3]

Noch bevor sie lesen konnte war ihr, die als geistig rege, intelligent und phantasievoll galt, das Martyrologium ihrer skandinavischen Heimat vertraut. Und so ist es erklärlich, daß die kleine Birgitta bereits im Alter von sieben Jahren in dieser von mystischer Spiritualität durchdrungenen Atmosphäre ihre erste Offenbarung erlebte, die bezeichnenderweise eine Erscheinung der jungfräulichen Gottesmutter Maria war.

Seit das III. Ökumenische Konzil zu Ephesos 431 für die Verehrung Marias als »Gottesmutter« plädiert und die Auffassung von der unbefleckten Empfängnis als kirchliche Lehrmeinung anerkannt hatte[4] und im 11. Jahrhundert der Marienkult in Cluny seine okzidentale Ausprägung erfahren hatte[5], erlebte die Marienfrömmigkeit im Spätmittelalter einen neuen Höhepunkt. Gemäß der weiterentwickelten Mariologie wurde Maria als »Himmelskönigin« (regina coeli), »Gnadenmittlerin«

(mediatrix gratiae), »reine Jungfrau« (virgo immaculata) und »schmerzensreiche Mutter« (mater dolorosa) in mannigfaltigen Formen verehrt.[6] Die Erinnerung an die Verkündigung Mariae durch den Erzengel Gabriel wurde zum integralen Bestandteil der religiösen Praxis. Dreimal am Tag rief das Angelus die Botschaft von der Menschwerdung des Gottessohnes in das Gedächtnis der Gläubigen.[7] Die bildliche Darstellung der Geburt und Kindheit Jesu galt in der Kunst seit dem 14. Jahrhundert als ein Teil des Marienlebens.[8] Eine definitive Festlegung erfuhr die Zahl der Freuden und Leiden Marias. Beide Zyklen wurden um die Mitte des Säkulums erstmals bildlich dargestellt.[9] Die Verbreitung der Rosenkranzgebete, 150 Ave Maria durch 15 Pater noster eingeleitet sowie 15 Gloria patri, sollte im Jahr 1475 kulminieren, als die Dominikaner in Köln Maria zur Königin des Rosenkranzes erklärten.[10] Etwa zur gleichen Zeit setzten sich Idee und Fest der Immaculata conceptio Mariae durch.[11] Angesichts periodisch wiederkehrender Epidemien, Hungersnöte und Dürrekatasprophen wurde Maria als »Jungfrau der Barmherzigkeit« (virgo misericordiae) zum Symbol der Hoffnung.[12] Neben die Idee von der Königsherrschaft Christi und seine Verehrung als »König der Könige« trat die Verehrung Marias als Himmelskönigin.[13] Nach M. Mollat handelt es sich bei dieser neuen Marienfrömmigkeit um den charakteristischsten Ausdruck der »psychologischen Kontraste« des Spätmittelalters.[14]

Wir wissen nicht mit Sicherheit zu sagen, welche Geistlichen die Spiritualität der kleinen Birgitta beeinflußt haben. Symptomatisch jedoch mag folgende Episode sein: In der Hauskapelle zu Finsta hörte Birgitta in der Fastenzeit 1314 die Predigt eines Dominikaners, die die Passion Jesu Christi zum Gegenstand hatte. Sie zeigte sich von dieser Predigt so tief beeindruckt, daß ihr bereits in der folgenden Nacht der gekreuzigte Christus erschien, der auch zu ihr sprach: »So wurde ich behandelt!« Birgitta, von Schmerz und Mitleid mit dem Gekreuzigten überwältigt, fragte darauf: »Herr, wer hat es gewagt, dir dies anzutun?« – »Die mich verachten und meine Liebe vergessen«, antwortete Christus. Die Quellen wissen zu berichten, daß von diesem Tag an Birgitta, da ihr ein plötzliches tiefes Verstehen dieses Leidens gegeben war, nur noch unter Tränen an die Leiden Christi denken konnte.[15] Bereits in frühester Kindheit entsprach somit Birgittas individuelle Spiritualität ganz der Mentalität des Spätmittelalters.

Die Präsenz des seit Jahrhunderten allgegenwärtigen Schlagwortes

»Memento mori« prägte auch im Spätmittelalter die Religiosität.[16] Innerhalb der Christusverehrung wurde die Darstellung der Passion Christi zum beherrschenden Thema. Nicht der siegende Gott, der Triumphator oder »beau Dieu« stand nunmehr im Zentrum der Devotion, sondern der am Kreuz leidende und sterbende Mensch. Die Stationen des Kreuzweges und der Kreuzigung verdichteten sich im Bild Christi und riefen Mitleid und Anteilnahme hervor. Assoziationen zum Leidensweg Christi prägten das gesamte religiöse Leben.[17] In der spätmittelalterlichen Kunst fand diese »beinahe körperliche Zärtlichkeit« ihre Widerspiegelung in Form eines pathetischen Naturalismus.[18] In der Tendenz, das Kruzifix vornehmlich als Symbol der Leiden Christi zu interpretieren, offenbarte sich eine neue christologische Konzeption. Während in den früheren Jahrhunderten die Kreuzigung in erster Linie den Triumph über den Tod und die Erlösung symbolisiert hatte, herrschte im Verständnis des ausgehenden Mittelalters die Universalität der Leiden vor. Eine solche Konzeption ermöglichte eine Identifikation, eine »compassio sentimentale« – ein empfindsames Mitleiden – mit dem Martyrium.[19] Der hier zum Ausdruck kommenden Spiritualität, die sich durch besonderes Pathos auszeichnete, entsprach die Ausstellung von Leib und Blut Christi innerhalb eigener Sakramentsandachten auf dem Altar.

Dieser Wandel der Religiosität wird von M. Mollat als »Humanisierung des religiösen Lebens« charakterisiert[20], während J. Paul von einem »mehr volkstümlichen Christentum« spricht[21] und E. Delaruelle diesen neuen Frömmigkeitstypus als »immer persönlicheres religiöses Leben« einschätzt.[22] Wie unterschiedlich die Terminologie auch sein mag, bezeichnend für diesen religiösen Wandel ist das tendenziell stärker werdende Bedürfnis nach einer Identifikationsmöglichkeit, die eine individuelle Beziehung zur Religion gestattet. Diese neue Sensibilität, gekennzeichnet durch das Streben nach Individualität und Verinnerlichung der religiösen Erfahrung, ist kennzeichnend für eine höhere Entwicklungsstufe der Persönlichkeit im Spätmittelalter.[23] Diese Tendenz zeigt sich auch in der Entwicklung der Visionen, bei denen es sich um eine der mittelalterlichen Bewußtseinsstruktur adäquate Form der Widerspiegelung der objektiven Realität handelt.[24]

Die Visionäre der Imitatio Christi erlebten als Hauptthema die Passion. Bezeichnend für diese Passionsvisionen ist die Entheroisierung und Entidealisierung des Todes Christi, dessen Sterben in ungeschminktem Naturalismus und ekstatisch übersteigertem Pathos »nachempfunden« wurde.[25]

Juliane von Norwich (1342–1413) erstrebte bereits in frühester Jugend das Nacherleben der Passion, um der wahren Erkenntnis der Leiden Christi teilhaftig werden zu können. Das Mitleiden, die »compassion sentimentale«, die persönliche Anteilnahme an den Leiden des Gekreuzigten, wurde zum eigentlichen Ziel ihrer Frömmigkeit.[26]

Der Glaube an die Transsubstantion erfuhr seine Reflexion in Blutphantasien: »Unter solchen Gedanken sah ich plötzlich, wie das rote Blut unter der Dornenkrone hervortropfte, ganz plötzlich, heiß, frisch und reichlich, so wirklich, wie es damals gewesen sein mußte, als die Dornenkrone auf sein heiliges Haupt gepreßt wurde. Ja wahrlich, er litt für mich als Gott und als Mensch zugleich.«[27]

Birgitta sah in einer Vision Maria, die ihr mit großer Eindringlichkeit den Tod Christi am Kreuz beschrieb. Die Stigmatisierung verband sich eindeutig mit dem Bild des Kruzifixus, während noch Heinrich Suso (1300–1365) der Gekreuzigte in Form eines Seraph erschienen war.

Katharina von Siena (1374–1380) erlebte in einer Vision am 18. August 1370 die Stigmatisierung: Da sah ich aus seinen heiligen Wunden fünf blutige Strahlen nach meinen Händen, Füßen und meinem Herzen gehen. Während ich noch redete, wechselten die Strahlen die Blutfarbe in eine hellglänzende, und in der Form reinen Lichtes kamen sie an die fünf Stellen meines Körpers.[28] Ihre religiöse Exaltation steigerte sich soweit, daß sie glaubte, aus der Seitenwunde Christi getrunken zu haben.[29]

Für Birgitta bezeichnete die Vision von der Passion Christi das Ende der Kindheit und nahm das Grundthema ihres künftigen Lebens voraus: »Sie sollte erfahren, wie im Leben Christi und im Leben des Christen Leiden und Lieben miteinander verkoppelt sind.«[30]

Nach glücklichen und unbeschwerten Jahren der Kindheit in Finsta erlebte Birgitta im Alter von elf Jahren den Tod ihrer Mutter. Ihr Vater vertraute Birgitta noch im gleichen Jahr der Obhut ihrer Tante Katharina an, deren Gatte, Lagman von Ostgotland, über großen politischen Einfluß verfügte und König Magnus Eriksson (1319–1363) nahestand. Man hat vermutet, daß sich auf dem Schloß von Aspänas, wo sich Birgitta in den Jahren 1314–1316 aufhielt, ihre Frömmigkeit besonders unter dem Einfluß der Dominikaner des nahegelegenen Skännige entwickelte.[31] Auf dem Schloß ihres Oheims machte Birgitta auch die Bekanntschaft Brynolfs, des Bischofs von Skara, der in lateinischer Sprache Hymnen auf die Jungfrau Maria verfaßte und in Paris, wo er zu den Schülern des Thomas von Aquin (1225–1274) gehörte, Theologie und kanonisches Recht studiert hatte. »Diese Zeit auf Aspänas mit dem härteren, einsameren Grundton als auf Finsta in des Vaters Haus hatte ihren Sinn im Gesamt dieses Lebens. Birgitta mußte sich formen; lernen, selbständig zu werden, ohne von der Umwelt viel Hilfe zu erwarten – ja selbst im Gegensatz zu dieser zu sein, was sie war. Vielleicht ist in jenen Jahren die Stabilität ihres Charakters grundgelegt worden, die uns später so bewundernswert erscheint: die sie in allen Wechselfällen des Lebens die Gleiche bleiben läßt.«[32]

Der Sitte der Zeit entsprechend wurde Birgitta im Alter von vierzehn Jahren vermählt. Dem Wunsch ihres Vaters gemäß, der eine engere Verbindung seiner Familie zum Lagman von Närke anstrebte, heiratete Birgitta im September 1316 Ulf Gudmarsson, den achtzehnjährigen Sohn Gudmars, des Lagmans von Närke. Birgitta, die sich zunächst dieser politischer Opportunität entspringenden Verbindung widersetzt hatte, »da sie ja mit ganzer Sehnsucht danach verlangte, dem Herrn als Jungfrau zu dienen«[33], gewann im Verlauf der ersten Ehejahre zunehmend Einfluß auf ihren Gatten und erlangte seine Einwilligung, zwei Jahre in Enthaltsamkeit zu leben.[34]

Ihr Gemahl, der in der Zisterzienser-Abtei Alvastra erzogen worden war, galt als rechtschaffener und frommer Mann. Birgitta lebte mit ihm, der 1330 zum Lagman von Närke ernannt wurde, in achtundzwanzigjähriger glücklicher Ehe. Tief beeindruckt von der Frömmigkeit seiner Gemahlin, trat Ulf gemeinsam mit Birgitta dem dritten Orden der Franziskaner bei und widmete sich in hervorragender Weise karitativer Tätigkeit.[35] Aus der Ehe gingen acht Kinder hervor: Merete (geb. 1319/20), Karl (geb. 1321), Birger (geb. 1323), Benedikt (geb. 1326), Gudmar (geb. 1327), Katharina (geb. 1330), Ingeborg (geb. 1332) und Cäcilie (geb. 1334).[36]

Birgitta unterhielt in diesen Jahren enge Beziehungen zu den Dominikanern in Skännige. Von dem Wunsch beseelt, ihre intellektuellen Fähigkeiten zu vervollkommnen, wählte sie Magister Matthias, Kanonikus von Linköping, zu ihrem Beichtvater.[37] Er war es, der sie im Studium der Heiligen Schrift unterwies und ihre gesamte religiöse und geistige Entwicklung lenkte. Ihm verdankt Schweden auch die älteste kommentierte Übersetzung der Heiligen Schrift. Er hatte sie auf

Wunsch Birgittas angefertigt, damit diese das Wort Gottes besser lesen und verstehen könne. Die Quellen schildern ihn als »verehrenswürdigen Mann, der durch sein Leben und durch seine Frömmigkeit hervorragte und zu seiner Zeit alle Doktoren der Theologie in Schweden übertraf«.[38]

Ebenso bezeichnend wie die Wahl des Beichtvaters war die Entscheidung, die Birgitta bezüglich der Erziehung ihrer Kinder traf: Der junge Geistliche Nicolaus Hermansson, der in Orléans studiert hatte, wurde von ihr als Hauslehrer eingestellt. 1374 zum Bischof geweiht, verfaßte er gemeinsam mit den Beichtvätern Birgittas die Konstitutiones des »Ordens des heiligen Erlösers« und trieb den Kanonisationsprozeß Birgittas entscheidend voran.[39]

Im Jahre 1335 folgte Birgitta dem Ruf Magnus II., der sie als Oberhofmeisterin an seinen Hof in Stockholm holte. Der sechzehnjährige König war im Herbst die Ehe mit Blanche de Dampierre, der Tochter Jean I. de Namur, eingegangen und suchte eine kluge Ratgeberin für seine junge Gemahlin. Seine Wahl fiel auf die Gattin des Lagmans von Närke, die zum königlichen Haus in verwandtschaftlicher Beziehung stand.

Man kann sich keinen krasseren Wechsel der Lebensumstände vorstellen: Birgitta, die sich und ihre Familie stets von Luxus und exzessiver Ausschweifung fernzuhalten suchte, kam im Alter von 32 Jahren an den Hof des Königs, der ebenso wie seine Gemahlin als frivol und charakterschwach galt.

In der ersten Zeit gelang es Birgitta, ihren positiven Einfluß am Hof geltend zu machen und dem König Ratschläge zu erteilen, wie er gemäß den Geboten Gottes leben und sein Land regieren solle.[40] Sowohl Magnus II. als auch Blanche waren Birgitta, deren Tugend und Frömmigkeit sie bewunderten, zunächst in so großem Maße zugetan, daß sie sie 1337 zur Patin ihres erstgeborenen Sohnes Erik wählten.[41]

Doch die Atmosphäre am königlichen Hof wandelte sich allmählich. Magnus II. umgab sich mit zahlreichen Parvenus, deren Schmeicheleien er den Ratschlägen seiner alten Ratgeber vorzog. Der Lebensstil des königlichen Paares zeichnete sich durch exzessiven Luxus und Frivolität aus. Ritterliche Ideale wie die Ehre schienen vergessen. Sie galten nichts gegenüber dem Genuß, den man sich, um welchen Preis auch immer, zu verschaffen suchte.

In ihren Offenbarungen machte Birgitta die Königin Blanche für dieses Treiben verantwortlich, König Magnus erschien ihr als »Kind auf dem Königsthron«, »Hasenherz« und »gekrönter Esel«.[42]

Eine apokalyptische Vision, die die Visionärin in diesen Jahren erlebte, enthüllt schlaglichtartig den Eindruck, den das Leben bei Hofe auf Birgitta machte: Alsbald erblaßte die Sonne und wurde finster, und der Mond entfloh hinter die Erde; und als ich die Erde schaute, erblickte ich dieselbe voll von kriechenden Tieren und Schlangen, die die Oberfläche der Erde abfraßen und die Menschen mit ihren Schwänzen töteten, bis die Sonne in den Abgrund fiel und die Stätte des Mondes nicht mehr gefunden wurde.«[43]

Vergebens versuchte Birgitta, die dem Herrscherpaar ihre apokalyptische Erscheinung offenbart hatte, ihren Einfluß zurückzugewinnen. Ihre Mahnungen verhallten ungehört.

Im Jahre 1338 wurde Birgitta von schwerem persönlichem Leid betroffen: Im Alter von elf Jahren starb in Stockholm ihr Sohn Gudmar. Gemeinsam mit ihrem Gemahl pilgerte die Visionärin darauf nach Drontheim zum Grab des Märtyrers Olaf II. Haraldsson (+ 1030), der die Christianisierung Norwegens vollendet hatte.

Bald nach ihrer Rückkehr verließ Birgitta für immer den königlichen Hof, ohne jedoch gänzlich drauf zu verzichten, dem König ihre Offenbarungen und Mahnungen mitzuteilen und die Verbrechen der Herrschenden anzuklagen, wobei sie weder König noch Adel noch Klerus schonte und sich viele Feinde unter den Mächtigen machte.

In den Jahren 1341–1342 unternahm Birgitta gemeinsam mit ihrem Gemahl eine Wallfahrt nach Santiago de Compostela in Spanien, der Krönungsstadt der spanischen Könige, wo der Leichnam des Apostels Jakobus der Legende nach aufbewahrt wurde. Diese Wallfahrt leitete einen neuen Abschnitt im Leben Birgittas ein, das fortan zum großen Teil durch Pilgerreisen bestimmt war. Birgitta unterschied sich in dieser Hinsicht bei aller Exzeptionalität ihrer Persönlichkeit in keiner Weise von ihren Zeitgenossen. Die Verehrung der Heiligen, denen als Fürsprecher bei Gott im mittelalterlichen Weltbild ein fester Platz in der Hierarchie zukam[44], nahm konkrete Gestalt in Wallfahrten und im Reliquienkult an.[45] In Europa galten neben Santiago de Compostela, Mont St. Michel, Notre Dame du Puy und Rocamadour als Objekte einer außerordentlichen Devotion.[46]

Auf dem Wege nach Compostela besuchten Pilger, unter denen sich auch der Zisterzienser Svenung aus Alvastra befand, wo Birgitta seit ihrem Weggang aus Stockholm lebte, Köln, Aix und Marseille. Der Rückweg führte über Citeaux in Burgund. Hier lernte Birgitta den Ursprung des Zisterzienserordens kennen, was auf sie einen ebenso starken Einfluß ausübte, wie der Besuch der benediktinischen Kongregation von Fontevrault in der Diözese Poitiers, wo in besonderer Weise die Jungfrau Maria und der Evangelist Johannes verehrt wurden.[47]

Nach der Rückkehr aus Compostela trat Ulf Gudmarsson, der in Arras schwer erkrankt und nur knapp dem Tod entgangen war, als Novize in das Kloster von Alvastra ein. Er starb, ohne sein Noviziat vollendet zu haben, am 12. Dezember 1344.

Die »Offenbarungen« vermitteln ein eindrucksvolles Bild von der Wandlung, die sich in Birgitta nach dem Tod ihres Gatten vollzog: »Dein Herz war kalt wie Stahl gegenüber meiner Liebe; doch rührte sich darinnen ein kleines Fünkchen der Liebe zu mir. Aber dieses dein Herz fiel auf einen Schwefelberg zur Zeit, als Ehre und Lust der Welt dir mißhagte und dein Gatte, den du fleischlich über alles liebtest, durch den Tod von dir genommen wurde... Als bei deines Gatten Tod dein Sinn von Kummer schwer erschüttert wurde, da begann der Funke meiner (Christi – S. T.) Liebe, der verborgen gelegen hatte, hervorzukommen.«[48]

Nach dem Tode ihres Mannes, der zu einem entscheidenden Einschnitt in ihrem Leben wurde, lebte Birgitta von 1344 bis 1346 in Alvastra. Hier hatte sie auch ihr entscheidendes Berufungserlebnis, das ihr weiteres Leben von Grund auf ändern sollte. »Fürchte dich nicht! Denn ich bin der Schöpfer aller Dinge und kein Betrüger. Wisse, daß ich nicht deinetwegen allein rede, sondern auch zum Heil aller Christen! Vernimm also, was ich dir sage! Du wirst meine Braut und mein Kanal sein. Du wirst Geistliches und geheimnisvoll Himmlisches hören und sehen, und mein Geist wird bei dir bleiben bis zu deinem Tod. Glaube darum fest, daß ich jener selber bin, der von der reinsten Jungfrau geboren wurde, der zum Heil aller Menschen gelitten hat und gestorben ist. Ich bin es auch, der von den Toten auferstanden ist und in den Himmel aufgefahren ist und der jetzt durch meinen Geist mit dir redet.«[49]

Einem möglichen Konflikt mit kirchlichen Autoritäten ging Birgitta von vornherein aus dem Weg, indem sie auf Weisung Christi ihren Beichtvater mit der endgültigen Redaktion der Visionsberichte beauftragte: »Jetzt aber übergib alle Bücher der Offenbarung dieser meiner

Worte meinem Bischof Eremita, der sie abschreiben, erhellen und den katholischen Sinn meines Geistes festhalten soll, denn mein Geist überläßt manchmal seine Erwählten sich selbst, so daß sie selbst nach der Art einer Waage meine Worte in ihrem Herzen kritisieren und diskutieren und nach vielen Erwägungen deutlich auswägen... Ebenso sage diesem Eremiten, daß er das Amt eines Evangelisten ausüben und erfüllen soll.«[50] E. Benz sieht in dieser »Angst vor der Illusion« eine typische Verhaltensweise von Visionären, eine Art Grundmuster, das aufgrund der Verschiedenheit der persönlichen und kirchlichen Voraussetzungen in vielfältiger Gradierung und in den unterschiedlichsten Erscheinungsformen auftritt.[51]

Im Auftrag Christi kehrte Birgitta an den schwedischen Hof zurück, um dort als Prophetin Gottes zu erscheinen. In Begleitung ihrer Söhne trat sie in einfachem Bußgewand vor die elegante Hofgesellschaft und verkündete, daß der Zorn Gottes über Schweden kommen werde, wenn sich der König nicht eines Besseren besänne.[52] Sie erntete jedoch nur Spott und Verachtung und ein Mönch meinte, sie habe kein gesundes Hirn, sie sei eine Phantastin.[53]

Im Frühjahr 1346 wurde Birgitta eine Offenbarung zuteil, die sie bestimmte, einen neuen Orden zu gründen, den »Ordo sanctissimis salvatoris«. Das Stammkloster dieses neuen Ordens befand sich in Vadstena am Vättersee, dem Ausgangspunkt der sich in fast ganz Europa verbreitenden Birgitten.[54] Für die Klostergründung hatte Magnus II. am 1. Mai 1346 das königliche Schloß in Vadstena einschließlich der zugehörigen Liegenschaften Birgitta übereignet. Die Ordensregel, die aus insgesamt 31 Kapiteln besteht, wurde der Visionärin durch die Worte Christi überliefert. Papst Urban VI. (1378–1389) approbierte die Regel am 3. Dezember 1378 als Ergänzung zur Ordensregel des hl. Augustinus.[55] Besondere Unterstützung wurde Birgitta bei der Klostergründung durch Petrus Olafsson, den nachmaligen Prior des Klosters von Alvastra, und den Magister Petrus von Skännige zuteil.[56]

Ebenfalls in Alvastra erlebte Birgitta eine Vision, die sie bestimmte, direkt in die europäische Politik einzugreifen. So sollte sie Edward III. von England (1327–1377) und den französischen König Philipp VI. (1328–1350) an ihre Pflichten als christliche Herrscher gemahnen und sie auffordern, den Krieg zu beenden, der seit 1337 Europa erschütterte und in die Geschichte als »Hundertjähriger Krieg« einging.[57]

Birgitta beauftragte ihre Vertrauten Petrus Olafsson und Bischof

Hemming von Abo, den Königen von Frankreich und England ein Schreiben zu überbringen, in dem sie sie aufforderte, Frieden zu schließen. Die Bitten Birgittas bewirkten jedoch nichts, und es sollte noch mehr als ein Jahrhundert vergehen, bis die kriegführenden Parteien, nicht zuletzt unter dem Eindruck der Erfolge des Bauernmädchens Jeanne d'Arc (1412–1431), im Jahre 1453 Frieden schlossen.[58]

Ebensowenig Erfolg hatte die Bitte Birgittas, Papst Clemens VI. (1342–1352), der seit 1342 in Avignon residierte und ganz unter dem Einfluß des französischen Königs stand, möge endlich nach Rom zurückkehren, wo sich seit altersher der Stuhl Petri befand.[59]

Im Herbst 1349 pilgerte Birgitta in Begleitung Petrus Olafssons und ihres Beichtvaters Petrus von Skännige nach Rom, wo sie auf Einladung des Kardinals Hugo von Beaufort, des Bruders Clemens' VI., in seinem Palast unweit von San Lorenzo in Damaso Quartier nahm. Hier erlebte sie auch das Jubeljahr, dessen Ausschreibung sie von Clemens VI. für 1350 erwirkt hatte und das Weihnachten 1349 begann. Da dieses Jubeljahr mit außerordentlichen Ablässen verbunden war, riß der Strom der nach Rom pilgernden Christen nicht mehr ab. Allein zwischen Weihnachten 1349 und Ostern 1350 sollen 1 200 000 Pilger die Heilige Stadt besucht haben.[60]

Birgittas Wohnsitz in Rom wurde sofort zu einer Stätte der Zuflucht für Arme und Kranke, die als Pilger an den Tiber gekommen waren, und die sich, dem Ruf der Visionärin als Wohltäterin und Heilige vertrauend, an Birgitta um Hilfe wandten.

Im Sommer 1352 begab sich Birgitta gemeinsam mit ihrer Tochter Katharina, die der Mutter nach Rom gefolgt war, auf eine Pilgerfahrt, die sie nach Assisi führte. Sie wollte damit ihrer besonderen Verehrung für den hl. Franziskus Ausdruck verleihen, dessen Orden sie und ihr Gemahl in jungen Jahren als Tertiare beigetreten waren und dessen Grabeskirche sich in Assisi befand.[61]

Weitere Pilgerfahrten führten Birgitta und ihre Begleitung, zu der seit 1368 auch der demissionierte spanische Bischof Alfonso Pecha da Vadaterra gehörte[62], nach Ortona, Manfredonia, Bari, Benevent, Salerno und Neapel, wo seit 1343 Johanna I. regierte, die als eine der schönsten Frauen ihrer Zeit galt, jedoch in einem denkbar schlechten Ruf stand. Es kursierte das Gerücht, sie sei der spiritus rector bei der Ermordung ihres Gatten Andreas von Ungarn gewesen. Es gab nahezu kein Laster, das ihr der Volksmund nicht nachsagte.[63] Birgitta, die bald

Zutritt zu den adligen Kreisen Neapels erlangte, ermahnte Johanna I. auf Geheiß Gottes zu einem sittlichen und gottgefälligen Lebenswandel und betätigte sich damit einmal mehr als das »Gewissen der Herrschenden«.[64]

In Neapel wurde Birgitta eine Vision zuteil, die sie bestimmte, am 30. November 1366, dem Fest des hl. Andreas, das Grab des Apostels in Amalfi zu besuchen: »Weil es nun Zeit ist, so zieht hinüber in die Stadt Amalfi zu meinem Apostel Andreas, dessen Leib, mein Tempel, mit jeglicher Tugend geschmückt gewesen ist... Jene, die mit gläubigem Herzen zu ihm kommen, werden nicht nur frei von ihren Sünden, sondern werden auch immerwährenden Trost empfangen.«[65]

Nach Neapel zurückgekehrt, ereilte Birgitta die Nachricht, Papst Urban V. (1362–1370) schicke sich an, nach Rom zu ziehen und die »babylonische Gefangenschaft« der katholischen Kirche in Avignon zu beenden. Birgitta, die sich ebenso wie der Dichter Francesco Petrarca für die Rückkehr des Nachfolgers Petri nach Rom eingesetzt hatte und bei seinen Vorgängern Clemens VI. und Innozenz VI. (1352–1362) auf taube Ohren gestoßen war, begab sich ebenfalls nach Rom, wo sie sich am Ziel ihrer Hoffnungen sah, als am 21. Oktober 1368 Urban V. und Kaiser Karl IV. (1346–1378) Einzug hielten.

Im Frühsommer 1369 gewährte Urban V. Birgitta eine Audienz, in deren Verlauf er sich tief beeindruckt von der Heiligkeit der Visionärin zeigte, deren Ruf weit über die Grenzen ihrer Heimat gedrungen war.[66] Als der Papst jedoch am 5. April 1370 Rom verließ, um wieder nach Avignon zurückzukehren, wo er am 27. September unter dem Jubel der Bevölkerung eintraf, war Birgitta über alle Maßen betroffen. Und als Urban V. am 18. Dezember 1370 im Alter von 61 Jahren starb, schien eine Prophezeiung in Erfüllung zu gehen, die Birgitta kurz zuvor von der Jungfrau Maria empfangen hatte: »Ich will dir etwas sagen über diesen Papst Urban... Wie eine Mutter ihr Kind dorthin führt, wo sie es haben will, so habe ich Papst Urban durch mein Gebet und das Werk des Heiligen Geistes von Avignon nach Rom geleitet. Was hat er mir getan! Jetzt kehrt er mir den Rücken zu und wendet sein Antlitz von mir ab und gedenkt, mich zu verlassen... Kehrt er aber in dieses Land zurück, wo er zum Papst gewählt worden ist, so wird er in kurzer Zeit einen Schlag erhalten...«.[67]

Am 29. Dezember 1370 trat das Konklave zusammen und wählte Kardinal Pierre Roger de Beaufort, einen Neffen Clemens' VI., zum

Papst. Bald nach seiner Wahl wandte sich der neue Papst Gregor XI. mit der Bitte an Birgitta, sie möge ihm den Willen Gottes künden. Diese sandte darauf den Grafen Nola zum Papst, der ihm den Inhalt einer Offenbarung überbrachte: »Wenn der Papst nicht zur bestimmten Zeit nach Italien kommt, werden die Kirchen des Landes, die unter seinem Gehorsam stehen und jetzt seinen Befehlen gehorchen, unter den Händen der Feinde in gar viele Teile zersplittert werden. Er wird dann mit eigenen Augen sehen, daß er mit seiner ganzen Macht nicht imstande ist, die Länder der Kirche in den früheren Zustand des Gehorsams und des Friedens zurückzuführen.«[68] Gregor XI. erfand jedoch immer neue Vorwände, nicht nach Rom zurückzukehren.

Birgitta begab sich dem Auftrag der Jungfrau Maria gemäß am 25. November 1371 auf eine Pilgerfahrt nach Jerusalem. In ihrer Begleitung befanden sich u. a. ihre Kinder Birger, Karl und Katharina.[69] In Neapel, wo Johanna I. der Visionärin einen ehrenvollen Empfang bereitete, erkrankte Karl an der Pest und starb am 12. März 1372. Als der Sohn Birgittas am folgenden Tag in der Kirche Santa Croce zu Neapel beigesetzt wurde, befand sich im Gefolge auch die Königin mit ihrem Hofstaat. Wie einige Quellen berichten, soll sich zwischen Johanna und dem Sohn der Visionärin eine kurze aber leidenschaftliche Affäre entsponnen haben.

Birgitta, die im Tod ihres Sohnes den Willen Gottes sah, fügt sich diesem Willen. Ohne eine Träne pries sie die Gnade Gottes, nachdem sie in einer Vision den Trost der Jungfrau Maria empfangen hatte.[70] Noch am 13. März, dem Tag der Beisetzung Karls, schiffte sich Birgitta mit ihrem Gefolge nach Messina ein. Hier ging sie am 19. März an Land. Nach kurzem Aufenthalt in Messina traf die Pilgerschar am 14. April 1372 auf Zypern ein, wo Eleonore, die Tochter Peters von Aragon, unter der Aufsicht der Vettern ihres ermordeten Gemahls Peter I. von Lusignan regierte.[71]

Birgitta, »ein lichter Stern in der Nacht der Laster und Verbrechen, die auf der Insel herrschte«[72], wurde zur Vertrauten der Königin, die sie um Fürsprache bei Gott bat. Birgitta teilte Eleonore, die ursprünglich die Absicht hegte, in ihre Heimat nach Spanien zurückzukehren, den Willen Gottes mit, der ihr in einer Offenbarung zuteil wurde. Eleonore sollte sich ihren Pflichten als Königin und Mutter des Thronfolgers nicht entziehen, sondern sich der Erziehung ihres Sohnes widmen, damit dieser als guter Herrscher über Zypern regiere.[73]

In Famagusta erhob Birgitta warnend ihre Stimme: »Diese Stadt ist ein Gomorrha und brennt im Feuer der Unzucht, des Überflusses und des Ehrgeizes. Darum werden ihre Gebäude einstürzen, die Stadt wird zerstört und verwüstet werden, ihre Einwohner werden auswandern und vor Schmerz und Kummer seufzen, sie werden abnehmen, und ihre Schande wird in vielen Ländern bekannt werden, weil ich ihnen zürne.«[74]

Birgitta trat mit ihrem Gefolge von Zypern aus die Weiterfahrt an. Vor Jaffa geriet das Schiff in einen Sturm, schlug leck und strandete in der Nähe des Ortes. Birgitta erlebte die gesamte Überfahrt in visionärer Ekstase.[75] Einer Eingebung der Jungfrau Maria folgend, nahm sie nicht im Kloster der Franziskaner auf dem Berg Sion Quartier, so wie es ihr als Frau von Stand zugekommen wäre; sie begab sich zu der einfachen Pilgerherberge Santa Maria Latina, die erst seit dem 12. Jahrhundert von den Johannitern betrieben wurde.

Am 14. Mai 1372 wurde Birgitta in der Kapelle des Kalvarienberges jene berühmte und erschütternde Vision von der Passion Jesu Christi zuteil, die sie unmittelbar nach der Ekstase, noch halb entrückt, ihren Beichtvätern diktierte.[76] Zwischen dem 15. und 22. August, während der Oktav nach Mariä Himmelfahrt, besuchte sie die Geburtskirche zu Bethlehem, deren Besuch ihr die Jungfrau Maria sechzehn Jahre zuvor prophezeit hatte: »Dort will ich dir zeigen, wo mein Sohn geboren wurde.«[77] In einer Vision teilte Maria Birgitta alle Einzelheiten der Geburt Jesu mit.[78]

Nach viermonatigem Aufenthalt in Palästina begab sich die Visionärin über Zypern nach Italien zurück. Im Februar 1373 kamen Birgitta und ihr Gefolge nach Neapel, wo erneut die Pest wütete. Auf Bitten Johannas I. und des Erzbischofs von Neapel betete die Seherin für das Wohl der Einwohner, die im Wüten der Pest ein Strafgericht Gottes als Vergeltung für ihre Laster und Sünden erblickten.[79]

Birgittas größte Sorge jedoch galt der Rückkehr des Papstes nach Rom. Im Frühjahr 1373 sandte sie Alfonso mit einer Botschaft zu Gregor XI. nach Avignon. Alfonso, den Birgitta nicht mehr wiedersehen sollte, überbrachte eine Aufforderung, deren Ton äußerst scharf war: »Solltest du aber meinem Willen nicht Folge leisten, so sollst du ganz sicher wissen, daß du durch ein solches Urteil in geistlicher Gerechtigkeit vor meinem ganzen himmlischen Hof verworfen werden wirst, so wie ein zu degradierender geistlicher Vorsteher verurteilt und bestraft wird; einem solchen zieht man bekanntlich öffentlich seine geweihten geistlichen Ehrenkleider mit Schande und unter Verfluchung aus und überhäuft ihn mit Schmach und Schande«.[80]

Birgitta selbst begab sich nach Rom zurück, wo sie im Haus der Francesca Papazuri Wohnung nahm. In einer Offenbarung, die ihr kurz vor ihrem Tod im Juli 1373 zuteil wurde, forderte sie den Papst in anklagendem Ton auf, sich unverzüglich nach Rom zu begeben: »Der Papst begehrt ein Zeichen. Sagt ihm: Auch die Pharisäer hätten Zeichen begehrt... Wenn er aber meinen Worten nicht gehorcht und nicht nach Italien kommt, wird er nicht nur das Zeitliche, sondern auch das Geistliche verlieren und Trübsal im Herzen empfinden, solange er lebt«.[81] Der Wunsch Birgittas sollte jedoch erst vier Jahre nach ihrem Tod in Erfüllung gehen: Im Jahre 1377 hielt Gregor XI. von San Paolo aus Einzug in Rom und beendete das avignonesische Exil der katholischen Kirche.

Birgitta wurde nach ihrem Tod am 23. Juli 1373 unter großer Anteilnahme der Bevölkerung in der Kirche San Lorenzo in Rom beigesetzt. Dort befindet sich noch heute in der Birgitta-Kapelle ihr Sarkophag.

Im Dezember 1373 überführten die Kinder Birgittas ihren Leichnam in ihre schwedische Heimat nach Vadstena, wo er nach seinem Eintreffen am 29. Juni 1374 beigesetzt wurden.[82]

Unmittelbar nach dem Tod Birgittas, die schon zu Lebzeiten im Ruf einer Heiligen stand, begannen die Bemühungen um ihre Kanonisierung, für die sich so namhafte Persönlichkeiten wie Johanna I. von Neapel und Albrecht I. von Schweden einsetzten.

Am 30. November 1375 beauftragte Gregor XI. den skandinavischen Episkopat mit der diözesanen Prozeßführung über Leben und Wirken Birgittas. Auf Bitten von deren Tochter Katharina richtete Johanna I. ein Gesuch an Gregor XI. und an seinen Nachfolger Urban VI., in dem sie die Heiligsprechung der Visionärin erbat. Der Erzbischof von Neapel eröffnete im August 1376 den Diözesanprozeß.

Im Jahre 1377, nach Einholung aller Zeugenaussagen in Vadstena, Neapel und Rom wurde die Voruntersuchung abgeschlossen und der Kanonisationsprozeß eröffnet, der am 7. Oktober 1391 mit der Heiligsprechung Birgittas durch Bonifaz endete. Die Kanonisierung wurde 1415 durch Johannes XXIII. und 1419 durch Martin V. bekräftigt.[83]

In der katholischen Kirche gilt Birgitta, deren Festtag der 8. Oktober ist, als Patronin der Pilger. In der Ikonographie erfährt sie unterschiedliche Darstellung: Als Pilgerin mit Pilgerhut, Stab und Kürbisflasche; schreibend mit Feder und Tintenfaß; als Nonne, die ein rotes Jerusalemkreuz in der Hand hält.

Birgitta war wie auch andere Visionäre ihrer Epoche weit davon entfernt, die kirchliche Hierarchie in Frage zu stellen. Einem durchaus orthodoxen Kirchenbild verhaftet, waren ihre Reformvorstellungen eher konservativ: eine Reform konnte für sie nur eine »Reform von oben« sein.[84]

Wir begegnen hier einem elitären Reformverständnis, das dem Jean Gersons (gest. 1429) vergleichbar ist, der zu keinem Zeitpunkt den monarchischen Charakter der Kirche in Abrede stellte.[85]

Es ist daher auch nicht verwunderlich, daß die Adressaten der Botschaften Birgittas ausschließlich zu den Spitzen der Gesellschaft gehören. Durch ihre prophetischen Visionen griff sie in einem Ausmaß in das Schicksal der Päpste, Kardinäle, Bischöfe, Könige und Fürsten ein, das dem modernen Verständnis kaum vorstellbar scheint.[86]

Das Spektrum ihrer Versuche, auf die internationale Politik Einfluß zu nehmen, ist weit gespannt. Es reicht von Vermittlungsversuchen zwischen Frankreich und England über Audienzen bei Karl IV. und Johanna I. von Neapel bis zum Kampf gegen den Verfall der katholischen Kirche, der sich für sie mit deren avignonesischen Exil verband. Prophezeiungen, die z. T. noch zu ihren Lebzeiten Realität wurden, verliehen ihr die Aura einer neuen Sibylla.[87]

Birgitta verkörperte wie kaum eine zweite Visionärin den neuen Typ der spätmittelalterlichen Charismatikerin, den Idealtypus einer Frau, deren gesamtes Wirken, sei es nun im politischen oder religiösen Bereich, darauf ausgerichtet war, öffentliche Wirksamkeit zu entfalten.[88] Ihr Beispiel übte zweifelsohne einen nicht zu unterschätzenden Einfluß auf die politischen Aktivitäten späterer Charismatikerinnen aus.

Auch in christologischer Hinsicht entsprach sie einem neuen Typus. Als Visionärin der Imitatio Christi[89] erlebte sie in ihren Offenbarungen erstmals den Augenblick des Todes Christi am Kreuz. In beinahe exzessiv naturalistischer Darstellung erfaßte sie die Humanitas Christi unter dem Aspekt des Leidens: »Als sich aber der Tod näherte, und vor unerträglichem Schmerz sein Herz brach, da erzitterten plötzlich alle seine Glieder und sein Haupt, das sich geneigt hatte, erhob sich ein wenig. Seine Glieder streckten sich. Sein Haupt aber neigte sich, nachdem er den Geist aufgegeben hatte, auf die Brust. Seine Hände gaben am Ort der Wundmale etwas nach, das Gewicht verlagerte sich auf die Füße. Sein Mund öffnete sich und eine blutige Zunge erschien, seine Augen öffneten sich bis zur Mitte, sie verfinsterten sich und sein Gesicht nahm Todesblässe an.«[90]

Diese Schilderung der Leiden Christi war keineswegs ein Motiv privater Andacht, sondern politisch relevant. Das Bild des Todes Christi am Kreuz, das in der Stigmatisierung kulminierte, enthielt eine Anklage an die Kirche, die die Kreuzigung Christi bis in die Gegenwart fortsetzte.[91] Der Passion von Golgatha folgte die Passion, der Christus durch die Kirche ausgesetzt wurde, deren Geschichte in den Offenbarungen Birgittas als eine einzige Geschichte des Verfalls und des Niedergangs erschien: »Ich bin Gott, der alles geschaffen hat zum Nutzen der Menschen, damit alle diese Dinge dem Menschen dienten und ihn erbauten, aber der Mensch mißbraucht alles, was ich zu seinem Nutzen geschaffen habe, zu seinem Schaden. Außerdem kümmert er sich weniger um Gott und liebt ihn weniger als die Kreatur.«[92]

Vor dem Hintergrund der Krise der katholischen Kirche verstärkte sich der prophetisch-apokalyptische Ton der Visionen. So verkündete Christus Birgitta: »Weiter schmähten sie mich, ich sei ein Narr wegen des Todes, den ich freiwillig auf mich nehme, und sie nannten mich Lügner um meiner Lehre willen. Die Zahl derer hat sich nun in der Welt vermehrt und nur wenige trösten mich, denn sie heften mich ans Kreuz durch ihre Lust an der Sünde, sie martern mich durch ihre Ungeduld, weil keiner auch nur ein einziges Wort um meinetwillen ertragen kann, und sie krönen mich mit dem Dorn ihrer Hoffnung, denn sie wollen höher sein als ich... Ich aber habe die Macht, sie und die ganze Welt um ihrer Sünde willen zu ersäufen, wenn ich wollte.«[93]

Mit dem Ausbruch des Großen Schismas 1378 wurde der Autoritätsverlust des Papst- und Priestertums noch offenkundiger.[94] Die eher politisch als religiös motivierten Unionsbemühungen der weltlichen Herrscher führten zu einer Politisierung der Diskussion um die Beilegung des Schismas, die sich auch im Inhalt der Visionen der folgenden Jahre widerspiegelte.[95]

War der politische Tenor bereits in den Visionen Birgittas vorhanden, so wurde er zum eindeutig bestimmenden Motiv in den Offenbarungen Katharinas von Siena (1347–1380)[96], deren diplomatischer Vermittlung es u. a. zu verdanken war, daß ein Ausgleich zwischen der

Republik Florenz und Gregor XI. herbeigeführt wurde, der dem Papst 1377 die Rückkehr von Avignon nach Rom ermöglichte.[97]

Angesichts der aller Welt offenkundigen Krise der katholischen Kirche und dem Verfall ihrer traditionellen klerikalen Strukturen stand hinter der sog. »mystischen Invasion«[98] des 14./15. Jahrhunderts die von Laien getragene Suche nach neuen Lösungsmöglichkeiten mit einem Ausweg aus der Misere, die im Bewußtsein vieler Zeitgenossen in den Rang einer existenziellen Krise erhoben wurde, was sich nicht zuletzt in der Zunahme eschatologischer Spannungen und Ängste im »Herbst des Mittelalters« niederschlug. Doch neben dem Bewußtsein von der Ausweglosigkeit, von der Funktionsunfähigkeit der gegebenen Ordnung, das sich im Krisenempfinden verdichtete und ein Klima des Pessimismus und der Resignation schuf, läßt sich unter den zwischen Hoffnung und Verzweiflung schwankenden Gläubigen auch die Suche nach einer Alternative beobachten.

Visionen und Prophezeiungen waren Ausdruck der spätmittelalterlichen Mentalität und Volksfrömmigkeit und zugleich auch des Bemühens, die ins Wanken geratene Autorität der Amtskirche durch neue Autoritäten zu ersetzen und eine geistige Alternative zu bieten.

Birgitta von Schweden und Katharina von Siena wurden mit ihren Visionen zu Protagonistinnen späterer Charismatikerinnen wie Constance de Rabastens (gest. nach 1386), Marie Robine (gest. 1399) und Jeanne d'Arc. Indem sich diese Frauen auf die Suche nach Gott begaben, mit dem sie sich durch Vertiefung ihrer Spiritualität in einer mystischen Union zu vereinen suchten, eröffneten sie unter Umgehung der kirchlich sanktionierten Wege einen Ausweg aus der Misere der Gesellschaft. Als Protagonistinnen der Emanzipation der Laien von der geistigen Vormundschaft des Klerus reflektieren ihre Visionen eine neue Stufe der Persönlichkeitsentwicklung spätmittelalterlicher Laien und illiterati, deren gewachsenes Selbstbewußtsein nicht mehr mit blinder Autoritätsgläubigkeit zu vereinbaren war.

Visionen eröffneten auch über den Rahmen der intellektuellen und emotionalen Verarbeitung von Konflikten hinaus die Möglichkeit zu aktivem Handeln. Indem sie durch die Vermittlung eines Berufungserlebnisses die durch ihre Persönlichkeitsstruktur für derartige Vokationen prädestinierten Personen motivierten, als Sendboten Gottes auf den Gang der Geschichte Einfluß zu nehmen, begründeten sie eine neue Stufe in der Entwicklung der mittelalterlichen Persönlichkeit.

Im Spiegel der göttlichen Offenbarung erlebten die Visionärinnen das Geheimnis ihrer eigenen Persönlichkeit. Auf der Suche nach Gott begegneten sie sich selbst. Ihr unbedingter und kompromißloser Gehorsam gegenüber Gott barg in sich den Zwang zum Ungehorsam gegenüber der Amtskirche. Und so war auch die dominierende Haltung der Kleriker und Theologen gegenüber Visionen von Mißtrauen und Skeptizismus geprägt. »Man vermag die historische Größe dieser Leistungen nur dann einzuschätzen, wenn man sie vor dem Hintergrund der allgemeinen Stellung der Frau einer betont patriarchalischen Kultur betrachtet, wie sie das christliche Mittelalter unbedingt verkörperte.«[99]

Wollte man abschließend das Fascinosum charakterisieren, das die Persönlichkeit Birgittas darstellt, so kann dies wohl kaum prägnanter geschehen, als das bereits vor einigen Jahrzehnten E. Benz, einer der intimsten Kenner mittelalterlicher Visionäre, tat: »Indes ist dieses Bild, das sich in unserer allgemeinen Vorstellungswelt als Normalbild einer Visionärin festgesetzt hat und von dem nur noch ein kleiner Schritt zum Bild der Hysterica ist, in keiner Weise für alle Visionäre typisch; es ist vielmehr dringend erforderlich, sich von dem Bild dieses bleichen Zwischenwesens zwischen Krankenzimmer und Friedhofskapelle freizumachen... Man muß sich daran erinnern, daß die heilige Birgitta, als ihre himmlischen Offenbarungen begannen, nicht eine ekstatische Jungfrau sondern... Mutter von acht Kindern war, eine Frau von einer großen praktischen Lebenserfahrung, umgeben nicht allein von Mönchen und Geistlichen, sondern auch von hervorragenden Juristen und Politikern. Persönlichkeiten wie Birgitta... waren energische, aktive Frauen von einer höchst dynamischen Vitalität, einem zielbewußten ehernen Willen..., Frauen, die ein hervorragendes praktisches Organisationstalent besaßen und über eine große Welt- und Menschenkenntnis verfügten, und alle Symptome einer ungebrochenen körperlichen und geistigen Gesundheit aufwiesen.«[100]

Anmerkungen

[1] Über Leben und Wirken Birgittas besitzen wir zahlreiche aussagefähige Quellen: Acta et processus canonizacionis beate Birgitte, hrsg. von J. Collijn, Uppsala 1924–1931; Duo Petri Vita sanctae Birgittae, hrsg. von C. Annerstedt (Scriptores rerum Sveciacarum III,2), Uppsala 1876, S. 185–208.; S. Hörmann, Revelationes caelestes, 9. Aufl. München 1680; L. Clarus, Leben und Offenbarung der heiligen Birgitta 1–4, Regensburg 1856. An wichtiger Literatur ist zu nennen: K. Adalsten, Licht aus dem Norden, Freiburg i. Br. 1951; G. Binder, Die heilige Birgitta von Schweden und ihr Klosterorden, München 1891; I. Cechetti, Brigida di Svezia, in: Bibliotheca Sanctorum III, Rom 1963, c. 439–530. P. Chiminelli, La Mistica del Nord, Rom 1948; P. Dinzelbacher, Das politische Wirken der Mystikerinnen in Kirche und Staat: Hildegard, Birgitta, Katharina, in: P. Dinzelbacher, R. Bauer (Hrsg.), Religiöse Frauenbewegung und mystische Frömmigkeit im Mittelalter, Köln/Wien 1988, S. 265–302; P. Damiani, La Spiritualità di S. Brigida di Svezia, Rom 1964; F. Holböck, Gottes Nordlicht, Aschaffenburg 1983; L. Hollman (Hrsg.), Den heliga Birgittas revelationes extravagantes, Uppsala 1956; E. Fogelklou, Die heilige Birgitta von Schweden, München 1929; U. Montag, Birgitta von Schweden, in: Lexikon des Mittelalters 2, München/Zürich 1981, Sp. 215–218; T. Nyberg, Bemerkungen zum benediktinischen und zisterziensischen Einfluß auf die Satzungen des Birgittenordens, in: Revue Benedictine 83 (1973), S. 351–382; Ders., Analyse der Klosterregel der heiligen Birgitta, in: Festschrift Altomünster 1973, S. 19–34.; S. Stolpe, Die Offenbarungen der heiligen Birgitta, Frankfurt/M 1961.

[2] Es handelte sich um drei Söhne (Peter, Bengt, Israel) und um drei Töchter (Ingridis, Margaretha, Katharina).

[3] K. Adalsten, Licht, S. 11.

[4] Vgl. F. Winkelmann, Die östlichen Kirchen in der Epoche der christologischen Auseinandersetzungen (5. bis 7. Jahrhundert), Berlin 1980, S. 79ff.

[5] Vgl. E. Werner, Die gesellschaftlichen Grundlagen der Klosterreform im 11. Jahrhundert, Berlin 1953, S. 36ff.

[6] Vgl. M. Mollat, Genèse médiévale de la France moderne, Paris 1977, S. 187. Zur Martyrologie: A. C. Simard, Les apparitions de la vierge, Paris 1981; B. Chevalier, B. Gouley, Je vous salue Marie. Guide pratique et historique de la dévotion mariale, Paris 1981.

[7] Vgl. J. Paul, Histoire intellectuelle de l'occident médiéval, Paris 1973, S. 390.

[8] Vgl. J. Chélini, Histoire religieuse de l'occident médiéval, Paris 1968, S. 465 f.

[9] Vgl. H. Sachs, E. Badstübner, H. Neumann, Christliche Ikonographie in Stichworten, Leipzig 1980, S. 210f.

[10] Vgl. ebenda, S. 137.

[11] Vgl. M. Gorce, Le rosaire et ses antécédents, Paris 1931.

[12] Vgl. W. Delius, Geschichte der Marienverehrung, München/Basel 1963, S. 171–186.

[13] Vgl. Mollat, Genèse médiévale, S. 187.

[14] Ebenda, S. 188.

15 Acta Sanctorum, Editio novissima, hrsg. von J. Carnandet, Octobris tomus IV, Paris/Rom 1866, S. 383.

16 Vgl. Ph. Ariès, Essais sur l'histoire de la mort en Occident du moyen âge à nos jours, Paris 1975.

17 Vgl. J. Huizinga, Herbst des Mittelalters, München 1924, S. 256.

18 Paul, Histoire intellectuelle, S. 389.

19 Vgl. E. Delaruelle, La spiritualité de XIVe et XVe siècles, in: Cahiers de l'histoire 5,1 (1959), S. 60.

20 Mollat, Genèse médiévale, S. 189.

21 Paul, Histoire intellectuelle, S. 388

22 Delaruelle, La spiritualité, S. 64.

23 Vgl. Delius, Geschichte der Marienverehrung, S. 158.

24 Vgl. zu diesem Problemkreis E. Benz, Die Vision. Erfahrungsformen und Bilderwelt, Stuttgart 1969; P. Dinzelbacher, Vision und Visionsliteratur im Mittelalter, Stuttgart 1981; S. Tanz, Visionen als Kristallisationspunkte spätmittelalterlicher Mentalität und Volksfrömmigkeit und Indikatoren geistiger Krisenbewältigung in Frankreich zur Zeit des Hundertjährigen Krieges, Diss. B (maschschr.), Leipzig 1990.

25 Benz, Die Vision, S. 541 f.

26 Ebenda, S. 543.

27 Ebenda, Vgl. auch Huizinga, Herbst des Mittelalters, S. 271.

28 Vgl. Benz, Die Vision, S. 543 f.

29 Ebenda, S. 407.

30 Holböck, Gottes Nordlicht, S. 24.

31 Vgl. Stolpe, Die Offenbarungen, S. 17.

32 Holböck, Gottes Nordlicht, S. 32.

33 Acta Sanctorum, Octobr. IV, S. 384.

34 Scriptores rerum Sveciacarum III,2, S. 191.

35 Holböck, Gottes Nordlicht, S. 28 ff.

36 Ebenda, S. 37 ff.

37 Zu seiner Person s. ausführlich: Ebenda, S. 46 ff.

38 Acta Sanctorum, Octobr. IV, S. 374.

39 Vgl. J. Metzler, Nikolaus Hermanni, in: Lexikon für Theologie und Kirche 7, Freiburg i. Br. 1935, Sp. 578 f.; A. Vauchez, Nicola Hermansson, in: Bibliotheca Sanctorum IX, Rom 1967, Sp. 970 f.

40 Vgl. Holböck, Gottes Nordlicht, S. 48 ff.

41 Vgl. ebenda, S. 52.

42 Vgl. Offenbarungen, Buch VIII, Kap. 16.

43 Revelationes extravagantes, Buch VIII, Kap. 31. Dt. Übersetzung nach Holböck, Gottes Nordlicht, S. 53.

44 Vgl. R. Pernoud, Die Heiligen im Mittelalter. Frauen und Männer, die ein Jahrtausend prägten, Bergisch-Gladbach 1988.

45 Vgl. B. Kötting, Reliquienverehrung, ihre Entstehung und ihre Formen, in: Trierer Theologische Zeitschrift 67 (1958), S. 321–334.

[46] Vgl. Chélini, Histoire religieuse, S. 470f. R. Oursel, Les pèlerinages du moyen âge, Paris 1963.
[47] Vgl. ausführlich: Nyberg, Bemerkungen.
[48] Offenbarungen, Buch V, Kap. 2. Dt. Übersetzung nach Fogelklou, Die heilige Birgitta, S. 48.
[49] Revelationes extravagantes, Kap. 47. Dt. Übersetzung nach Holböck, Gottes Nordlicht, S. 66.
[50] Hollman (Hrsg.), Den heliga Birgittas revelationes, Kap. 49, S. 571.
[51] Benz, Die Vision, S. 278ff.
[52] Vgl. Holböck, Gottes Nordlicht, S. 55f. und 68.
[53] Vgl. Dinzelbacher, Das politische Wirken der Mystikerinnen, S. 270.
[54] Vgl. Binder, Die heilige Birgitta; Adelsten, Licht, S. 83ff.
[55] Vgl. Nyberg, Bemerkungen.
[56] Holböck, Gottes Nordlicht, S. 55f. und 68.
[57] Vgl. dazu ausführlich: J. Favier, La guerre de cent ans, Paris 1980.
[58] Vgl. S. Tanz, Jeanne d'Arc – Spätmittelalterliche Mentalität im Spiegel eines Weltbildes, Weimar 1991.
[59] Vgl. dazu ausführlich: G. Mollat, Les papes d'Avignon 1305–1378 (Bibliothèque de l'enseignement de l'histoire ecclesiastique), 3. Aufl. Paris 1920.
[60] Vgl. Holböck, Gottes Nordlicht, S. 92.
[61] Zu Franziskus vgl. G. Wendelborn, Franziskus von Assisi, Leipzig 1982.
[62] Zu seiner Person ausführlich: Holböck, Gottes Nordlicht, S. 126ff.
[63] Vgl. ebenda.
[64] Vgl. ebenda, S. 119ff.
[65] Offenbarungen, Buch VI, Kap. 107. Dt. Übersetzung Holböck, Gottes Nordlicht, S. 124.
[66] Vgl. ebenda, S. 136f.
[67] Offenbarungen, Buch IV, Kap. 138. Dt. Übersetzung Holböck, Gottes Nordlicht, S. 139.
[68] Offenbarungen, Buch IV, Kap. 140. Dt. Übersetzung Holböck, Gottes Nordlicht, S. 144.
[69] Vgl. Adalsten, Licht, S. 68ff.
[70] Vgl. ebenda, S. 69.
[71] Vgl. ebenda.
[72] Holböck, Gottes Nordlicht, S. 147.
[73] Vgl. Adalsten, Licht, S. 70.
[74] Offenbarungen, Buch VII, Kap. 16. Dt. Übersetzung Holböck, Gottes Nordlicht, S. 147.
[75] Vgl. Adalsten, Licht, S. 71.
[76] Offenbarungen, Buch VII, Kap. 15.
[77] Offenbarungen, Buch VII, Kap. 1. Dt. Übersetzung Holböck, Gottes Nordlicht, S. 155f.
[78] Offenbarungen, Buch VI, Kap. 21/22.
[79] Vgl. Holböck, Gottes Nordlicht, S. 162f.

[80] Offenbarungen, Buch IV, Kap. 142. Dt. Übersetzung Holböck, Gottes Nordlicht, S. 167.

[81] Offenbarungen, Buch IV, Kap. 143. Dt. Übersetzung Holböck, Gottes Nordlicht, S. 169.

[82] Vgl. Holböck, Gottes Nordlicht, S. 174ff.

[83] Vgl. ebenda, S. 179ff.

[84] Vgl. A. Vauchez, Les pouvoirs infirmels dans l'Eglise aux derniers siècles du Moyen Age, in: Melanges de l'Ecole française de Rom. Moyen âge. Temps modernes 96 (1984), H. 1, S. 285.

[85] Vgl. L. B. Pascoe, Jean Gerson: Mysticism, Conciliarism and Reform, in: Annuarium historiae conciliorum 6 (1974), S. 135–153.

[86] Benz, Die Vision, S. 131 sieht in der prophetischen Vision den häufigsten Typus der Vision schlechthin: »Die großen Visionäre der christlichen Kirche sind als ihre großen Propheten hervorgetreten.«

[87] Montag, Birgitta, Sp. 216.

[88] Benz, Die Vision, S. 19.

[89] Dinzelbacher, Vision, S. 63f.; Benz, Die Vision, S. 540ff.

[90] Offenbarungen, Buch I, Kap. 27.

[91] Vauchez, Les pouvoirs infirmels, S. 289.

[92] Offenbarungen, Buch I, Kap. 30.

[93] Ebenda. Vgl. Benz, Die Vision, S. 548f.

[94] Vgl. H.-D. Heimann, Akzente und Aspekte in der deutschen Forschungsdiskussion zu spätmittelalterlichen Krisenerscheinungen, insbesondere im Bereich des geistigen Lebens, in: F. Seibt, W. Eberhard (Hrsg.), Europa 1400, Stuttgart 1984, S. 58.

[95] Vauchez, Les pouvoirs infirmels, S. 286.

[96] Vgl. Dinzelbacher, Das politische Wirken.

[97] Vgl. R. Fawtier, L. Canet, Le double experience de Catherine Benincasa, Paris 1948.

[98] Vauchez, Les pouvoirs infirmels, S. 7ff.

[99] Dinzelbacher, Das politische Wirken, S. 265.

[100] Benz, Die Vision, S. 19.

Ralf-Gunnar Werlich

Margarete – Regentin der drei nordischen Reiche

Das tat sie mit großer Klugheit.«[1] Diese Worte des Lübecker Chronisten Detmar, bezogen auf ein Ereignis der achtziger Jahre des 14. Jahrhunderts, darf man wohl zurecht einer biographischen Studie über eine der bedeutendsten Herrscherpersönlichkeiten des nordischen Mittelalters voranstellen. Dabei wurde Margarete ihre glänzende politische Karriere keineswegs in die Wiege gelegt. 1353 ahnte niemand, daß in diesem Jahr eine der mächtigsten Frauen des Nordens im Mittelalter das Licht der Welt erblickt hatte.

Die Ehe ihrer Eltern basierte, wie die meisten Herrscherehen jener Zeit, auf politischen Motiven. Sie war Teil eines politischen Handels, bei dem Königin Helvig, eine schleswigsche Herzogstochter, als Mitgift Teile des nördlichen Jütlands in die Verbindung mit Waldemar IV. Atterdag, Sohn des dänischen Königs Christoph II., einbrachte. Von dieser territorialen Basis aus schickte sich der neue dänische König erfolgreich an, das dänische Königreich für die Krone wiederzuerwerben und zu vereinigen.

Von den mindestens sechs Kindern ihrer Ehe war Margarete das jüngste. Zur Zeit ihrer Geburt lebten allerdings nur noch ihre Schwester Ingeborg und ihr Bruder Christoph. Der Name Margarete war im dänischen Königshaus durchaus geläufig. Bereits eine ältere, jedoch früh verstorbene Schwester Margaretes war mit diesem Namen bedacht worden.[2]

Die Nachrichten über Margarete als Privatperson fließen Zeit ihres Lebens spärlich. So muß sich ihr Lebensbild vor allem an ihrem politischen Auftreten orientieren. Nach einer knappen Mitteilung der seeländischen Chronik über Geburt, Taufe und Namensgebung[3] schweigen die Quellen für längere Zeit. Es läßt sich nur vermuten, daß Margarete zunächst bei ihrer Mutter aufwuchs. Ihr Vater, damit beschäftigt, das bei seiner Regierungsübernahme 1340 in feudaler Anarchie versunkene und verpfändete dänische Königreich zu einem achtunggebietenden Staatswesen zu konsolidieren, dürfte ihrer Erziehung kaum Aufmerksamkeit geschenkt haben. Diese galt eher seinem Sohn Christoph, der auf Betreiben Waldemars schon früh als Thronfolger eingesetzt wurde. Auf die Aktivitäten des dänischen Königs ist es jedoch zurückzuführen, daß Margarete erneut in der Überlieferung genannt wird. Auch die Heiratspolitik Waldemars IV. diente politischen Zielen. Seine Töchter waren ihm dabei Mittel zum Zweck. 1358/59 kreuzten sich die Interessen des schwedischen Königs Magnus Eriksson aus dem alten schwedischen Folkerungergeschlecht und seines Sohnes Haakon VI., König von Norwegen, mit denen Waldemars IV.[4] Magnus Eriksson hatte 1343 als König von Norwegen und Schweden in Personalunion auf Bitten des norwegischen Reichsrates seinem jüngsten Sohn Haakon die norwegische Königskrone zugesichert, die dieser 1355 mit Erreichen der Mündigkeit auch übernahm. Zum Thronfolger in Schweden, dem bedeutenderen der beiden Reiche, wurde Magnus' älterer Sohn Erik ausersehen. Dieser, unzufrieden mit seinem Dasein im Schatten des Vaters, verbündete sich 1356 mit dem schwedischen Hochadel, der gegen die auf die Stärkung der Königsmacht gerichtete Politik des Königs opponierte, und beanspruchte das schwedische Königtum schon zu Lebzeiten seines Vaters. Derart im eigenen Land bedrängt, bemühte sich Magnus um militärische Hilfe bei Waldemar IV. Dieser versuchte dessen Notlage zu nutzen, um auf der östlichen Seite des Öresundes Fuß zu fassen. Sein wenn auch nicht offiziell proklamiertes Fernziel war der Wiedererwerb der einstmals dänischen, aber in der Zeit der politischen Auflösung in Dänemark an Schweden verlorenen Landschaften Schonen, Halland und Blekinge für die dänische Krone.

Familiäres Unterpfand des zwischen Magnus und Waldemar zustandegekommenen politischen Geschäfts bildete die Verlobung der »in ihr siebentes Jahr eintretenden«[5] Margarete mit Haakon VI. von Norwegen zu Beginn des Jahres 1359 in Kopenhagen. Verschiedene politische Ereignisse wie der plötzliche Tod Eriks von Schweden 1359, die daraus resultierende erneute Übernahme der alleinigen Königsmacht in Schweden durch König Magnus sowie die militärische Eroberung Schonens, Blekinges und Südhallands durch Waldemar IV. 1360 führte jedoch sehr schnell zu einem feindlichen Verhältnis der ehemaligen Partner, wodurch der Verbindung zwischen Margarete und Haakon VI. die Grundlage entzogen wurde.

1362 versuchte die schwedische Reichsaristokratie auch Haakon VI. gegenüber seinem Vater auszuspielen, indem sie diesen absetzte und Haakon auch zum schwedischen König wählte. Das Zerwürfnis zwischen Vater und Sohn währte aber nicht lange. Ihr gemeinsamer Kampf gegen die innere Opposition veranlaßte sie abermals zur politischen Kursänderung und ließ sie, trotz der militärischen Niederlage gegen Dänemark, erneut Unterstützung bei Waldemar IV. suchen. So kam es, daß im Frühjahr 1363 in Kopenhagen tatsächlich die feierliche Hochzeit zwischen der zehnjährigen Margarete und dem mehr als doppelt so alten Haakon stattfand. Nur ein Schiffbruch hatte verhindert, daß die zunächst für eine Ehe vorgesehene holsteinische Grafentochter Elisabeth, die Haakon nach einem 1361 eingegangenen Vertrag ehelichen sollte, ihren Bräutigam erreichte. Stattdessen fiel sie in die Hände der Dänen.[6] Die Verbindung zwischen Margarete und Haakon und damit zwischen altehrwürdigen dänischen und schwedischen Königshäusern, die in der nordischen Geschichte eine so entscheidende Rolle spielen sollte, beruhte somit auf kurzfristigen politischen Bündnissen und einer Reihe von Zufällen. Keineswegs war zu dieser Zeit die Politik auf eine Vereinigung der drei nordischen Länder gerichtet.[7] Als kurz nach der Hochzeit Margaretes ihr Bruder Christoph, der dänische Thronfolger, im Juni 1363 starb, war von den Kindern Waldemars außer ihr lediglich noch ihre Schwester Ingeborg, die seit 1362 mit Heinrich von Mecklenburg verheiratet war, am Leben. Es rückte so in den Bereich des Möglichen, daß die männlichen Nachkommen der Schwestern Einfluß auf die dänische Thronfolge haben könnten.

Margarete war nun Königin von Norwegen und Schweden. Als Zehnjährige war es ihr jedoch zunächst nicht möglich, damit verbundene Pflichten zu erfüllen und in die Politik einzugreifen. Die politische Entwicklung gestaltete sich in den folgenden Jahren keineswegs zugunsten ihrer neuen Familie. Die Hochzeit und das Bündnis zwischen dem schwedisch-norwegischen und dänischen Königshaus gab für den schwedischen Adel den letzten Anstoß, in offenem Aufruhr im Februar 1364 das Folkungergeschlecht vom schwedischen Thron zu entfernen und mit fremder Hilfe Albrecht von Mecklenburg als Gegenkönig einzusetzen. Dieser war, wie auch der Ehemann von Margaretes Schwester Ingeborg, ein Sohn Herzog Albrechts II. von Mecklenburg, eine der ehrgeizigsten Herrscherpersönlichkeiten im Balticum und im ständigen Wechsel Partner bzw. Gegenspieler der nordischen Könige. Die Schlacht im Gatawald 1365 an der Grenze zwischen Wästmanland und Uppland führte zur Gefangennahme von König Magnus und beschränkte die Herrschaft Haakons auf Norwegen und Teile Westschwedens.

Nach ihrer Hochzeit kam Margarete in das Herrschaftgebiet ihres Gemahls und wurde der Obhut einer schwedischen Adelsdame, Merete Ulfsdotter, übergeben. Weder das genaue Jahr ihres Umzuges noch ihr genauer Aufenthaltsort sind mit Sicherheit bekannt.[8] Ihre Ziehmutter erzog sie gemeinsam mit ihrer eigenen Tochter Ingegerd offenbar mit Strenge. Eine Klosterchronik berichtet, daß beide Kinder oft die gleiche Rute zu spüren bekamen.[9] Schlüsse über den Inhalt ihrer Erziehung lassen sich jedoch nur aus ihrer Umgebung ziehen. Merete Ulfsdotter war Tochter der heiligen Birgitta, ihr Vater gehörte zum schwedischen Adel. Im Gegensatz zu ihrer Mutter vertrat Merete jedoch offenbar nicht die gegen die Folkungerkönige gerichtete Politik des schwedischen Hochadels, sondern stand, entsprechend der Parteinahme ihres zweiten Ehemannes, auf Seiten der Folkunger. In deren Tradition und derem Geiste dürfte Margarete erzogen worden sein. Durch ihre Umgebung – Meretes Ehemänner personifizierten die engen Beziehungen zwischen Dänemark, Norwegen und Schweden in dieser Zeit – mußte Margarete einen lebhaften Eindruck von nordischen Gemeinsamkeiten erhalten. Sie selbst war bis dahin einzigartiges Beispiel enger nordischer Verbindungen: eine dänische Königstochter, verheiratet mit einem norwegischen König, erzogen von einer schwedischen Adligen. Dies schuf eine gute Ausgangsposition für ihre späteren Pläne. Es ist zu vermuten, daß auch Margaretes ausgeprägte Religiosität in dieser Zeit geweckt wurde.

Mit dem Erreichen der Volljährigkeit, etwa 1369, übernahm sie als mündige Königin die Hofhaltung auf der Burg Akershus in Norwegen.[10] Aus dieser Zeit ist ein Brief Margaretes an ihren Ehemann Haakon überliefert[11], der in mehrfacher Hinsicht von Interesse ist. Er ist der einzige überlieferte persönliche Brief Margaretes. Seine Sprache ist fast ausschließlich schwedisch. Der Inhalt des Briefes spiegelt die Verhältnisse am norwegischen Hofe wieder, die außerordentlich dürftig waren. Lebensmittel waren selbst für die Königin und ihr Gefolge so knapp, daß Margarete befürchtete, daß ihre Bediensteten sie aufgrund des Hungers verlassen müßten. Der Brief zeigt jedoch auch Margarete als selbstbewußte und resolut agierende Königin, die zur Behebung des

Notstandes Schulden aufnehmen will und sich um die Regierungsgeschäfte kümmert. Es ist interessant zu bemerken, daß schon das erste Zeugnis eigener Tätigkeit Margaretes trotz ihres jugendlichen Alters eine beachtliche Tatkraft und Reife erkennen läßt.

Auch die politischen Ereignisse jener Jahre dürften bereits ihre ungeteilte Aufmerksamkeit gefunden haben. 1368 brach der Krieg zwischen Dänemark und den mit den Mecklenburgern und Holsteinern verbündeten Hansestädten aus. Der Stralsunder Frieden von 1370 besiegelte die Niederlage Dänemarks. Auf Grund der spezifisch hansischen Interessenlage und geschickter dänischer Diplomatie kam es jedoch nicht zu einer Zerstückelung und Aufteilung des dänischen Reiches, wie es die fürstlichen Bündnispartner der Hansestädte gefordert hatten. Margaretes Gemahl stand in dieser Auseinandersetzung als Bündnispartner seines Schwiegervaters wiederum auf Seiten der Verlierer. Schon 1368 und ein weiteres Mal 1370 sah er sich gezwungen, einen Waffenstillstand mit den Hansestädten abzuschließen.[12] Ein zeitweiliger Ausgleich mit dem feindlichen Schweden wurde 1371 gefunden.[13] Magnus Eriksson erlangte nach langjähriger Gefangenschaft seine Freiheit wieder, wofür er und sein Sohn Haakon VI. ihre Ansprüche auf die schwedische Krone aufgeben mußten.

Ende des Jahres 1370 gebar Margarete ihr erstes und einziges Kind, Olaf. Daß bei der Namensgebung der norwegische Königsheilige als Vorbild wirkte, ist zu vermuten.[14]

Bis 1375 lebte Margarete wahrscheinlich vornehmlich auf Akershus, umgeben von schwedischen und norwegischen Adligen. Ab und an begleitete sie ihren Gemahl auf Reisen, so 1372 nach Bergen, wo ein Däne den Bischofssitz bekleidete. Auch in diesen Jahren standen ihr die engen personellen und politischen Beziehungen zwischen den nordischen Reichen beständig vor Augen.

Das Jahr 1375 leitete die große Wende im Leben Margaretes ein. Aus der Abgeschiedenheit der norwegischen Verhältnisse trat sie 22jährig auf die politische Bühne Nordeuropas. Bis zu ihrem Tode 1422 sollte sie diese nicht mehr verlassen und eine vielbeachtete Rolle spielen. Auslöser dieser Wende war der plötzliche Tod ihres Vaters Waldemar IV. von Dänemark. Er starb am 24. Oktober 1375 auf seinem Schloß Gurre auf Seeland. Mit dem Tode Waldemars stellte sich zwingend die Frage nach der Thronfolge in Dänemark, die dieser nach dem frühen Tod seines Sohnes Christoph offengelassen hatte – vielleicht um selbst größeren außenpolitischen Spielraum zu behalten. Erst 1371 sah er sich als Folge des verlorenen Krieges gezwungen, im Friedensvertrag mit Herzog Albrecht II. von Mecklenburg[15] diesem die Erbschaft der dänischen Krone für ihrer beider Enkel Albrecht, den Sohn seiner Tochter Ingeborg und Heinrichs von Mecklenburg, zu versprechen. Für den Herzog mußte dies als ein bedeutender Schritt in Richtung eines von ihm angestrebten mecklenburgischen Ostseeimperiums erscheinen, obgleich die Bestimmung sowohl der formalen Organisation des dänischen Reiches als Wahlkönigtum als auch einer Festlegung des Stralsunder Friedens zuwiderlief. Ob Waldemar IV. seine Zusage selbst ernst gemeint hat, ist höchst fraglich, denn tatsächlich unternahm er keinerlei ernsthafte Anstalten, um die Thronfolge des jungen Albrecht zu sichern.

Im Oktober 1375 war die Frage der Nachfolge Waldemars also ungeklärt. Zwei Kandidaten, beide im Kindesalter und Enkel Waldemars, bildeten auf Grund ihrer Herkunft den engeren Kreis von Personen, die für eine Königswahl in Betracht kamen, da traditionell in Dänemark die männlichen Nachkommen des Königshauses bei der Thronfolge berücksichtigt wurden, ohne daß dies rechtlich verankert war: der fünfjährige Olaf sowie der etwa doppelt so alte schon erwähnte Albrecht. Für letzteren sprach sein Alter, seine Abstammung von der älteren der beiden Töchter Waldemars sowie dessen Zusage für die Nachfolge. Albrecht II. von Mecklenburg, der die Interessen seines Enkels mit Nachdruck vertrat und diesen den dänischen Königstitel annehmen ließ, veranlaßte Kaiser Karl IV. die Wahl Albrechts vom dänischen Adel zu fordern und band zu Beginn des Jahres 1376 auch die Holsteiner mit einem Vertrag an die Kandidatur des jungen Albrecht.[16] Die Entscheidung mußte jedoch letztendlich im dänischen Reichsrat fallen. Dieser hatte die folgenreiche Wahl zwischen den beiden bedeutendsten Dynastien im Norden Europas – den Mecklenburgern und den Folkungern – zu treffen.

Margarete hatte dies erkannt und setzte an diesem Punkt mit ihren Bemühungen, selbst politischen Einfluß zu erlangen, an. Konsequent nutzte sie die sich bietenden Möglichkeiten. Als einzig noch lebendes Kind Waldemars, ihre Schwester Ingeborg war zwischen 1368 und 1370 gestorben, besaß sie einen gewissen Vorteil. Falls sie nicht schon beim Tode ihres Vaters zugegen war, ließ sie keine Zeit verstreichen, nach Dänemark zu eilen. Bereits für den 10. November ist ihre Anwesenheit auf Kalundborg belegt. Eine überlieferte Urkunde zeigt sie im Begriff, sich Verbündete für ihre politischen Ziele zu schaffen. So überließ sie ihrem Geistlichen Peder Jensen Lodehat, Stiftsgeistlicher in Roskilde, königliches Gut zum freien Besitz auf Lebenszeit.[17] Schon bei diesem ersten bezeugten Schritt auf dänischem Territorium bewies Margarete ihre glückliche Hand bei der Auswahl Verbündeter. Peder Jensen, der durch Margarete später auf den Roskilder Bischofsstuhl gelangte, wurde zu einer der wichtigsten und zuverlässigsten Stützen ihrer Politik. Zielstrebig suchte und fand sie den Kontakt zu den einflußreichsten Männern im Lande. Sowohl der Drost Henning Putbus, der an der Spitze des dänischen Reichsrates stand und die dänische Politik leitete, als auch der Reichskanzler, der Roskilder Bischof Nils, standen bereits im Dezember auf Seiten Margaretes. Beiden übertrug sie Schlösser und umfangreiche Güter und band sie so an ihre Pläne.[18] Damit waren die führenden Männer sowohl des geistlichen als auch des weltlichen Adels gewonnen und ein entscheidender Schritt getan, um ihre Interessen bei der Thronbesetzung durchzusetzen. Beachtenswert ist dabei auch die von ihr verwendete Titulatur. Nannte sie sich im November 1375 »Dänemarks, Schwedens und Norwegens Königin«, so verwandte sie im Dezember die modifizierte Wendung »Norwegens und Schwedens Königin, Tochter und Erbe von Herrn Waldemar«.[19] Offensichtlich machte sie zuerst einen persönlichen Erbanspruch auf die dänische Krone für sich geltend, worin sie vom Drost unterstützt wurde, der sie in einem Brief vom Dezember 1375 ebenfalls als dänische Königin ansprach.[20] Dieses Programm wurde jedoch bald, wohl in Erkenntnis des politisch Machbaren, aufgegeben und die Krönung Olafs betrieben. Margarete führte fortan selbst nur den Titel als norwegische und schwedische Königin.

Sicher wären diese raschen Anfangserfolge Margaretes nicht denkbar gewesen, hätte es nicht eine Fraktion innerhalb des dänischen Adels gegeben, die in einer ohnmächtigen Königsmacht keinen Vorteil für sich sah. Die in der Zeit vor 1340 gesammelten Erfahrungen dürften dabei eine Rolle gespielt haben. Teile des dänischen Adels erhofften sich sicherlich auch von einer Frau, die zudem in politischen Dingen unerfahren war, größeren Handlungsspielraum für sich selbst. Durch die hervorragendsten Politiker Dänemarks effektiv unterstützt, hatte Margarete den Vorteil, sich mit ihren neuen politischen Aufgaben schrittweise vertraut machen zu können. Doch die Königin war nicht lediglich nur eine Figur im politischen Spiel des Reichsrates. Vielmehr trafen sich die Interessen bestimmter Adelskreise mit ihren eigenen. Dabei verstand sie es, diese Interessen in den Vordergrund zu rücken und die Mehrheit des dänischen Adels an sich bzw. an ihren Sohn Olaf zu binden. Dies war umso wichtiger, als die Kandidatur ihres Sohnes für den dänischen Königsthron auch in dänischen Adelskreisen nicht unumstritten war.

Ebenso wichtig wie die Gewinnung des dänischen Adels für Olafs Kandidatur war die der Hansestädte. Diese hatten im Stralsunder Frieden 1370 ein Mitspracherecht bei der nächsten dänischen Königswahl zugesichert bekommen und stellten einen bedeutenden politischen Machtfaktor dar. Bereits im Januar 1376 verhandelte Drost Henning Putbus im Namen Margaretes mit ihnen und warb für Olafs Kandidatur.[21] Neben der Bestätigung des Stralsunder Friedens und damit der Hansischen Privilegien in Dänemark konnte er zudem einen Friedensvertrag und die Regelung des hansischen Handels mit Norwegen in Aussicht stellen. Da ein im Jahre 1370 abgeschlossener fünfjähriger Waffenstillstand zwischen den Hansestädten und Norwegen abgelaufen und die Frage der Stellung der Hansen in Norwegen somit in der Schwebe war, mußte den Hansestädten an einer Lösung dieses Problems sehr gelegen sein. Zudem dürfte eine Ausdehnung der mecklenburgischen Herrschaft auch auf Dänemark ihnen noch fataler erschienen sein als eine Verbindung zwischen Norwegen und Dänemark. So verzögerten sie ihre Stellungnahme zu dieser heiklen Frage, was sich bei dem in Dänemark herrschenden Kräfteverhältnis zugunsten Olafs auswirken mußte. Darüber war man sich auf Seiten der Hanse sicherlich im klaren. Das hansische Verhalten wurde in Dänemark als Aufforderung zum Handeln verstanden. Nach intensiven Beratungen des dänischen Adels untereinander[22] wurde Olaf im Mai 1376 in Slagelse auf Seeland zum dänischen König gewählt.[23] Bedingung war, daß Olaf eine Handfeste beeidete, in der die Rechte des Adels und des Volkes verbrieft wurden.[24] Sie band jedoch die Krone weit weniger als dies bei älteren dänischen Handfesten, z. B. der von 1326, der Fall gewesen war. Für Olaf siegelten das Dokument Margarete und Haakon, die als seine Vormünder eingesetzt wurden. Da Haakon aber weiterhin die meiste Zeit in Norwegen verbrachte, war es vor allem Margarete, die die Regierungsaufgaben gemeinsam mit dem Drost Henning Putbus wahrnahm. Sie hatte ihren ersten großen politischen Sieg errungen.[25]

Das Verhältnis zu den Hansestädten wurde nun sehr schnell geregelt und im August 1376 der Text des Stralsunder Friedens von 1370 mit nur wenigen Änderungen mit dem großen Siegel Olafs bekräftigt[26], während König Haakon VI. einen Friedensvertrag für Norwegen abschloß und die hansischen Privilegien im Lande bestätigte.[27] Daß Mitglieder des Reichsrates bei den außenpolitischen Verhandlungen der ersten Jahre ihrer Herrschaft im Vordergrund standen, ist ein Indiz dafür, daß man Margaretes Einfluß in dieser Zeit nicht überbewerten darf: ihre Stellung »war nicht stärker als die Summe der Kräfte, die in die Königsmacht investiert hatten«.[28] Erst allmählich – mit zunehmender Erfahrung und Autorität – erweiterte sich ihr eigener politischer Spielraum. Dafür dürfte nach dem Tod Haakons 1380 auch die Übernahme der Vormundschaftsregierung für Olaf in Norwegen beigetragen haben. Da das Land seit alters her eine Erbmonarchie war, gab es bei der Thronfolge keinerlei Probleme. Olaf war nun dänischer und norwegischer König in Personalunion.

Trotz des Erfolges von Slagelse von 1376 blieb die Stellung Olafs und damit Margaretes zunächst unsicher. Die Mecklenburger waren nicht gewillt, ihre Ansprüche auf den dänischen Thron fallen zu lassen. Dies war umso gefährlicher, als es auch im dänischen Adel mecklenburgische Sympathisanten gab. Im September 1376 landete Herzog Albrecht II. von Mecklenburg mit zahlreichen Truppen auf Seeland. Der dänischen Regierung gelang es jedoch, ohne größere Kämpfe zu einem Kompromiß zu kommen, der die direkte Kriegsgefahr zunächst bannte und die Entscheidung über Albrechts Ansprüche einem Schiedsgericht zuwies.[29] Die Verhandlungen darüber zogen sich in die Länge. Als der alte Herzog Albrecht II. von Mecklenburg 1379 starb, verlor die mecklenburgische Außenpolitik die treibende Kraft. Zwar versuchte der Mecklenburger König Albrecht von Schweden zunächst die feindselige Politik gegenüber Dänemark zu forcieren, da er jedoch selbst mit massiven innenpolitischen Schwierigkeiten zu kämpfen hatte, trat für Margarete die akute Bedrohung von dieser Seite zurück.

Auch an einer anderen außenpolitischen Front zeigte sich die schwierige Situation für Margarete zu Beginn ihrer Herrschaft. War es Waldemar IV. in seinen letzten Regierungsjahren gelungen, den holsteinischen Einfluß im dänischen Herzogtum Schleswig schrittweise zurückzudrängen, so nutzten die holsteinischen Grafen nach seinem Tode die für das dänische Königtum komplizierte Lage, um ganz

Schleswig wieder fest unter ihre Kontrolle zu bringen. Margarete und der dänische Reichsrat sahen sich nicht in der Lage, dem Widerstand entgegenzusetzen.

Mit dem Abklingen der akuten mecklenburgischen Gefahr schob sich für Margarete eine andere außenpolitische Frage in den Vordergrund: Der Frieden von Stralsund bestimmte in einem Zusatzdokument auch die Übernahme der Sundschlösser Helsingborg, Malmö, Skanör und Falsterbo durch die Hansestädte für 15 Jahre.[30] Der hansische Besitz der Schlösser erschwerte u. a. eine effektive Verteidigung gegen das mecklenburgische Schweden, mit dem man in einem latent kriegerischen Verhältnis lebte. An eine militärische Revanchepolitik gegen Albrecht von Schweden war ohne dieses Aufmarschgebiet schon gar nicht zu denken. So ist es verständlich, daß die Rückgabe der Sundschlösser ein zentrales Anliegen der dänischen Außenpolitik wurde.

Seit Ausbruch der dänischen Thronstreitigkeiten war die See durch Kaperer unsicher geworden, worunter besonders der hansische Handel litt. Mit den Jahren richteten sich die Klagen wegen der Übergriffe auf hansische Güter auch immer stärker gegen Dänemark.[31] Beschwerden gab es zudem über mangelhafte Einhaltung der hansischen Privilegien in Norwegen und Dänemark. Alles dies steigerte allmählich den Unmut der Hansestädte, zumal Stimmen laut wurden, die Margarete beschuldigten, den dänischen Seeräubern Rückhalt zu gewähren, ja sogar am Gewinn des Raubes beteiligt zu sein. Im Herbst 1381 standen diese Fragen im Mittelpunkt eines großen Treffens hansischer Vertreter mit den Dänen und der Königin in Schonen. Margarete lieferte auf dieser Beratung eine Kostprobe ihrer diplomatischen Fähigkeiten, die zeigt, daß die nun 28jährige sicher auf dem diplomatischen Parkett stand und es vermochte, auch noch so kleine Vorteile ihrer Stellung geschickt auszunutzen. Auf die hansischen Klagen hatten sie und der Reichsrat eine Antwort parat, die die hansischen Gesandten ob ihrer Spitzfindigkeit und Dreistigkeit erstaunt haben dürfte: Man bedauerte zwar die Übergriffe und beteuerte die eigene Unschuld, aber – und damit wurde ein Artikel der hansischen Privilegien in Dänemark zitiert – man dürfe ja nicht die Unschuldigen für die Schuldigen leiden lassen.[32] Diese Art der Auslegung ihrer eigenen Privilegien dürfte die hansischen Gesandten umso mehr überrascht haben, als die dänischen Seeräuber bekannt waren. Ein förmlicher

Waffenstillstand zwischen ihnen und den Hansestädten, auf dem Treffen geschlossen, nennt zahlreiche Namen dänischer Adliger, unter ihnen Inhaber königlicher Lehen und Personen, die in der besonderen Gunst Margaretes standen. Selbst wenn man in Rechnung stellt, daß sie noch nicht die Autorität besaß wie in späteren Jahren, so ist es doch ausgeschlossen, daß ihr eine Einflußnahme auf das Treiben ihrer Untertanen unmöglich war. Es gab ihr vielmehr ein politisches Druckmittel gegenüber den Hansestädten in die Hand, welches auszuspielen sie in vollem Umfang gewillt war. Dies unterstreicht auch ihr Verhalten in einer anderen Frage, die auf dem Treffen 1381 zur Sprache kam: Nach dem Tode ihres Mannes Haakon VI. 1380 gab es sehr bald Klagen über Privilegienverletzungen durch die Norweger. Margarete erklärte daraufhin, daß die hansischen Privilegien mit dem Ableben Haakons ihre Gültigkeit verloren hätten. Ebenso äußerte sie sich auf besagtem Treffen. Zur nächsten Zusammenkunft wolle sie aber eine Vollmacht zur Bestätigung der hansischen Privilegien vom norwegischen Reichsrat besorgen. Weiß man, daß sich Margarete schon im August gleichen Jahres von diesem hatte eine Vollmacht ausstellen lassen, die ihr volle außenpolitische Handlungsfreiheit bis zur Mündigkeit ihres Sohnes garantierte,[33] so liegt ihre Verzögerungstaktik klar auf der Hand.

Margarete ließ die hansischen Vertreter nicht lange im unklaren, worauf sich ihr Interesse richtete. »Man sehe gerne, daß die Städte die (schonischen – G. W.) Schlösser Margarete und Herrn Henning überließen.«[34] Es konnte kein Zweifel bei den Vertretern der Hansestädte aufkommen, an welches politische Geschäft Margarete dachte: Sicherheit des hansischen Handels in Dänemark und seinen Gewässern und Bestätigung der norwegischen Privilegien der Hanse gegen eine vorzeitige Rückgabe der Sundschlösser und damit Aufgabe der direkten Herrschaft der Hanse im Norden. Obgleich die Verwaltung der Sundschlösser für die Hansestädte weder im Hinblick auf die Einnahmen noch auf die Sicherheit des hansischen Handels den ursprünglichen Erwartungen entsprach, erschien ihnen dieses Geschäft als zu unsicher. Einer vorzeitigen Rückgabe wurde nicht zugestimmt. Es ist geradezu spannend zu beobachten, wie es Margarete daraufhin gelang, die Hansestädte bezüglich ihrer Forderungen Jahr um Jahr hinzuhalten, ohne die Konfrontation auf die Spitze zu treiben. Auf einem Treffen mit hansischen Vertretern in Falsterbo 1384[35] schlug sie vor, die strittigen Fragen auf einer Zusammenkunft in Helsingborg am Himmelfahrtstag 1385 zu entscheiden. Es war dies der Tag der vertragsmäßigen Rückgabe der schonischen Sundschlösser.

Margaretes Politik stellte die Hansestädte vor eine schwere Entscheidung: entweder Rückgabe der Schlösser und damit Aufgabe jedes Druckmittels zur Durchsetzung ihrer hohen Schadensersatzforderungen oder Vertragsbruch und Aussicht auf kriegerische Verwicklungen, die dem hansischen Handel noch größeren Schaden zufügen mußten. Die Meinung innerhalb der Hansestädte war aufgrund unterschiedlicher Interessenlagen gespalten. Die hansischen Befehlshaber in Schonen wurden jedoch angewiesen, die Schlösser zurückzuhalten.[36] Die dänische Seite hingegen handelte zielstrebig. Zur Zeit der vertragsgemäßen Übergabe der Schlösser fanden sich Margarete, Olaf und Henning Putbus nebst zahlreichem Gefolge vor der Burg Helsingborg ein und zeigten sich erstaunt, daß die Auslieferung verweigert wurde. Als dann ein hansisches Schreiben eintraf, welches die Übergabe nicht einmal erwähnte, war die Reaktion heftig und zugleich charakteristisch für Margaretes politischen Stil. Gleich drei, in ihrem Inhalt äußerst bestimmte Briefe erreichten die hansischen Politiker.[37] Margarete und der dänische Reichsrat hatten sich zu einem ungewöhnlichen und äußerst geschickten Schritt entschlossen. Obgleich Olaf erst 14 Jahre alt war, ließ man ihn erstmals als politisch selbständig handelnde Person auftreten. Dieser erklärte, auf das Äußerste erbost, daß die Verweigerung der Rückgabe unrechtmäßig sei und nur mit Gewalt aufrecht erhalten werden könne. Weigerten sich die Hansestädte auch weiterhin, würde er sie als vertragsbrüchig vor Papst, Kaiser, Königen und Fürsten verklagen. Henning Putbus warnte die Städte vor den schwerwiegenden Folgen ihres Tuns und empfahl dringend die Auslieferung der Schlösser, während Margarete ihren »lieben Freunden«, den Hansestädten, Vermittlung zwischen ihnen und ihrem eigenen Sohn anbot, da sich dieser mit seinen Räten sehr verunrechtet fühle. Konsequent wurde der eingeschlagene Weg weiter verfolgt und es wurden neue Tatsachen geschaffen. Olaf beschwor auf dem schonischen Landesding die Landesgesetze und -privilegien und ließ sich sodann in der Lunder Domkirche huldigen. Margarete hatte ihre Gegner richtig eingeschätzt. Vor dieser kompromißlosen Haltung wichen die Hansestädte zurück. Bis zum Äußersten wollten sie es nicht kommen lassen, obgleich die Mecklenburger ihnen Unterstützung in einem eventuellen Krieg gegen Dänemark zugesagt hatten. Die Schlösser wurden übergeben, ohne daß eine der hansischen Forderungen erfüllt wurde. Die Hansestädte erreichten nur, daß der Übergabebrief auf dem vertragsgemäßen Übergabetermin vordatiert wurde.[38] Ihr einziger Gewinn war das rasche Abflauen des dänischen Seeraubes, im übrigen ein deutlicher Hinweis darauf, daß dieser zuvor von Margarete geduldet worden war. Die Königin hatte, wiederum unterstützt von Henning Putbus, einen weiteren großen Sieg in ihrer politischen Laufbahn errungen.

Ende des Jahres 1385 wurde Olaf 15 Jahre alt und nach dem norwegischen Erbfolgegesetz mündig. In der Folgezeit bestätigte er gelegentlich Privilegien in seinen Reichen. Margarete behielt jedoch weiterhin die politischen Fäden in der Hand.

Während der Endphase des Streits um die Rückgabe der Sundschlösser hatte sich der Gegensatz zwischen Dänemark und Schweden erneut zugespitzt. Zwar war König Haakon VI. von Norwegen 1371 gezwungen worden, auf seinen schwedischen Königstitel zu verzichten, aber das ließ sich notfalls als seine persönliche Entscheidung interpretieren, die seine Angehörigen nicht betraf. Margarete hatte jedenfalls nie auf den Titel Königin von Schweden verzichtet. In seinem ersten formell selbständigen Brief an die Hansestädte 1385 ließ Margarete ihren Sohn den Anspruch auf die schwedische Krone, der bis dahin geruht hatte, aufnehmen, indem der Brief einen herausfordernden Zusatz zum dänischen und norwegischen Königstitel erhielt: »rechter Erbe des schwedischen Reiches«.[39] Dies mußte König Albrecht von Schweden gleichsam als Kampfansage erscheinen. Mit der Inbesitznahme der schonischen Schlösser verstärkte sich zudem die militärische Präsenz der Königin gegenüber Schweden.

Bevor sich Margarete jedoch der schwedische Frage zuwandte, galt es ein anderes Problem zu klären. Die Holsteiner Grafen hatten Mitte der achtziger Jahre das Herzogtum Schleswig, teils als Pfand, teils als Eroberung in ihrem Besitz. Ein rechtlicher Anspruch auf das Herzogtum fehlte ihnen jedoch. Um diesen zu erhalten, verbündeten sie sich 1376 mit den Mecklenburgern. Die militärische Stärke der Holsteiner und die ungeklärte Situation drohten jederzeit die dänische Südgrenze zu gefährden und das Herzogtum Schleswig ganz dem dänischen Reich zu entfremden, waren also ein Faktor politischer Instabilität. Margarete entschloß sich, an dieser Front klare Verhältnisse zu schaffen. Im August 1386 belehnten sie und Olaf die Holsteiner Grafen mit dem

Herzogtum Schleswig als erbliches Lehen.[40] Damit war die Oberhoheit Dänemarks über das Herzogtum anerkannt und die Holsteiner den Mecklenburgern politisch entfremdet, allerdings für den nicht geringen Preis des offiziellen Verzichts auf das Herzogtum. Die späten Regierungsjahre Margaretes sollten jedoch zeigen, daß sie eher an einen Aufschub des Problems als an einen wahren Verzicht dachte. Das entscheidende an diesem politischen Schritt für Margarete war, daß sie für ihre Politik gegenüber Schweden freie Hand bekam. Die um die Mitte des 15. Jahrhunderts entstandene holsteinische Chronik des Presbyter Bremensis triff den Kern, wenn sie berichtet: »Zu dieser Zeit wollte die Königin, eine sehr schlaue Frau, nicht auf einmal mehr Feuer entfachen.«[41] Auch der Lübecker Chronist und Zeitgenosse Margaretes, Detmar, zeigte sich beeindruckt von den politischen Fähigkeiten der Königin, wie die eingangs zitierten Worte belegen. Offensichtlich hatten Margaretes außenpolitische Erfolge nicht unbedeutende Rückwirkungen auch auf ihre Autorität innerhalb des Landes. Detmar schrieb nämlich weiter: »Da dies geschehen war, wurde der ganze Adel des Reiches von Furcht ergriffen von der Weisheit und der Kraft dieser Frau und er bot sich ihr und ihrem Sohn zu Diensten. Sie rief Vögte im Lande zu sich, reiste von Schloß zu Schloß und versetzte allerwegen Vögte von einem Schloß zum anderen.... Solcher Art wurde sie mit ihrem Sohn... so mächtig im ganzen Reich, daß sie nichts entbehrte.«[42] Sein bewunderndes Staunen, daß »eine Frau, die (einstmals – G. W.) so arm war, daß sie ohne Hilfe von Freunden nicht in der Lage war, eine Brotmahlzeit auszuteilen«[43], eine solche Machtfülle erreichte, teilte er sicher mit zahlreichen Zeitgenossen.

Nur fünf Tage nach dem Ausgleich mit den Holsteinern kam mit dem Tod Bo Jonsons in Schweden eine Entwicklung in Gang, die Margaretes Ziele ungemein fördern mußte. Bo Jonson war Führer der schwedischen Adelsopposition und Reichsdrost. Seine politische Macht, die er zur Aufrechterhaltung und zum Ausbau der Adelsherrschaft gegenüber der Krone nutzte, basierte auf unermeßlichem Reichtum an Gütern und umfangreichem Lehensbesitz.

König Albrecht von Schweden versuchte nun mit Hilfe der Vormundschaft über Bos unmündigen Sohn Ansprüche auf dessen Erbe geltend zu machen und die einmalige Chance zu nutzen, um sein Königtum aus dem Schattendasein der Adelsherrschaft herauszuführen. Er nahm den Kampf mit dem Kollegium schwedischer Adliger auf, das testamentarisch die Verwaltung des Erbes übertragen bekommen hatte und fortan den Kern der Adelsopposition bildete.

Nichts konnte Margarete gelegener kommen, denn gegen den über deutsche Unterstützung verfügenden König war die Position des oppositionellen schwedischen Adels auf längere Sicht recht schwach, wenn nicht Unterstützung von außen und ein neuer schwedischer Thronkandidat gefunden wurde. Nach Lage der Dinge kamen dafür aber nur Margarete und ihr Sohn Olaf in Frage. Es ist zu vermuten, daß die ersten Kontakte zwischen Margarete und den schwedischen Testamentsvollstreckern im Sommer 1387 geknüpft wurden.[44] Der Aufenthalt Margaretes, Olafs und führender dänischer Adliger in Schonen zu dieser Zeit deutet dies an.

Hatte bisher der Tod anderer Margaretes politische Ziele nicht unwesentlich gefördert, so stellte er nun mit einem Mal alles für die Königin Wichtige in Frage. Anfang August 1387 starb ihr Sohn Olaf, noch nicht 17jährig, völlig unerwartet an einer plötzlich auftretenden Krankheit auf der Burg Falsterbo. Dies war der härteste Schlag, den die Mutter und Politikerin treffen konnte, starb doch mit Olaf ihr einziger Sohn und der letzte Angehörige ihres engeren Familienkreises. Einige Zeitgenossen Margaretes sahen in ihr jedoch anscheinend mehr die gefühlskalte Machtpolitikerin, der man Schlimmes zutraute. 15 Jahre später schenkte man jedenfalls in Preußen einem Betrüger Glauben, der vorgab, Margaretes vor ihren Mordanschlägen geflohener Sohn zu sein.[45] Hintergrund derartiger Mordgerüchte waren der plötzliche Tod Olafs und die Standhaftigkeit, mit der Margarete die für sie schwierige Situation meisterte, anstatt sich der Trauer hinzugeben. Für eine Frau war dies nach den Vorstellungen der Zeit mehr als außergewöhnlich. Mit Olaf war der letzte männliche Vertreter der Folkunger und des dänischen Königsgeschlechtes gestorben. Der Herrschaft Margaretes in Dänemark und Norwegen war damit schlagartig jegliche rechtliche Grundlage genommen. Auch die Ansprüche auf Schweden mußten aufgegeben werden.

Den nordischen Thronen am nächsten standen überall die Mecklenburger: in Dänemark der junge Albrecht, für den schon Ansprüche geltend gemacht worden waren, in Norwegen Albrecht von Schweden als Sohn der Schwester des ehemaligen norwegischen, 1374 ertrunkenen Königs Magnus Eriksson. Eine solche Thronbesetzung konnte aber weder vom dänischen noch vom norwegischen Adel gewünscht werden, hatte man doch unter Olaf bzw. Margarete jahrelang gerade diese Dynastie bekämpft. Margarete handelte sofort. Ihr kam entgegen, daß sich Teile des Reichsrates und einige Adlige, unter ihnen auch Henning Putbus und Peder Jensen Lodehat, in Schonen aufhielten, wohl um an den Verhandlungen mit Schweden teilzunehmen. Mit ihnen bildete Margarete einen »Krisenstab«. Das Resultat der Beratungen durchbrach sämtliche bisher gültigen Normen und grenzte an einen Staatsstreich.[46] Nur eine Woche nach Olafs Tod, am 10. August 1387, wurde Margarete in der Lunder Domkirche als Regentin mit dem eigens für sie geschaffenen Titel »bevollmächtigte Frau, Hausherr und Vormund des ganzen Reiches Dänemark« gewählt. Die Huldigung der Landesteile folgte.[47] Eine Frau an der Spitze des dänischen Reiches und nicht etwa als Vormund eines minderjährigen Königs, das war ein absolutes Novum in der dänischen Geschichte. Dieser ungewöhnliche Schritt war jedoch die beste Möglichkeit, die Stabilität im Reich aufrechtzuerhalten, zumal Margarete Mutter und Tochter eines dänischen Königs war und bereits ihre Herrscherfähigkeiten unter Beweis gestellt hatte. Die Zeugnisse der Huldigungen verweisen ausdrücklich auf diese Gründe. Margaretes Regentschaft sollte solange währen, bis sie und die Dänen sich auf einen neuen König einigen würden. Auch in dieser wichtigen Frage wurde ihr also eine entscheidende Stimme zugebilligt, ein Indiz dafür, wie stark die Konditionen von Margarete geprägt wurden.

Als nächstes galt es für Margarete ihre Stellung in Norwegen zu klären. Dabei war es von Vorteil, daß der norwegische Erzbischof bereits an den Ereignissen in Lund beteiligt war und nun die beratende norwegische Adelsversammlung einberief. Am 2. Februar 1388 ließ diese ein Dokument ausfertigen, welches Margarete nach dänischem Vorbild zu Norwegens »bevollmächtigter Frau und rechtem Hausherrn« erklärte.[48] Margarete sollte sogar auf Lebenszeit die königliche Gewalt innehaben. Dies entsprach noch weniger als in Dänemark den Gepflogenheiten und den Gesetzen der Erbmonarchie Norwegen. Wollte man die Mecklenburger, denen man ihr Recht auf die norwegische Krone auf Grund ihres Krieges gegen das Land absprach, ausschließen, bedurfte es einer Neuregelung der Erbfolge. In einem Zusatzdokument wurde festgelegt, daß sie von Margarete ausgehen sollte.[49] Diesen Prämissen folgend einigte man sich auf den Sohn Herzog Wratislaws VII. von Pommern und Marias von Mecklenburg, welche die Tochter von Margaretes Schwester Ingeborg war, als Thronerben. Dieser war also ein Großneffe Margaretes. Sein Name wurde zunächst nicht genannt, einer späteren Überlieferung zufolge lautete er Bogislaw. Margarete adoptierte den als rechten Erben der norwegischen Krone anerkannten pommerschen Fürstensohn nebst seiner Schwester Katharina und ließ ihn den im Norden geläufigen Königsnamen Erich annehmen. Damit war im unbedeutendsten der drei nordischen Reiche eine Vorentscheidung über die Person von Margaretes Nachfolger gefallen.

Kein halbes Jahr nachdem Margarete die politische Herrschaft mit einem Schlag zu entgleiten gedroht hatte, hielt sie diese in Norwegen und Dänemark fester denn je in ihren Händen. Ausschlaggebend dafür war neben dem Mangel an tragfähigen Alternativen vor allem ihre persönliche Befähigung zur Führung der Reiche. Wäre diese zu diesem Zeitpunkt nicht allgemein anerkannt gewesen, hätte sich Margarete kaum durchsetzen können.

Margarete konnte sich nun wieder den Ereignissen in Schweden zuwenden. Im März 1388 traf sie sich mit der schwedischen Adelsopposition vermutlich auf der Dalaborg.[50] Die Ergebnisse der Verhandlungen waren eine weitere diplomatische Meisterleistung der Königin. Sie nutzte die komplizierte Lage des aufrührerischen schwedischen Adels, der zwischen zwei Fronten zu geraten drohte, aus, um möglichst weitreichende Zugeständnisse für sich und die Mündigkeit der Krone zu erhalten.[51] Es waren Zugeständnisse, von denen König Albrecht von Schweden nicht einmal zu träumen gewagt hätte. Auch die schwedischen Adelsvertreter wählten Margarete zur »bevollmächtigten Frau und zum rechten Hausherrn« des Reiches Schweden, räumten ihr die Verfügungsgewalt über große Teile der Schlösser und Güter aus dem Erbe Bo Jonsons ein und verpflichteten sich, zur Wiedererwerbung des schwedischen Kronbesitzes beizutragen und denjenigen, sei es zu Margaretes Lebzeiten oder danach, zum schwedischen König zu wählen, den sie selbst vorschlagen würde. Margaretes Gegenleistung war die Zusage zur Hilfe im Kampf gegen König Albrecht von Schweden, die Garantie der alten schwedischen Grenzen, die Versicherung, nach Landesgesetz zu regieren und alle Einwohner des Reiches bei ihren alten Privilegien zu belassen, soweit sie vor dem Machtantritt Albrechts erlangt wurden. Sie war also nicht bereit, die Einschränkungen der Königsmacht zu dulden, die

Albrecht hinnehmen mußte. Ferner ist es umstritten, ob Margarete ihre Zusagen in rechtskräftiger Form besiegelte.[52]

Kein dreiviertel Jahr nach dem Tod Olafs und dem Zusammenbruch ihrer Pläne, die drei nordischen Reiche auf dynastischer Grundlage zu vereinen, hatte sich Margarete kraft ihrer Persönlichkeit als Regentin in Dänemark und Norwegen etabliert und war vom entscheidenden Teil des schwedischen Adels als solche auch für Schweden anerkannt. Nun galt es, den Anspruch in Schweden auch gegen die mecklenburgische Partei durchzusetzen. Margarete und Albrecht rüsteten zur militärischen Auseinandersetzung, deren Ausgang die politische Zukunft der nordischen Reiche entscheidend beeinflussen mußte. Die Schlacht fand am 24. Februar 1389 bei dem Dorfe Aasle unweit der schwedischen Stadt Falköping statt.[53] Es ist eine Ironie der Geschichte, daß sich als Feldherrn zwei Mecklenburger gegenüberstanden, wobei der Sieger sein Leben und der Verlierer seine Freiheit verlor. Das Heer König Albrechts wurde von den vereinten nordischen Streitkräften Margaretes unter der Führung Heinrich Parows vernichtend geschlagen. Margarete erwartete den Ausgang des Treffens auf der halländischen Burg Varberg. Wieder einmal war sie vom Glück begünstigt. Der schwedische König selbst und sein Sohn fielen ihr als Gefangene in die Hände und waren so ein ausgezeichnetes Druckmittel für die weiteren diplomatischen Verhandlungen. Der Sieg einer Frau über einen Mann machte Eindruck in ihren Reichen und sicher nicht nur dort. Ein dänischer Chronist dankte Gott, daß er so unerwartet den Sieg in die Hand einer Frau gelegt hatte.[54] Auch die Sage bemächtigte sich rasch dieses Stoffes, und man erzählte sich, wie König Albrecht der Königin »hosenlos« vor der Schlacht zum Spott einen Schleifstein zum Wetzen ihrer Nadeln geschickt und sie somit auf ihre Rolle als Frau verwiesen hätte.[55] Bald waren auch die verbliebenen mecklenburgischen Stützpunkte in Schweden in Margaretes Hand. Detmars Behauptung[56], daß Margarete dies durch die Folterung ihres Gefangenen Albrecht beschleunigt hätte, ist jedoch wenig wahrscheinlich. Die Königin war nun auch real Regentin dreier Reiche.

Eine Ausnahme bildete jedoch Stockholm. Die Stadt war von Bürgern deutscher Herkunft dominiert und hielt an der mecklenburgischen Herrschaft fest. Margaretes Versuch, dieses Problem schnell mit militärischen Mitteln zu lösen, scheiterte. Es folgten eine Blockade der Stadt, ein gegenseitiger Kaperkrieg und ein jahrelanges diplomatisches

Tauziehen der verfeindeten Parteien. Der Kaperkrieg und die damit einhergehenden rechtlosen Zustände auf See trafen den Handel der Hansestädte schwer, die sich ihrerseits bemühten, einen Vergleich zustande zu bringen. Margaretes Ziele waren klar: Verzicht der Mecklenburger auf die schwedische Krone und Auslieferung Stockholms. Es zeigte sich aber, daß dies nicht in vollem Umfang realisierbar war. Nach einem weiteren vergeblichen Eroberungsversuch zeigte sich Margarete den hansischen Vermittlungsversuchen gegenüber aufgeschlossen. Auf Schloß Lindholm einigte man sich am 17. Juni 1395 auf einen in seinen Grundzügen von den Hansestädten vorgeschlagenen Friedensvertrag.[57] Stockholm wurde einer hansischen Besatzung übergeben und König Albrecht und sein Sohn auf drei Jahre freigelassen. Nach dieser Zeit hatte Albrecht die Wahl: Zahlung der enormen Summe von 60000 Mark Silber als Lösegeld, Rückkehr in die Gefangenschaft oder, als dritte Variante, die offizielle Übergabe Stockholms. Sollte er dem nicht nachkommen, waren die Hansestädte verpflichtet, Stockholm an Margarete zu übergeben. Der Vertrag war ein Kompromiß, der Margarete zwar nicht unwesentliche Fortschritte brachte, jedoch weit von ihren ursprünglichen Vorstellungen entfernt war. Sie mußte ihren Trumpf, den gefangenen Albrecht, aus der Hand geben, ohne daß die Mecklenburger ihren Anspruch auf Schweden definitiv aufgaben. Zudem war wieder einmal ein strategisch sehr wichtiger Punkt in hansischer Hand. Eingedenk ihrer Erfahrung aus dem Jahre 1385 war dies ein Zustand, der keineswegs befriedigend war. Andererseits schaffte sich Margarete mit der zumindest zeitweisen Beilegung des Streites mit den Mecklenburgern politischen Verhandlungsspielraum für andere Fragen.

Ihre Spekulation ging auf. König Albrecht war nach drei Jahren nicht in der Lage bzw. nicht gewillt, die Bedingungen zu erfüllen. 1398 kam Margarete vertragsgemäß in den Besitz Stockholms. Allerdings nutzten auch die Hansestädte die Gunst der Stunde, um die langersehnte Bestätigung ihrer Privilegien in den drei nordischen Reichen zu erreichen.[58] »So verlor König Albrecht sein Reich« kommentierte die Detmarchronik das Geschehen.[59] Bevor Margarete dieses außenpolitische Kapitel völlig abschließen konnte, vergingen jedoch noch einige Jahre. Noch vor dem Lindholmer Vertrag hatten mecklenburgische Kaperer Visby erobert. Gotland war seitdem zu einem Seeräubernest geworden. Dies lieferte 1398 dem Deutschen Orden den

Vorwand, die Insel im Handstreich zu nehmen und sich an dieser strategisch wichtigen Stelle festzusetzen. Mit juristischen Finessen versuchte man die Herausgabe der Insel an Margarete zu verhindern bzw. zu verzögern. Da Verhandlungen ergebnislos blieben und die preußischen Vorstellungen Margarete unannehmbar erschienen, versuchte sie, 1403/04 mit Waffengewalt die Insel zurückerobern zu lassen, wie im Falle Stockholms aber ohne Erfolg. Erst 1408 erhielt sie nach weiteren komplizierten Verhandlungen die Insel zurück, mußte dafür aber die stattliche Summe von 9000 Nobeln bezahlen.[60] Bereits 1405 hatte sie sich für 8000 Mark lübisch mit König Albrecht in dieser Angelegenheit verglichen, der zudem dafür den nordischen Reichen ewige Freundschaft gelobte.[61]

Das letzte Territorium, welches Margarete von der Ausübung der vollen Souveränität in den alten Grenzen der nordischen Reiche trennte, war das Herzogtum Schleswig. Durch die Belehnung der Holsteiner 1386 und deren Erneuerung 1396 war es dem direkten Einfluß der Krone auch formell entzogen. Margarete dachte aber keineswegs an einen endgültigen Verzicht. Dies zeigte sich, nachdem der Herzog von Schleswig, Graf Gerhard von Holstein, 1404 auf einem Kriegszug gegen die Dithmarschen Bauern gefallen war und seine Witwe mit unmündigen Söhnen zurückblieb.[62] Margarete machte sich die bedrängte Lage der Herzogin zunutze. Es gelang zunächst, Erich von Pommern als Vormund für die Söhne einzusetzen. Die Königin bemühte sich nun erfolgreich, zahlreiche Güter und Schlösser im Herzogtum Schleswig durch Pfandnahme, Pfandeinlösung, Kauf und nicht zuletzt Zwang zu erwerben. 1409 war sie im Besitz des größten Teils des Herzogtums. Lediglich die Stadt Schleswig und die Inseln Alsen und Aerö waren noch bei der Herzogin verblieben. Daraufhin eröffneten die Holsteiner die Kriegshandlungen und eroberten die in Margaretes Pfandbesitz befindlichen Burgen Svabsted und Stubbe, während Erich von Pommern im Sommer 1410 die Inseln Aerö und Alsen eroberte. Ein 1410 und 1411 ausgehandelter Waffenstillstand und Frieden wurde nicht gehalten. Vielmehr fiel den Holsteinern 1412 durch Verrat Flensburg in die Hände. Durch Margaretes Verhandlungsgeschick gelang es jedoch, die Stadt zurückzuerhalten. Die Königin hatte gerade die Huldigung der Bürger entgegengenommen, als sie vier Tage darauf verstarb. So war es ihr nicht mehr vergönnt, die unmittelbare Herrschaft der dänischen Krone über das Herzogtum herzustellen.

Läßt man das Jahr 1389 unbeachtet, in dem nur die militärische Auseinandersetzung die Entscheidung bringen konnte, so fällt bei der Betrachtung der außenpolitischen Unternehmungen Margaretes auf, daß sie sich stets bemühte, zunächst auf dem Verhandlungsweg voranzukommen, obgleich sie auf zwischenzeitliche militärische Aktionen als politisches Mittel nicht verzichtete. Am Verhandlungstisch erzielte sie ihre größten Erfolge. Die Größe der Reiche, über die Margarete zum Ende ihrer Regierungszeit herrschte, war und ist imponierend, zumal wenn man in Rechnung stellt, daß zu damaliger Zeit zu Norwegen noch Island und zahlreiche Nordseeinseln und zu Schweden Finnland gehörte. Margarete beschränkte sich konsequent auf das Ziel, die alten Reichsgrenzen zu sichern bzw. wieder herzustellen und vermied es wiederholt, in andere Konflikte verwickelt zu werden. Nicht zuletzt dies war der Grund für die relative Stabilität, die am Ende ihrer Regierung in ihren Reichen Einzug hielt.

Nach der Beilegung der Auseinandersetzungen mit den Mecklenburgern 1395 schien Margarete die Zeit reif zu sein, um die staatsrechtliche Seite der real bestehenden Personalunion der drei nordischen Reiche auch für die Zukunft abzusichern und damit ihrem Lebenswerk Bestand zu verleihen. Ihr stand klar vor Augen, daß die Grundlage einer Union ein starkes Königtum bilden mußte. Auf ihren Nachfolger verwiesen bereits die Vereinbarungen mit dem norwegischen Adel von 1388. Im Sommer 1389 stellte sie den etwa 7jährigen Erich von Pommern auf einem Adelstreffen in Helsingborg vor und ließ ihm im gleichen Jahr als norwegischen König huldigen.[63] Dies war für Margarete mit dem Verzicht auf die ihr im Vorjahr zugesprochene Regentschaft auf Lebenszeit verbunden, indem nun festgelegt wurde, daß sie die Regierungsgeschäfte bis zur Mündigkeit Erichs führen sollte. Nicht auszuschließende Risiken, die eine solche Regelung für sie persönlich mitbringen mußte, waren am Beispiel ihres Schwiegervaters erkennbar. Dennoch ging sie diese ein, um ihren Unionsplänen damit eine um so sichere Grundlage zu schaffen und stellte damit ihre privaten Interessen hinter das von ihr angestrebte politische Ziel. Mit der Zusage des dänischen und schwedischen Adels, ihre Stimme bei der zukünftigen Königswahl zu hören, war dafür eine gute Voraussetzung gegeben.

Nachdem sich die außenpolitische Lage stabilisiert hatte, ging Margarete 1396 auf diesem Weg weiter. Erich von Pommern war unterdessen dem Kindesalter entwachsen. Im Januar 1396 ließ sie ihn als dänischen König auf dem Viborger Landesding einsetzen. Anschließend nahm er rundum im Lande die Huldigungen entgegen.[64] In Schweden erfolgte die Wahl im Juni des gleichen Jahres in Skara, gefolgt von der Huldigung im Juli am traditionellen Ort Mora Sten in der Nähe von Uppsala.[65] Damit waren wieder allgemein übliche Verhältnisse eingetreten. Die Königin führte die Regierungsgeschäfte nun im Namen Erichs. Margarete legte dabei ein großes Zeugnis ihrer Staatsklugheit ab: sie gab ihre eigene Mündigkeit (zumindest formell – G. W.) auf, um die Königsmacht in Erichs Person zu sichern.«[66]

Margaretes Ziel war es nun, der Personalunion eine Form zu geben, die sie über eine einfache Königsgemeinschaft verschiedener Länder heraushob und ihr Dauerhaftigkeit verlieh. Dabei waren die Konditionen für den Zusammenschluß festzulegen. Zu diesem Zwecke wurde zum Sommer 1397 eine repräsentative Adelsversammlung von Vertretern aller drei Reiche nach Kalmar einberufen. Das erste Resultat dieses historischen Treffens war die Krönung Erichs von Pommern zum Unionskönig am Sonntag Trinitatis (17. Juni), ein Tag, der sicher nicht unbedacht gewählt wurde. Die das Treffen begleitenden staatsrechtlichen Verhandlungen gehören aufgrund der komplizierten Quellenlage zu den umstrittensten Fragen der nordischen Geschichte. Es liegen ein Krönungsbrief und ein nicht in rechtskräftiger Form abgefaßter sogenannter Unionsbrief vor.[67] Offensichtlich stießen die unterschiedlichen Auffassungen Margaretes und der Adelsvertreter zur konkreten Ausgestaltung der Union aufeinander. Bei allen Fragen, die offen bleiben, dürfte klar sein: Durch den Krönungsbrief gelang es Margarete die starke Zentralgewalt mit umfangreichen Rechten und Befugnissen in allen drei Reichen formell Erich von Pommern zu übertragen. Über die näheren Bedingungen der Union konnte keine endgültige Übereinstimmung erzielt werden. Spezielle Punkte der Verhandlungen wurden im Unionsbrief niedergelegt. Dies waren u. a. gemeinsame Königswahl nach dem Tode Erichs und seiner Nachfolger gegebenenfalls unter deren Söhnen, gegenseitige Kriegshilfe im Falle eines Angriffs von außen, Führung der Regierung nach den jeweiligen Landesgesetzen sowie Aufgabe aller alten Streitigkeiten zwischen den Reichen. Mit der Verwahrung der Dokumente hatte Margarete die Möglichkeit, im Bedarfsfalle auf diese Punkte zu verweisen.[68] Formell war mit der Krönung von Kalmar Margaretes Herrschaft endgültig beendet. Für alle war es jedoch selbstverständlich, daß sie weiter gemeinsam mit König Erich die Regierungsgeschäfte führen würde. Tatsächlich war sie es, die bis zu ihrem Tode die Regierung der drei Reiche fest in der Hand hielt.[69]

Waren 1397 sicher nicht alle Wünsche Margaretes realisierbar gewesen, so hatte sie doch zweifellos mit der Krönung Erichs als Unionskönig auch ihrem Lebenswerk Vollendung gegeben. Die Union von Kalmar war zum einen Ergebnis der energischen Politik Margaretes und somit ihr persönliches Verdienst. Zum anderen begünstigten objektive Umstände und eine bereits über einen längeren Zeitraum anhaltende Entwicklung und eine solche Politik bzw. wiesen in eine entsprechende Richtung.[70] Durch die politischen Ereignisse des 14. Jahrhunderts verloren die alten Grenzen zwischen den nordischen Reichen immer mehr an Bedeutung. Besonders im Grenzbereich bildete sich durch persönliche Kontakte immer stärker ein internordischer Adel heraus, der nicht nur in jeweils einem Land begütert war und der zuweilen sogar selbständig politisch handelte, um Auseinandersetzungen zwischen den Reichen zu entschärfen. Eine Personalunion gab es bereits unter den Folkungern, wenn auch nur vorübergehend und auf zwei Länder beschränkt. Insbesondere für Schweden dürfte der Wunsch nach Stärkung der Position der Einheimischen gegenüber den immer stärker werdenden deutschen Konkurrenten eine Rolle gespielt haben.

Bei der bisherigen Betrachtung des Lebenswerkes Margaretes standen vor allem ihre außenpolitischen bzw. mehr spektakulären Unternehmungen im Mittelpunkt. Nichtsdestoweniger führte sie jedoch auch im Innern ihrer Reiche eine zielgerichtete und konsequente Politik. Ihr zentrales Anliegen war die Festigung der Autorität der Krone und die Stärkung ihrer politischen und ökonomischen Machtmittel. Sie führte in dieser Hinsicht die Politik ihres Vaters fort.

1376 sah sich die Königin gezwungen, für ihren Sohn eine Handfeste[71] zu bekräftigen, auf deren Grundlage u.a. ehemaligen Besitzern Grund und Boden durch das Königsgericht zuerkannt wurde, welchen Waldemar IV. unter zweifelhaften Umständen an sich gebracht hatte. Bald änderte sich indes die Situation. Urteile des Königsgerichts bei Güterstreitigkeiten fielen immer häufiger zu Gunsten Margaretes aus. Ein wichtiger Fortschritt war das Zugeständnis des dänischen Adels, auf den Kauf von der Krone steuerpflichtigem Bauernland während der Unmündigkeit Olafs zu verzichten. Nach 1380 begann Margarete zudem durch Güterkauf und -tausch, der sich mit den Jahren ausweitete, den Besitz der Krone zu mehren. Ein Markstein in dieser Entwicklung sind die auf Betreiben Margaretes 1396 angenommenen Verordnungen anläßlich der Königswahlen in Dänemark und Schweden.[72] Allgemein weisen sie einen weiteren erheblichen Machtzuwachs für Margarete und die Krone im Innern der Reiche aus. In Eigentumsfragen legten sie fest, daß Land, welches in Dänemark seit 1368, in Schweden seit 1363 in Adelsbesitz gekommen und damit den königlichen Steuern entzogen worden war, wiederum der Krone steuerpflichtig werden sollte. Die Bestimmungen bildeten die Grundlage für eine umfangreiche Reduktion zu Gunsten der Krone in den folgenden Jahren. Der Adel mußte sich verpflichten, in Dänemark zur Zeit der Unmündigkeit Erichs und in Schweden zu Margaretes und Erichs Lebzeiten kein königliches Steuerland zu erwerben. Die Art der Königin, jede Gelegenheit zu nutzen, um den Besitz der Krone zu mehren, trug ihr nicht nur Zustimmung ein, am wenigsten bei den Betroffenen. In Adelskreisen erinnerte man sich noch nach Jahrzehnten, daß es Margaretes Angewohnheit gewesen sei, beim Tode königlicher Lehnsträger rücksichtslos deren Eigentum einzuziehen, wobei sie den schuldigen Dank habe vermissen lassen. Auch beim Güterhandel mit Witwen heiligte der Zweck offensichtlich für Margarete die Mittel.[73]

Die finanzielle Situation der Krone verbesserte sich insbesondere nach der Rückgabe der Sundschlösser an Dänemark, durch den sich konsolidierenden Grundbesitz und das durch die Reduktion wachsende Steueraufkommen und erlaubte es Margarete im letzten Drittel ihrer Regierung, größere Summen für außenpolitische Transaktionen und für kirchliche Zwecke bereitzustellen.[74]

Finanzpolitisch arbeitete Margarete sehr eng mit der Kirche, vor allem mit dem Roskilder Bischof Peder Jensen Lodehat zusammen, der seit 1395 ihr enger Vertrauter war, wie sie überhaupt bemüht war, die Geistlichkeit durch bedeutende Zuwendungen in Form von Kleinodien, Gütern und Geldsummen für sich zu gewinnen.[75] Diese Großzügigkeit war u.a. Bestandteil ihres innenpolitischen Kalküls. Dies zeigen Bedingungen, die an einige Besitzübertragungen geknüpft wurden. Bei der schwedischen Geistlichkeit zeitigten die großen finanziellen Aufwendungen jedoch nicht den gewünschten Effekt. Sie beklagte vielmehr wiederholt Übergriffe durch Margaretes Vögte.[76] Insbesondere erregte Margaretes, von ihrem Vater übernommene

Methode, durch enge Beziehungen zur Kurie ihre ganz persönlichen Kandidaten auf die Bischofsstühle zu plazieren, Anstoß.

Auch im weltlichen Bereich widmete Margarete der Personalpolitik große Aufmerksamkeit. Sie nahm Einfluß auf die Zusammensetzung der Reichsräte. Im Mittelpunkt standen dabei die königlichen Schloßlehen, Eckpfeiler der politischen Macht der Krone. Das Margarete dabei Personen ihres Vertrauens wählte, die nicht immer Einheimische waren, weckte wiederum vor allem in Schweden Unzufriedenheit. Für Dänemark zeigte die Aussage Detmars für das Jahr 1386[77] deutlich genug, wie es Margarete gelang, ihren Einfluß auf diese Schlüsselpositionen königlicher Verwaltung und Macht zu erhöhen. Den innenpolitischen Spielraum der Krone erweiterte die Königin auch, indem sie die höchsten Reichsämter, nachdem diese verwaist waren, nicht wieder besetzte. 1396 war bei der Wahl Erichs in Dänemark und Schweden von einer königlichen Handfeste keine Rede mehr. Statt dessen wurden auf Margaretes Veranlassung Verordnungen angenommen, die der klarste Ausdruck für die große Autorität der Krone sind. Dem Adel wurde sogar das Recht auf eigene Befestigungen beschnitten. Margarete hatte es verstanden, der Königsmacht eine Stärke gegenüber dem Adel zu verleihen, wie es sie im Norden im 14. Jahrhundet noch nie gegeben hatte.

Konsequent trat sie für die Friedenswahrung in ihren Reichen ein. Von deren Erfolg mußte das Gedeihen der Länder maßgeblich abhängen. Mit Hilfe der Gerichte, vor allem des Königsgerichtes, bemühte sich Margarete gemeinsam mit dem Reichsrat bereits in ihren ersten Regierungsjahren, die Rechtssicherheit, die in jener Zeit stark gefährdet war, zu erhöhen. 1377 erließ die dänische Reichsversammlung, der Danehof, in Nyborg einen allgemeinen Landfrieden.[78] Auch die Verordnungen von 1396 waren von dem Gedanken durchdrungen, die Sicherheit in den Ländern zu stärken. So sollte besser Kirchen-, Frauen-, Haus-, Hof-, Pflug- und Dingfrieden gehalten werden. Der spezielle Ausdruck »Frauenfrieden«, einmalig in der dänischen Reichsgesetzgebung des Mittelalters, dürfte auf einen Punkt verweisen, der Margarete als Frau besonders am Herzen lag. In einem testamentarischen Charakter tragenden Donationsbrief von 1411 schenkte sie zudem eine bestimmte Summe für Frauen, die während des Krieges entehrt und erniedrigt wurden.[79] Dies sind die einzigen überlieferten geschlechtsspezifischen Züge ihrer Handlungen.

Gegen Ende ihrer Regierungszeit herrschte in ihren Ländern eine Rechtssicherheit, wie man sie seit Generationen nicht mehr kannte. Der Bischof von Skara urteilte 1414: »Sie wollte allen zu gleichem Recht verhelfen, die Gerechtigkeit stärken und alles Unrecht unterdrücken, was ihr Gott lohne.«[80] Auch in Lübeck vermerkte man zu ihrem Tod, daß Margarete der Ruf anhängt, »daß sie ihre Reiche in Frieden und Weisheit regierte«.[81] Die Freude über die innere Ruhe war bei ihren Untertanen besonders in Schweden jedoch durch die harten königlichen Forderungen getrübt, die durch die Selbstherrlichkeit der Vögte offenbar noch gesteigert wurden. 1403 bat Margarete in einem Brief an das Erzbistum Uppsala selbst um Vergebung für ihre und ihrer Vögte »Selbstherrlichkeit, Gier und Eigenwille« in Schweden.[82] Die zeitgenössischen schwedischen Urteile über Margarete sind zumeist negativ. Obwohl zum Teil überzogen, spiegeln sie eine gewisse Stimmung im Reich wider. Ein Birgittinermönch äußerte: »Albrecht legte hohe Steuern auf, aber Margarete härtere, und was er hinterließ, das nahm sie, des Bauern Pferde, Ochsen und Kühe, kurz gesagt all sein Eigentum.«[83] Das Urteil eines Jahrbuches, wenige Jahre nach Margaretes Tod abgegeben, ist sogar noch härter: »Sie war sehr geizig, mit unglaublicher List machte sie sich alle drei Reiche untertan, die sie fast auf ein Nichts herunterbrachte und niemand konnte ihrer Schläue widerstehen.«[84] Selbst ein Mönch im Kloster Vadstena, welches von Margarete begünstigt wurde, vermerkte zu ihrem Tod hintergründig: »Sie war in ihrem Leben, was das Weltliche betrifft, sehr glücklich.«[85] Er hatte dabei wohl vor allem den Zuwachs an Reichtum und Macht für die Königin vor Augen.

Rückschlüsse auf die Persönlichkeit Margaretes und ihre Herrschaftsweise lassen die Dokumente über ihre politischen Handlungen nur indirekt und beschränkt zu. Um so erfreulicher ist es, daß eine an Erich von Pommern gerichtete Instruktion Margaretes für dessen Reise nach Norwegen 1405 und die dort zu tätigenden Regierungsgeschäfte durch Zufall überliefert ist.[86] Sie war höchst vertraulich und nur zu Erichs persönlicher Verwendung bestimmt und daher in ihren Anweisungen sehr offen. Margarete zeigte sich über die norwegischen Verhältnisse bestens informiert und gab klare Hinweise, um ihrem Kandidaten den zu besetzenden Kanzlerposten zu sichern. Erich wurde ermahnt, stets mit Hilfe seiner Beamten für Frieden zu wirken, sich überall huldigen zu lassen und im Gegenzug Frieden und Recht zuzusichern, das Archiv unter seine persönliche Kontrolle zu nehmen, eventuell Geschenke wohlwollend entgegenzunehmen, um den anderen nicht zu kränken, sich gegenüber jedermann wohlwollend und zuvorkommend zu betragen und nichts im Zorn zu äußern sowie sich zu keinen bindenden Zusagen verleiten zu lassen, sondern vielmehr ausweichend zu antworten. Würde er dennoch zu sehr bedrängt werden, sollte er höchstens minder bindende Papierbriefe mit rückwärtigem Siegel, auf keinen Fall jedoch Pergamentbriefe mit hängendem Siegel ausstellen. Ganz deutlich tritt aus diesen Anweisungen Margaretes eigene politische Vorgehensweise hervor, mit der sie ihre großen Erfolge errang. So liegen z. B. so gut wie keine mit hängendem Siegel bestätigten Pergamentbriefe der Königin vor, die ihre königliche Mündigkeit hätten einschränken können.[87]

Auch auf Margaretes Charaktereigenschaften gibt die Instruktion von 1405 Hinweise. Nicht zu übersehen sind Intelligenz und herausragendes diplomatisches Geschick. Darüber waren sich auch die Zeitgenossen Margaretes einig, egal ob sie es nun Klugheit oder List nannten. Ihr wohlwollendes, zuvorkommendes und beherrschtes Verhalten und ihre ausgezeichnete Menschenkenntnis kamen ihr bei Verhandlungen zustatten und erschwerten es ihrem Gegenüber, sie richtig einzuschätzen. Sie verstand es, harten politischen Druck in den äußeren Mantel der Freundlichkeit zu kleiden und die kleinsten gegensätzlichen Interessen in ihrer Umgebung meisterhaft gegeneinander auszuspielen, um ihre eigene Position zu stärken. Sie war so flexibel, Ziele, die zu einem gewissen Zeitpunkt nicht zu erreichen waren, auszusetzen bzw. Umwege einzuschlagen, ohne sie jedoch aus den Augen zu verlieren, um bei der ersten sich bietenden Gelegenheit mit Konsequenz und gegebenenfalls auch Härte diese doch noch zu realisieren. Dabei hatte sie einen ausgeprägten Sinn für das Machbare. Die Macht der Krone gegenüber dem Adel, mit dem ihre Vorgänger und ihre Nachfolger, egal ob in Dänemark oder in Schweden, so große Probleme hatten, so hoch gehoben und die drei Reiche zusammengeführt zu haben, ohne mit ihm in größere Konflikte zu geraten, das ist, begünstigende Umstände in Rechnung gestellt, zweifellos auch ein Ergebnis der persönlichen Fähigkeiten Margaretes. Dabei kam ihr sehr zustatten, daß sie mit Henning Putbus und Peder Jensen Lodehat sehr schnell enge und zuverlässige Vertraute gefunden hatte. Die Ehre, selbst die entscheidende Persönlichkeit in der Politik der nordischen Reiche seit den 80er Jahren gewesen zu sein, kann ihr jedoch keiner absprechen.[88]

Margaretes Bestreben, Güterbesitz der Krone unbedingt zu erweitern, ließ sie offenbar auch zu zweifelhaften Methoden greifen und trug ihr den somit nicht völlig aus der Luft gegriffenen Vorwurf der Gier und des Geizes ein. Gegenüber der Kirche und gegenüber den Armen zeigte sie sich jedoch überdurchschnittlich großzügig.

Die Macht, die sie ausübte, und das politische Ziel, das sie anstrebte, verschafften ihr offenbar auch persönliche Zufriedenheit. Möglichkeiten, sich aus der aktiven Politik zurückzuziehen hatte es mehrere gegeben. Andererseits neigte sie nicht dazu, ihre Machtfülle vordergründig zu präsentieren. Eher legte sie ein bescheidenes und zuweilen sogar demütiges Verhalten an den Tag. Auch wenn die Wirkung sicherlich berechnet war, stellt sich die Frage: Wo findet sich schon ein mittelalterlicher Herrscher mit einer solchen Machtfülle, der sich öffentlich selbst vor seinen Untertanen der Selbstherrlichkeit und der Gier bezichtigt?[89] Auf ein betont demütiges Verhalten weisen auch die Umstände, unter denen sich Margarete als Schwester im Kloster Vadstena aufnehmen ließ.[90] Hier dürften sich der gewollte Effekt mit der religiösen Einstellung der Königin getroffen haben. Wenn auch ihr Verhältnis zur Kirche nicht frei von politischen Erwägungen war, so gibt es doch keinerlei Grund, ihr eine echte, tiefe Religiosität abzusprechen. Zu zahlreich sind die Zeugnisse, die eine Verehrung der heiligen Jungfrau, die Förderung von Kirchen und Klöstern und die Beachtung religiöser Pflichten belegen. 1411 bestimmte die Königin, daß von einer von ihr gestifteten großen Summe Geldes Arme sowie durch den Krieg verarmte Jungfrauen, Frauen und Männer jenseits (d.h. östlich – G.W.) des Öresundes ernährt werden sollten. Eine weitere Summe war für im Krieg erniedrigte Frauen sowie zum Gebet für die Seelen der im Krieg Gefallenen – egal ob Freund oder Feind – bestimmt.[91] Margarete hatte also durchaus die Nöte im Blick, die die Auseinandersetzungen mit den Mecklenburgern in Schweden für die Bevölkerung mit sich brachten. Die Bestimmungen offenbaren sehr menschliche und sympathische Züge ihres Charakters, die sonst nie hinter ihrem berechnenden Wesen hervortreten.

Bis zu ihrem Tode war Margaretes Leben von Tatkraft und Aktivität bestimmt. Als sie am 28. Oktober 1412 nicht ganz sechzigjährig im Flensburger Hafen an Bord ihres Schiffes starb, geschah das völlig unerwartet. Vermutlich war sie Opfer einer Pestepidemie. Ihre Leiche wurde zunächst im Kloster Sorö beigesetzt, später jedoch in die Roskilder Domkirche überführt. Erich von Pommern ließ Margarete am 4. Juli 1413 durch ein großartiges Kirchenfest ehren und gab ein prächtiges Marmorgrabmal in Auftrag. Es kann noch heute in Roskilde besichtigt werden und erinnert an die berühmte »Königin der Reiche Dänemark, Schweden und Norwegen«[92], ein Titel, den sie so selbst nicht führte, der jedoch das Ansehen widerspiegelt, welches sie in ihrer Umgebung genoß.

Anmerkungen

1 Detmar in: Die Chroniken der deutschen Städte 19, Lübeck 1, Leipzig 1884, S. 589.

2 Vgl. K. Erslev, Dronning Margarethe og Kalmarunionens grundläggelse, Kopenhagen 1882, S. 46; H. Koht, Dronning Margareta og Kalmar-Unionen, Oslo 1956, S. 8f.

3 Chronica Sialandie, in: Annales Danici medii aevi, hrsg. von E. Jörgensen, Kopenhagen 1920, S. 176 oder in: Danmarks middelalderlige annaler, hrsg. von E. Kroman, Kopenhagen 1980, S. 128.

4 Zur politischen Entwicklung Schwedens zur Zeit Margaretes siehe: S. Tunberg, Sveriges historia till våra dagar 2: Äldre medeltiden, Stockholm 1926; G. Carlsson, Sveriges historia till våra dagar 3,1: Senare medeltiden, Stockholm 1941; Den svenska historien 2: Medeltid 1319–1520, Stockholm 1966; J. Rosén, Svensk historia 1: Tiden före 1718, Stockholm 1962.

5 Chronica Sialandie, S. 185.

6 Vgl. D. Schäfer, Die Hansestädte und König Waldemar von Dänemark, Jena 1879, S. 327f.

7 Vgl. A. E. Christensen, Kalmarunionen og nordisk politik 1319–1439, Kopenhagen 1980, S. 80f.

8 Erslev, Dronning Margarethe, S. 46; C. Grimberg, Svenska folkets underbara öden 1, Stockholm 1959, S. 494; Koht, Dronning Margareta, S. 10; Ders., Margareta, in: Norsk biografisk leksikon 9, Oslo 1940, S. 71; E. Kjersgaard, Danmarks historie 4: Borgerkrig og Kalmarunion 1241–1448, Kopenhagen 1963, S. 370f; A. E. Christensen, Margrete I, in: Dansk biografisk leksikon 9, Kopenhagen 1981, S. 414; E. Lönnroth, Margareta, in: Svenskt biografiskt lexikon 25, Stockholm 1985–87, S. 136.

9 Scriptores rerum Svecicarum medii aevi 3,2, hrsg. von C. Annerstedt, Uppsala 1876, S. 210f.

10 Koht, Dronning Margareta, S. 11; V. Moberg, Min svenska historia 1, Stockholm 1971, S. 299.

11 Diplomatarium Norvegicum 1, hrsg. von C. C. Lange, C. R. Unger, Christiania 1847, Nr. 409; vgl. V. Etting, Margrete den Förste, Kopenhagen 1986, S. 15–18; R. Marmöy, Vårt folks historie 4: Gjennom bölgedalen, Oslo 1963, S. 9 und 11.

12 Vgl. E. Daenell, Die Blütezeit der deutschen Hanse 1, Berlin 1906, S. 41; Die Recesse

und andere Akten der Hansetage (im folgenden: HR) II, Leipzig 1872, Nr. 5–7.

13 Sverges traktater med främmande magter 2, hrsg. von O. S. Rydberg, Stockholm 1883, Nr. 399.

14 Vgl. Erslev, Dronning Margarethe, S. 49; Koht, Dronning Margareta, S. 13; Etting, Margrete den Förste, S. 18.

15 Diplomatarium Danicum III. Reihe 9 (im folgenden: DD III,9), Kopenhagen 1982, Nr. 131 oder: Mecklenburgisches Urkundenbuch (im folgenden: MUB) XVIII, Schwerin 1892, Nr. 10229.

16 DD III,9, Nr. 531; DD IV,1, Nr. 6–9 oder MUB XVIII, Nr. 10792; MUB XIX, Nr. 10839.

17 DD III,9, Nr. 532.

18 DD III,9, Nr. 541 und 546. Der Drost war in Dänemark nach dem König die einflußreichste Person im Reiche und stand an der Spitze des dänischen Hochadels. In Abwesenheit oder bei Unmündigkeit des Königs führte er als Reichsverweser die Reichspolitik. Vgl. zum Reichsamt des Drosten: Kulturhistorisk leksikon for nordisk middelalder 3, Kopenhagen 1958, Sp. 338–348.

19 DD III,9, Nr. 532 und 541.

20 DD III,9, Nr. 546.

21 HR II, S. 119–121.

22 DD IV,1, Nr. 18.

23 HR III, Nr. 81.

24 DD IV,1, Nr. 40.

25 Vgl. Erslev, Dronning Margarethe, S. 62; Ders., Danmarks rigets historie 2: Den senere middelalder, Kopenhagen 1898–1905, S. 361. Ohne die Rolle des Reichsrates zu unterschätzen, wird Margarete allgemein in der Literatur eine nicht unbedeutende Rolle beim Zustandekommen der Wahl ihres Sohnes Olaf zugesprochen. Vgl. J. Olrik in: Det danske folks historie 3: Det danske folk i den yngre middelalder, Kopenhagen 1928, S. 44; C. Joys, Vårt folks historie 3: Fra storhetstid til unionstid, Oslo 1963, S. 365; Koht, Dronning Margareta, S. 35 f.; Christensen, Kalmarunionen, S. 100–103. Lediglich als Instrument des dänischen Reichsrates sieht sie hingegen ohne eine nähere Begründung: E. Arup, Danmarks historie 2: Ständerne i herrevälde, Kopenhagen 1932, S. 154 f.

26 HR II, Nr. 134–136. 1376 entfiel das im Vertrag von 1370 verankerte Recht der Hansestädte, an der nächsten dänischen Königswahl teilzunehmen.

27 HR II, Nr. 124.

28 K. Hörby in: Danmarks historie 2,1: Tiden 1340–1559, Kopenhagen 1980, S. 56.

29 DD IV,1, Nr. 83 oder MUB XIX, Nr. 10927.

30 HR I, Nr. 524; HR II, Nr. 135.

31 Zum Verhältnis Margaretes zu den Hansestädten siehe neben den angeführten Überblicksdarstellungen der mittelalterlichen Geschichte Dänemarks auch Daenell, Die Blütezeit der deutschen Hanse, S. 108–157.

32 HR II, Nr. 240 § 2.

33 HR II, Nr. 239.

34 HR II, Nr. 240 § 11.

[35] HR II, Nr. 293.
[36] HR II, Nr. 298.
[37] HR III, Nr. 189–191 oder DD IV,2, Nr. 579–581.
[38] HR II, Nr. 308.
[39] HR III, Nr. 190 oder DD IV,2, Nr. 580.
[40] Vgl. Erslev, Dronning Margarethe, S. 129–132; M. Linton, Drottning Margareta fullmäktig fru och rätt husbonde, Studia historica Gothoburgensia 12, Århus 1971, S. 157–162.
[41] Chronicon Holzatiae auctore Presbytero Bremensi, in: Quellensammlung der Schleswig-Holstein-Lauenburgischen Gesellschaft für vaterländische Geschichte 1, hrsg. von J. M. Lappenberg, Kiel 1862, S. 95.
[42] Detmar, S. 590.
[43] Ebenda. Die Schilderung der einstmaligen Armut der Königin bei Detmar erscheint nicht übertrieben und wird durch Margaretes Brief an ihren Mann Haakon von der Burg Allershus gestützt (vgl. S. 113 f mit Anmerkung 11)
[44] Tunberg, Sveriges historia, S. 319; Erslev, Dronning Margarethe, S. 149; Danmarks historie 2,1, S. 57.
[45] Etting, Margrete den Förste, S. 110f.
[46] Koht, Dronning Margareta, S. 9; Christensen, Kalmarunionen, S. 110–113.
[47] Sverges traktater 2, S. 639–645.
[48] Ebenda, S. 645–647. Vgl. Christensen, Kalmarunionen, S. 113–116.
[49] Sverges traktater 2, S. 647–650.
[50] Ebenda, Nr. 411a-d und 412. Vgl. Christensen, Kalmarunionen, S. 116–118 und 279 Anm. 7.3 und 7.4.
[51] Vgl. Erslev, Dronning Margarethe, S. 159f; Tunberg, Sveriges historia, S. 322; A. Schück in: Sveriges historia genom tiderna 1, S. 354. Eine abweichende Interpretation des Dalaborgabkommens bei: Koht, Dronning Margareta, S. 67f.; Christensen, Kalmarunionen, S. 118f.
[52] Vgl. Linton, Drottning Margareta, S. 171f.; Christensen, Kalmarunionen, S. 279f.
[53] Vgl. Detmar in: Die Chroniken der deutschen Städte 26,2, Leipzig 1899, S. 25f.; Erslev, Dronning Margarethe, S. 163–165 und 168f.
[54] Annales Scanici in: Annales Danici, S. 191.
[55] Vgl. Erslev, Dronning Margarethe, S. 167f.
[56] Detmar in: Die Chroniken der deutschen Städte 26,2, S. 26.
[57] HR IV, S. 254–274; Sverges traktater 2, Nr. 422.
[58] HR IV, S. 446–456.
[59] Erste Fortsetzung der Detmar-Chronik, in: Chroniken der deutschen Städte 26,2, S. 105.
[60] Sverges traktater 2, Nr. 437.
[61] Ebenda, Nr. 436.
[62] Vgl. Erslev, Dronning Margarethe, S. 390–403; Etting, Margrete den Förste, S. 123–125.
[63] Sverges traktater 2, S. 650–654; Vgl. Christensen, Kalmarunionen, S. 122–124.
[64] Den danske rigslovgivning, hrsg. von E. Kroman, Kopenhagen 1971, Nr. 35 und 36.

65 Vgl. Christensen, Kalmarunionen, S. 132.
66 Erslev, Dronning Margarethe, S. 199.
67 Sverges traktater 2, Nr. 423 und S. 563–567.
68 Vgl. Christensen, Kalmarunionen, S. 131–171; Hörby in: Danmarks historie 2,1, S. 126–131.
69 Christensen, Kalmarunionen, S. 148 f.
70 J. Peters, Die alten Schweden, Berlin 1981, S. 43.
71 DD IV,1, Nr. 40.
72 Dänemark: Den danske rigslovgivning Nr. 35 und 36; Schweden: Sverges traktater 2, S. 655–664.
73 Vgl. Erslev, Dronning Margarethe, S. 323–325.
74 Linton, Drottning Margareta, S. 321 f.
75 Vgl. ebenda, S. 129–156, Etting, Margrete den Förste, S. 97–101.
76 Vgl. Erslev, Dronning Margarethe, S. 329–344.
77 Vgl. Anm. 43.
78 DD IV,1, Nr. 257.
79 Vgl. Etting, Margrete den Förste, S. 68 zu 1396 und S. 100 zu 1411.
80 Diplomatarium Norvegicum X, Christiania 1878, Nr. 124.
81 Zweite Fortsetzung der Detmar-Chronik, in: Chroniken der deutschen Städte 26,2, S. 160.
82 Vgl. Peters, Die alten Schweden, S. 42; Waldén in: Sveriges historia genom tiderna 1, S. 386.
83 Scriptores rerum Svecicarum medii aevi III, S. 20.
84 Scriptores rerum Danicarum I, hrsg. von J. Langebek, Kopenhagen 1772, S. 398.
85 Scriptores rerum Svecicarum medii aevi I, hrsg. von E. M. Fant, Uppsala 1818, S. 132.
86 Diplomatarium Norvegicum XI, Nr. 110; vgl. Linton, Drottning Margareta, S. 286–301; Etting, Margrete den Förste, S. 118–121.
87 Vgl. Linton, Drottning Margareta, S. 325.
88 Vgl. Erslev, Dronning Margarethe, S. 412; Etting, Margrete den Förste, S. 202.
89 Vgl. Anm. 83.
90 Vadstenadagbogen in: Scriptores rerum Svecicarum medii aevi I, S. 116f.; vgl. Erslev, Dronning Margarethe, S. 421.
91 Vgl. Erslev, Dronning Margarethe, S. 430f.; Etting, Margrete den Förste, S. 100.
92 Inschrift am Sarkophag in der Roskilder Domkirche. Vgl. Erslev, Dronning Margarethe, S. 433.

Grethe Jacobsen

Kirstine Buddes, Else Vessels und eine unbekannte Sattlerwitwe – dänische Städtebürgerinnen im 15/16. Jahrhundert

Im Jahre 1487 diktierte eine Sattlerwitwe den folgenden Brief an den Dänenkönig: *»Ich bitte Euch recht innig, gnädiger Herr, mir 30 Mark zu leihen, damit ich Leder und anderes mehr für die Arbeit, die Ihr mir in Auftrag gabt, kaufen kann. Viele Sättel müssen ausgebessert werden, und der Stallmeister hat einen neuen Sattel bestellt. Den Pferden meiner gnädigen Frau sind vier neue Halskränze angefertigt worden, und Euer Stallmeister hat von zwei zusätzlichen Halskrausen gesprochen. Ich werde schon das Geld zurückzahlen, falls Ihr mir jetzt helft. Ich habe bei braven Leuten geborgt und verpfändet, denen möchte ich zurückzahlen, und ich möchte mit der Erlaubnis Eurer Gnaden nach Deutschland reisen, um zu erfahren, ob ich dort einen guten Gesellen bekommen kann, einen, der allerlei Arbeiten ausführen kann, und gestattet mir die Bitte, gnädiger Herr, daß ihr auf meine Armut sehen und mich den Vorteil genießen lassen wollt, daß mein armer Ehemann Euer Diener war, so daß Ihr mir fünf Ellen Tuch von der guten Sorte geben laßt, um Gottes willen, ich bitte Euer Gnaden, mir diese Bitte zu erfüllen.«* [1]

Die Bittschrift ist nicht unterschrieben, und da das Rechnungsbuch von 1487, in dem sie gefunden wurde, keine Auskunft darüber gibt, ob man einer Sattlerwitwe eine Anleihe von 30 Mark und etwas Tuch gegeben hat,[2] können wir die Absenderin nicht namhaft machen. Dagegen darf man folgern, daß sie die Witwe eines Sattlers war, der zu seinen Kunden das Regentenpaar zählte, ferner, daß sie beabsichtigte, seine Werkstatt weiterzuführen, und daß sie sich selbst darüber im Klaren war, vor welchen Problemen sie stand und wie sie dieselben lösen konnte.

Kurze Zeit vorher – im Jahre 1482 – schrieb eine andere Witwe, Kirstine Lasse Buddes, ihr Testament.[3] Ihr Ehemann war Mitglied des

Stadtrates und Bürgermeister von Lund. Sie hatten gemeinsam vier Kinder, die noch am Leben waren: zwei Töchter und zwei Söhne, von denen der eine den geistlichen Stand gewählt hatte und jetzt am Dom zu Lund tätig war. Kirstine war eine wohlhabende Frau, die Verwandten und Freunden Schmuck, Gürtel, Mäntel, Röcke, Hausgerät und Mobiliar sowie Kirchen, Klöstern, Kranken und Armen Geld oder Silber verschenken konnte. Sie verfügte außerdem über einen Hof in der Stadt. Diesen stiftete sie dem Dom, sorgte aber dafür, daß die ledige Tochter wohnen bleiben konnte, und zwar solange, wie sie wollte. Das Testament zeigt deutlich: Wichtig waren ihr die Zukunft ihrer unverheirateten Tochter und ihr Seelenheil. Ihr Witwenleben kümmerte sie dagegen nicht. Und sie hatte auch Lösungen für ihre Probleme, wie das die Verfügungen ihres Testaments bezeugen.

Sowohl in der Bittschrift als auch im Testament begegnen wir Frauen, die sich bemühen, ihr Leben auf Erden aktiv zu gestalten und für das Jenseits Vorsorge zu treffen. Sie sind gute Vertreterinnen ihrer Mitschwestern in der dänischen Stadtgesellschaft des Spätmittelalters.

Wie die meisten Länder im spätmittelalterlichen Europa war Dänemark ein Agrarland. Der größte Teil der Bevölkerung wohnte und arbeitete auf dem Lande, die Städte waren aber in schnellem Wachstum begriffen. Die meisten dänischen Städte blieben mit ein paar hundert Einwohnern sehr klein – wie auch sonst in Europa – während einige von den größeren etwa 5000 Einwohner zählten. Noch größer war um 1500 die Hauptstadt Kopenhagen mit etwa 10000.[4] Der königliche Hof hielt sich oft auf dem Kopenhagener Schloß auf, und da die Stadt viele Handwerker hatte, könnte die Sattlerwitwe der Bittschrift in dieser Stadt gewohnt haben. Eine andere Möglichkeit ist Odense, das ebenfalls ein bevorzugter Aufenthaltsort des Königs und der Königin war. Auch hier erhielten die ansässigen Handwerker häufig Aufträge für den Herrscher und dessen Hof.[5]

Die führende Schicht in der städtischen Gesellschaft waren die Kaufleute, die das Monopol für die Ämter des Bürgermeisters und die Mitglieder des Stadtrates besaßen.[6] Obwohl Kirstines Mann in den Urkunden nur als Mitglied des Stadtrates auftritt, können wir also davon ausgehen, daß er als Kaufmann sein Geld verdient hat. Frauen konnten nicht Mitglieder des Stadtrates werden. Dazu war der rechtliche Status des weltlichen, freien, volljährigen und waffentragenden Mannes erforderlich, und ungeachtet ihrer sozialen und wirtschaftlichen Verhältnisse waren alle Frauen per definitionem der Möglichkeit beraubt, diesen Status zu erreichen. Das bedeutete auch, daß Frauen bei der Gesetzgebung für die städtische Gesellschaft nicht mitwirken konnten, da diese dem Stadtrat unter Mitwirkung des Stadtherren – oftmals des Königs – vorbehalten war.[7] Jedoch hatten die Frauen die Möglichkeit, dem Rat in Zweifelsfällen zu helfen – falls sie darum gebeten wurden. Dafür gibt es aus dem 16. Jahrhundert ein Beispiel: Im Jahre 1561 befahl der König, daß der Luxus eingeschränkt werden sollte, u. a. durch die Begrenzung der Anzahl und des Umfanges von Festen, da dieselben das Reich verarmen ließen. Es wurde den Stadträten die Aufgabe gestellt, detaillierte Regeln zu erlassen, und als es zu Taufschmäusen kam, an denen nur Frauen teilnahmen, ließ der Stadtrat zu Ripen »die vornehmsten Dannefrauen« der Stadt kommen (wahrscheinlich ihre eigenen Frauen und Töchter) um festzustellen, wie viele Frauen normalerweise an einem solchen Fest teilnahmen.[8] Es gibt mehrere Luxusverfügungen aus dem Spätmittelalter mit Vorschriften darüber, wie viele Gäste man einladen durfte und wie viel Essen man bei Hochzeitsfesten und Taufschmäusen auftragen durfte, und Kirstine und die Frauen anderer Stadtratsmitglieder können mit Rat und Tat ihren gesetzgebenden Ehemännern beigestanden haben. Hinweise darauf, daß man im Zusammenhang mit dem Erlaß von Vorschriften über den Handel und die handwerkliche Produktion die Frauen konsultiert hat, gibt es jedoch trotz deren Engagement und ihrer aktiven Beteiligung am städtischen Wirtschaftsleben als Ehefrauen, Witwen und Alleinstehende nicht.[9]

Die Sattlerwitwe wird man kaum ins Rathaus gerufen haben, um sie zu konsultieren. Sie kann dagegen einen gewissen Einfluß innerhalb der Zunft gehabt haben, wenn es in ihrer Stadt eine solche Organisation für Sattler gegeben hat. In Odense waren die Sattler Mitglieder der Zunft der Schmiede, in Kopenhagen gehörten sie der Zunft der Riemenschneider und Beutelmacher an. Frauen konnten in Dänemark nicht selbständige Mitglieder der Zünfte werden. Ihr Zutritt zu der von der Zunft geregelten handwerklichen Produktion geschah über einen Mann, entweder den Vater oder den Ehemann. Als Töchter, Ehefrauen und Witwen spielten sie in den Zünften eine gewisse Rolle, ihre Entfaltungsmöglichkeiten wurden aber auf das beschränkt, was die Männer der Zunft für das andere Geschlecht als passend hielten. Mit anderen Worten: als Helferinnen.

Neben dem Handwerk war der Handel die andere tragende wirtschaftliche Tätigkeit in der Stadt, und auch er war zwischen den Geschlechtern aufgeteilt, wenn auch in geringerem Maße als die handwerkliche Produktion. Am Groß- oder Fernhandel nahmen die Frauen lediglich als mithelfende Ehefrauen teil, die sich um die Buchhaltung, um örtliche Geschäfte und kürzere Geschäftsreisen kümmerten. Dagegen waren Frauen im örtlichen und regionalen Handel auch selbständig tätig.[10]

Die untersten Schichten der Gesellschaft bestanden aus der großen Gruppe von ungelernten Arbeitern beiderlei Geschlechts, Dienstleuten, umherwandernden Gauklern, Kranken und Prostituierten. Sie schrieben keine Bittschriften und hatten kaum etwas zu verschenken. Auskünfte über sie finden sich hauptsächlich in den Verboten und den Aufträgen, die erlassen wurden, um sie unter Kontrolle zu halten, sie von dem ehrwürdigen Bürgertum auszusondern oder sie gar aus der städtischen Gesellschaft auszustoßen. Sie waren auch die Adressaten der Wohltätigkeit, wie das u. a. aus Kirstines Testament hervorgeht. Sie ordnete die Verteilung von Geld an arme Leute an und bestimmte weiter, daß zwei von denen auf ihre Kosten ein Bad mit Essen und Bier genießen sollten. Die Aussätzigen im St. Georgs-Spital bedachte sie mit einem Faß Bier und etwas Speck; die Lateinschüler erhielten zwei Faß Bier.[11]

In der Kunst des Spätmittelalters – vor allem den Wandmalereien und Altarbildern – werden auch die Armen dargestellt. Eine Bauarbeiterin begegnet auf einer Wandmalerei vom Anfang des 16. Jahrhunderts – ungelernte Arbeit stand seit alters her den Frauen offen. Motive mit Salomes Tanz an den Wänden der dänischen Kirchen spiegeln die zeitgenössische Auffassung der umherwandernden »losen« Frauen, die auftraten und für Brot tanzten.[12]

Durch Kleidung und Wohnort von den anständigen Bürgerinnen geschieden waren die Prostituierten. Eine von König Hans im Jahre 1496 erlassene Verordnung bestimmt, daß »die gemeinen Frauen und Huren kein besseres Tuch als deventerisches und keine bessere Leinwand als die zu einem »Skilling« die Elle haben sollten… und sie sollten auf dem Kopf eine Mütze tragen, die rotschwarz ist«.[13] Sein Nachfolger Christian II. verlangte im Jahre 1522, daß »gemeine lose Weiber« in bestimmten Vierteln der Städte wohnen sollten, und zwar nicht unter den braven, ehrlichen Leuten. Dafür durften sie aber gute

Kleidung und anderes mehr tragen, je nach ihren Mitteln, vorausgesetzt, daß sie keine Mäntel tragen, damit man sie von anderen »Dannefrauen und ehrlichen Leuten unterscheiden kann«. Man muß jedoch auch erwähnen, daß diese Verordnung die Todesstrafe über denjenigen verhängte, der einer Prostituierten »Schläge oder Wunden versetzte«.[14] Das könnte darauf deuten, daß dieselben früher außerhalb des gerichtlichen Schutzes standen. Das *Birkeret* (*Birk*: eigentlich Bezirk mit besonderer Rechtsprechung), das u. a. für die Städte in Schonen Geltung hatte, erwähnt das Haus der »Metzen« als ein gesetzloses Gebiet.[15] Mit dem Gesetz von 1522 genossen die Prostituierten jedenfalls eine Zeitlang einen gewissen Schutz seitens der Gerichte. Das Gesetz wurde allerdings schon im folgenden Jahr aufgehoben.

Die dänische städtische Gemeinschaft war wie anderswo in Europa eine in Schichten eingeteilte Gesellschaft. Allen Klassen gemeinsam war jedoch die Unterteilung in die beiden Geschlechter. Das Leben und die Möglichkeiten der Frauen wurden durch ihren Zivilstand und ihre Zugehörigkeit zur Familie bestimmt. Eine Erörterung der Lebensbedingungen unserer drei Bürgerinnen in Dänemark muß deshalb von ihrem Lebenszyklus und den Möglichkeiten ausgehen, die sie in den verschiedenen Phasen ihres Lebens hatten.

In Kirstine Buddes Testament begegnen wir einem kleinen Mädchen namens Dorotea Andriisdatter (datter = Tochter). Ihre Beziehung zu Kirstine wird nicht deutlich, Kirstine mochte sie aber und schenkte ihr »Alltagsgürtel, vier Paar Spangen und ein kleines Kopftuch«, das ihr die Brüder ihrer Mutter aufbewahren sollten. Sie ist entweder eine Waise oder hat nur noch einen Elternteil, da sie zur Wahrnehmung ihrer Vermögensinteressen Vormünder hat. Dorotea hat einen Bruder, Matthias, der einen silbernen Löffel mit lateinischer Inschrift bekommt, welche die letzten Worte Jesu am Kreuz: »consumatum est« wiedergibt.[16] Kirstine hat die Bedeutung dieser Worte gekannt, doch konnte sie sie kaum lesen, und Dorotea hatte nicht die Chance, Latein zu studieren, wohl aber die Möglichkeit, das Rechnen, Lesen und Schreiben der Volkssprache und der Zahlen zu erlernen. 1537 werden Schreibschulen in den Städten erwähnt, die im Gegensatz zu den Lateinschulen praktische Schulen sowohl für Jungen als auch für Mädchen waren, während die Lateinschulen Jungen vorbehalten blieben, die eine Karriere innerhalb der Kirche oder der Verwaltung anstrebten.[17]

Die übrigen in Kirstines Testament bedachten Frauen sind erwachsene Frauen, darunter die Haupterbin, die ledige Tochter Else. Kirstine wollte gern für den Fall Sorge tragen, daß sie unverheiratet bleiben würde. Zugleich lagen ihr aber die eigene Seele und die ihres verstorbenen Mannes am Herzen. Sie stiftete deshalb ihren Hof dem St. Laurentius-Dom zu Lund unter der Bedingung, daß die Geistlichen jedes Jahr für sie und ihren verstorbenen Mann zwei Seelenmessen lesen ließen. Kirstine behielt sich jedoch das Recht vor, Mitglieder der Familie auch weiterhin auf dem Hof wohnen zu lassen. Dafür sollte der Mieter der Kirche alljährlich drei Schonenmark für die Seelenmessen zahlen. Das Vorrecht, auf dem Hof zu wohnen – »falls sie hier in der Stadt wohnhaft bleibt« –, hat die Tochter Else. Da in ihrem Falle kein Ehemann oder Vormund erwähnt wird, können wir annehmen, daß sie eine erwachsene, unverheiratete Frau war. In der Gesetzgebung finden sich keine Angaben darüber, in welchem Alter eine Frau volljährig wurde, es fehlen sogar Bestimmungen darüber, daß unverheiratete Frauen überhaupt volljährig werden konnten. In der Praxis besaßen aber erwachsene Frauen eine gewisse Selbständigkeit. Diese könnte auch Else geniessen, wenn sie ledig bliebe. Gewisse Beschränkungen gab es hinsichtlich der Verfügungsgewalt über ihren Besitz. Für größere Geschäfte war ein Vormund nötig.[18] Den konnte die ledige Frau selbst wählen, »wenn sie wollte und solange sie wollte«.[19] Es handelte sich dabei um keinen Vormund im eigentlichen Sinne, sondern eher um einen juristischen Berater, der vor Gericht den rechtskräftigen Abschluß eines Geschäftes bestätigte. Die Möglichkeit der Wahl eines Vormunds, der sich ihren Verfügungen nicht hindernd in den Weg stellte, gab der Frau in der Praxis die weitgehend freie Verfügungsgewalt über ihren Besitz.

Else erhielt von der Mutter auch »meinen besten silbernen Gürtel, meinen besten Mantel, ein Hemd mit sechs vergoldeten Knöpfen, mein bestes Bett mit Aussteuer, zwei Tonnen Met, sechs Teile eines leinenen Vorhangs und mein silberbeschlagenes Messer«. Fünf Teile von dem Vorhang sind Margarethe, »ihrer Schwester« zu schenken. Das muß Kirstines zweite Tochter sein, und man kann sich darüber wundern, daß sie nicht mehr bekommt. Doch läßt sich dies damit erklären, daß Margarethe wahrscheinlich verheiratet war, möglicherweise mit dem Hemming, den Kirstine ihren »mow« nennt, was sowohl Schwager als auch Schwiegersohn bedeuten kann.

War die Tochter Margarethe verheiratet, so hat sie bei ihrer Hochzeit Besitz, Geld und Aussteuer geschenkt bekommen und dazu noch das väterliche Erbe erhalten. Als Lasse Budde starb, mußte Kirstine nach dem Erbrecht mit den Kindern teilen. Den beiden erwachsenen Söhnen und der verheirateten Tochter mußte die Mutter das ihnen zustehende Erbteil auszahlen, während sie dasjenige der unverheirateten Tochter behalten konnte.[20] Die beiden Söhne, Ostrid Budde und Herr Hans Budde, sind auch im Testament erwähnt, wo sie als Testamentsvollstrecker fungieren. Jeder von ihnen erhält außer einem Ring, von denen der eine der »Trauring« ist, also Geschenke mit Affektionswert sowohl für die Mutter als Erblasserin als auch für die Söhne, keine weiteren Geschenke. Außerdem verfügt Kirstine, daß Ostrid im Hof wohnen soll, wenn Else auszieht. Das Testament spiegelt also keine Begünstigung eines Kindes auf Kosten der anderen wider, sondern vielmehr das Bemühen, der unverheirateten Tochter ihren Anteil zu verschaffen und damit ein angenehmes und nicht zuletzt selbständiges Leben nach dem Tode der Mutter zu sichern.

Else brauchte ihren Lebensunterhalt nicht selbst zu verdienen. Das mußte dagegen die Tochter einer Sattlerwitwe oder eine andere unverheiratete Tochter aus dem Handwerkerstand. Diese Töchter erhielten nicht in der gleichen Weise wie ihre Brüder eine autorisierte Ausbildung. Viele haben sicher von ihren Vätern den Beruf erlernt. Die Schuhmacherzunft in Tondern erlaubte der verwitweten Tochter eines Schuhmachers, in das Handwerk wieder einzutreten, was voraussetzt, daß sie imstande war, Schuhe zu fertigen.[21] In den Rechnungen eines Klosters von 1481 wird erwähnt, daß einer Frau, Eline Gards, Geld ausgezahlt worden ist für eine Haut, »die sie angeblich mit Lohe gegerbt hat«. Eline beherrschte offenbar das Verarbeiten von Häuten für das Nähen von Schuhen – einen Teil des Schuhmacherhandwerks also.[22] Der wichtigste Teil der Heranbildung einer Handwerkstochter war aber der, den sie von ihrer Mutter bekam, nämlich Handwerkerfrau oder Hausfrau zu sein. Handwerker haben ihren Töchtern kaum Geld oder Mitgift geben können, so wie es Stadtratsmitgliedern möglich war. Sie konnten ihnen dagegen praktische Fertigkeiten beibringen, die den Töchtern auf vielen Gebieten zustatten kamen. Wenn die Eltern Mitglieder in einer Zunft waren, hatte eine junge Handwerkstochter auch einige Privilegien. Sie konnte in einigen Fällen ein Amt erben, d.h. einen Platz unter den Meistern im Handwerk. Sie konnte aber selbst diesen Platz nicht ausnutzen, sondern ihn lediglich als Mitgift in die Ehe mit einem Gesellen, der im Beruf ausgebildet war, einbringen, wenn Letzterer für würdig befunden wurde, Meister zu werden. Damit wurde sie Handwerksfrau im Fach der Eltern. Es war jedoch nicht immer möglich, innerhalb der Zunft zu heiraten. Man muß also schon damit rechnen, daß viele Handwerkertöchter die ihnen gegebenen Vorrechte nicht ausnutzen konnten.

Für die Töchter der Unterschichten der städtischen Gesellschaft beschränkten sich die Arbeitsmöglichkeiten auf ungelernte Arbeit. Eine naheliegende Stellung war die des Dienstmädchens entweder bis zur Heirat oder als lebenslange Anstellung. Kirstine erwähnt in ihrem Testament eine »Kirstine, die mir diente«, welche mit einem Tischtuch bedacht wird. Als im August 1490 der Roskilder Propst, Odde Hansen, sein Testament schrieb, bedachte er auch seine Magd Cecilie und »mein kleines Mädchen« Karine, die je eine Kuh erhielten.[23] Dienstmädchen hatten in den Häusern, in denen sie dienten, ihre Unterkunft und hatten auf diese Weise die Sicherheit eines gewissen Lebensstandards – im Gegensatz zu den ungelernten Frauen, die oft den größten Teil des Proletariats in den europäischen Städten ausmachten.[24] Die ältesten überlieferten Steuerlisten dänischer Städte aus den Jahren 1517 bis 1519 zeigen, daß in Malmö, der zweitgrößten Stadt Dänemarks im Spätmittelalter, die weiblichen Steuerzahler im Durchschnitt halb so viel zahlten wie die männlichen. Die meisten gehörten zu der Gruppe, die die niedrigsten Sätze entrichtete.[25]

Für die Frauen aus der Unterschicht der städtischen Gesellschaft war es auch möglich, sich in Beginengemeinschaften zusammenzuschließen. Diese Gemeinschaften gab es ungeachtet des Widerstands der weltlichen und geistlichen Behörden, wie in vielen anderen europäischen auch in dänischen Städten.[26] Sie führten die Sozialarbeiten aus, die auch die Hausfrauen für ihre Familie besorgten: sie kümmerten sich um Kranke, um Kinder und alte Leute, sie wuschen, putzten und nähten für diejenigen, die niemanden hatten, der dies hätte verrichten können. Allein oder in Gruppen gingen sie ihrem geistigen Leben nach, und dieses machte sie in den Augen der Behörden verdächtig, obwohl ein Geistlicher oder ein Bettelmönch oft einer Beginengesellschaft angeschlossen waren. Opportuner war für die Männer das von der Welt abgeschiedene und streng kontrollierte Klosterleben der Nonnen. Hätte Else, die Tochter eines Stadtratsmitgliedes, Lust zum

Klosterleben gehabt, so hätte sie sich mittels ihrer Erbschaft in einem der dänischen Nonnenklöster in Schonen niederlassen können, vielleicht im Kloster der Benediktinerinnen St. Peder und Maria in der Heimatstadt Lund. Ihre Mutter schenkte in ihrem Testament dem Kloster einen Löffel. Ein anderes beliebtes Kloster für die Töchter des bessergestellten Bürgertums war das Kloster St. Clara zu Roskilde.[27]

Kirstine hatte durch ihre testamentarischen Verfügungen dafür gesorgt, daß die ledige Tochter gut leben konnte. Sie hätte sich diesbezüglich aber keine Sorgen machen müssen, denn Else zog in die nahe Handelsstadt Malmö, wo sie das Mitglied des Rates, den Kaufmann Vessel Flotman heiratete. Elses Testament ist uns nicht überliefert, wir können also ein solches Bild von ihrem Umgangskreis nicht gewinnen, wie uns das das Testament ihrer Mutter bietet. Dafür erhalten wir andererseits aber einen besseren Einblick in ihr Leben als Frau eines Stadtratsmitgliedes und als Witwe.[28]

Elses Mann starb vor 1512. Sie selbst lebte aber noch im Jahre 1528, als sie und ihr Sohn wegen einer alten Schuld aus dem Jahre 1498 vorgeladen waren. 1529 wird Else Vessels Hof im vornehmen Viertel Malmös neben dem Hof Mikkel Vessels, ihres Sohnes, erwähnt. Sie und ihr Ehemann besaßen in Malmö mehrere Höfe, und Else war offenbar in der Stadt ziemlich bekannt. Aus allen Urkunden, in denen sie erwähnt wird, ist ersichtlich, daß sie dem wohlhabenden und einflußreichen Kreis der Mitglieder des Stadtrates angehörte. Sie behielt die Nutznießung eines Hofes in Lund, obwohl er im Besitz des Domes war – jedenfalls bis zur Reformation –, vermietete ihn und sorgte dafür, daß er instandgehalten wurde.

Als Ehefrauen von Mitgliedern des Stadtrates sind Kirstine und Else zweifellos gefragte Gäste bei Geburts- und Tauffesten und als Taufpatinnen gewesen. In Kirstines Testament wird dann auch ein Patenkind erwähnt, dem sie einen Ring vermachte.[29] Während sie in der Lage waren, ihren Besitz zu verwalten und sie vermutlich auch bei den kaufmännischen Geschäften ihrer Ehemänner mitgeholfen haben, war es ihnen jedoch verwehrt, an der Tätigkeit ihrer Männer als Mitglieder des Stadtrates teilzunehmen. In den Urkunden tritt Else als eine Frau auf, die es verstanden hat, die Möglichkeiten auszunutzen, die sie als Tochter und Ehefrau eines Stadtratsmitglieds hatte. Sozial und wirtschaftlich spielten sie und andere Frauen in ihrer Position eine wichtige Rolle, ohne offizielle Einwirkungsmöglichkeiten auf die Gesellschaft außerhalb des Hauses, auf die Produktion und den Vertrieb zu besitzen.

Dies war jedoch aller Wahrscheinlichkeit nach der Fall bei der Handwerkerehefrau, die in die Arbeit des Mannes direkt impliziert war und die deshalb auch in den Vorschriften der Zunftbriefe erwähnt wurde. Aus ihnen geht hervor, daß die Frau des Meisters ein unentbehrliches Glied in der handwerklichen Produktion war. Im Zunftbrief der Metzgerzunft in Schleswig von 1421 heißt es, daß »achte vmberuchtede bederue mans, gebaren also vorgeschreuen steyth echt und rechte, deszgelichen erhe bederue echte wiff, de scholen nhu meer nha dusseme dage in knakenkower ampt wesenn und dat ampth stedes holdenn«.[30] Der Metzgermeister und seine Frau bildeten den ökonomischen und sozialen Kern des Familienbetriebes, die Grundeinheit in der handwerklichen Produktion. Der Meister leitete die Herstellung der Produkte, überwachte die Arbeit der Gesellen und unterrichtete die Lehrlinge. Die Frau des Meisters sorgte für den Einkauf der Rohmaterialien und den Verkauf der Produkte. Sie war ferner für die Verpflegung und Betreuung der Gesellen, Lehrlinge, Dienstmädchen und Kinder zuständig.

Die Zunft legte großen Wert darauf, daß die Meister Frauen hatten, die der Zunft würdig waren. Heiratete ein Meister, so sollte er für seine Frau ein Aufnahmefest abhalten lassen. Nach dem Zunftbrief der Pelzerzunft von Odense sollte ein neuvermählter Meister für seine Ehefrau ein Fest abhalten wie für einen Lehrling und noch dazu der Zunft eine gute Trinkschüssel spenden.[31] Wurde ein Meister Witwer, »so soll er fleißig forschen und dafür sorgen, daß er um eine Fromme Jungfer oder Witwe wirbt, die des Berufes würdig ist«.[32]

Die Meisterin nahm an den Zunftfesten teil, wie sie sich auch an Beerdigungen, Messen und anderen kirchlichen Handlungen, die eines oder mehrere Mitglieder der Zunft betrafen, zu beteiligen hatte. Sie konnte vorladen und vor dem Gericht der Zunft vorgeladen werden, wenn sie in einen Streit mit einem anderen Zunftmitgliede geraten war.

Ihre wichtigste Aufgabe bestand aber darin, im eigenen Haus und unter den Knechten und Dienstmädchen sowie den Gesellen Zucht und Ordnung aufrecht zu erhalten, wenn der Mann abwesend war. Ein Zwischenfall aus dem Jahre 1538 macht die Konflikte deutlich, die in dem Haus eines Handwerkers entstehen konnten, in diesem Falle im Hause eines Schuhmachers. Es fing mit einem Streit zwischen dem

Dienstmädchen und dem einen Gesellen an. Bald wurde daraus jedoch eine größere Schlägerei: Eines Sonntags, als der Schuhmacher verreist war, und seine Frau Kirstine mit ihrem Bruder in die Kirche gegangen war, begannen sich der Geselle und das Dienstmädchen zu raufen, und das Mädchen trug ein blaues Auge davon. Als Kirstine von der Kirche zurückkam, beschwerte sich das Dienstmädchen bei ihr darüber, daß sie der Geselle geschlagen habe. Kirstine nahm den Gesellen ins Gebet und verbot ihm, ihre Dienstmädchen künftig zu schlagen. Der Geselle ging davon, kehrte aber – nachdem er etwas getrunken hatte – mit einem anderen Gesellen zurück und begann wieder, auf das Mädchen einzuschlagen. Kirstine trat dazwischen, wurde aber von dem aufgeregten Gesellen über den Haufen gerannt, der sie, das Dienstmädchen und den Bruder Kirstines aus dem Hause forttrieb, seinen Degen zog und sich im Hause verschanzte. Kirstine beschwerte sich darüber beim Bürgermeister, der mit den städtischen Gerichtsdiener zu Hilfe eilte. Doch erst nach einer regelrechten Schlacht konnten die beiden Gesellen überwältigt werden. Von dem Anstifter hört man dann nichts mehr. Er wird aus der Stadt vertrieben worden sein. Der zweite Geselle mußte eine hohe Geldstrafe zahlen, weil er die Meisterin beleidigt und »ihr im eigenen Hause Gewalt angetan hatte.[33] Die Eintragungen im Gerichtsprotokoll zeigen, daß während der Abwesenheit des Mannes die Hausfrau dem Haushalt vorstand. Sie rief auch die Hilfe herbei und fungierte als Anklägerin der Gesellen. Der Bruder war auch zur Stelle und versuchte, ihr zu helfen. Er spielte aber während des Prozesses lediglich eine Nebenrolle.

Die Zunftbriefe und Testamente berichten nicht viel über das, was das Leben vieler Frauen stark in Anspruch nahm: Schwangerschaften, Geburten und Kindererziehung. Nur eine einzelne Bestimmung in einem Zunftbrief für eine Kaufmannszunft von 1444 deutet auf diese wichtige Seite des Frauenlebens hin: Einer Zunftschwester wurde erlaubt, einen Säugling, andere Kinder aber nicht, zu den Festen mitzubringen.[34] Nach den Quellen aus dem 16. Jahrhundert konnte man in dänischen Städten Hebammen finden. In einer Predigt von 1544 huldigt einer der Superintendenten den vielen fähigen Hebammen in den Städten, während er davor warnt, »eine alte, schlechte und verderbte papistische Mönchsfrau« in Anspruch zu nehmen.[35] Über die Anzahl der Hebammen kann man bis ins 18. Jahrhundert hinein nur Mutmaßungen anstellen.[36] Den zahlungsfähigen dänischen Bürgersfrauen des

15. Jahrhunderts standen aber zweifellos gelernte Hebammen zur Verfügung. In der Kirchenordnung aus dem Jahre 1537 verpflichtete man sie, sowohl reichen als auch armen Frauen bei der Entbindung beizustehen. Daß sie im 15. Jahrhundert einem ähnlichen Gebot gefolgt sind, können wir nur hoffen.

Eine wohlüberstandene Geburt mußte gefeiert werden, und das wurde in solchen Umfange praktiziert, daß die Gesetzgeber über diesen unproduktiven Verbrauch entrüstet waren und versuchten den Luxus zu begrenzen. Entsprechende Verordnungen gibt es für Schleswig aus dem Jahre 1336 und für Husum aus dem Jahre 1504. In dem Schleswiger Erlaß wird festgelegt, daß »Frauen nicht öffentlich zu ihren Niederkünften andere Leute einladen dürfen, sondern sie sollen durch ihre eigenen Dienstmädchen diejenigen einladen lassen, die sie wollen, und nach der Geburt dürfen sie nicht mehr als die sechs Frauen, die sie wollen, zu ihrem Kirchgang einladen«. Der Erlaß von 1504 galt nur für den Kirchgang, wo das Gefolge auch auf sechs beschränkt war.[37] Ganz andere Zahlen bekommen wir in der Verordnung aus Ripen von 1561, wo die vornehmen »Dannefrauen« der Stadt 30 als eine passende Zahl von Frauen bei der Entbindung betrachteten. Die Verordnung setzte dem Gefolge beim Kirchgang keine Grenzen, befahl ihm aber, zusammen zum Altar zu gehen, um zu opfern, und dann sofort zu den Plätzen zurückzukehren, damit der Gottesdienst nicht dadurch aufgehalten werde.[38]

Wohlüberstandene Geburten und Kirchgänge gaben den Frauen Gelegenheit, ihren Status darzustellen und ihre Gedenktage zu zelebrieren. Das galt freilich nur für die wohlhabenden Frauen. Die armen konnten sich gewiß keine großen Geburts- und Kirchgangfeste leisten und sie konnten sich auch kaum die sechs bis sieben Wochen Ruhe nach der Geburt leisten, die man als angemessen betrachtete.[39]

Die Mehrheit der Frauen im Mittelalter heiratete, und der Großteil von ihnen lernte auch eine dritte Phase im Leben kennen, den Witwenstand, den viele vorzugsweise in den Städten verbrachten.[40] Das war offenbar weniger problematisch, als einen Hof zu leiten. In einem Prozeß von 1447 wird die traurige Geschichte einer Witwe – Gunhild Sandbæk – erzählt, die in Halland wohnte. Nach dem Tod ihres Mannes teilte sie mit ihren Söhnen die Erbmasse und behielt einen Hof, danach aber »kamen sie (die Söhne) so oft bei ihr zu Gast und verzehrten immer von dem ihren und nichts von dem eigenen und kamen so häufig bei ihr zu Gast, daß sie ihren Hof aufgeben und nach Halmstad gehen mußte«.[41] Vielleicht stand dieses Beispiel nicht ganz allein da. Jedenfalls lebten in den dänischen Städten des Spätmittelalters viele Witwen des niederen Adels. Sie haben mit den Witwen der Kaufleute den wohlhabenderen Teil der Witwen der jeweiligen Stadt ausgemacht und als Verbraucherinnen für die städtische Wirtschaft keine unbedeutende Rolle gespielt.

Kirstine Buddes Testament gibt Auskunft über die Frauen einer wohlhabenden Familie in einer dänischen Stadt und über ihre auf das Diesseits und auf das Jenseits bezogenen Sorgen. Sowohl für Kirstine als auch für ihre Tochter Else galt, daß ihre Karriere wahrscheinlich in einer guten Heirat lag, die ihr auch ihren Witwenstand sicherte. Es gab für diese wohlhabenden Frauen keine gesetzlichen Beschränkungen für die Ausübung eines Gewerbes aber auch keine Vorrechte in der Art, wie sie die Witwen von Handwerksmeistern hatten. Die Vorrechte, welche die Witwe eines Stadtratsmitglieds hatte, waren anderer Art. In Malmö war Else ein Stück Land zum Gemüse- und Obstbau sichergestellt. 1447 hatte der Stadtrat verfügt, daß die acht Mitglieder des Stadtrats und zwei Bürgermeister je ein Stück vom Boden der Stadt bekämen, daß die Witwe eines Mitglieds des Stadtrates die Hälfte davon behielte und daß die Witwe eines Bürgermeisters ihren Boden mit dem Stadtratsmitglied tauschen sollte, das ihre verstorbenen Mann als Bürgermeister nachfolgte.[42] Dieses Vorrecht galt lediglich für die Witwen von Stadtratsmitgliedern in Malmö. In wirtschaftlicher Hinsicht waren aber Frauen aus den obersten Schichten der städtischen Gesellschaft in der Regel gesichert, und da die Gesetze im allgemeinen Witwen eine ausgedehnte gerichtliche Selbständigkeit zuerkannten, hatten sie die Möglichkeit, ihren Witwenstand weitgehend selbst zu gestalten. Witwen aus den übrigen Schichten der Gesellschaft genossen die gleiche gerichtliche Stellung, die ökonomischen und politischen Verhältnisse konnten diese Selbständigkeit jedoch zu einer Farce werden lassen. Die Bittschrift zeigt die Probleme und Möglichkeiten einer Handwerkerwitwe mit aller Deutlichkeit.

Diese Witwe zog es vor, die Werkstatt des Mannes weiterzuführen. Wenn ihr Handwerk in einer Zunft organisiert war, mußte sie zuerst in Betracht ziehen, ob es ihr gestattet war, die Werkstatt zu übernehmen. Die Kopenhagener Riemen- und Beutelmacherzunft hatte eine Bestimmung, die folgendes besagte: »Wenn einer Dannefrau ein Dannemann wegstirbt, darf sie ihr Ampt solange gebrauchen, bis sie wieder einen Dannemann fängt.«[43] 1514 wurde dieses Vorrecht auf »Jahr und Tag« (ein Jahr und sechs Wochen) beschränkt.[44] Die Odenseer Schmiedezunft hatte keine Bestimmungen bezüglich der Witwen, was sowohl bedeuten kann, daß sie die Werkstatt weiterführen konnten, als auch, daß sie einen anderen Lebensweg wählen mußten. Die meisten dänischen Zünfte hatten jedoch solche Vorschriften, und im allgemeinen konnten Witwen die Werkstatt weiterführen solange sie unverheiratet blieben und ihren guten Namen und Ruf bewahrten, und zwar für eine beschränkte Zeit von einem bis zu drei Jahren.[45]

Das Interessante an der Diskussion über die Rechte der Witwen oder das Fehlen derselben innerhalb des organisierten Handwerks ist jedoch nicht die Ausformung der einzelnen Regeln, sondern die Tatsache, daß es bei den männlichen Gesetzgebern eine solche große Unsicherheit in Bezug auf den Platz der Witwen in der handwerklichen Produktion gab. Die Regeln sind ein Ausdruck dafür, daß die Witwen ein Problem in der nach Geschlechtern aufgeteilten Produktion darstellten. Sie waren weder Meisterinnen noch Meister und konnten nach dem Tod des Mannes nicht mit ihrer Tätigkeit fortfahren – unabhängig von den eigenen Fähigkeiten. Der Hauptzweck der Regeln über Witwen ist es deshalb, die Witwen dazu zu bewegen, eine neue Ehe einzugehen, damit die Werkstatt mit einem Ehepaar als Zentrum wiedergegründet werden konnte. Der Zeitraum, in dem Witwen selbständig tätig sein konnten, war als eine Übergangszeit aufzufassen, nicht als ein Dauerzustand einer von einer Frau betriebenen Werkstatt.[46]

Wenn unsere Sattlerwitwe zur Kopenhagener Zunft gehörte, konnte sie die Werkstatt auf unbestimmte Zeit weiterführen, und die Bittschrift zeigt, daß sie auch fest entschlossen war, dies zu tun. Sie mußte dann dafür sorgen, qualifizierte Arbeitskräfte zu bekommen, und sie plante deshalb eine Reise nach Deutschland, um einen Gesellen zu finden, der »allerlei Arbeit machen kann«. Wenn die Zunftregeln wirkliche Verhältnisse widerspiegeln, dann war es in Dänemark im 15. Jahrhundert schwierig, gelernte Arbeitskräfte zu bekommen. Sowohl im Zunftbrief der Kopenhagener Riemenschneider- und Beutelmacherzunft als auch im Zunftbrief der Odenseer Schmiedezunft von 1496 ist es den Mitgliedern untersagt, einander das Gesinde aus der Stellung vor dem richtigen Umzugstag wegzulocken.[47] In dieser Situation war es möglicherweise für eine Witwe leichter als für einen Meister, einen

Gesellen zu bekommen, weil ihm die Witwe Ehe, Werkstatt und einen Platz in der Zunft in Aussicht stellen konnte. Beabsichtigte sie aber nicht zu heiraten, war es ohne Zweifel schwierig, Gesellen zu bekommen, weil diese es gewiß vorzogen in einer Werkstatt mit einem Meister zu arbeiten, der in der Produktion und in der Zunft eine sichere Position hatte.

Wenn es einer Witwe gelang, einen guten Gesellen zu bekommen, ergaben sich andere Schwierigkeiten. Die Zunft hatte strenge Vorschriften über die Arbeit der Gesellen und wenn diese genau eingehalten worden wären, wäre es kaum vorstellbar, wie eine Witwe überhaupt die Werkstatt weiterführen konnte – ganz zu schweigen von der Verwirklichung der in der Bittschrift skizzierten weitreichenden Pläne. Allerdings konnte sich diese Witwe auf einen vornehmen Kundenstamm stützen. Obwohl wir die Reaktion des Königs nicht kennen, wissen wir doch, daß der königliche Stallmeister neue Aufträge vergeben wollte.

Witwen in Handwerken, die nicht von einer Zunft reglementiert wurden, hatten keine juristischen Probleme mit der Weiterführung des Handwerksbetriebes. Nicht alle Handwerke in den dänischen Städten waren organisiert und keineswegs alle Städte hatten Zünfte. Für die einträglichen Gewerke – Schmiede, Kürschner, Riemenschneider, Schneider, Bäcker, Metzger – gab es in den größeren Städten Organisationen. Dabei waren Frauen von den Handwerken ausgeschlossen, die ein längeres Anlernen erforderten. Witwen in unorganisierten Handwerken waren oft auf schlecht bezahlte Gewerbe angewiesen – als Näherinnen von Leinenzeug (nicht aber von wollenem Zeug, das den Schneidern vorbehalten war) oder als Bechermacherinnen, die aus Holz kleine Becher herstellten. Die Produktion von Nadeln und anderen kleinen Gegenständen aus Metall konnte auch von Frauen betrieben worden sein. Archäologische Funde zeugen von den Gewerken, die nicht in Zünften organisiert waren und die deshalb selten in den schriftlichen Quellen erwähnt werden. Die Archäologen können hier zwar die Verbreitung und die angewendeten Techniken ermitteln, jedoch nicht feststellen, welchen Geschlechts die Produzenten waren.[48]

Leichter zugänglich als der Bereich der handwerklichen Produktion war – wie bereits erwähnt – für alleinstehende Frauen der örtliche Handel. Hier gab es auch für Witwen vielfältige Möglichkeiten, den Lebensunterhalt zu verdienen – freilich in einem für die einzelnen sozialen Schichten sehr unterschiedlichen Grade. Eine Kaufmannswitwe konnte als Rentier leben, in den Handel investieren oder selbst im Handel mit Luxuswaren tätig sein. Die Witwe eines Handwerkers konnte im Handel mit täglich gebrauchten Waren tätig sein, während eine Frau aus dem Proletariat durch den Verkauf von Lebensmitteln über die Runden kommen mußte; hier bewegte sie sich oft am Rande des Verbotenen.[49] Das ist zweifellos die Erklärung dafür, daß es in den dänischen Städten des 15. Jahrhunderts so viele Handelsfrauen gab.[50]

In den dänischen Stadtrechten werden die Frauen in erster Linie als Familienmitglieder definiert. Die Stadtrechte regeln ihre Vermögensverhältnisse und enthalten moralische Vorschriften vor allem in solchen Paragraphen, die ihr Erbrecht als Töchter, Ehefrauen und Mütter berühren oder den außerehelichen Verkehr und die Unzucht betreffen. Charakteristisch ist, daß die Stadtbewohnerinnen hier als »Frauen in der Stadt«, als »Frauen« oder als »Hausfrauen« bezeichnet werden, nicht aber als Bürgerinnen. Das Kopenhagener Stadtgesetz von 1294 gebraucht den Ausdruck »eine in Kopenhagen wohnende Frau«,[51] in Abenrade unterscheidet man 1335 den Bürger und die Frau[52] und ein Text aus dem Schleswiger Stadtrecht aus dem Anfang des 15. Jahrhunderts bezeichnet männliche und weiblich Landbewohner und Städter als »buer« bzw. »buerinne« gegenüber »borger« und »huszfrouwen« in der Stadt[53]. Außerhalb der Familiengruppe treten Frauen in den Stadtrechten als Gesetzesbrecherinnen in Paragraphen über Verleumdung, Diebstahl und Mord und als Prostituierte und »Bierfrauen« auf. Letzterer Beruf scheint ein typischer Frauenberuf gewesen zu sein, da in den Stadtrechten des 13. und 14. Jahrhunderts hauptsächlich Frauen als Ausschenkerinnen und Verkäuferinnen von Bier erwähnt werden.[54] Problematisch war es immer wieder, gutes Bier – deutsches Bier, das nicht mit dänischem verdünnt war – für den Verkauf zu bekommen. Zu diesem Zweck beschloß der Flensburger Rat im Jahre 1388 acht »Krogerschen« zu ernennen, die das Monopol für den Ausschank Wismarer Biers bekamen, vorausgesetzt, daß sie sich regelmäßigen Kontrollen des Biers und der Kannenmaße unterzogen.[55]

In Malmö und Kopenhagen erfand der Rat eine andere Methode, für Bier in guter Qualität zu sorgen. Hier wurden Stadtkeller errichtet, die das Monopol für den Verkauf deutschen Bieres erhielten. Die Schenkwirtinnen und Bierfrauen waren damit auf den Verkauf dänischen Bieres angewiesen.[56] Andere Städte zogen es vor, Brauer zu bestellen, die das Alleinrecht für das Brauen des Bieres erhielten. Wenig später wurden Brauerzünfte gebildet, zu denen Frauen nur über einen Mann Zugang hatten. Die Schenkwirtinnen und Bierfrauen des Hochmittelalters wurden dadurch zu einfachen Zapferinnen.[57] Paradoxerweise erfolgte diese Beschränkung vor dem Hintergrund einer verstärkt sichtbar werdenden Aktivität der Frauen auf wirtschaftlichem Gebiet – besonders auf dem Handelssektor. Doch ist es eigentlich nichts Außergewöhnliches in der Geschichte der Frauen, daß eine kleine privilegierte Gruppe ihre Vorrechte im Zusammenhang mit einer allgemeinen Erweiterung der Rechte der Frauen verlor.

Die acht »Krogerschen« in Flensburg hatten eine offizielle Funktion – quasi ein städtisches Amt – inne. Das war für die Stadtgesellschaft insgesamt aber durchaus untypisch. Nirgends wird in den dänischen Stadtrechten erwähnt, daß die Frauen das Bürgerrecht erwerben konnten. Als Töchter oder Witwen von Bürgern war es ihnen jedoch möglich, dazu beizutragen, ihren Ehemännern das Bürgerrecht zu verschaffen. Wie es Edith Ennen treffend formuliert hat, sollte der traditionelle Spruch »Stadtluft macht frei« in »Heirat macht frei in der Stadtluft« umgewandelt werden.[58] Ein Bürger mußte ortsansässig sein, und der Beweis dafür war, daß er heiratete und einen Haushalt errichtete. Im Jahre 1446 verfügte der König, daß, wer das Bürgerrecht erwerben wollte, dem königlichen Vogt und Rat Treue schwören, eine Frau nehmen und drei Jahre lang in der Stadt einen festen Wohnsitz haben müsse.[59] Die Ehefrau war also ein Garant für die Dauerhaftigkeit der Beziehung ihres Mannes zu der betreffenden Stadt. Mehrere Stadtrechte erwähnen dann auch, daß ein Mann, der ein Jahr und sechs Wochen von einer Stadt mit seiner Ehefrau und seinem gesamten Gut wegblieb, seine Bürgerrechte verloren hatte.[60] Dafür kostete es aber nichts, wenn ein Mann, der sich um das Bürgerrecht bewarb, eine Frau heiratete, die in der Stadt geboren oder die Tochter eines Bürgers war.[61]

Die Praxis folgte der Gesetzgebung ziemlich genau, was das Aarhuser Bürgerbuch, das mit dem Jahre 1471 beginnt, deutlich zeigt. Lediglich Männer sind eingebürgert worden, während die Aufgabe der Frau darin bestand, als Bürgin für die offiziellen Beziehungen des Ehemanns zur städtischen Gesellschaft zu fungieren. Eine der frühesten Eintragungen betrifft Oluf Jensen, der als der Ehemann von Anne Eskildsdatter bezeichnet wird.[62] Der Erlaß über ausländische Kaufleute enthält zwei Eintragungen von 1504 und 1505 in Bezug auf Männer aus Wismar, die sich darum bewarben, in Aarhus eingebürgert zu werden. Das wurde ihnen unter der Bedingung gewährt, daß sie binnen eines Jahres heiraten und einen Hausstand gründen mußten.[63]

Dennoch taucht das Wort Bürgerin in vielen Urkunden aus dem 15. Jahrhundert auf, am frühesten in einer aus dem Jahre 1418, die einer »medebørgersche« die Steuern und den Dienst erläßt, die sie der Stadt zu leisten verpflichtet war, weil sie der Stadt ihr Haus geschenkt hatte.[64] Danach wird es üblich, Frauen »Bürgerinnen« zu nennen, jedenfalls die aus den städtischen Ober- und Mittelschichten. Im Jahre 1536 war der Gebrauch dieses Titels bereits so verbreitet, daß der König den Ausdruck »Bürger und Bürgerinnen« gebrauchte, wenn er alle Mitglieder der Bürgerschaft einer Stadt bezeichnen wollte.[65] Richtig »eingebürgert« hat sich diese Bezeichnung für Frauen in der städtischen Gesellschaft aber nie. Das zeigt, wie wichtig es ist, bezüglich der Geschichte der Frauen zwischen Macht und Autorität zu unterscheiden.[66] Es gibt in den Städten des Mittelalters, wie zu anderen Zeiten an anderen Orten, viele Beispiele dafür, daß Frauen Macht besaßen. In den dänischen Städten handelte es sich vor allem um ökonomische Macht. Dagegen gibt es nur wenige Beispiele für Frauen mit Autorität. Im Falle der dänischen Städte handelt es sich tatsächlich nur um die acht Flensburger Schenkwirtinnen. Auf der politischen Ebene ist das Bild das gleiche. Wir können mehrere Beispiele von dänischen Königinnen mit beträchtlicher Macht finden, nur eine – Königin Margarete (1375–1412) – hat zumindest während eines Teils ihrer langen Regierungszeit wirkliche Autorität besessen: in dem Jahrzehnt zwischen dem Tod ihres Sohnes 1387 und der Krönung des Enkelkindes ihrer Schwester 1397.[67]

Das Bild der Frau in den spätmittelalterlichen Städten ist eines voller Gegensätze. Betrachtet man ihre Situation von den Gesetzen und Regeln her, die das Quellenmaterial dominieren, so lebten die Stadtfrauen ein Leben voller Beschränkungen und Hindernisse, die sie im Schoß der Familie unter dem Regiment des Familienoberhauptes festhielten. Ausschließlich Witwen besaßen demnach eine gewisse Selbständigkeit, sich an den Angelegenheiten außerhalb des Hauses zu beteiligen. Von der Ausübung bestimmter Handwerke waren sie jedoch ausgeschlossen. Betrachtet man dagegen die Bittschriften, Testamente, Schenkungsurkunden und Briefe, so erhält man ein ganz anderes Bild von Frauen, die außerhalb des Hauses allein oder in Zusammenarbeit mit ihrem Mann tätig waren und die ihren Fähigkeiten gemäß versuchten, ihr diesseitiges und jenseitiges Leben zu planen.

In Dänemark hatten die Frauen besonders während des 15. Jahrhunderts relativ günstige Bedingungen. In dieser Zeit erlebten die Städte einen allgemeinen Aufschwung. Das ist aber nicht die einzige Erklärung für die tatsächlichen Möglichkeiten, welche die Frauen trotz der restriktiven Gesetzgebung hatten. Hauptursache dafür sind vielmehr das veränderte Verhältnis zwischen den Geschlechtern und die sich wandelnden Vorstellungen von der Stellung des weiblichen Geschlechts in der Gesellschaft. Änderte sich auch kaum die übergeordnete Ideologie der Geschlechterhierarchie – wie sie vor allem in der Gesetzgebung klar zum Ausdruck kam –, so wurde sie doch im Alltag weitgehend außer Acht gelassen, wenn es ökonomische Interessen geboten und wenn Frauen nicht als eine Bedrohung der Geschlechterhierarchie empfunden wurden. Noch fehlt es in vielen Bereichen an Forschungen über das Verhältnis der Geschlechter und seinen Einfluß auf die Geschichte von Frauen und Männern. Doch zeigt sich bereits deutlich, daß die Frauen der dänischen Städte des Spätmittelalters eine ideologisch begründete, untergeordnete Rolle nicht mehr akzeptierten sondern vielmehr aktiv versuchten, die vorhandenen Möglichkeiten vor allem im wirtschaftlichen und sozialen Bereich auszunutzen.

Anmerkungen

1 Die Bittschrift ist in das Rechnungsbuch von König Hans und Königin Christina von 1487 zwischen S. 110 und 111 eingeklebt (Kopenhagen, Rigsarkivet, Reg. 108A, Pk. 1, 1487). Gedruckt in: Danske Magazin, R. 4, 1 (1864), S. 183. Der Text wurde modernisiert.

2 Die Rechnungsbücher aus den folgenden Jahren sind nicht überliefert.

3 Diplomatarium dioecesis lundensis. Lunds Ärkestifts Urkundsbok, hrsg. von L. Weibull, Lund 1900–1939, IV, Nr. CCCIII (Lund 11 januari 1482).

4 H. M. Jansen, T. Nyberg und T. Riis, Danmark: Danske byers fremvekst og udvikling i middelalderen, in: Urbaniseringsprosessen i Norden 1: Middelaldersteder. Det XVII. nordiske historikermøte Trondheim 1977, hrsg. von G. Authén Blom, Oslo 1977, S. 9-90.

5 Dronning Christines Hofholdningsregnskaber, hrsg. von W. Christensen, Kopenhagen 1904, passim.

6 M. Mackeprang, Dansk Købstadstyrelse fra Valdemar Sejr til Kristian IV (Forordn. af 1619), Kopenhagen 1900, S. 42–54.

7 Im 15. Jahrhundert unterstanden fast alle Städte dem König. Die übrigen Stadtherren waren der Herzog von Schleswig, der Erzbischof, der Bischof von Aarhus und ein Benediktinerkloster.

8 J. Kinch, Ribe Bys Historie og Beskrivelse (mit einer Einleitung und Quellen- und Schrifttumsverzeichnissen von O. Degn), Århus 1985 (Nachdruck), S. 93 ff.

9 G. Jacobsen, Women's Work and Women's Role. Ideology and Reality in Danish Urban Society, 1300–1550, in: Scandinavian Economic History Review 31.1 (1983), S. 3-20.

10 Ebenda, S. 6.

11 »Item fattigt folk eet støcke Wismers grot... ii siælebath met madh og øll fattight folk... peplinge i skolen ij t:r øll. Item the siwghe innen sancti Ørghen j t:e øll oc eet flesk.«

12 Die Bauarbeiterin ist in der Kirche zu Brunnby nördlich Hälsingborgs abgebildet, eine tanzende Salome in der Kirche von Breininge auf Ærø, s. J. Svanberg, Salomes dans i Nordens medeltida konst, in: Kvindebilleder. Eva, Maria og andre kvindemotiver i middelalderen, hrsg. von K. Kryger, L. Lillie, S. Kaspersen, Kopenhagen 1989, S. 210f.

13 »Allmendige oc vhøffuersker qwinner... skulle... ey haffue bethre clede æn demffwentyrst oc ey bethre lærrith æn allnnen tiill en skilling... oc skulle the haffue pa theres hoffwith... en lwe, som scall wære halff swort oc halff rød«. Den danske Rigslovgivning, 1397–1513, hrsg. von Aa. Andersen für Det danske Sprog- og Litteraturselskab und Selskabet for Udgivelse af Kilder til Dansk Historie, Kopenhagen 1989, S. 169.

14 Samling af gamle danske Love IV, hrsg. von J. L. A. Kolderup-Rosenvinge, Kopenhagen 1824, S. 108.

15 Danmarks gamle købstadlovgivning, hrsg. von E. Kroman, Kopenhagen 1951–1961, IV, S. 13, 57, 120, 158, 262 und 349.

16 »Item Dorothee Andriis dottir mit hwerdags belte iiij paar spenne och et lidit hwelath, och dette skulle hennis modherbrødre gømme hende til goodhe. Item Matthis, hennis brodher een sølfs keeth, er screffuit vppo: consumatum est«.

17 Kirkeordinansen 1537/39, hrsg. von M. Schwarz Lausten, Kopenhagen 1989, S. 80, 124 und 209f.

18 I. Dübeck, Købekoner og konkurrence. Studier over myndigheds- og erhvervsrettens udvikling med stadigt henblik på kvinders historiske retsstilling, Kopenhagen 1978, S. 55f., 68f., 84, 132ff.

19 Danmarks gamle købstadlovgivning I, S. 4, 19.

20 S. Iuul, Fællig og Hovedlod. Studier over Formueforholdet mellem Ægtefæller i Tiden før Christian V's Danske Lov, Kopenhagen 1940, S. 224ff., 235, 237ff.

21 »Weret ock, dat en schomakers dochter vth vnsem ambte buten ambtes beraden wurde, und ehre wehrt nha dem willen gades dodeswegen affginge, und de fruwe

darnha wedder in dat ampt queme, de shall nichtes geneten behaluen ene kost« (Danmarks Gilde- og Lavsskraaer fra Middelalderen, hrsg. von C. Nyrop, Kopenhagen 1895–1904 (Neudruck 1977) II, S. 219). Der Gebrauch des Wortes »ampt« zeigt, daß von der handwerklichen Produktion selbst die Rede ist.

22 H. J. Helms, Næstved St. Peder Kloster (Skovkloster), Næstved 1940, S. 426.

23 Repertorium diplomaticum regni danici mediævalis, Ser. Secunda, Kopenhagen 1928–1939, Nr. 6776 (1490, August 31).

24 E. Uitz, Die Frau in der mittelalterlichen Stadt, Leipzig 1988, S. 65.

25 Meine Berechnungen basieren auf: Lyder van Fredens kämnärsräkenskaper för Malmö, 1517–1519, hrsg. von L. Ljungberg, Malmö 1960.

26 M. Johansen, Beginer i Danmark, in: Fromhed og Verdslighed i middelalder og renaissance. Festskrift til Thelma Jexlev, Redaktion E. Waaben (u. a.), Kopenhagen 1985, S. 18–23.

27 T. Jexlev, Nonneklostrene i Roskilde, in: Historisk Årbog fra Roskilde Amt, 1977, S. 25–40 und dieselbe, Fra dansk senmiddelalder. Nogle Kildestudier, Odense 1976.

28 Malmø Rådstueprotokol (Stadsbok) 1503–1548, hrsg. von E. Kroman, Kopenhagen 1965, S. 14, 30, 32, 77, 223, 311; Malmø Stadsbog, 1549–1559, hrsg. von E. Bager, Kopenhagen 1972, S. 39, 82, 104, 135.

29 »Item Pedher Hemingssøn, min gudhzsøn, een liidhen ring«.

30 Danmarks Gilde- og Lavsskraaer II, S. 41 f.

31 Ebenda, S. 232.

32 »... so shall he flitich erforshen vnd woll euen thosehen, dat he ene frame junckfruwe effte wedewe, de des amptes werdich sy, gefrige«. Ebenda, S. 218.

33 Malmø Rådstueprotokol, S. 141 ff. Malmö, Stadsarkivet, D VIII a: Borgmästare och råds sakörešlängd 1, 1527–1545, S. 60 (1538, 9. November).

34 Danmarks Gilde- og Lavsskraaer I, S. 709.

35 »... en gammel scharns papistische muncheqvinde«. Peder Palladius' Visitatsbog, hrsg. von L. Jacobsen, Kopenhagen 1925, S. 109, 112.

36 I. Dübeck, Jordemødre i retshistorisk belysning, in: Jyske Samlinger, N. R. Bd. X,3 (1973), S. 337–90.

37 Danmarks gamle købstadlovgivning I, S. 54: »Mulieres eciam ad puerperia sua publice invitari non faciant, sed quas voluerint per proprias ancillas ad se iubeant evocari, nec post partum ad introductionem earundem in ecclesiam plures quam sex mulieres, quas voluerint, invitabunt« (1336); S. 84: »wen eyne frouwe na den soeszweken yn kherken gheyt, so schall se sulff soeste ghaen vnnde to dem offer sulff soeste vnd nycht mehr by deme vorschreuen broke« (1504).

38 S. Anm. 8.

39 S. dazu G. Jacobsen, Pregnancy and Childbirth in the Medieval North. A Typology of Sources and a Preliminary Study, in: Scandinavian Journal of History 9,2 (1984), S. 91–111.

40 G. Jacobsen, Female Migration and the Late Medieval Town, in: G. Jaritz, A. Müller (Hrsg.), Migration in der Feudalgesellschaft, Frankfurt/M, New York 1988, S. 47 f.

41 Repertorium diplomaticum regni danici mediævalis, Nr. 7704 (1447, Juni 12).

42 Registrum Ville Malmoyghe (Malmö Stads medeltida minnesbok), hrsg. von I. Andersson, L. Ljungberg, Malmö 1937, fol 33v.

43 Danmarks Gilde- og Lavsskraaer II, S. 159f.

44 Ebenda, S. 352f.

45 G. Jacobsen, Guilds in Medieval Denmark. The Social and Economic Role of Merchants and Artisans, Phil.-Diss, University of Wisconsin-Madison 1980, Kapitel 8.

46 G. Jacobsen, Economic Progress and the Sexual Division of labor. The Role of Guilds in the Late-Medieval Danish City, in: Alltag und Fortschritt im Mittelalter. Interantionales Round-Table-Gespräch, Krems an der Donau 1. Oktober 1984 (Veröffentlichungen des Instituts für Mittelalterliche Realienkunde Österreichs 8/Sitzungsberichte der phil.-hist. Klasse der Österreichischen Akademie der Wissenschaften 470), Wien 1986, S. 223–36.

47 Danmarks Gilde- og Lavsskraaer II, S. 158, 247.

48 G. Jacobsen, Håndværkets Kulturhistorie 1: Håndværket kommer til Danmark. Tiden før 1550, Kopenhagen 1982, passim.

49 I. Dübeck, Købekoner, S. 563ff.

50 Jacobsen, Women's Work, S. 5-12.

51 »Mulier Hafnis habitans«. Danmarks gamle købstadlovgivning III, S. 17.

52 »Civis vel mulier«, »borger edder eyn vrouwe«, ebenda I, S. 246, 253.

53 Ebenda, S. 29f.

54 Ebenda, S. 28, 103, 122, 146f., 275.

55 Ebenda V, S. 121.

56 Ebenda III, S. 79 (1443); IV, S. 81 (1487)

57 Jacobsen, Women's Work, S. 17f.

58 E. Ennen, Die Frau in der mittelalterlichen Stadtgesellschaft Mitteleuropas, in: Hansische Geschichtsblätter 98 (1980), S. 8.

59 Danmarks gamle købstadlovgivning IV, S. 70.

60 S. z. B. das Stadtrecht von Malmö 1487 §45, ebenda, S. 87.

61 Ebenda, S. 337f. (1328).

62 Århus Borgerbog, 1471–1550. Maschinenschriftliche Transkription von P. Enemark, F. H. Lauridsen, fol. 4a (1480): »Oluff Jenss er borger 2 marck Anne Eskilzdatterz man«.

63 Ebenda, fol. 26b, 27a.

64 Repertorium diplomaticum regni danici mediævalis, Nr. 5701 (1418, Februar 19).

65 Kjøbenhavns Diplomatarium. Samling af Dokumenter, Breve og andre Kilder til Oplysning om Kjøbenhavns ældre Forhold før 1728, hrsg. von O. Nielsen, Kopenhagen 1872–87, IV, S. 591 (Nr. 471, 28. März 1536).

66 S. zu dieser Frage auch: J. M. Bennett, Public Power and Authority in the Medieval English Countryside und M. C. Howell, Citizenship and Gender. Women's Political Status in Northern Medieval Cities, in: Women and Power in the Middle Ages, hrsg. von M. Erler, M. Kowaleski, London 1988, S. 18–60.

67 S. den Beitrag Margarete – Regentin der drei nordischen Reiche von G. Werlich in diesem Band.

Sabine Tanz

Christine de Pisan – Schriftstellerin und Vorkämpferin für die Rechte der Frau

Als die aus Venedig gebürtige Christine de Pisan 1368 im Alter von vier Jahren gemeinsam mit ihrer Familie an den französischen Hof gelangte, schien ihr eine Zukunft bestimmt, die zu den größten Hoffnungen berechtigten Anlaß bot.[1] Als Tochter des über die Grenzen Italiens hinaus renommierten Arztes und Astrologen Tommaso di Benvenuto da Pizzano,[2] Inhaber eines Lehrstuhles für Medizin an der Universität Bologna und seit 1365, einem Ruf Karls V. (1364–1380) nach Paris folgend, auch Leibarzt und Hofastrologe des Königs, wuchs Christine in einem humanistisch geprägten, elitären intellektuellen Klima auf, das der Entfaltung ihrer Persönlichkeit, ihrer individuellen Neigungen und Talente jeden nur denkbaren Freiraum ließ. Ihre Vorliebe für Arithmetik und Geometrie, ihr Streben, sich in Französisch und Latein zu vervollkommnen, fand in dem königlichen Bibliothekar Gilles Malet einen Gönner und Förderer. Zahlreiche an ihren Vater gerichtete Dotationen und finanzielle Zuwendungen des Königs ermöglichten ihr eine sorglose Kindheit.

Im Jahre 1379 heiratete sie, die schon früh von verschiedenen vornehmen Persönlichkeiten zur Frau begehrt wurde, den neun Jahre älteren königlichen Sekretär Etienne du Castel, den sie in ihren Dichtungen als außerordentlich verständnisvollen und feinfühligen Mann darstellt und dem sie drei Kinder gebar.[3]

Ihr Schicksal nahm jedoch eine jähe Wendung, als 1387 ihr Vater starb und drei Jahre später ihr Gatte in Beauvais einer Epidemie zum Opfer fiel. Nahezu völlig mittellos, durch Schulden und Gläubiger bedrängt, von den Freunden ihres Vaters und ihres Gatten im Stich gelassen und gezwungen, für den Unterhalt ihrer Kinder, ihrer Mutter und einer noch minderjährigen Nichte zu sorgen, wurde Christines dichterische Neigung zum Beruf.

Als erste französische Dichterin, die ihren Lebensunterhalt mit der Feder verdiente, verfaßte sie im Laufe ihres Lebens eine Vielzahl von

Schriften, deren teilweise stark autobiographisch geprägter Inhalt uns ein anschauliches Panorama der französischen Gesellschaft in der Epoche des Hundertjährigen Krieges (1337–1454) vermittelt und zugleich auch das Bild einer der nicht nur in intellektueller Hinsicht außergewöhnlichsten und bemerkenswertesten Frauen des Mittelalters entstehen läßt.

In ihrem überaus fruchtbaren literarischen Schaffen, das sowohl Balladen, Rondeaus und Virelais in der Tradition von Guillaume de Machaut (um 1300–1377) und Eustache Deschamps (um 1344–1404)[4] als auch zahlreiche Prosawerke umfaßte, offenbarte die erste »femme des lettres« Frankreichs ein fast enzyklopädisches Wissen: Pädagogik, Religion, Politik, Geschichte – es gab nahezu kein Thema, zu dem Christine nicht Stellung genommen hätte.

Vertraut zeigte sie sich mit den Werken griechischer und lateinischer Schriftsteller, die sie offenbar nicht nur dem Namen nach kannte und in typisch mittelalterlicher Manier kompilierte: Homer, Plato, Aristoteles, Galen, Chrysostomus, Demokrit, Vergil, Horaz, Ovid, Tibull, Trogus Pompejus, Lukian, Cicero, Valerius Maximus, Sueton, Seneca, Hieronymus, Augustinus und Avicenna waren ihr offensichtlich durch die Lektüre in der königlichen Bibliothek seit frühester Jugend bekannt.[5]

Durch Mäzene wie Philipp den Kühnen von Burgund (1353–1404), Johann von Berry (1360–1416), Ludwig von Orléans (1372–1407) und die französische Königin Isabeau de Bavière (1369–1435) gefördert, gelang es Christine, ihre gesellschaftliche Stellung am königlichen Hof zu festigen und sich zu etablieren. Zu ihren wohlwollenden Gönnern im Ausland, denen sie ihre Werke dedizierte und die sie mit Dotationen unterstützten, gehörten auch John of Montecue, III. Earl of Salisbury (gest. 1400), und Gian Galeazzo Visconti, Herzog von Mailand (1378–1402).

Christines erste, bis etwa 1400 reichende, vornehmlich lyrisch geprägte Schaffensperiode ist gekennzeichnet durch eine starke Ich-Bezogenheit. Die Gefühlswelt der Dichterin kristallisiert sich fast ausschließlich um den Verlust des geliebten Mannes und die Empfindungen, die dieser Schicksalsschlag in der Gefühlswelt der Dichterin auslöste: »Das Ich ist hier mehr ein Ich, das sich erlebt als ein Ich, das sich erkennt.«[6] Sie, die ihren Gatten treu und innig geliebt hatte und ihm über den Tod hinaus treu ergeben war, so daß sie auf eine weitere

Vermählung verzichtete, suchte in ihren Dichtungen Trost: »Allein bin ich und allein will ich bleiben/allein, wie mich mein lieber Freund hinterlassen hat.«[7]

In diesen Gedichten dominierten Klagen der einsamen und trauernden Witwe, die den Schmerz über den Tod des geliebten Mannes nicht verwinden kann: »Heute ist es ein Monat/Daß mein Freund von hinnen ging/Mein Herz ist düster und still geblieben/Heute ist es ein Monat/›Mit Gott‹, so sprach er zu mir ›geh ich von hinnen‹/ Und seither hat er nicht mehr zu mir gesprochen/Heute ist es ein Monat.«[8]

Doch neben das Thema der Klage über das persönliche Leid traten allmählich poetische Reflexionen über Themen, die der Tradition höfischer Dichtkunst verpflichtet sind: das Wesen der Liebe, die Kraft der Hoffnung, die Stellung der Frau. Dennoch blieb der Konflikt zwischen ihrer persönlichen Trauer und der vom höfischen Publikum postulierten freudigen Grundstimmung in den frühen Jahren stets präsent: »Ich singe, indem ich mich verstelle,/Aber meine armen Augen würden besser weinen/Und niemand kennt die Qual,/Die mein armes Herz erträgt.«[9]

In dem durch den »Rosenroman« (Roman de la rose) ausgelösten »Frauenstreit« um die Wertung des weiblichen Geschlechts[10] engagierte sie sich als glühende Verteidigerin der Rechte der Frau und polemisierte im »Brief vom Liebesgott« (1399, Epitre au dieu d'amour)[11] und in der »Erzählung von der Rose« (1401, Dit de la rose)[12] gegen Jean de Meung (um 1240 – um 1305)[13], dessen antifeministische Fortsetzung des um 1240 von Guillaume de Lorris verfaßten »Rosenromans«[14] die französischen Intellektuellen in zwei Lager spaltete.

In dieser Satire auf die künstlichen Konventionen des Rittertums und der höfischen Minne machte de Meung die Frau für die Abkehr der Welt von höheren Idealen verantwortlich. Intriganz, Käuflichkeit und sexuelle Hemmungslosigkeit sind die hervorstechenden Eigenschaften seiner Frauengestalten.

Dem im Spätmittelalter noch dominierenden traditionellen Frauenbild, das der Frau in einer betont patriarchalischen Gesellschaft eine gegenüber dem Mann lediglich inferiore Stellung zubilligte, trat Christine mit Esprit und Temperament entgegen. Sie plädierte für eine physische, moralische und intellektuelle Gleichstellung der Frau: »Anhand dieser Reden folgere ich und möchte beweisen,/

daß Frauen in hohem Maße Anlaß zu Billigung/ und Lob geben und ihre Wesenszüge/ Anlaß zur Befürwortung, da sie nicht/ zu Lastern neigen, die die menschliche Natur/ schädigen und die Kreatur schwer beeinträchtigen./ Anhand dieser aufrichtigen und wahren Beweise folgere ich, daß alle Männer mit Verstand/ Frauen schätzen, gern haben und haben sollen/ und nicht Herz und Sinn haben dürfen,/ die zu tadeln, von welcher jeder Mann abstammt.«[15] Als erste Frau des Mittelalters verfocht Christine eine emanzipatorische Idee und formulierte in Ansätzen ein Wir-Bewußtsein der Frauen, das diese deutlich von einer in hohem Maße durch Männer geprägten Kultur abhob.

Die Frauenfeindlichkeit war ein hervorstechender Zug gerade des 14./15. Jahrhunderts. Die öffentliche Meinung fand ihren Niederschlag in zahlreichen satirisch-grotesken, obszönen und nichtsdestotrotz überaus populären schwankartigen Verserzählungen (fabliaux) wie etwa »Der Diener von zwölf Frauen« (Le vallet aux douze femmes) oder »Die Frau, die hundert Rittern diente« (La femme qui servait cent chevaliers). Bevorzugtes Thema dieser von Spielleuten vorgetragenen Schwänke bildete die angebliche Sittenlosigkeit und Lasterhaftigkeit der Frau.[16] Liebe wurde auf bloße Sexualität reduziert und erscheint daher eher als ein vulgärer Witz denn als ein edles erhebendes Gefühl.

Seit Jahrhunderten tradierter theologischer und klerikaler Argwohn sah in der Frau die »Pforte des Teufels«, die ihre Existenzberechtigung einzig als »Gehilfin des Mannes beim Werke der Zeugung« findet und dem Mann von Natur aus unterworfen ist. Die Frau war die Rivalin der Kirche, die Verführung, das Hindernis auf dem Pfad der Tugend, der zur Krone der Heiligkeit führte. Dieser misogynen Verunglimpfung entgegenzutreten und die einseitige und ungerechtfertigte, vor allem an der Pariser Universität verbreitete Lehrmeinung von der Inferiorität der Frau zu widerlegen, wurde zu einem Anliegen, das neben der Verteidigung der französischen Monarchie das weitere Leben Christines bestimmen sollte. Daß die »erste Frauenrechtlerin«[17] in ihrem Kampf für die Rechte der Frau so gut wie alle Intellektuellen gegen sich hatte, bedarf angesichts einer von Männern dominierten Wissenschaft wohl kaum einer besonderen Betonung. Mit Ausnahme des berühmten Theologen und Kanzlers der Pariser Universität Jean Gerson (1363–1429) fand sich kein Gelehrter, der bereit gewesen wäre, auf Seiten Christines in den »Frauenstreit« einzugreifen.[18] So sah sich die

Dichterin den Angriffen namhafter Persönlichkeiten wie der Gebrüder Col und Jean de Montreuils ausgesetzt, denen sie jedoch 1401/02 in mehreren Schreiben Paroli bot.[19]

Der Streit um den Rosenroman wurde durch den am 18. Mai 1402 veröffentlichten »Traktat gegen den Rosenroman« Gersons zu einer Angelegenheit von öffentlichem Interesse.[20]

Im Verlauf einer der größten intellektuellen Debatten des Spätmittelalters engagierte sich Christine als »Vorkämpferin für die Menschenrechte der Frau«[21], was Gustav Lanson zu der von antifeministischen Vorurteilen geprägten Bemerkung veranlaßte, bei ihr handele es sich um einen »der echtesten Blaustrümpfe... die erste dieses unerträglichen Geschlechts von Schriftstellerinnen, denen jedes Werk über jeden Gegenstand leicht von der Hand geht und die das ganze ihnen von Gott gegebene Leben nur damit verbringen, Kostproben ihrer nimmermüden Gewandtheit, die mit ihrer umfassenden Mittelmäßigkeit identisch ist, zu geben.«[22]

Ihren eigenen, für eine Frau des Mittelalters gänzlich untypischen geistigen Werdegang gestaltete Christine in dem 1402/03 verfaßten »Buch vom langen Studienweg« (Livre du chemin de long étude), das sie am 20. März 1403 dem Herzog von Berry überreichte.[23] Dieses Karl VI. und den Fürsten von Geblüt gewidmete fast 7.000 Verse umfassende allegorische Lehrgedicht ist durch Werke des Boethius (480–524)[24], Dante Alighieris (1265–1321)[25] und Jean Gersons inspiriert. Christine schildert, wie ihr im Traum die Sibylle von Cumae Amalthea erscheint und sie in den Himmel führt. Hier begegnet sie vier Frauen (!), die die Tugenden personifizieren und die Welt regieren: Reichtum, Ritterlichkeit, Edelmut und Weisheit. Sie führen Klage darüber, daß die Menschen auf der Erde keine Vernunft annehmen wollen und sich gegenseitig zerfleischen. Weisheit (Sagesse) erteilt Christine den Auftrag, dem französischen Hof mitzuteilen, den sie für den würdigsten der Christenheit hält, daß nur ein Herrscher Rettung bringen könne, der alle Tugenden auf sich vereine und die Menschen unter einem Zepter seiner Herrschaft zusammenführen könne.

Aus dem Jahre 1403 stammen die »Erzählung von der Schäferin« (Dit de la Pastoure)[26] und das »Buch über den Fürsten der wahrhaft Liebenden« (Livre du duc de vrais amans)[27], in denen sie von den Liebeserlebnissen der Schäferin Marote mit einem Ritter und von der Liebe eines Ritters zu einer Herzogin erzählt. Weitaus wichtiger als die

Vermutung, daß es sich bei dem letzteren um Ludwig II. von Bourbon (1337–1420) und Marie de France, die Tochter des französischen Königs Johann II. (1350–1369) und Gemahlin Roberts von Bar, gehandelt haben könnte,[28] ist der Hinweis auf die feinfühlige Analyse menschlichen Empfindens und die Feinheit der Gefühlsschilderung der Liebenden, denen die Erfüllung ihrer Liebe durch die Zerbrechlichkeit und Unverbürglichkeit des geschlechtlichen Eros versagt bleibt.

Um diese Zeit begann Christine auch, sich immer stärker politischen und geschichtlichen Themen zuzuwenden.[29] Das 1402 vollendete Werk »Brief Otheas an Hector« (Epitre d'Othéa à Héctor) markiert einen Meilenstein im Schaffen Christines.[30] In diesem Fürstenspiegel, der eine Kompilation aus Ovid (43 v.u.Z – 18 u.Z.), Der »Goldenen Legende« (Legenda aurea) des Jacobus de Voragine (1228–1299), Boccacios »Über berühmte Frauen« (De claris mulieribus), den Kirchenvätern und anderen Autoren darstellt, vereinte Christine allegorische Erzählungen, deren Stoff sie der Mythologie und der alten Geschichte entnahm. Es ist wahrscheinlich, daß dieses Werk dem englischen Thronfolger, dem nachmaligen Heinrich V. (1413–1422) gewidmet war, in dessen Dienst ihr Sohn Jean stand, der 1397 im Gefolge des Grafen von Salisbury nach England gegangen war, als dieser Isabella, die Tochter König Karls VI. zu ihrer Hochzeit mit dem englischen König Richard II. (1377–1399) nach London geleitete.[31] In ihren politischen Schriften, die fortan den Hauptteil ihres Werkes bilden, reflektiert sie außerordentlich sensibel die Verhältnisse zur Zeit Karls VI. der, 1392 dem Wahnsinn verfallen, eine willenlose Marionette der Parteien am französischen Hof war.[32]

Als Verteidigerin der Monarchie, die ihre Blütezeit einst unter Karl V. erlebt hatte, führte Christine Klage über die Zustände, die den Thron der Valois zu einem Spielball der um die Macht rivalisierenden Herzöge Philipp von Burgund, Johann von Berry, Ludwig von Orléans und Ludwig II. von Bourbon degradiert hatten. Angesichts der Fehden des Hochadels, der das Land in einen blutigen Bürgerkrieg zu stürzen drohte[33], sah sich die Dichterin veranlaßt, ihre Stimme für einen dauerhaften Frieden zu erheben. Diesem Ziel ordnete sie ihr weiteres dichterisches Schaffen unter.

Im stark autobiographisch geprägten »Buch vom Wechsel des Glücks« (Livre de la mutacion de fortune)[34], das sie Philipp von Burgund am Neujahrstag 1404 überreichte, veranschaulichte sie im allegorischen Stil am Beispiel ihres eigenen Lebens und der Ereignisse der Weltgeschichte die Wechselhaftigkeit und Unbeständigkeit menschlichen Schicksals.

Der traditionell mittelalterlich-christlichen Interpretation der Universalgeschichte als Heilsgeschichte stellte sie ihr eigenes, humanistisches Denkmodell entgegen, in dessen Rahmen sie die Schicksalsgöttin Fortuna zur alles bewegenden Macht in der Geschichte erhob.[35]

Obwohl gebürtige Italienerin blieb Christine bis zu ihrem Tod auf das engste mit ihrer Wahlheimat verbunden und gab ihrer tiefen persönlichen Betroffenheit über das Leid Ausdruck, das der Krieg über Frankreich gebracht hatte. So ist auch dieses, eines ihrer wohl wichtigsten Werke, dessen zweite Abschrift sie dem Herzog von Berry widmete, durchdrungen von einer tiefen Liebe zu Frankreich und monarchischer Loyalität, die so unverbrüchlich war, daß sie den Ruf des englischen Königs Heinrich IV. (1399–1413) nach London ausschlug. Ebensowenig folgte sie der Einladung Gian Galeazzo Viscontis nach Mailand.[36]

Einzig und allein dem König von Frankreich gehörte ihre Treue. In Karl V. sah sie das Ideal des Rittertums und zugleich das einer starken Monarchie – für sie der einzige Garant eines sicheren Friedens – verkörpert. In panegyrischem Stil feierte sie im 1404 entstandenen, mehr als 24.000 Verse umfassenden »Buch von den Taten und guten Sitten Karls V.« (Livre des fais et bonnes meurs du sage roy Charles V.) den Monarchen, wobei sie sich einen nostalgischen Blick auf ihre eigene Kindheit und Jugend am Hof des Königs, der ihr und ihrer Familie stets wohlwollend und großzügig begegnet war, nicht versagte.[37] Philipp den Kühnen, den Bruder des verstorbenen Königs, in dessen Auftrag sie das Werk begonnen hatte, mahnte sie an seine Pflichten als Tutor und Mentor des noch minderjährigen Dauphin Ludwig von Guyenne (gest. 1414) und somit Sachwalter der Interessen Frankreichs. Neben Karl V., dem »guten König« des »goldenen Zeitalters« erschien Philipp als »guter Herzog«, der sich – wie einst Karl – durch Wissen, Klugheit, wahrhafte Freundschaft und Sachverstand auszeichnete.[38]

Diese Biographie Karls V., ursprünglich als reines Geschichtswerk konzipiert, gab Christine Gelegenheit, ihre Überlegungen und Vorstellungen über die Erziehung[39] und das Wesen des französischen Königtums, dessen Tradition sie bis auf Troja zurückführte, ausführlich darzulegen. Sie entwarf ein dreigeteiltes Bild vom Menschen als einem sinnlichen, vernünftigen und sittlichen Wesen, das über drei Phasen seine Vervollkommnung erreicht.

In drei Büchern verlieh Christine ihrer Bewunderung für Karl Ausdruck, dessen Mut, Ritterlichkeit und Weisheit sie in zahlreichen Episoden pries. Neben einem, bei aller Glorifizierung lebensnah anmutenden Porträt des Königs gelang es der Dichterin auch, ein treffendes Bild von der geistigen und politischen Atmosphäre am Hofe Karls V. zu zeichnen.

Bereits vor Ostern 1405 vollendete sie ein weiteres Werk. Das »Buch von der Stadt der Frauen« (Livre de la Cité des Dames)[40] zeigt eine im Vergleich zu früheren feministischen Schriften (Epistre a Dieu d'Amour) nicht nur geistig-intellektuell, sondern auch menschlich gereifte Frau. Die »Stadt der Frauen« ist eine allegorische Zuflucht für die Frauen, die sich durch das erniedrigende Urteil des Mannes in ihrem Selbstwertgefühl und in ihrer Würde verletzt sehen. Vernunft, Rechtschaffenheit und Gerechtigkeit herrschen in dieser »Burg der Frauenehre«[41], deren Festigkeit sich auf die Taten und Werke zahlreicher kluger Frauen gründet. Wie auch in früheren Werken fand Christine in der Bibel, der »legenda aurea« des Jacobus de Voragine und Boccacios »De claris mulieribus«[42] ein nahezu unerschöpfliches Arsenal von Beispielen, um zu belegen, daß Gott Mann und Frau nach seinem Bilde als vollkommene Wesen geschaffen habe. Semiramis, Penthiselea, Camille, Sappho, Isis und Cassandra wurden von Christine als Kronzeuginnen für ihre These ins Feld geführt, daß Frauen über dieselben intellektuellen und kreativen Potenzen verfügen wie Männer.[43] Daher sei der Platz der Frau an der Seite des Mannes als seine Gefährtin, nicht aber zu seinen Füßen als seine Sklavin. Diese Schrift ist eine umfassende Apologie der Frau, die dem Manne in jeder Hinsicht ebenbürtig scheint.[44]

Das Jahr 1405 brachte eine erneute Verschärfung des Konflikts zwischen Burgund und Orléans: Am 5. März ließ Ludwig von Orléans eine neue hohe Steuer ausschreiben und mit großer Härte eintreiben. Johann Ohnefurcht (1404–1419), der das Erbe seines Vaters angetreten hatte, verbot seinerseits im burgundischen Machtbereich die Erhebung und Zahlung dieser Steuer und marschierte mit einem Heer in Paris ein. Daraufhin floh Ludwig im Juli aus der Hauptstadt nach Melun. In seiner Begleitung befand sich auch seine Schwägerin, die Königin Isabeau de Bavière, die seit mehreren Jahren auch seine Geliebte war und deren Lebenswandel auf herbe Kritik der Zeitgenossen stieß. Dem Herzog von Burgund gelang es, in letzter Minute die Entführung des Dauphin Ludwig von Guyenne nach Melun zu verhindern. In Paris setzte er sich mit den Zünften und Gilden ins Einvernehmen, indem er deren Empörung und Unzufriedenheit über die neue Steuer mit Geschick und Demagogie für seine Zwecke auszunutzen verstand. Der Herzog von Orléans gab sich jedoch nicht geschlagen und zog seine Streitkräfte um die Hauptstadt zusammen, die mittlerweile einem Heerlager glich. Die Eskalation stand unmittelbar bevor und wurde nur durch die Schlichtungsbemühungen des Herzogs von Bourbon verhindert. In dieser Situation vermochte Christine, die erkannt hatte, daß dauernde Feindschaft zwischen Burgund und Orléans das Land zerfleischen würde, nicht länger zu schweigen.[45]

In einem Brief an die Königin vom 5. Oktober 1405[46] beschwor Christine diese eindringlich, ihren Einfluß geltend zu machen, um die Kämpfe zwischen den beiden Herzögen zu beenden: »Überaus ehrenwerte Dame, Ihr seid gewiß nicht verwundert darüber, daß alle der Meinung sind, bei Euch liege das Heilmittel und die Medizin für die Verteidigung dieses Königreiches, das niedergebeugt, tief betrübt und in Gefahr ist, zertreten zu werden oder dahinsiecht und untergeht. Ihr bittet nicht für fremde Erde, sondern für Euer eigenes Land und das natürliche Erbe Eurer leiblichen Kinder. Der Friede steht bevor zwischen diesen beiden Prinzen, die Blutsverwandte und daher natürliche Freunde sind..., wenn Ihr eingreift und ihn herbeiführt.«[47]

In »Christines Vision« (L'Avison Christine), am 19. April 1406 vollendet[48], wird die Dichterin in ein fernes Land entrückt, wo sie dem personifizierten Chaos begegnet. Hier erlebt sie noch einmal die Jahre ihrer Kindheit und begegnet einer gekrönten Dame – vielleicht Isabeau de Bavière? Die »Dame couronnée«, die in jedem Fall Frankreich verkörpert, beklagt sich darüber, daß Wollust und Betrug die Tugenden der Ritterschaft verdrängt hätten. An ihrer Stelle regierten Falschheit, Wollust und Habgier. – Die Schrift, die den Höhepunkt im Schaffen der Dichterin bezeichnet, gibt in ihrem dritten Teil – »Christines Klage an die Philosophie« – Auskunft über ihr Leben bis zum Jahre 1405. Mit diesem »hohen Lied der Vergeistigung des Lebens, das seine sittlichen Werte aus den Ideen, nicht aus der Materie ableiten soll« gewährt sie »Einblick in ihre philosophischen und geschichtsphilosophischen Anschauungen, die sie aus ihrer weiten Belesenheit in persönlicher Auffassung zu gestalten sucht.«[49]

Das ebenfalls 1406 entstandene »Buch von der Klugheit des Menschen« (Livre de la Prod'hommie de l'homme)[50] widmete sie dem Herzog von Orléans, in dessen Dienst ihr Sohn Jean nach seiner Rückkehr aus England und dem Tod Philipps von Burgund stand, und dem sie bereits zahlreiche ihrer frühen Dichtungen gewidmet hatte. Es handelt sich bei diesem Werk um eine Übersetzung des Traktates »Über die vier Tugenden« (De quattuor virtutibus) des Marcus von Brega, den die Dichterin jedoch irrtümlich Seneca zuschrieb. In philosophischer Manier reflektierte sie über die vier Kardinaltugenden des Menschen: Klugheit, Gerechtigkeit, Tapferkeit und Enthaltsamkeit. Gleichzeitig verlieh sie ihrer Freude darüber Ausdruck, daß am 15. Oktober 1405 in Melun zwischen Orléans und Burgund ein Friedensabkommen geschlossen worden war: Ich habe wiederum Grund, mehr als ich je zuvor hatte, erneut ins Gedächtnis zu rufen... Eure große Klugheit und die anderen Tugenden, die der Achtung und des Lobes würdig sind. Wie nie zuvor ist mein Herz von Zufriedenheit und Freude erfüllt. Ich habe wieder Anlaß, die schönen Worte und Sprüche, die aus Eurem Munde, edler Fürst, kommen, zu zitieren«.[51]

Mußte angesichts dieses panegyrischen Hymnus und der beschwörenden Zeilen, die von Johann Ohnefurcht in der Rue Barbette inszenierte Bluttat nicht wie ein ernüchternder Schock auf die Dichterin wirken, die ihre Hoffnung angesichts des Waffenstillstands 1405/06 auf ein endgültiges Ende des Bürgerkrieges gesetzt hatte – eine trügerische Hoffnung, wie sich jedoch erweisen sollte, als nach dem Tod Philipps des Kühnen die Rivalitäten unter seinem Sohn und Nachfolger Johann Ohnefurcht mit unerbittlicher Härte fortgeführt wurden. Die »Chronik der vier ersten Valois« (Chronique des quatre premiers Valois) charakterisierte diese Situation, in der Frankreich durch den Streit der Adelscliquen geschwächt wurde und der dem Wahnsinn verfallene Karl VI. zu einer willenlosen Marionette der rivalisierenden Parteiungen geworden war, mit der prägnanten Sentenz: »In Frankreich gibt es drei Könige.«[52]

Die Auseinandersetzungen eskalierten, als Ludwig von Orléans im November 1407 einem Anschlag eines durch seinen Vetter und politischen Gegner Johann gedungenen Attentäters zum Opfer fiel – eine Tat, die um so ruchloser schien, als sich Burgund und Orléans zwei

Jahre zuvor in Melun unter dem feierlichen Tedeum der Menge auf die Hostie ewige Freundschaft geschworen hatten.[53]

Der Bürgerkrieg ging als »Kampf zwischen Burgundern und Armagnacs« in die Geschichte ein, da Karl von Orléans (1396–1465), der Sohn des ermordeten Herzogs Ludwig, durch die Heirat mit einer Tochter des Grafen von Armagnac Schwiegersohn des mächtigsten Feudalherrn der Gascogne geworden war. Bernard VII. von Armagnac (gest. 1418) verfügte als Connetable von Frankreich über eine außerordentlich große militärische Macht, zeitgenössische Quellen sprechen von 1500 Mann[54], und übernahm nach dem Tode Ludwigs die Führung der Orléanisten, die künftig als Armagnacs bezeichnet wurden.

M. H. Pinet betont, daß man im Werk Christines vergebens ein unmittelbares Echo auf das Attentat vom 23. November 1407 sucht.[55] Hatte sie noch beim Tod ihres Mäzens Philipp von Burgund im Jahre 1404 ihre Landsleute aufgefordert: »Weint, Franzosen, alle aus einem gemeinsamen Willen Große und Niedere, weint über diesen großen Verlust«[56], so fand sie keine Worte beim Tod Ludwigs. Allzu groß war ihr Entsetzen über die Untat des Mannes, dessen Vater sie einst als Idealbild eines treuen Vasallen dargestellt hatte: »Ein Fürst sollte von souveränem Geist und gesundem Verstand sein, zuvorkommend und liebenswürdig gegen Menschen von hohem, mittlerem und niederem Stand, die Guten aller Stände sollte er lieben, großzügig wie ein Alexander«.[57]

Das Buch vom Staatswesen (Livre du corps de policie), vollendet im November 1407[58], war konzipiert als ein Leitfaden für die moralische und politische Erziehung der Prinzen aus königlichem Geblüt, insbesondere für die Unterweisung des Dauphin Ludwig von Guyenne. Der erste Teil wandte sich direkt an den Thronfolger, Teil zwei war an den Adel adressiert und der dritte Teil richtete sich an das Volk, an Kleriker, Studenten, Kaufleute, Bauern. Dieser Dreiteilung liegt eine Staatsauffassung zugrunde, der zufolge der Staat mit einem Organismus verglichen wird, dessen Haupt der König ist, dessen Arme und Hände durch den Adel verkörpert werden und dessen Beine und Füße das Volk darstelle. Außerordentlich kritisch zeigte sich Christine gegenüber dem Adel, dessen Fehden das Land in einen Bürgerkrieg gestürzt hatten. Als herausragende Tugenden eines Herrschers erscheinen Frömmigkeit, Freigebigkeit, Bescheidenheit, Güte,

Keuschheit und Gerechtigkeit. Die von Christine entwickelten Ideen basierten auf Schriften des Ägidius von Rom, Vegetius und Frontin sowie den Aristoteles-Übersetzungen des Nicole d'Oresme (1320–1382).[59]

Für das zweite Exemplar dieses Werkes, das ursprünglich an Ludwig von Orléans gerichtet war, versah sie Johann von Burgund am 17. November 1407, also sechs Tage vor dem Attentat in der Rue Barbette, mit der Gratifikation von 50 Franc.[60]

Von der Popularität, die Christine auch jenseits der Grenzen Frankreichs genoß, zeugt eine aus dem dritten Viertel des 15. Jahrhunderts datierende englische Übersetzung dieses Werkes durch einen Anonymus.[61]

Im »Buch über die drei Tugenden« (Livre de trois vertus)[62], das Christine im Mai 1408 Margarete von Burgund, der Gemahlin des Thronfolgers Ludwig, widmete, wandte sie sich wieder einem feministischen Thema zu. An die »Stadt der Frauen« anschließend, ließ sie erneut die drei Damen Vernunft, Rechtschaffenheit und Gerechtigkeit auftreten, die sich an die Frauen aller (!) Stände wenden und ihnen empfehlen, sich zu bilden. Dieses Werk, das auch unter dem Titel »Schatz der Stadt der Frauen« (Trésor de la cité des Dames) figuriert, wandte sich mit praktischen Ratschlägen und didaktisch-moralischen Erwägungen an die Frauen. Während Christine den Fürstinnen und den am Hofe in Dienst stehenden adeligen Damen Frömmigkeit und sittlichen Anstand als erstrebenswerte Tugenden darstellte, stand im Mittelpunkt des dritten Teils, der sich an Städterinnen und Bäuerinnen richtete, die Wahrnehmung häuslicher und ehelicher Pflichten. Namentlich dieser dritte Teil, der die Frauen mahnte, sich den bestehenden Gegebenheiten zu fügen und nicht eine Stellung zu erstreben, die ihrem Herkommen widerspricht, gewährt interessante Einblicke in das Alltags- und Familienleben der Frauen in den Städten und Dörfern des ausgehenden Mittelalters. Darüber hinaus läßt dieses Werk deutlich werden, worin für Christine de Pisan das Geheimnis ihres Erfolges bestand: Einerseits gelangte sie wie kaum eine zweite Frau ihrer Zeit zu theoretischen Einsichten über die Stellung ihres Geschlechtes in einer von Männern dominierten Welt, andererseits blieb sie aber auch Realistin, was das praktisch Mögliche betraf: So ermutigt sie zwar Damen von Adel, die ihnen im Rahmen ihrer Möglichkeiten zur Verfügung stehenden Machtchancen zu nutzen, warnte sie aber gleichzeitig auch, die erlaubten Grenzen zu überschreiten und empfahl ihnen, die Herrschaftsgewalt des Ehegatten zu akzeptieren und ihm die Loyalität nie zu versagen.[63]

Das nächste uns bekannte Werk Christines, »Die sieben Bußpsalmen« (Les sept psaumes allégorisés), 1409 für den König von Navarra verfaßt und zu Neujahr 1410 dem Herzog von Berry überreicht, ist eine Nachdichtung der sieben Bußpsalmen, die gleichzeitig Gebete für das Königshaus, den Klerus und die Stände enthält. Die an jeden Psalmvers anknüpfende Allegorie wendet sich nicht mehr didaktisch an den Leser, sondern betend an Gott. Ein Novum für Christine ist es ebenfalls, daß sie das Verhältnis zu Gott ganz vom Standpunkt des sündigen Menschen sieht, der Gott um Gnade und Erbarmen bittet.[64]

Als nach dem Abkommen von Gien, das am 15. April 1410 zwischen Bernard VII. und den Prinzen von Geblüt (Bourbon, Berry, Anjou, Albret), der Königin sowie dem Dauphin geschlossen worden war und in dem sich die vertragschließenden Parteien gegenseitiger Unterstützung versichert hatten, der Krieg zwischen Burgund und Armagnac erneut eskalierte und die Armagnacs bei ihrem Marsch auf Paris das gesamte Land verwüsteten und brandschatzten, sah sich die Dichterin erneut veranlaßt, ihre Stimme zu erheben. Am 23. August 1410 wandte sie sich in den »Klagen über die Übel Frankreichs« (Lamentacion sur les maux de France)[65] an die Prinzen »des fleurs de lys«, und vor allem an Johann von Berry und forderte sie auf, das Morden zu beenden, das die Menschen zu wilden Bestien werden ließ: »Wo ist denn die Vernunft, die ihm (dem Menschen – S. T.) den Namen vernunftbegabtes Wesen gab?« Anklagend beschwor sie die Königin und den Klerus, die dem Krieg untätig zusahen: »He! Gekrönte Königin von Frankreich, schläfst Du? Kommt, kommt alle herbei mit eurer Königin!« »He! Klerus von Frankreich, läßt du etwa dem Schicksal seinen Lauf? Warum veranstaltest Du keine Prozessionen mit demütigen Gebeten?« Ihre größte Hoffnung galt jedoch dem Herzog von Berry, dem Bruder Karls V., den sie inständig bat, dem Bruderzwist ein Ende zu machen. »O, Herzog von Berry, wie kann Dein gütiges Herz es ertragen, daß beim Sammeln zur tödlichen Schlacht Du die schmerzbringenden Waffen gegen Deine Neffen richtest? Wenn Du nach Paris kommst, in die Stadt, in der Dein Vater und Du geboren seid, die Dich unter Tränen anfleht, seufzt und weint und Dich bittet und ersucht, so komme, um die schmerzenreiche Stadt zu stärken und wende Dich mit der Sprache des Erziehers an Deine Kinder.«[66]

R. Thomassy vermutet, daß der Frieden von Bicêtre, der am 2. November 1410 auch durch Vermittlung Isabeaus zustandekam und einen vorübergehenden Waffenstillstand zwischen den Combattanten einleitete, ein unmittelbares Echo auf die Klagen und Mahnungen Christines darstellte. Für diese Annahme spricht eine Schenkung der Königin an Christine in Höhe von 200 livres, die vom Mai 1411 datiert. Es scheint, als habe die Königin der Dichterin ihren Dank für die »Lamentacion« abstatten wollen.[67]

Daß der in Bicêtre geschlossene Frieden wiederum nur ein trügerischer war, sollte sich bereits im folgenden Jahr erweisen. Mit englischer Unterstützung gelang es Johann von Burgund, die Hauptstadt Paris, die er seit 1408 besetzt hielt gegen einen Angriff der Armagnacs zu verteidigen. Auf Betreiben des Herzogs wurden 1413 die Generalstände nach Paris einberufen, nachdem sie mehr als 30 Jahre nicht zusammengetreten waren. Die Generalstände, in denen die Vertreter der Stadt Paris und der Universität dominierten, machten die Bewilligung neuer Steuern von der Beseitigung zahlreicher Mißstände in der königlichen Verwaltung abhängig, die sich fast ausschließlich in den Händen feudaler Cliquen befand. Den im April 1413 ausbrechenden Aufstand der Cabochiens, der sozialen Zusammensetzung nach vor allem Handwerker und kleine Unternehmer, an deren Spitze der Abdecker Simon Caboche stand, versuchte der Herzog von Burgund zu kanalisieren und im Sinne seiner Politik auszunutzen. Im Ergebnis einer zeitweiligen Interessenkonvergenz mit den Aufständischen wurde im Mai die »Ordonnance Cabochienne« erlassen, die unter Beteiligung der Pariser Universität ausgearbeitet worden war und einen Plan zu Reformen auf dem Gebiet der Administration, des Finanzwesens und der Jurisdiktion enthielt. Da dieses gemäßigte Reformprogramm den Forderungen der Aufständischen nicht entsprach, kam es zu einer Radikalisierung der Erhebung. Der Terror regierte in Paris. Angesichts dieser Entwicklung formierte sich innerhalb der Oberschicht der Hauptstadt eine Partei, die den Frieden zwischen Burgund und Armagnac forderte, da nur auf dieser Grundlage die Ordnung in Paris und im ganzen Reich wiederhergestellt werden könne. Wortführer dieser Partei war Jean I. Juvenal des Ursins.

Nach der Niederschlagung des Aufstands gelang es den Armagnacs im Bündnis mit dem Dauphin Ludwig, Nutzen aus dem Umstand zu ziehen, daß sich Johann Ohnefurcht durch seine Verbindung zu den Cabochiens in Paris, der bisherigen Hochburg der Burgunder, kompromittiert hatte. Unter der Führung des jungen Herzogs von Orléans zogen am 30. August 1413 die Truppen der Armagnacs in Paris ein, nachdem Johann sein Heil in der Flucht gesucht hatte.[68]

Von Waffen und Krieg handelt auch das nächste uns bekannte Werk Christines. Im »Buch von den Waffentaten und vom Rittertum« (Livre des fais d'armes et de chevalerie)[69], das sie Anfang 1413 dem Herzog von Berry überreichte, kompilierte die Dichterin Vegetius' »Über das Militär« (De re militari) und Honoré Bonets »Baum der Schlachten« (Arbre de batailles). Die vierteilige Abhandlung leitet die Dichterin mit der Augustin entlehnten Frage ein, ob es denn nun gerechte Kriege gebe.[70] Neben Problemen des Kriegs-, Staats- und Völkerrechts beschäftige sich Christine mir praktischen Fragen des Festungsbaus, des Festungschutzes, der Belagerung und Verteidigung einer Stadt, der Verproviantierung der Truppen etc. Nicht ohne Ironie nimmt der oft mit Plagiaten konfrontierte Leser des 20. Jahrhunderts zur Kenntnis, daß Christine bei Honoré Bonet, der 1413 noch unter den Lebenden weilte, um Vergebung für ihre »geistige Anleihe« bat und ihr eigenes Gewissen zu entlasten suchte, indem sie Bonet im Traum erscheinen und ihr Absolution erteilen ließ.[71]

Das »Buch vom Frieden« (Livre de la Paix),[72] das Christine hoffnungsvoll nach dem Frieden von Auxerre am 1. September 1412 begonnen und Ludwig von Guyenne als Friedensstifter gewidmet hatte, jedoch nach längerer Unterbrechung erst am 1. Januar 1414 unter dem Eindruck des blutigen Terrors der Cabochiens und der Niederschlagung der Bewegung vollendete, ist aufschlußreich für ihr politisches Denken. Ebenso wie Jean Gerson lehnte sie die Erhebung der Volksmassen ab, deren radikalste Vertreter Paris mit Schrecken und Gewalt in Atem gehalten hatten. Durch Herkunft, Erziehung und gesellschaftliche Stellung dem königlichen Hof auf das engste verbunden, begegnete sie den Aufständischen und ihren Zielen mit Furcht und Unverständnis.[73] Wiederum beschwor sie den Frieden im Innern des Reiches, als dessen Garant sie ein starkes Königtum ansah, verkörpert durch Johann von Berry oder Ludwig von Guyenne. Doch abermals muß sich Christine in ihren Hoffnungen getäuscht sehen, als neue Kämpfe und Auseinandersetzungen die Parteien erneut entzweien und erst der im August 1413 in Pontoise geschlossene Vertrag eine Atempause ermöglicht. Aus Freude über diesen Vertrag setzte Christine ihre im November 1412 unterbrochene Arbeit am »Buch vom Frieden« fort, das sie dann binnen weniger Monate vollendete.[74]

Der in diesem Werk anklingende Optimismus, der durch den Vertrag von Arras vom 4. September 1414 neue Nahrung erhalten haben dürfte, wich jedoch tiefer Resignation, als die Nachricht vom Untergang der französischen Armee bei Azincourt nach Paris gelangte.

Im Sommer 1415 war auf Befehl Heinrichs V. von England ein Heer in Frankreich im Gebiet der Seine-Mündung gelandet und in südlicher Richtung vorgerückt. Als die Engländer am 25. Oktober 1415 bei Azincourt auf die Armee Karls VI. trafen, kam es zu einer der größten Schlachten des Hundertjährigen Krieges, in deren Verlauf Frankreich vernichtend geschlagen wurde und mehr als 7000 Gefallene und 1500 Gefangene zu beklagen hatte.[75] Unter den Toten befand sich die Blüte des französischen Hochadels: Zwei Enkel Johanns II., Anton von Brabant, Eduard, Herzog von Bar, Philipp von Nevers, Jean d'Alençon, Charles d'Albret, der Comte de Dreux. So berühmte Heerführer wie Jean le Meingre, Maréchal de Boucicout (1364–1421), der einst mit Johann Ohnefurcht 1396 bei Nikopolis gegen die Truppen Sultan Bayazids I. (1389–1402) gekämpft hatte und der junge Herzog Karl von Orléans, der nach der Ermordung seines Vaters im Jahre 1407 als »Hoffnung der Armagnacs« galt, gerieten in Gefangenschaft. Sieger wie Besiegte sahen in dieser Entscheidung ein Gottesurteil. Während Heinrich V. seinen brillanten Sieg am 23. November 1415 mit einem triumphalen Einzug in London krönte, herrschten auf französischer Seite Verzweiflung und Hoffnungslosigkeit.

Das »Trauma von Azincourt« wurde noch verstärkt durch das offiziell in Oktober 1416 geschlossene Bündnis des Herzogs von Burgund mit Heinrich V., die Besetzung der Normandie durch die Engländer, die Einnahme der Hauptstadt Paris durch die Truppen Johanns Ohnefurcht und die Eskalation des Bürgerkrieges, der einen erneuten Höhepunkt erreichte, als im Juni 1418 Bernard VII. von Armagnac dem burgundischen Terror nach der Kapitulation von Paris zum Opfer fiel und am 10. September 1419 der Herzog von Burgund in Montereau ermordet wurde.[76]

Christine, die nach dem Tod des Herzogs von Berry am 15. Juni 1416 ihres letzten Mäzens beraubt war und ihre Hoffnungen auf eine Beilegung des Konfliktes gescheitert sehen mußte, zog sich 1418, vielleicht nicht ganz unfreiwillig, in das Kloster Poissy in der Nähe von Paris zurück. Das ausschlaggebende Motiv dürfte jedoch ihr Entsetzen über den Terror der burgundischen Söldner in Paris gewesen sein.

Zuvor hatte sie der Tochter ihres ehemaligen Gönners, der Herzogin von Bourbon, im Jahre 1418 eine Trostschrift überreicht, deren Titel beredter als jede andere literarische Äußerung Zeugnis von der seelischen Verfassung Christines in den Jahren nach Azincourt ablegt. Der »Brief aus dem Gefängnis des menschlichen Lebens« (Epistre de la prison de vie humaine) versucht Marie von Bourbon, deren Gemahl bei Azincourt in englische Gefangenschaft geraten war, Trost zu spenden mit dem Hinweis auf die Freuden, die die Opfer der Schlacht im Paradies finden werden. Tiefe Resignation und Verzweiflung, so sie vorherrschte, ist hier geduldiger Einsicht in das Unabänderliche und Unaufhaltsame gewichen. Der Tod erscheint nicht mehr als das dunkle Ende der Menschen, sondern als »das Tor zwischen Hier und Dort«, als »Vereinigung des Menschen mit Gott als höchste Möglichkeit«.[77] Nur folgerichtig erscheint daher Christines Eintritt in das Dominikanerinnenkloster Poissy, wo sie sich auf diese »höchste Möglichkeit« vorbereitete, ob als Ordensfrau oder als Stiftsdame, vermögen wir nicht mit Gewißheit zu sagen. Auch dürfte die Wahl des Ortes kein Zufall sein: Noch vor 1400 war Christines Tochter Marie aus eigenem Antrieb und auf Wunsch der Mutter in das Kloster Poissy eingetreten, wo Christine sie des öfteren besuchte. Von einem solchen Besuch am 26. April 1400 berichtet der »Dit de Poissy«.[78]

In Poissy entstand nach mehr als zehnjährigem dichterischen Schweigen im Juli 1429 der »Ditiè de Jeanne d'Arc«[79], der die letzte Dichtung Christines werden sollte, die 1430 im Alter von 66 Jahren starb.

Im Frühjahr 1429 war ein lothringisches Bauernmädchen aus Domremy am Hof des Dauphin Karl von Valois (1422–1461) erschienen und hatte behauptet, Gott habe ihr durch himmlische Stimmen und Visionen aufgetragen, die verzweifelte Lage des Königreichs Frankreich zu wenden und dem rechtmäßigen Erben sein Reich zu erstatten, nachdem er durch seinen eigenen Vater im Vertrag von Troyes 1420 enterbt worden war. Weiterhin berichtete sie, Gott habe sie bestimmt, die englische Belagerung von Orléans aufzuheben und den Thronfolger zur Salbung nach Reims, der traditionellen Krönungsstadt der französischen Könige, zu führen. Als angesichts der unaufhaltsam vorrückenden englischen Truppen die Lage der Franzosen immer aussichtsloser schien, entschloß sich Karl auf Empfehlung des Kronrates, Jeanne d'Arc (1412–1431) an der Spitze eines Heeres nach Orléans zu entsenden. Und hier gelang der »gottgesandten Jungfrau« was niemand für möglich erachtet hätte: Die Franzosen durchbrachen den Belagerungsring und zogen am 8. Mai 1429 siegreich in Orléans ein. Dieser Sieg und die am 17. Juli 1429 in der Kathedrale von Reims durch den Erzbischof Regnault de Chartres vollzogene Salbung Karls VII. veränderte die psychologische Situation der kriegführenden Parteien grundlegend und vermittelte den Franzosen erneut das Bewußtsein, daß Gott im Kampf gegen England auf ihrer Seite stehe.[80]

Inspiriert durch die Erfolge Jeanne d'Arcs, feierte Christine de Pisan die »glückselige Jungfrau« (pucelle beneurée) als die Gesandte Gottes und der Jungfrau Maria, deren Gnade sie bereits 1414 im »Gebet an die Jungfrau Maria« das Königreich Frankreich und seinen König empfohlen hatte.[81]

Mit dem Auftreten der Jeanne d'Arc sah Christine nach dem Chaos des Krieges den Beginn eines für Frankreich glücklichen Zeitalters heraufziehen, das auch für sie die Erfüllung ihrer Hoffnungen und das Ende der Entsagungen bedeutete: »Das Jahr 1429/ läßt die Sonne erneut erstrahlen/ Es läßt die guten Zeiten wieder heraufziehen.«[82]

Endlich, so Christine, hielt nach langer Zeit der Trauer der Thronfolger, als rechtmäßiger Erbe der französischen Krone, seinen Einzug.[83]

Wunderbar, einzigartig und außergewöhnlich erscheint die Gnade, die Gott gewährte.[84]

Welche Ehre hat Gott der französischen Krone und Karl VII. erwiesen, in dem er Johanna sandte, um die Feinde zu besiegen.[85]

Dankbar und demütig sollte sich Karl vor Gott beugen, der Frankreich wieder aufgerichtet und den Frieden gebracht hat.[86] Johanna verglich Christine mit Moses, der das Volk Israel aus Ägypten geführt hatte. Sie, deren Taten die durch Esther, Judith und Deborah vollbrachten Wunder noch übertrafen[87], sei wie Joshua oder Gideon auserwählt worden. Doch während es dort starke Männer waren, die wunderbare Taten für ihr Volk vollbrachten, war es hier nur eine Frau, eine »einfache Schäferin« (simple bergière).[88]

Im Auftreten Johannas, das bereits durch Merlin, die Sibyllen und Beda prophezeit worden sei[89], sah Christine eine Ehre für das gesamte weibliche Geschlecht: »He! Welch eine Ehre für das weibliche Geschlecht! / Daß Gott es liebt, ist offenbar, / da doch dieses große hündische Volk/ durch welches das ganze Reich verwüstet wird/ durch eine Frau aufgestört und überwältigt wird/ Was Männern nicht gelang / Und die Verräter werden in die Einöde geschickt / Kaum ist es zu glauben.«[90]

Die offensichtlichen Parallelen und Analogien, die sich zu Jean Gersons Traktat »De puella Aurelianensi«[91] ergeben, veranlaßten D. Fraioli zu der These, Christine habe diese Schrift gekannt und sei durch sie beeinflußt worden.[92] Im Unterschied zu Gerson jedoch, der in seinem unmittelbar nach der Eroberung von Orléans verfaßten Traktat in Jeanne d'Arc die Protagonistin eines »fragilis sexus« sah, glorifizierte Christine de Pisan in Übereinstimmung mit ihren feministischen Ideen und Vorstellungen Johanna vor allem als kriegerische Amazone und Inkarnation des Ideals, das sie bereits 1399 in ihrem »Brief vom Liebesgott« beschrieben hatte. Während Gerson Jeanne stärker an einem weiblichen Ideal maß, das er in der hl. Katharina und der hl. Cäcilia verkörpert sah,[93] pries Christine Johanna als würdige Nachfolgerin der martialischen Deborah.[94]

Dennoch überwiegen in beiden Darstellungen die Gemeinsamkeiten.[95] Sowohl Gerson als auch Christine erhofften von Jeanne d'Arc die Verwirklichung ihres politischen Ideals, das sie in der Stärkung der Monarchie sahen. Unter diesem Aspekt ordnen sich beide Schriften in die patriotische Propagandaliteratur ein, die im Frühjahr/Sommer 1429 den Ruf der »pucelle beneurée« über die Grenzen Frankreichs hinaus verbreitete.[96]

Es ist wohl kaum ein Zufall, daß Christine de Pisan nach langer schöpferischer Pause durch das Auftreten der »Jungfrau von Orléans« veranlaßt wurde, noch einmal zur Feder zu greifen. Auch wenn auf den ersten flüchtigen, wie so oft täuschenden Blick keine Gemeinsamkeiten zwischen den beiden Frauen zu bestehen scheinen, so erschließt sich dem Historiker bei näherem Betrachten eine gewisse Wesensverwandtschaft. Hatte Christine ihre Bemühungen und Aktivitäten um eine Restauration des französischen Königtums nach dem Desaster von Azincourt und den sich in der Folgezeit zuspitzenden Konflikten zwischen den Parteien des Hochadels scheitern sehen, so schöpfte sie neue Hoffnung angesichts der Erfolge, die Johanna binnen weniger Monate erringen konnte. Die Entsendung einer »Jungfrau« zur Rettung Frankreichs, die allen königstreuen Franzosen wie ein Akt göttlicher Gnade erschien, mußte gerade für Christine, deren Leben und Werk auf das engste mit dem Königshof verbunden war, wie ein Wunder wirken. Und wieviel größer mußte ihre Begeisterung angesichts der Tatsache sein, daß es gerade eine Frau war, die Gott zur Rettung des Königs von Frankreich ausersehen hatte! Ihr, die ihr Leben dem Kampf für Ansehen und Würde der Frau gewidmet hatte, war es nun am Ende ihres Lebens vergönnt, mitzuerleben, daß eine Frau das vollbrachte, wozu zahlreiche Männer vor ihr nicht imstande gewesen waren. Wen nimmt es da Wunder, daß ihre emphatische Begeisterung für Jeanne d'Arc keine Grenzen kannte?! Daß es ihr erspart blieb, die Hinrichtung ihrer Heldin am 30. Mai 1431 in Rouen zu erleben, Christine starb wahrscheinlich 1430, dürfte eine schicksalhafte Fügung für diese Frau gewesen sein, die Zeit ihres Lebens gegen die Widrigkeiten des Schicksals gekämpft hatte und ihre Hoffnungen nur allzu oft enttäuscht sehen mußte.

Eine Gesamtwürdigung ihres literarischen Schaffens vornehmen zu wollen, fällt schwer angesichts der Tatsache, daß ihr umfangreiches Gesamtwerk trotz zahlreicher verdienstvoller Editionen bis heute noch nicht vollständig aufgearbeitet ist. Unbestritten dürfte sein, daß Christine de Pisan sich mit ihren Werken ein bleibendes Verdienst um die Entwicklung der europäischen Literatur erworben hat. Sie selbst trug für die Vervielfältigung ihrer Schriften Sorge und setzte auch in dieser Hinsicht Maßstäbe. Einige ihrer Werke, so das »Buch vom Staatswesen« und das »Buch von den Waffentaten und vom Rittertum« wurden ins Englische übersetzt, wiewohl ihre Werke gerade in England noch zu Lebzeiten der Dichterin große Popularität erlangten.

Wenn U. Liebertz-Grün in Christine eine »Wegbereiterin des Humanismus« und »Vordenkerin der europäischen Geistesgeschichte«[97] sieht, so wird dieses Urteil kaum beeinträchtigt durch die zahlreichen ungenauen und unkorrekten Details, die der Schriftstellerin unbestritten unterlaufen sind. Wenn sie ihre Quellen unkritisch verwendete, ohne sich der Mühe einer genauen Prüfung der Fakten und oft legendarischen Überlieferung zu unterziehen, so war sie in dieser Hinsicht durchaus ein Kind ihrer Zeit: Quellenkritik war nicht die Stärke mittelalterlicher Autoren! Auch wenn Christines politische und soziale Ideen ihrer Zeit nicht vorauseilten und sie, was z. B. die Rolle der Monarchie anbelangte, traditionellen Vorstellungen verhaftet blieb[98], trifft auf sie mutatis mutandis ein Urteil zu, das die renommierte amerikanische Historikerin und Publizistin Barbara Tuchman über Gerson, den berühmten Zeitgenossen Christines fällte: »Gerson war ein Mann, der sich jeder Einordnung oder verallgemeinernden Typisierung entzieht... Er war ein Kompendium und zugleich ein Spiegel der Ideen und geistigen Einflüsse seines Zeitalters.«[99]

Nichtsdestotrotz blieb diese »Vorkämpferin für die Menschenrechte der Frau« Zeit ihres Lebens eine »unzeitgemäße Zeitgenossin«[100] und eilte namentlich mit ihren emanzipatorischen, feministischen und humanistischen Bestrebungen ihrer Zeit weit voraus.

Anmerkungen

1 Aus der Vielzahl der Literatur zu Christine de Pisan seien genannt Ph. A. Becker, Christine de Pisan, in: Zeitschrift für französische Sprache und Literatur 54 (1930), 3/4, S. 129–164; F. du Castel, Demoiselle Christine de Pisan, Paris 1972; M. Favrier, Christine de Pisan, muse des cours souveraines, Lausanne 1967; G. Gröber, Christine de Pisan, in: Geschichte der mittelfranzösischen Literatur 2: Vers- und Prosadichtung des 15. Jahrhunderts, 2. Aufl., Berlin/Leipzig 1937, S. 14–40; F. Koch, Leben und Werke der Christine de Pizan, Diss. Leipzig 1886; E. McLeod, The Order of the Rose: The Life and Ideas of Christine de Pisan, Totowa N.J. 1976; E. Nys, Christine de Pisan et ses principales oeuvres, Brüssel 1914; M.-J. Pinet, Christine de Pisan 1364–1430. Etude biographique et littéraire, Paris 1927; R. Pernoud, Christine de Pisan, Paris 1982; M. Rohrbach, Christine von Pisan, Münster 1934; S. Solente, Christine de Pisan, in: Histoire littéraire de la France 40, 1969, S. 335–422; Ch. C. Willard, Christine de Pizan: Her Life and Works, New York 1985. Einen ausführlichen Überblick über die Literatur bietet E. Yenal, Christine de Pisan. A Bibliography of Writings by her and about her, New York – London 1982.

2 Vgl.Pinet, Christine, S. 3ff.

3 Bei dem erstgeborenen Kind handelte es sich um ein Mädchen namens Marie, das um 1400 in das Dominikanerinnenkloster Poissy eintrat. Christines älterer Sohn Jean wurde 1385 geboren, ging 1397 mit dem Grafen von Salisbury nach England, von wo er 1402 zurückkehrte und in den Dienst des Herzogs von Orléans trat, den er 1404

quittierte, um sich in den Dienst des Herzogs von Burgund zu begeben. 1408 wurde er zum Secrétaire du roi ernannt. Er starb um 1426. Über das dritte Kind, einen Knaben, sind keine näheren Angaben überliefert.

[4] Vgl. J. G. Bruins, Observations sur la langue d'Eustache Deschamps et de Christine de Pisan, Amsterdam 1925; A. R. Pugh, Le Jugement du Roy de Behaigne de Guillaume de Machaut et le Dit de Poissy de Christine de Pisan, in: Romania 23 (1894),S. 581–586. Edition des lyrischen Werkes durch M. Roy, Oeuvres poétiques de Christine de Pisan, 3 Bde., Paris 1886–1896.

[5] Vgl. L. Delisle, Recherches sur la librairie de Charles V, Paris 1907.

[6] Rohrbach, Christine, S. 3. Vgl. auch I. Meckenstock, Formen der Einsamkeitserfahrung bei Christine de Pisan und Charles d'Orléans, Bonn 1969.

[7] Ballade XI der »Cent Balades«, in: Roy, Oeuvres poétiques 1, S. 12. Dt. Übers. nach S. Harksen, Die Frau im Mittelalter, Leipzig 1974, S. 56.

[8] Rondeau XXX, in: Roy, Oeuvres poétiques 1, S. 164. Dt. Übers. nach Harksen, Die Frau, S. 56.

[9] Virelay I, in: Roy, Oeuvres poétiques 1, S. 101. Dt. Übers. nach D. Rieger, Die französische Dichterin im Mittelalter : Marie de France – die » trobairitz« – Christine de Pisan, in: Die französische Autorin vom Mittelalter bis zur Gegenwart, hrsg. von R. Baeder, D. Fricke, Wiesbaden 1979, S. 43.

[10] Guillaume de Lorris, Jean de Meung, Der Rosenroman, übers. und eingeleitet von K. A. Ott, München 1976–1979. Zu den feministischen Ideen Christines vgl. S. G. Bell, Christine de Pisan (1364–1430): Humanism, in: Feminist Studies 3 (1976) Heft 3–4, S. 173–184; D. Bornstein (Hrsg.), Ideals of women in the works of Christine de Pizan. A collection of essays, Detroit 1981; E. C. Hicks, Le Débat sur le »Roman de la Rose« (Christine de Pisan, Jean Gerson, Jean de Montreuil, Gontier et Pierre Col), Paris 1977; M. Kastenberg, Die Stellung der Frau in den Dichtungen der Christine de Pisan, Heidelberg 1909; F. D. Kelly, Reflections on the Role of Christine de Pizan as a Feminist Writer, in: Substance 2 (1972), S. 63–71; L. M. Richardson, The Forerunners of Feminism in French Literature of the Renaissance, Baltimore 1929; R. Rigaud, Les idées féministes de Christine de Pisan, Neuchâtel 1911; C. C. Willard, A fifteenth century view of Womens Role in medieval Society, in: The Role of Women in the Middle Ages, hrsg. von R. T. Morewedge, Albany 1975; dies., The Franco-Italien professional writer Christine de Pisan, in: Medieval Women Writers, ed. by K. M. Wilson, Manchester 1984, S. 333–364.

[11] Roy, Oeuvres 2, S. X-XI und 1–27; Christine de Pizan, Der Sendbrief vom Liebesgott, übersetzt und kommentiert von M. Stummer, Graz 1987.

[12] Roy, Oeuvres 2, S. 29–48.

[13] Vgl. G. Cohen, La vie littéraire au moyen âge, Paris 1953, S. 180ff.

[14] Vgl. ebenda, S. 172ff.

[15] L'Epistre au Dieu d'Amours 715–725, dt. Übers. nach Stummer, Der Sendbrief, S. 40.

[16] Vgl. Cohen, La vie, S. 186ff; J.Bédier, Les Fabliaux, Paris 1893; D. Boutet, Les Fabliaux, Paris 1985.

[17] Gröber, Geschichte, S. 33.

[18] Eine Ausnahme bildete auch Jean Le Meingre, maréchal de Boucicaut (1364–1421), der zur Verteidigung der Frauen den Orden »de l'écu verd à la dame blanche« gründete und im »miror des Dames« (Der Spiegel der Frauen) als eifriger Verfechter des Frauendienstes auftrat, was Christine im »Streit zweier Liebender« (Débat des deux amants) besonders hervorhob – Roy, Oeuvres 2, S. 96.

[19] Der erste Brief, eine Antwort an den königlichen Sekretär Jean de Montreil, der Jean de Meung gegen seine Kritiker in lateinischen Briefen verteidigt hatte, datiert vom September 1401. Diesen Brief, sowie einen weiteren, gerichtet an den königlichen Sekretär Gonthier Col, überreichte sie am 2. Februar 1402 Isabeau de Bavière, in deren Dienst sie als Kammerfrau stand. Pierre Col verfaßte eine Widerlegung der von Gerson und Christine vorgebrachten Ideen, die diese am 2. Oktober 1402 beantwortet. Am Abschluß der »Querelle du Roman de la Rose« stehen drei undatierte lateinische Schriften des Jean de Montreuil, der sich erneut gegen Christine aussprach. Vgl. ausführlich: Hicks, Le Débat.

[20] Hauptangriffspunkt Gersons war die Darstellung der freien Sexualität durch de Meungs Rosenroman: »De Meungs Preislied auf die fleischliche Liebe, seine Satire auf die Keuschheit, seine Inthronisierung der Vernunft, sein freidenkerischer Skeptizismus, sein antiklerikales Vorurteil – all das war Gerson zuwieder« – B. Tuchman, Der ferne Spiegel. Das dramatische 14. Jahrhundert, München 1982, S. 432f.

[21] U. Liebertz-Grün, Autorinnen im Umkreis der Höfe, in: H. Gnüg, R. Möhrmann, Frauen – Literatur – Geschichte. Schreibende Frauen vom Mittelalter bis zur Gegenwart, Stuttgart 1985, S. 30.

[22] G. Lanson, Histoire de la littérature française, Paris 1952, S. 166f.

[23] Livre du Chemin de long estude, hrsg. von R. Pueschel, Berlin/Paris 1881 (Neudruck 1974).

[24] Vgl. C. M. Cropp, Boèce et Christine de Pisan, in: Moyen Age 36 (1981), S. 387–417.

[25] Vgl. A. Farinelli, Dante nell'opere di Christine de Pisan, in: Festschrift für H. Morf, Berlin 1908.

[26] Roy, Oeuvres 2, S. 223–294.

[27] Ebenda 3, S. 59–208.

[28] Becker, Christine, S. 154.

[29] Zu den politischen Ideen Christines: Cl. Gauvard, Christine de Pisan, a-t-elle eu une idée politique?, in: Revue historique 97 (1973), S. 417–429; G. Mombello, Quelques aspects de la pensée politique de Christine de Pisan d'après ses oeuvres publiées, in: Atti del Convegno su Culture et politique en France à l'époque de l'Humanisme et de la Renaissance, Turin 1974, S. 43–153; R. Thomassy, Essay sur les écrits politiques de Christine de Pisan, Paris 1838; J. A. Wisman, L' éveil du sentiment national au Moyen Age: la pensée politique de Christine de Pisan, in: Revue historique 101 (1977), S. 289–297.

[30] Vgl. P. G. Campell, L'epitre d'Othea. Etudes sur les sources de Christine de Pisan, Paris 1924; G. Mombello, Per un edizione critique dell'Epistre Othea di Christine de Pisan, in: Studi Francesi 24 (1964), S. 401–417; 25 (1965), S. 1-12; Ders., La tradi-

zione manoscritta dell' Epistre Othea de Christine de Pizan. Prolégomènes à l'édition du texte, Turin 1967.

31 Vgl. P. G. Campell, Christine de Pisan en Angleterre, in: Revue de littérature comparée 5 (1925), S. 659–670.

32 Zu seiner Biographie: F. Autrand, Charles VI, Paris 1984.

33 Vgl. ausführlich: J. d'Avout, La querelle des Armagnacs et des Bourguignons, Paris 1949; M. Nordberg, Les ducs et la royauté. Etudes sur le rivalité des ducs d'Orléans et de Bourgogne 1392–1407, Uppsala 1964.

34 Christine de Pisan, Le Livre de la mutacion de fortune, hrsg. von S. Solente, Paris 1959–1966.

35 Liebertz-Grün, Autorinnen, S. 31f.

36 Gauvard, Christine de Pisan, S. 419.

37 Christine de Pisan, Le Livre des fais et bonnes meurs du sage roy Charles V., 2 Bde., hrsg. von S. Solente, Paris 1936–1940.

38 Ebenda, S. 108.

39 Vgl. A. L. Gabriel, The Educational Ideas of Christine de Pisan, in: Journal of the History of Ideas 16 (1955) 1, S. 3-21.

40 Christine de Pizan, Le Livre de la Cité des Dames. A critical edition by M. Ch. Curnow, 2 Bde., Diss. Vanderbilt University 1975; Christine de Pisan, Das Buch von der Stadt der Frauen, übers. von M. Zimmermann, 2. Aufl., Berlin 1987.

41 Becker, Christine, S. 156.

42 A. Jeanroy, Boccace et Christine de Pisan: le »De claris mulieribus«, principale source du Livre de la Cité des Dames, in: Romania 48 (1922), S. 93–105.

43 Liebertz-Grün, Autorinnen, S. 29f.

44 Gröber, Geschichte, S. 33. Vgl. auch Kastenberg, Die Stellung der Frau, S. 15ff.

45 Zu diesen Ereignissen: Nordberg, Les ducs, S. 185ff.

46 Wiedergabe des Briefes bei Thomassy, Essay, S. 133ff.

47 Ebenda, S. 135.

48 L'Avision Christine, hrsg. von M. L. Towner, Washington 1932.

49 Gröber, Geschichte, S. 34.

50 Dieses Werk ist nicht ediert. Es existiert eine französische Handschrift in der Bibliothèque nationale Paris, Fr. 5037, fol. 182–221. Sie trägt den Titel »Livre de Prudence a l'enseignement de bien vivre«. Der Titel »Livre de la Prod'hommie de l'homme« erscheint in dem in der Bibliotheca Vaticana, Reg. Lat 1238, aufbewahrten Exemplar.

51 Zitiert nach: Gauvard, Christine de Pisan, S. 427.

52 Chronique du Religieux de Saint Denis III, hrsg. von L. Bellaguet, Paris 1839, S. 12.

53 Vgl. ausführlich: O. Cartellieri, Die Ermordung des Herzogs Ludwig von Orléans, Heidelberg 1912; A. Coville, Jean Petit. La question du tyrannicide au XV s., Paris 1932.

54 Nordberg, Les ducs, S. 120ff.

55 Pinet, Christine, S. 135.

56 Ballade XLII der »Balades de diverse propos«, Roy, Oeuvres 1, S. 255f.

57 Christine de Pisan, Livre des fais, S. 151.

[58] Christine de Pisan, Le Livre du corps de policie, hrsg. von R. H. Lucas, Genf 1967.
[59] Vgl. Gröber, Geschichte, S. 35.
[60] Becker, Christine, S. 158.
[61] Vgl. ausführlich: D. Bornstein, The Middle English Translation of Christine de Pisans »Livre du Corps Policie«, Heidelberg 1977.
[62] M. Laigle, Le Livre des trois vertus de Christine de Pisan et son milieu historique et littéraire, Paris 1912.
[63] Vgl. Liebertz-Grün, Autorinnen, S. 31.
[64] Becker, Christine, S. 159 f.; Gröber, Geschichte, S. 36; Rohrbach, Christine, S. 69 f.
[65] Text bei: Thomassy, Essay, S. 141–149.
[66] Ebenda.
[67] Ebenda, S. XXIII.
[68] J. Favier, La guerre de cent ans, Paris 1985, S. 421 ff.
[69] Dieses Werk, das schwächste Christines, ist nicht ediert. Eine Handschrift befindet sich im British Museum in London, ms Royal E VI.
[70] Aurelius Augustinus, De civitate Dei LIV, c. 15.
[71] Vgl. Becker, Christine, S. 160.
[72] The »Livre de la Paix« of Christine de Pisan, hrsg. von Ch. C. Willard, 's-Gravenhage 1958.
[73] Vgl. Pinet, Christine, S. 161 f.
[74] Vgl. Favier, La guerre, S. 433 ff.
[75] Vgl. Ausführlich: Ph. Contamine, Azincourt, Paris 1964.
[76] Favier, La guerre, S. 443 ff.
[77] Solente, Christine, S. 72; Rohrbach, Christine, S. 75.
[78] Roy, Oeuvres 2, S. 159–222.
[79] Christine de Pisan, Le Ditié de Jehanne d'Arc, hrsg. von A. J. Kennedy, K. Varty, Oxford 1978. Vgl. ausführlich: Th. Ballet-Lynn, The Ditie de Jeanne d'Arc. Its political, feminist and aesthetic significances, in: Fifteenth Century Studies 1 (1978), S. 149–156.
[80] Vgl. ausführlich: S. Tanz, Jeanne d'Arc – Spätmittelalterliche Mentalität im Spiegel eines Weltbildes, Weimar 1990.
[81] Thomassy, Essay, S. 173.
[82] Ditié, Stanze III.
[83] Ebenda, Stanze V.
[84] Ebenda, Stanze VIII.
[85] Ebenda, Stanze XII / XIII.
[86] Ebenda, Stanze XIX und XXI.
[87] Ebenda, Stanze XXVIII.
[88] Ebenda, Stanze XXV.
[89] Ebenda, Stanze XXXI.
[90] Ebenda, Stanze XXXIV.
[91] De puella Aurealianensi, hrsg. von P. Glorieux, in: Oeuvres complètes de Jean Gerson IX, Paris 1973, S. 661–665. Vgl. ausführlich Ch. Peyronnet, Gerson, Charles VII et Jeanne d'Arc, in: Revue d'histoire ecclesiastique 84 (1989) 2, S. 334–370.

[92] D. Fraioli, The literary image of Joan of Arc: Prior Influences, in: Speculum 56 (1981), S. 815 ff.

[93] De puella Aurealianensi, S. 664 f.

[94] Vgl. Fraioli, The literary image, S. 816.

[95] Nicht zuletzt diese Gemeinsamkeit bewog J. Huitzinga, in Christine und Gerson »zwei der lautersten und klügsten Geister Frankreichs« zu sehen. Vgl. J. Huitzinga, Bernard Shaw's Heilige, in: Wege der Kulturgeschichte, München 1930, S. 206.

[96] Vgl. Fraioli, The literary image, S. 828.

[97] Liebertz-Grün, Autorinnen, S. 32.

[98] Rieger, Die französische Dichterin, S. 46.

[99] Liebertz-Grün, Autorinnen, S. 32.

[100] Tuchman, Der ferne Spiegel, S. 431.

Heidelore Böcker

Margaretha, Markgräfin von Brandenburg, Herzogin von Pommern und Fürstin von Rügen

Margaretha lebte in einer Zeit, in der die bis dahin bestehenden Schwierigkeiten bei der Festigung der Landesherrschaft in verschiedenen Territorien des Reiches überwunden wurden. In ihren Beziehungen zu den Nachbarfürsten brachten die Landesherren alle Mittel der Politik ins Spiel, um ihre Territorien abzurunden und generell ihre Position weiter zu festigen: die Diplomatie, den Erbvertrag, die Eheverbindung. Besonders energisch gingen dabei die hohenzollernschen Kurfürsten von Brandenburg vor.

Margaretha war eine Enkelin Friedrichs I., des ersten Hohenzollernfürsten in der Mark. Ihr Vater, Friedrich II., Kurfürst seit 1440, hatte 1441 im Alter von 28 Jahren die um acht Jahre jüngere Herzogin Katharina von Sachsen geheiratet. Aus der Ehe gingen drei Kinder hervor: Johann, der jedoch bereits 1454 starb, sowie die Töchter Dorothea und Margaretha.[1]

Das Geburtsdatum Margarethas kennen wir nicht, doch ist anzunehmen, daß sie um 1450 geboren wurde. 1451 wurde der Schloßbau in (Berlin-)Kölln vollendet. Der langgestreckte Bau längs der Spree hatte drei Geschosse aus roten Ziegelsteinen, bot also genügend Platz und war repräsentativ. Hier nun wuchs Margaretha vermutlich auf. Ihr Vater setzte am 13. Dezember 1452 eine vormundschaftliche Regentschaft für seinen noch unmündigen Sohn Johann ein und brach, einem schon früher erklärten Vorsatz (»ich habe starken fursatze mein leben zu pessern«) folgend, zu einer Pilgerreise an das Heilige Grab nach Jerusalem auf, die ihn über Rom und Venedig führte und erst knapp ein Jahr später, am 5. November 1453, nach Berlin zurückkehren ließ.[2]

Energie und Konsequenz in seinen politischen Handlungen haben Margarethas Vater die Bezeichnung »eiserner Markgraf« eingetragen. Tiefe Religiosität und Wundergläubigkeit schlossen seine Vorliebe für Prachtentfaltung bei öffentlichen Gelegenheiten und glanzvollen Festen nicht aus. Auch gegenüber den Reizen schöner Frauen schien er nicht unempfindlich gewesen zu sein.[3] Schon 1464 hatte sein Bruder, Albrecht Achilles, ihn gemahnt, seine Gesundheit zu schonen; am 2. April 1470 – Margaretha war damals etwa zwanzig Jahre alt – entsagte Friedrich »aus unser selbst langer und zeitiger wolbetrachtung« der kurfürstlichen Würde und der Herrschaft in der Mark zugunsten Albrechts und dessen Erben. Albrecht überließ seinem Bruder Schloß Plassenburg mit einem Jahreseinkommen von 6000 Gulden, was Friedrich als sehr knapp erschien.[4] Margarethas Schwester Dorothea war bereits 1464 mit Johann IV. von Sachsen-Lauenburg vermählt worden.[5] Katharina, die Mutter Margarethas, und sie selbst blieben an der Spree. Hier im Köllner Schloß erfolgte seit 1470 unter dem Statthalter des meist abwesenden Kurfürsten – seinem Sohn Markgraf Johann Cicero – eine ständige Hofhaltung.[6]

Die märkischen Räte, Kammermeister Georg von Waldenfels, Kanzler Georg von Absberg und Ludwig von Eyb, erhielten vom Kurfürsten Albrecht Instruktionen, das Fräulein zu beraten, nach »auß zu verheyraten« (»so ee das geschech, ye lieber uns das were«). Ursprünglich sollte sie sich mit Herzog Sigmund von Bayern vermählen. In dieser Angelegenheit schrieb der Kurfürst von Ansbach aus am 13. Juli 1470 seinem Bruder Friedrich, der sich zu dieser Zeit in der Mark aufhielt: Mit den Herzögen von München stünde es nach wie vor gut, doch nun sei Herzog Otto von Bayern bei ihm gewesen »und hett gern eur dochter«. Albrecht fragte an, »ob ir wolt den heirat zu besliessen«, denn »wir geben sie liber dem jungen von Wirtemberg, damit hetten wir das ganz land zu Swaben an uns«.[7] Friedrichs Meinung darüber – und noch viel weniger Margarethas – kennen wir nicht.

Wenige Monate später starb Margarethas Vater. Am 17. Februar 1471 wurden »die alten frauen, … marggraf Hansen und das jung freulein« darüber benachrichtigt. Der Verstorbene sei löblich und nach Gewohnheit der Herrschaft in Heilbronn bestattet. Ein Testament habe er nicht hinterlassen; soviel aber von seinem Beichtvater zu erfahren sei, habe er diesem als letzten Willen aufgetragen: »der alten frauen« solle man ihr Silbergeschirr schicken, dem »freulein« die Heftlein verwahren bis sie verheiratet würde.[8]

Kurfürst Albrecht Achilles richtete nach des Bruders Tod von Ansbach aus freundliche Grüße an dessen Witwe. Sein Sohn, Markgraf Johann, wurde angewiesen, die Kurfürstin Katharina und deren Tochter bis zu seiner Ankunft bei sich zu behalten wie bisher. Auch sollte er dafür sorgen, daß die von Friedrich letztwillig genannten Dinge an ihren Bestimmungsort gelangten. Am 8. April 1471 hieß es in einem Antwortschreiben an die ihm nun anvertraute Nichte Margaretha: »Liebe Tochter, Eure Mutter und ihr sollet nicht verzweifelt sein, sondern in allem was Euch beiden zugute kommen mag, davon ausgehen, daß wir sie als unsere Schwester und Euch als unsere Tochter betrachten.« Dem Markgrafen trug er auf, für die Hinterbliebenen seines Bruders zu sorgen; denn es wäre nicht recht, die Witwe seines Bruders nur »mit einer kleinen zerung« zu bedenken und nicht zu wollen, »das sie by uns blib«. Bischof Friedrich von Lebus wurde gebeten, mit der Witwe zu verhandeln und ihr eine Anzahl Personen sowie 150 bis 200 Gulden zur Verfügung zu stellen.[9]

Am 3. November 1471 schließlich traf der Kurfürst selbst in Köln ein und teilte von dort aus den märkischen Städten mit, er habe die Kurfürstin Katharina auf ihre Urbede verwiesen und befehle ihnen, ihr ihren Anteil an der Steuer stets pünktlich zu entrichten (Berlin und Köln 150 Schock, Bernau 34 Schock, Treuenbriezen 24 Schock, Mittenwalde 11 Schock, Nauen 7 Schock, Trebbin 5 Schock, Stendal 45 Schock – zusammen 276 Schock).[10]

Der Nichte Margaretha erfüllte Kurfürst Albrecht jetzt und auch später manchen Herzenswunsch: Im April 1471 hatte er dafür gesorgt, daß ihr unverzüglich 12 Ellen Samt »nach dem besten« aus Nürnberg besorgt wurden. Im Oktober 1473 dankt Margaretha ihm für die Heftlein, bittet ihn um die »kursen« (Pelzröcke) und »zindel« (eine Art Taft) und erinnert an sechs versprochene Ringe – Wünsche, die der Kurfürst schon wenige Wochen darauf erfüllt. Im November 1474 schreibt er ihr aus dem Badischen, sobald er zurückkomme, solle sie den gewünschten Überzug aus rotem Damast erhalten. Im September 1475 gibt ihr Bischof Friedrich von Lebus auf Veranlassung des Onkels 20 Gulden.[11]

Die regelmäßigen Zuwendungen waren aber auch für Margaretha auf das knappeste bemessen. Vermutlich im Frühjahr 1473 schrieb sie folglich an Kurfürst Albrecht: »Hochgeborener Fürst, gnädiger Herr und lieber Vetter. Euer Gnaden soll wissen, daß wir mit den 50 Gulden, die uns Euer Gnaden ›zu zerung‹ gelassen hat, zu Ende sind, wir keinen Pfennig mehr haben und in der Stadt eine Anleihe aufnehmen mußten, um das Notdürftigste zu besorgen. Auch haben wir uns den ganzen Sommer und Winter unser eigenes Trinken kaufen müssen und sind bereits verschuldet, weshalb wir alle Tage gemahnt werden. Wir haben auch großen Mangel an Hemden und Badekitteln und wissen nicht ›rat solchs auszurichten, so geben uns die gewaldigen hirin (gemeint sind wohl Markgraf Johann und der Bischof von Lebus – H. B.) auch nichtes‹. Wir werden von jedermann verlassen und verachtet, so daß es uns zu Herzen geht und betrübt. Wir wissen sonst bei niemandem Hilfe und Trost zu suchen als allein bei Euern Gnaden. Wir bitten in untertäniger Gehorsamkeit, uns mit einer ›ziemlicher zerung‹ und drei oder vier Stück Leinwand nach Eurem Gutdünken zu versehen und zu schicken oder aber den ›gewaldigen hiren‹ zu schreiben, daß uns solches hier ausgehändigt wird. Auch bitten wir Euer Gnaden, uns grünen Stoff für einen Mantel und Unterrock zu schicken.«[12] – Doch noch im selben Jahr sah sich Margaretha wiederholt veranlaßt, von Köln aus an den Kurfürsten in Bezug auf ihre Versorgung und die Berücksichtigung verschiedener kleinerer Wünsche zu schreiben.[13]

Von einer Ehe Margarethas mit Herzog Sigmund oder Otto von Bayern oder aber mit dem Grafen von Württemberg war Abstand genommen worden. Die politischen Ambitionen des Vormunds zielten in eine andere Richtung. In einer Zeit, da es dem Kurfürsten im Zuge des Ausbaus seines Territorialstaates verstärkt auf eine Absicherung gegenüber den benachbarten Landesherrschaften ankam, schien es ihm geboten, jede Möglichkeit der Festigung der Beziehungen nach außen, und zwar insbesondere auch zu den benachbarten Fürsten im Norden, in Erwägung zu ziehen, so auch die der Ehe.[14]

Am 26. Juni 1472 hatte Kurfürst Albrecht von Berlin aus Herzog Wilhelm von Sachsen mitgeteilt, einer der Söhne Herzog Erichs von Pommern wolle seine Nichte, die Markgräfin Margaretha, selbst ohne Gut und Geld zur Frau nehmen; der Herzog wolle seinem Sohn schon jetzt einen Teil seines Landes überantworten, für dessen Braut verlange er deshalb nur Schmuck und Kleider.[15] Der Kurfürst hatte dem Herzog von Pommern allerdings darauf geantwortet, seine Nichte werde ausgestattet, wie es einer Fürstin gebühre, und sie werde auch eine stattliche Morgengabe erhalten.[16]

Die Höhe der Aussteuer – des Ehegeldes oder Brautschatzes – wurde für die im 15. Jahrhundert nach Pommern versprochenen Töchter der Markgrafen von Brandenburg in der Regel auf 10000 bis 15000 Gulden festgelegt.[17] Die Aufbringung einer solchen Aussteuer forderte der Landesherr von den Ständen.[18] Diese erklärten am 24. August 1472, die zur Tilgung von Landesschulden nötigen 100000 Gulden in fünf Raten innerhalb von vier Jahren ab Martini 1472 zu begleichen, wenn sie dafür fortan von der Landesbede – mit Ausnahme der üblichen Notfälle und der Ausstattung von Töchtern – befreit wären und der Kurfürst alle darüber hinausgehenden Unkosten übernähme. Zu deren Deckung aber forderte Albrecht nun die Erhebung eines neuen Zolls, den er von allen Tonnenwaren einzuziehen gedenke. Daraufhin lehnten die Städte alle Leistungen ab.[19] Damit war eine prekäre Situation für die Realisierung des Aussteuerversprechens entstanden.

Indes kamen dem Kurfürsten mit Margaretha aber andere Pläne in den Sinn. Aus einem Brief vom 29. November 1472 an Dr. Peter Knorre, Propst zu Ansbach, erfahren wir, er meine, die Mark mit Freunden umzäunt zu haben, sei verbunden mit Pommern, Mecklenburg, Braunschweig, Lauenburg, Magdeburg und Schlesien. Seine Tochter Barbara heiratete nach Schlesien, seine Nichte Margaretha aber Herzog Heinrich von Braunschweig.[20] Auch diese Absichten ließen sich aber nicht ohne weiteres verwirklichen. Markgraf Johann übermittelte am 8. Juli 1473 seinem Vater, dem Kurfürsten Albrecht, die Nachricht, der Landtag habe am 12. Juni wegen der 10000 Gulden für Margaretha beraten. Der Vorschlag, den Zoll mit 4000 Gulden jährlich abzulösen, finde keinen Anklang. Viele Städte würden auch keine Landbede mehr bezahlen. Er selbst fühle die Angelegenheit »als eine swere burde uf dem hals«. Die Verheiratung der Markgräfin Margaretha sei jedenfalls nicht durchzusetzen, da das Geld nicht aufzubringen sei, ja, es bestünde Gefahr, der Herzog von Braunschweig werde sich anderweitig vermählen. Da folglich eine Heirat Margarethas noch immer nicht in Aussicht sei, würden der Herrschaft die hohen Unkosten für sie bleiben.[21]

Ratlos hatte sich daraufhin die Mutter Margarethas mit einem Brief vom 9. August an den Kurfürsten gewandt: Sie habe erfahren, daß die Verheiratung ihrer Tochter sich verzögere, und bitte ihn als ihre einzige Zuflucht inständigst, sich ihrer und ihrer Tochter anzunehmen.[22] Einen Tag später schrieb Margaretha selbst an den Onkel: »Hochgeborener Fürst, liebster Herr und Vetter. Der Bischof von Lebus ist bei uns gewesen und hat uns unterrichtet, daß aus unserer Sache nichts wird. So wollten wir gern wissen, wodurch wir es verschuldet hätten, daß uns Euer Gnaden so ungnädig geworden ist und uns nicht helfen will... Euer Gnaden hatten versprochen, die Landschaft solle uns ausrichten. Aber sie haben entschieden, sie können es wegen des großen Zolls nicht tun... Gäbe uns Euer Gnaden die 100000 Gulden und den großen Zoll, wir wollten uns und unseren seligen Herrn Vater wohl ausrichten und aus die Schuld bezahlen.«[23] Bald darauf wurde auch Markgraf Johann noch einmal beim Kurfürsten vorstellig: Falls dieser es nicht persönlich erwirke, sei des Ehegeld für die Markgräfin Margaretha nur aufzubringen, wenn der Kurfürst den Zoll abschaffe.[24]

Die den wieder im Fränkischen weilenden Kurfürsten aus der Mark erreichenden Schreiben führten diesen nun zu einer ganz neuen Überlegung: Aus Rücksicht auf die notwendigen Einsparungen solle die Hochzeit Margarethas gemeinsam mit der seines Sohnes vollzogen werden – zur Fastnacht des folgenden Jahres. Da die Mitgift binnen eines Jahres auszuzahlen sei, könne sie um so leichter von der Landschaft eingetrieben werden, »dann man hett frist von Martini biß uf vaßnacht uf ein ander jar«.[25]

Indes, trotz aller Überlegungen und noch weiterer Dispute[26], kam auch die geplante Hochzeit Margarethas mit dem Herzog von Braunschweig nicht zustande.[27]

Doch auch Markgraf Johann mußte angesichts der allgemeinen Finanzlage seine Heiratspläne zunächst zurückstellen. Als die Hochzeit dann am 25. August 1476 im Köllner Schloß stattfand, sah Margaretha bei dieser Gelegenheit ihre Schwester Dorothea, die Herzogin von Sachsen-Lauenburg, wieder. Doch war das Fest für beide überschattet: Noch bevor das Beilager stattfand, starb die Mutter, Katharina, am 23. August 1476.[28]

Margarethas Vertraute war in diesen Jahren die Gräfin von Helfenstein, und Margaretha setzte sich für diese nach Kräften ein. Auf ihre Veranlassung hin wandte sich der Kurfürst wegen der Eheschließung des Fräulein von Helfenstein nicht nur an den Domdechanten zu Bamberg, Dr. Hertnid von Stein, sondern auch nach Rom. Freute er sich früher über Margarethas »erlichen haltens«[29], drängte er nun auf größere Konsequenz: »ir thut aber euren schriften nicht volg und verkundt uns nit warhaftiglich das es volkomenlich vollbracht sei, damit ir und wir, auch sie ab den dingen kommen und volzogen werd und gnug gescheh, angesehen das wir alle dreu das hoh gelobt und sie zu den heiligen gesworn hat und alles nichts wer und wir darundter zu schimpf werden«.[30]

Über die im Zusammenhang mit der Eheschließung der Gräfin in Rom zu verhandelnden Angelegenheiten sind nur Vermutungen möglich. Weiter führt wahrscheinlich die Frage: Was hatten die drei, der Kurfürst, die Gräfin und Margaretha, hoch gelobt? Weshalb mußten sie befürchten, in Schimpf und Schande zu geraten? Die Beziehungen des alternden Kurfürsten, der damals um die sechzig Jahre alt war, sowohl zu seiner Nichte Margaretha als auch gegenüber der Gräfin von Helfenstein erwecken in dieser Zeit tatsächlich einen recht zwielichtigen Eindruck. So streute der Kurfürst beispielsweise in seine Briefe an die Nichte Bemerkungen ein wie die, er wolle »euch und der grefin doran besichten und uf dem beschau eur braune und der grefin ir fallwe fotzen beraufen« oder »zu ubermaß der die falben beraufen, die sie hat. ir wisset wol, wen wir meynen.« Margarethas Antwort: Sie selber freue sich auf seine Rückkehr und teile ihm mit, »das wir und unßer juncfern uns darkeigin mestin, das wir eugern gnaden wol gefallin.« Die von Helfenstein wünsche ihm »vil guter nacht« und meine, »das sie ir nicht mehr fäl sey, sunder von der Merkischen luft swarz worden«.[31]

Ansonsten wurde es um Margaretha, die nun Mitte zwanzig war, recht still. Das änderte sich erst, als ihre Verheiratung erneut für die Stärkung der landesherrlichen Machtstellung der Brandenburger interessant wurde. Ihr vormaliger Bewerber, Bogislaw X. von Pommern, war etwa 20 Jahre alt, als sein Vater, Herzog Erich von Pommern, am 5. Juli 1474 in Wolgast der wiedereinmal im Lande wütenden Pest erlag. In Gegenwart seiner Mutter, Herzogin Sophia, hatte Bogislaw am 25. November 1474 auf dem Landtag zu Stargard die Huldigung der hinterpommerschen Stände empfangen. Die Herzogin wandte sich am 10. Juni 1475 für ihren Sohn an den Kaiser, erflehte von diesem die Hilfe gegenüber den Lehnsforderungen der Brandenburger und reiste 1476 mit dem Sohn, der vordem selbst eine Zeitlang am Hofe des polnischen Königs gelebt hatte, zu König Kasimir von Polen auf die Marienburg, um dessen Hilfe zu erbitten.[32]

Der Kurfürst von Brandenburg erkannte, welch ein Machtzuwachs auf Bogislaw X. von Pommern zukam. Er erinnerte sich an das 1472 geäußerte Interesse des pommerschen Herzogshauses an einer Ehe mit Margaretha und gedachte nun doch, Bogislaw seinem Hause verwandtschaftlich zu verpflichten. Am 27. Januar 1477 teilte er seinem Sohn, Markgraf Johann, mit, er wünsche, daß Herzog Bogislaw die Markgräfin Margaretha heirate.[33] Einige Wochen später unterstrich er diesen Gedankengang durch die Äußerung, so oft Aufgebote zu erlassen, mache nur unnütze Mühe.[34]

In der Tat wurden nun, nur wenige Tage darauf, am 28. Februar, die Räte Herzog Bogislaws in dieser Angelegenheit bei Markgraf Johann vorstellig. Allerdings erfolgte nun die Werbung nicht mehr so bedingungslos wie 1472, als hinsichtlich der Mitgift Margarethas seitens der Pommern nur an Schmuck und Kleider gedacht wurde. Jetzt fragten die Räte sofort mit an, »was jr seine gnade dencke mitczugeben«. Johann versprach neben Kleidung und Schmuck, »wy einer furstin von Brandenburg tzugeort«, 10000 Gulden als Mitgift, worauf die Räte anboten, einen Tag auszuhandeln, an dem »beyde herren ... jn eigener person selbst zcusamen komen« und »das frewlein auch mit czur stete kome«, damit die Angelegenheit beschlossen werden könne.[35]

Doch scheint sich der Fortgang noch eine Weile hinausgezögert zu haben. Im Mai 1477 teilte Herzog Heinrich von Münsterberg dem Kurfürsten Albrecht noch mit, Herzog Hans von Troppau und Ratibor habe ihn ebenfalls um Verhandlungen betreffs einer Ehe mit der Markgräfin Margaretha ersucht. Seines Erachtens wäre eine solche Verbindung vorteilhafter, doch sei ein baldiger Bescheid erforderlich, da der Herzog auch auf eine Witwe Aussichten habe.[36]

Auch in Pommern war man über die erneute Werbung Bogislaws um Margaretha geteilter Meinung. Namentlich Herzog Wartislaw X. riet dem Neffen von dieser Heirat entschieden ab und verharrte in alter Feindschaft zu den Hohenzollern. Doch Bogislaw ließ sich nunmehr von einer Verbindung mit den Brandenburgern nicht abbringen und verschaffte diesen im Glogauer Erbstreit zumindest anfangs eine gewisse Rückendeckung.[37]

Die Vermählung Margarethas fand vermutlich dann am 21. September 1477 statt. Der Kurfürst teilte dem Grafen Ulrich von Württemberg am 13. des Monats mit, sein Sohn, Markgraf Johann, müsse am Sonntag, dem 21. September in Prenzlau sein, um Markgraf Friedrichs Tochter mit dem Herzog von Stettin, mit dem er völlig »mit unserm nutz« vertragen sei, zu verheiraten.[38]

Der Chronist Thomas Kantzow, der seit 1528 bei den Herzögen von Pommern als Sekretär tätig war, wußte später zu berichten, die Herzöge von Mecklenburg hätten einen Tag zu Prenzlau angesetzt, wohin der Markgraf und Herzog Bogislaw gekommen wären. Die von Mecklenburg hätten die Sache zwischen dem Herzog Bogislaw und dem

Markgrafen geschlichtet, und damit auch Frieden und Freundschaft zwischen der Mark und Pommern bestünden, habe Markgraf Albrecht die Tochter seines Bruders, Margaretha, Herzog Bogislaw zur Ehe versprochen.[39]

Nach den langen und vergeblichen Bemühungen um eine Ehe konnte Margaretha dem Anschein nach ganz zufrieden mit ihrem Gatten sein. Thomas Kantzow beschreibt ihn so: »Herzog Bogislaw ist von ausgesprochen wohlgewachsenem, großen Körper gewesen... Der Verstand an ihm war geziemend, aber doch nicht allzu scharf, und er redete nur schlechtes Küchenlatein, denn in beiderlei Hinsicht war in der Jugend viel versäumt worden. Sonst aber war er von großem, herrlichen Gemüt, das in keiner Situation verzagte. Er wachte streng über seine Räte, Amtleute und Diener, aber so hart er durch sie gegen andere war, so konnte er ihnen gegenüber auch rasch ungnädig werden.«[40]

Bogislaw präsentierte seiner Gemahlin als Morgengabe jährlich 400 Gulden aus den Zolleinnahmen zu Gartz an der Oder und Kurfürst Albrecht Achilles sprach von »unser mümen heirat nach allem gebür«.[41] In einem Schreiben des Kurfürsten an den Geistlichen Albrecht Klitzing vom 17. Oktober 1477 hieß es: »Wir sind Herzog Bogislaw, der unserer nächsten Muhmen aus unserem Geschlecht, unseres Bruders Tochter, hat, zugewandt und sehen die Heirat nicht ungern«.[42]

Dieses Wohlgefallen ist leicht erklärlich. Zu den generellen Vorzügen der Verbindung war noch ein neuer Aspekt hinzugekommen: Hans von Glogau hatte zu dieser Zeit einen Waffenstillstand gebrochen, die Oderbrücken von Crossen und Frankfurt waren verbrannt, vom 5. bis 7. Oktober lag Herzog Hans vor Frankfurt. Das Land Sternberg und andere märkische Gebiete wurden geplündert. – Anfang November 1477 begab sich eine Abordnung Markgraf Johanns und der Stände zu Kurfürst Albrecht Achilles nach Franken, der nunmehr einen detaillierten Kriegsplan entwickelte. Außer den eigenen Leuten und Pferden (etwa 1000 Mann) waren darin vorgesehen: 1000 Wagen, denen je zehn Mann beizugeben waren, 2000 Pferde, dazu u.a. von Bogislaw, Magnus von Mecklenburg und Friedrich von Braunschweig je 300 Pferde.[43]

Herzog Wartislaw X. hatte die Hoffnung auf Wiedererlangung der im Prenzlauer Frieden 1472 abgetretenen Gebiete nicht aufgegeben.

Angesichts der kritischen Lage der Mark schien ihm im Frühjahr 1478 eine günstige Gelegenheit zur Erfüllung seiner Wünsche gekommen. In dieser Situation nun schrieb Kurfürst Albrecht von Ansbach aus am 16. April 1478 an seinen Sohn Johann, er solle erkunden, wie sich Herzog Bogislaw zu diesen Dingen stelle, auch ob die Stadt Stettin zu Herzog Bogislaw oder zu Herzog Wartislaw halte, und riet, sich deshalb an Margaretha zu wenden. Am 25. April 1478 kam die Antwort aus Berlin: »Herzog Bogislaw hat uns ›mitsambt unser muhmen zugeschriben‹, daß ihm unser Verlust leid tue und er sich erbiete, in Freundschaft zu vermitteln.« Johann selbst äußert Zweifel und fügt hinzu: »wir meynen aber, wer das nit glaubt, er fahr darumme zum teufel nit.« Dennoch habe er Bogislaw um Hilfe ersucht.[44]

Herzog Wartislaw X. von Pommern-Wolgast verlangte konsequent die Ablegung des Herzogtitels über Pommern seitens der Brandenburger Markgrafen.[45] Am 23. August 1478 wurde zwar ein Waffenstillstand geschlossen und Bogislaw sicherte Hilfe gegen Wartislaw zu[46], doch schwenkte er in der folgenden Zeit wieder mehr und mehr auf die Seite Wartislaws über.

Wiederholt fanden Zusammenkünfte der Räte statt. Kurfürst Albrecht versuchte darüber hinaus, durch Margaretha eine persönliche Begegnung mit Herzog Bogislaw herbeizuführen. In einem Brief bat er sie, auf ihren Mann einzuwirken, daß er die Räte zu den Verhandlungen mit genügend Vollmachten ausstatte. Außerdem schlug der Kurfürst vor, er wolle mit Bogislaw freundschaftlich über eine Lösung des Konflikts beraten. Daß seine frühere Zuneigung zu seiner Nichte noch immer bestand, bekräftigt er am Schluß des Briefes mit den Worten »So wollen wir euch unßers pfeffers mitbringen, Ir wurdt anders des newen Jars nit teilhaftig, dann wo wir euch lieb und fruntschaft sullen erzeigen sind wir geneigt...«[47].

Eine ganz neue Situation entstand, nachdem Herzog Wartislaw X. von Pommern-Wolgast am 17. Dezember 1478 ohne eigene Nachkommen verstorben war. Margarethas Gemahl Bogislaw wurde nun Herr über ganz Pommern, einschließlich des Fürstentums Rügen. Eine Verständigung erschien daher möglich und wurde seitens der Brandenburger anläßlich eines bevorstehenden Hochzeitsfestes angestrebt. In Vorbereitung auf die für den 14. Februar 1479 geplante Eheschließung von Margarethas Vetter Friedrich, des 1460 geborenen Sohnes Kurfürst Albrechts, mit der polnischen Königstochter Sophie schrieb

Albrecht an Herzog Wilhelm von Sachsen: Herzog Wartislaw von Stettin ist tot. So kommen unser Schwager, Herzog Bogislaw von Stettin, ›unser mume sein gemahel‹ hierher auf unseres Sohnes Hochzeit ›und ist sovil davon geredt, das wir gedencken ein gruntliche richtung, nemlich das yederman behalt, was er habe‹.«[48]

Dem Herzog von Pommern erschien jedoch angesichts seiner nunmehr ungeteilten Landesherrschaft eine Unterstellung unter die brandenburgische Oberhoheit jetzt erst recht unzumutbar, zumal sich auch die Stände des Landes ablehnend dazu verhielten. So kam es sogar zu Kriegsvorbereitungen auf beiden Seiten.

In dieser spannungsgeladenen Situation wandte sich die geborene Markgräfin von Brandenburg und derzeitige Herzogin von Pommern am 4. Juni 1479 mit einem inständigen Bittschreiben an den Kurfürsten Ernst von Sachsen. Getragen von politischem Verantwortungsgefühl argumentierte sie gegenüber ihrem Verwandten mütterlicherseits mit rechtlichen Argumenten und ihrer eigenen Befindlichkeit. Sie bat ihn, zwischen ihrem Gemahl und ihrem Onkel zu vermitteln. Wider ihren Willen sei sie von Kurfürst Albrecht Achilles nach Pommern gegeben und zu dieser Ehe gezwungen worden, doch habe sie sich nun, da sie ihren Gemahl schätzen gelernt habe, mit dieser Situation abgefunden. Allerdings waren auch Margarethas ganz persönliche Interessen im Spiel. Sie mußte um die Regelmäßigkeit der ihr 1477 als Morgengabe zugesicherten Einnahmen aus dem Gartzer Zoll bangen, da die strategisch wichtige Stadt an der Oder in den Jahren 1478/79 wiederholt gestürmt worden war. So fügte Margaretha in einer Nachschrift zu dem Brief an Kurfürst Ernst die konkrete Bitte hinzu, er möge sich dafür einsetzen, daß ihr Gartz zum Leibgedinge überlassen bleibe, da sie ohnehin nicht viel von den Besitzungen ihres verstorbenen Vaters erhalten habe.

Doch es ging Margaretha nicht nur um die materielle Sicherheit für sich und die erhofften Erben. Sie empfand es auch als unbillig und demütigend, daß Kurfürst Albrecht die Lehnsherrschaft über ihren Gemahl beanspruchte. Ein Fürst können nicht von einem anderen, höchstens von Kaisern und Königen Lehen empfangen![49] Herzog Bogislaw schloß sich diesen Bitten in einem eigenen Schreiben an Kurfürst Ernst von Sachsen vom selben Tag an, wobei er besonders an dessen Verwandtschaft mit seiner Gemahlin und deren Mutter erinnerte.[50]

Doch aus Sachsen kam nicht die erhoffte Hilfe. Ernst ermahnte den Herzog von Pommern vielmehr, sich den mit Brandenburg geschlossenen Verträgen gemäß zu verhalten. Andernfalls müsse er dem Kurfürsten Albrecht Beistand leisten. Das tat er im übrigen zu dieser Zeit bereits, indem er Albrecht erneut die Entsendung von 200 Reisigen zusicherte. An Margaretha richtete er ein gesondertes Schreiben, in dem er sein Bedauern zum Ausdruck brachte, ihrem Wunsch, zwischen Albrecht Achilles und Bogislaw zu vermitteln, nicht entsprechen zu können, so gern er auch wolle. Denn er könne auch Albrecht als dessen Verbündeter nicht im Stich lassen. So bat er vielmehr seinerseits, Margaretha möge ihren Gemahl dazu bewegen, von einem Blutvergießen abzusehen.[51]

Letztlich gelang es dann aber doch noch, eine Einigung herbeizuführen. Bogislaw hatte nirgends Unterstützung gefunden. Obwohl auch der Unterhändler des Königs von Ungarn, Georg von Stein, Albrecht empfahl, sich statt nach Schlesien gegen Pommern zu wenden, zog der Kurfürst eine friedliche Lösung vor. Er ließ antworten, er habe sich mit den Stettinern vertragen, »got geb, das sie es wol halten. du wayßt, was es fur leut sind.« Herzog Bogislaw habe die Fürstentümer und das Land als Lehnsfürst von ihm als seinem Lehnsherrn empfangen und seiner Lehnspflicht Genüge getan.[52]

Margarethas Gemahl seinerseits zeigte dem Kurfürsten von Sachsen am 27. Juni 1479 an, sich mit Albrecht friedlich geeinigt zu haben.[53] Er hatte nun doch alle seine Herzogtümer – nicht nur das Land Stettin, sondern auch Wolgast und Barth – vom Kurfürsten zu Lehen nehmen müssen, eine arge Situation für Pommern, trotz der Zugeständnisse seitens der Brandenburger, ihm die Stadt Saatzig abzutreten und einen Schuldbrief über 2600 Gulden auszustellen[54], die den Brandenburgern, zuzüglich noch bestehender Schulden hinsichtlich Margarethas Mitgift, einiges Kopfzerbrechen bereiteten.[55]

Am 1. August 1479 verpflichtete sich Bogislaw in Tangermünde gegenüber Albrecht zum Beistand gegen den König von Ungarn.[56] Anläßlich dieser Zusammenkunft stattete man auch der Stadt Stendal einen Besuch ab. Albrecht Achilles schrieb an den Rat der Stadt, er werde mittags mit seiner Gemahlin, seinem Sohn und Herzog Bogislaw nach Stendal kommen und wünsche ein »uff das scheinparest und brechtichst« gestaltetes Mahl zur Vesperzeit im Rathause mit einem »Essen oder zwei von Fischen und gebratenen Hühnern« sowie »confect«.[57] Zur Festigung von Frieden und Freundschaft war dem sonst so sparsamen Kurfürsten also daran gelegen, auch den persönlichen Neigungen des pommerschen Fürsten zu entsprechen, über die der Chronist Thomas Kantzow zu sagen wußte: »Herzog Bogislaw hat Lust gehabt an allen fröhlichen Dingen... Er lud seine Freunde und bekannten Untertanen gern zu Gast ein und ging wiederum auch gern zu ihnen«.[58]

Margaretha war bei dieser Begegnung zwischen den Fürsten in ihrer märkischen Heimat offenbar nicht zugegen. Es wäre nicht verwunderlich, hätte ihr Bogislaw ihr nur wenige Wochen zuvor an den sächsischen Kurfürst gerichtetes Schreiben verübelt. Obwohl sie darin eindeutig die Position ihres Gemahls vertrat, fielen möglicherweise auch schon die ersten Schatten auf ihre Ehe. Da die seit nunmehr etwa zwei Jahren währende Verbindung noch immer ohne Anzeichen auf die Geburt eines Kindes war, kam Skepsis auf.

Wie dringlich sich dieses Problem der Nachkommenschaft gerade zu dieser Zeit in Pommern stellte, brachte auch Thomas Kantzow noch einige Jahrzehnte später deutlich zum Ausdruck: »Da er (Herzog Wartislaw – H. B.) keine Erben hinterließ und Herzog Bogislaw nun allein als Herrscher im Lande Pommern war, drang ihn die Landschaft, daß er, ungesehen der Trauerzeit, von Stund an mit dem Beilager der Markgräfin fortfahren müsse, damit das Land nicht herrenlos sterbe. Deshalb hielt er im selben Jahr sein Beilager zu Stettin fort und beide, Märker und Pommern, waren darüber erfreut, denn sie meinten, daß dadurch ein ewiges Band des Friedens zwischen beiden Ländern sei.«[59]

Die 1479 auf Vermittlung der Herzöge Albrecht und Magnus von Mecklenburg zustande gekommene Einigung zwischen Pommern und Brandenburg hatte ihren Preis: In einem zwischen dem Kurfürsten und seinen Söhnen mit den Herzögen von Mecklenburg geschlossenen Vertrag vom 23. Juni 1479 sicherten erstere den Mecklenburgern für ihren Beistand gegenüber Bogislaw im Falle eines erbenlosen Todes Herzog Bogislaws, was verbunden wäre mit einem Heimfall seiner Lehen an Brandenburg, umfangreiche Ländereien in Pommern zu.[60] Besorgt äußerte Albrecht Achilles im März 1480 gegenüber seinem Kammersekretär Johann Vogel mit Blick auf das »wirdiger und grosser land dortinnen«: »Da gehört ein Mensch zu und ein Weib, die noch kein Kind getragen hat. ›got geb, daß sye ir hinfur vil trag.‹«[61]

Kurfürst Albrecht hatte nach Beendigung der Kampfhandlungen

mit den Pommern Ende August 1479 die Mark wieder verlassen, um nicht mehr zurückzukehren. Schwer gichtleidend, konnte er nur noch im Wagen fahren oder mußte sich tragen lassen. Die Regentschaft in der Mark überließ er wieder seinem Sohn, dem Markgrafen Johann, sowie dem alten Kanzler und Bischof Dr. Sesselmann.

Das Verhältnis Margarethas sowohl zum Kurfürsten als auch zu seiner Gemahlin gestaltete sich dennoch in den folgenden Jahren wieder inniger. Vertrauensvoll wandte sie sich 1481 an die Verwandten mit der Bitte, ein Halsband für sie umarbeiten zu lassen. Kurfürstin Anna schrieb ihr daraufhin am 22. Januar, sie hätten ihr diesen Wunsch gern umgehend erfüllt, doch könne man das Gold nicht bekommen. In einem weiteren Brief vom 23. April in derselben Angelegenheit teilte sie Margaretha mit, sie schicke ihr nun das Halsband nebst einem Zettel, aus dem hervorginge, welche Steine und Perlen es enthalte. Die Kurfürstin fügte hinzu: »... dann wo wir euch willen könten erzeigen, teten wir gerne«.[62] Der wieder in Ansbach weilende Kurfürst selbst versprach, Margaretha blauen Samt zu schicken, so bald er den bekommen könne.[63]

Als Herzog Bogislaw X. von Pommern 1487 sein Hofwesen neu ordnete, legte er für die sich wohl meist im Stettiner Schloß aufhaltende Margaretha fest, »Miner gnedigen Frowen Huss« zu bestellen mit einer Hofmeisterin, acht erbaren Jungfrauen, einer Wäscherin, einer Zwergin, einem Aufwärter bei Tisch (Truchsess), einem Schenken, zwei Jungen, einem Koch, einem Kellerknecht, einem Torknecht, einem Kaplan, und wie ihm selbst, so sollte auch seiner Gemahlin darüber hinaus ein eigener Schneider mit zwei Knechten alle diesbezüglichen Wünsche erfüllen.[64]

Da aber die Ehe auch weiterhin kinderlos blieb und der Anfall Pommerns an die hohenzollernschen Kurfürsten in Aussicht zu stehen schien, ließ der reizbare Fürst seinen Unmut darüber seine Gemahlin fühlen und wandte sich von ihr ab. Thomas Kantzow schreibt, daß Herzog Bogislaw , der aufgrund seiner Eigenschaften von Körper und Geist in all seinem Tun zwar großes Glück gehabt habe. »Aber in Wahrheit hatte er gar kein Glück, denn er bekam mit der Markgräfin keine Nachkommen.« Die spätere pommersche Geschichtsschreibung lud alle Schuld auf die Herzogin und verbreitete recht zwielichtige Nachrichten über ihr Leben und Treiben. Die mündliche Überlieferung, schriftlich fixiert in der Chronistik Thomas Kantzows zu Beginn des 16. Jahrhunderts, unterbreitete der Nachwelt folgende Version: »Und man sagt, nachdem er Herzog über ganz Pommern war, habe man ihm die Fürstin ›so zugericht, das sie kein Geslecht khonte bekhomen‹, so daß also die Märker zu dieser Zeit gar keinen Zweifel hatten, daß das Land an sie fallen würde.... Auch hatte die Markgräfin einen anderen Argwohn auf sich gezogen – mit einem märkischen Doktor der Arznei, Doktor Fritz, der oft zu ihr nach Stettin kam, wie etliche meinen, da die Fürstin sich gegen ihre Unfruchtbarkeit hätte gern helfen lassen, oder wie andere meinen, damit er ihr noch mehr zur Verhinderung gab und so mit ihr in Bekanntschaft kam.«[65]

Ob Herzog Bogislaw selbst derartige Gerüchte verbreiten ließ, ist unbekannt, jedoch kursierte das Gerücht, der Herzog habe diesen Doktor ergreifen, in einen Sack stecken und in die Oder werfen lassen. Andere meinten, er sei zu Ueckermünde im Gefängnis des Schlosses verhungert. Kantzow berichtet, der Herzog »kerete sich darnach nichts mehr an die Marggrafin«, wodurch nun wiederum Groll und Zwist zwischen dem Markgrafen Johann und ihm entstanden seien.[66]

Eines Tages, so der Chronist, habe Herzog Bogislaw in der Ueckermünder Heide gejagt und sei von einem großen Hirsch schwer verletzt worden. Die Kunde, der Herzog liege im Sterben, sei über das ganze Land gegangen. Da habe Sorge und Leid geherrscht, denn ein jeder habe befürchtet, er würde sterben und das Land in fremde Hände kommen. Auch seine Gemahlin, die Markgräfin, sei zu ihm gekommen, um ihn zu trösten, aber er habe es ihr nicht gestatten wollen. Selbst der Markgraf habe eine Gesandtschaft zu ihm geschickt, die jedoch vor allem sehen wollte, ob er tot wäre, so daß das Land an den Markgrafen fiel. Doch sei der Herzog nach etlichen Wochen wieder genesen.[67]

Sicher belegt ist, daß sich Margaretha in ihrer seelischen Not während dieser Jahre wiederholt über ihr vertrauenswürdig erscheinende Boten brieflich an die fürstliche Verwandtschaft, namentlich den Kurfürsten selbst, wandte.[68] Auf eines dieser Schreiben antwortete ihr Albrecht aus Bayreuth am 10. Dezember 1483 ebenfalls streng vertraulich. Auf einem dem eigentlichen Schreiben als Zettel beigefügten Papier wird der Ernst der Lage, in der sich Margaretha nun befand, besonders deutlich spürbar. Der Kurfürst riet, sich so zu verhalten, daß es keine Ursache gäbe, den Herzog zum Widerspruch zu reizen. Wenn der Herzog »den Kopf strecket zu widerwillen euch zu wesen«, so dürfe er dies tun; sie solle sich darüber nicht beklagen. Margaretha sei weise genug, auch kein Kind mehr, darum solle sie Vernunft gebrauchen: »ir findt manchen, der euch itzo schone worte gibt; widerfür euch was zu widerwillen, er lachet sein in die handt«. Würde der Herzog einst die Hand gegen sie im Ernst erheben, so wäre zu fürchten, es geschehe noch mehr. Der Kurfürst beendete diese eindringlichen Worte nicht, ohne noch einmal zu mahnen: »Man sagt uns mancherley. Bewegt uns zu dem zetel zu schreiben. Zurreißt ine!«[69]

Am 11. März 1486 ereilte den 72jährigen Kurfürsten der Tod.[70] Markgraf Johann übernahm die selbständige Regierung der Mark, nachdem er bereits 16 Jahre lang die Regentschaft dort geführt hatte. Zu einem neuerlichen Konflikt mit Margarethas Gemahl kam es, als Johann, nun Kurfürst, vom Pommern-Herzog die Erneuerung des Lehnsempfanges forderte und Bogislaw sich der im Vertrag von Prenzlau 1479 eingegangenen Verpflichtung zu entziehen suchte. Die Spannung wurde dadurch verstärkt, daß Bogislaw seine kinderlose Gemahlin Margaretha nach wie vor außerordentlich schlecht behandelte. Thomas Kantzow vermerkte: »Es täte ihm (dem Markgrafen – H. B.) auch weh, daß Herzog Bogislaw seine Schwester so verschmäht hatte. Er ›hette ime deshalb gern in der Haut gelegen‹«.[71]

Trotz aller Glorifizierung, die der Herzog Bogislaw X. von Pommern ansonsten durch den pommerschen Chronisten erfuhr, konnte auch dieser sich nun eines gewissen Mitgefühls gegenüber Margaretha nicht erwehren. So hielt er für die Nachwelt fest: »Seine Gemahlin aber, als sie sah, daß sie von ihm verschmäht wurde, grämte sich so sehr, daß sie lange Zeit krank war und starb.«[72]

Margaretha starb im Alter von etwa 39 Jahren, fern ihrer märkischen Heimat und auch nicht in Stettin, wo ihr Gemahl hauptsächlich Hof zu halten pflegte, sondern in einer der Nebenresidenzen, im Schloß zu Wolgast am Peenestrom.

1491 vermählte sich der 37jährige Herzog mit Anna, der 15jährigen Tochter König Kasimirs von Polen.[73] Sie schenkte dem Herzog die ersehnten Erben und zerstörte damit die brandenburgischen Aussichten auf den Erbanfall Pommerns. Das Andenken seiner ersten Gemahlin, der Markgräfin Margaretha, ehrte der Herzog wenig. Jahre noch nach ihrem Tod, 1498, strengte er mit der Zielsetzung, ihre Mitgift einzubehalten, ein förmliches Gerichtsverfahren an, indem er die Verstorbene des Ehebruchs bezichtigte.[74]

Blicken wir zurück, so läßt sich wohl sagen: Gewiß war der Lebensweg der hohenzollernschen Markgräfin Margaretha typisch für den vieler Fürstinnen, doch war ihrer Haltung in einer Zeit verstärkter Bemühungen um die Festigung der Landesherrschaften besondere Bedeutung zugekommen. Mit dem Wunsch, »wen wir nur frede hetten«, war sie bemüht, sich abzufinden mit dem Beschluß ihres Oheims, des Kurfürsten von Brandenburg, sie je nach den Erfordernissen der politischen Lage einem fremden Landesherren zu vermählen. Über die schließlich aus rein machtpolitischen Erwägungen geschlossene Ehe, die der Grenzbefriedung im Norden der Mark Brandenburg dienen sollte, hatte sich bald der Schatten der Kinderlosigkeit gelegt. Trotz der aufgezwungenen Ehe hatte sich Margaretha zu ihrem Gemahl Bogislaw X. von Pommern bekannt, sich gegen ihre eigene Familie, das hohenzollernsche Herrscherhaus, gestellt und zugunsten des Gatten empfunden: »Das ist... eyn Sweres, das eyn forste van dem andern zal lehn entfangen«. Wiederholt vom Kurfürsten Albrecht von Brandenburg als Vermittlerin in politischen Konflikten angesprochen, war sie bei der Begegnung der Landesherren zugegen und hatte sich schließlich mit eigenen Bitten an die Kurfürsten von Brandenburg und Sachsen gewandt.

Ohne ihre Bedeutung überhöhen zu wollen, ist Margaretha nicht abzusprechen, daß sie zumindest ihre eigene Lage klar einzuschätzen verstand, daraus kluges Handeln ableitete und trotz der relativ kurzen Zeit der Ehe (1477–1489) auch zur Entspannung der Beziehungen zwischen zwei der bedeutendsten Landesherrschaften im Norden des mittelalterlichen deutschen Reiches beitrug.

Anmerkungen

1 J. Großmann, E. Berner, G. Schuster, K. Th. Ziegler, Genealogie des Gesamthauses Hohenzollern, Berlin 1905, S. 227ff.; E. D. M. Kirchner, Die Churfürstinnen und Königinnen auf dem Thron der Hohenzollern im Zusammenhange mit ihren Familien- und Zeitverhältnissen 1, Berlin 1866, S. 75–120; G. Sello, Katharina und ihr Haus, in: Neues Archiv für sächsische Geschichte und Altertumskunde 6 (1885), S. 169ff.; G. Schuster, F. Wagner, Die Jugend und Erziehung der Kurfürsten von Brandenburg und Könige von Preußen (Monumenta Germaniae Paedagogica 34), Berlin 1906.

[2] Riedels Codex diplomaticus Brandenburgensis. Sammlung der Urkunden, Chroniken und sonstigen Quellenschriften für die Geschichte der Mark Brandenburg und ihrer Regenten, hrsg. von A. R. Riedel, Berlin 1838ff. 3. Hauptteil 1, S. 307ff., 310ff. und 318. Zur Reisepraxis und den bevorzugten Aufenthaltsorten Friedrichs II. in der Mark Brandenburg: K.-H. Ahrens, Residenz und Herrschaft. Studien zu Herrschaftsorganisation, Herrschaftspraxis und Residenzbildung im späten Mittelalter (Europäische Hochschulschriften III, 427), Frankfurt (Main)/Bern/New York/Paris 1990; E. Müller-Mertens, Die landesherrliche Residenz in Berlin und Köln 1280–1486, in: Zeitschrift für Geschichtswissenschaft 36 (1988), S. 138–154.

[3] Riedel, 3. Hauptteil 1, S. 358f., Nr. 242 (1463 Sept. 6), S. 431ff., Nr. 301 (1467 April 5), S. 508 (1469); Politische Correspondenz des Kurfürsten Albrecht Achilles 1, hrsg. von F. Priebatsch (Publikationen aus den Preußischen Staatsarchiven 59), Leipzig 1894, S. 171, Anm. 2, S. 141f., Nr. 62 (1470 Juni 25). Als unehelicher Sohn Friedrichs galt der Propst des Berliner Domstiftes, Erasmus Brandenburg, der als kurfürstlicher Rat häufig in diplomatischen Missionen tätig und auch auf Reichstagen anwesend war. Vgl. Politische Correspondenz 2 (Publikationen aus den Preußischen Staatsarchiven 67,), Leipzig 1897 und 3 (Publikationen aus den Preußischen Staatsarchiven 71), Leipzig 1898; B. Hennig, Die Kirchenpolitik der älteren Hohenzollern in der Mark Brandenburg und die päpstlichen Privilegien des Jahres 1447 (Veröffentlichungen des Vereins für Geschichte der Mark Brandenburg), Leipzig 1906.

[4] Riedel, 3. Hauptteil 1, S. 369, Nr. 250 (1464 Dez.). Als Grund der Regierungsentsagung gab Friedrich II. 1470 selbst an: »das wir unsers leibes vormogenlikeit nicht entpfinden mogen, dem obgemelten regiment lenger vor zu sein«. Riedel, 3. Hauptteil 1, S. 517ff., (1470 April 2); Politische Correspondenz 1, S. 141f., Nr. 62 (1470 Juni 25), S. 149, Nr. 69 (1470 Juli 13).

[5] So J. Schultze, Die Mark Brandenburg 3, Berlin 1963, S. 243 (Stammtafel); vgl. aber auch Riedel, 3. Hauptteil 1, S. 358, Nr. 242 (1463 Sept. 6).

[6] Vgl. Itinerar Albrecht Achilles, 16. März 1470–11. März 1486, in: Politische Correspondenz 3, S. 533ff. Aus dieser Trennung der Eltern Margarethas schließt J. Schultze, a. a. O., S. 98 (einschließlich Anm. 128), daß auch vordem ein enges Einvernehmen zwischen den Ehegatten nicht mehr bestand.

[7] Politische Correspondenz 3, S. 620 (Nachtrag betr. die 60er Jahre); Politische Correspondenz 1, S. 121ff., Nr. 40 (1470 um Mai 17), S. 128ff., Nr. 51 (1470), S. 136f., Nr. 55 (1470 Juni 10), S. 140f., Nr. 60 (1470 Juni), S. 149ff., Nr. 69 (1470 Juli 13), S. 151f., Nr. 70 (1470 Juli 13), S. 156, Nr. 74 (1470 Juli 21).

[8] Politische Correspondenz 1, S. 211f., Nr. 130 (1471 Februar 17). Zum Leichenbegängnis Kurfürst Friedrichs II. vgl: Quellen und Forschungen zur Geschichte des Hauses Hohenzollern 3 (1906), S. 152ff. Mit »Heftlein« wird eine wertvolle Nadel oder Spange zum Schließen der Kleidung, oft in kostbarer Ausführung, bezeichnet. Vgl. J. u. W. Grimm, Deutsches Wörterbuch 4, 2. Abteilung, bearb. von M. Heyne, Leipzig 1877, Sp. 775.

[9] Politische Correspondenz 1, S. 226, Nr. 150 (1471 März 21), S. 231, Nr. 156 (1471 März 27), S. 239, Nr. 165 (1471 April 8), S. 241ff., Nr. 169 (1471 August 6), S. 274ff., Nr. 221 (1471 Sept. 14), S. 277, Nr. 224 (1471 Sept. 18).

10 Politische Correspondenz 1, S. 291, Nr. 249 (1471 Nov. 11). Urbede, Bede: Eine mittelalterliche direkte Vermögenssteuer, die anfangs nicht feststehend war, sondern vom Landesherrn im Hinblick auf eine bestimmte Notlage erhoben wurde. Vgl. Handwörterbuch zur deutschen Rechtsgeschichte 1, hrsg. von A. Erler, E. Kaufmann, Berlin 1971, S. 346f.; M. Lexer, Mittelhochdeutsches Wörterbuch 2, Leipzig 1876 (Nachdruck Stuttgart 1979), Sp. 2000.

11 Politische Correspondenz 1, S. 239, Nr. 165 (1471 April 8), S. 580f., Nr. 708 (1473 Okt. 10/1473 Nov. 23). Möglicherweise handelte es sich dabei um die genannten Heftlein, die in des Vaters letztem Willen Erwähnung fanden. S. 767, Nr. 1003 (1474 Nov. 29); 2, S. 179ff., Nr. 153 (1475 Sept 14) – angewiesen durch den Kanzler, Bischof Friedrich von Lebus, der Margaretha zuvor von ihr erbetenes Opfergeld abgelehnt hatte (S. 669, Nachtrag (1474 Januar 3)).

12 E. Friedlaender, Briefe fürstlicher Frauen aus dem Hohenzollernhause, in: Hohenzollern-Jahrbuch 1 (1897), S. 114f.; Vgl. den einem Brief vom 10. April 1473 beigefügten Zettel, wohl vom Bischof von Lebus, aus dem hervorgeht, er selbst, wie auch Markgraf Johann seien an Markgräfin Margarethas Schreiben unschuldig. Der Schreiber bittet, es ihr nicht allzu sehr zu verargen. – Politische Correspondenz 1, S. 496, Nr. 553 (1473 April 10).

13 Politische Correspondenz 1, S. 501, Nr. 563 (1473 Mai 4), S. 522, Nr. 600 (1473 Juli 7), S. 575, Nr. 694 (1473 Sept. 26), S. 767, Nr. 1003 (1474 Nov. 14).

14 Am 12. Dez. 1470 hatte Albrecht vom Kaiser die Anerkennung der brandenburgischen Ansprüche auf das pommersche Gebiet und die Belehnung mit dem Stettiner Land erlangt. Am 30. Mai 1472 hatte er einen entsprechenden Friedenstraktat mit Pommern abgeschlossen. Der Kurfürst behielt danach Titel und Wappen der Herzogtümer Stettin, Pommern, der Kassuben und Wenden sowie die eroberten Plätze. Das übrige Gebiet erhielten die Pommern-Herzöge als Lehen der Mark. S. dazu: F. Rachfahl, Der Stettiner Erbfolgestreit (1464–1472). Ein Beitrag zur Brandenburg-pommerschen Geschichte des 15. Jahrhunderts, Breslau 1890.

15 Riedel, 2. Hauptteil 5, S. 179ff.; Politische Correspondenz 1, S. 423f., Nr. 420 (1472 Juni 26).

16 Politische Correspondenz 1, S. 423f., Nr. 420 (1472 Juni 26).

17 Riedel, 2. Hauptteil 3, S. 208., Nr. 1325 (1413 Nov. 19.), S. 241ff., Nr. 1355 (1415 Nov. 5), S. 470ff., Nr. 1457 (1427 Mai 22); 4, S. 154ff., Nr. 1562 (1467 Aug. 27), S. 213f., Nr. 1602 (1440 Juli 25).

18 Tochter und Muhme wurden mit Hilfe der Landschaft beraten. – Politische Correspondenz 1, S. 469f., Nr. 509 (1472 Dez. 9). Bericht über die Landtage, die Markgraf Johann zur Beratung seiner Muhme berufen hat: Ebenda, S. 496, Nr. 553 (1473 April 10).

19 Riedel, 3. Hauptteil 2, S. 62f. (1472 Aug. 24); 1. Hauptteil 14, S. 357 (1472 Sept. 8). Auch ebenda, 3. Hauptteil 2, S. 98; 2. Hauptteil 5, S. 101f., 204, 215, 217ff., 221ff, 229 und 231f.

20 Politische Correspondenz 1, S. 466, Nr. 503 (1472 Nov. 29), S. 505, Nr. 565 (1473 Mai 6), S. 522f., Nr. 601 (1473 Juli 8), S. 525, Nr. 608 und S. 527, Nr. 611 (1473 Juli 12). – Helena von Cleve, die Gemahlin Herzog Heinrichs, war im Juni 1471 verstorben. S.

dazu: T. Steinmann, Die Grabstätten der Fürsten des Welfenhauses, Braunschweig 1885, S. 25.

21 Politische Correspondenz 1, S. 522f., Nr. 601 (1473 Juli 8), S. 527, Nr. 611 (1473 Juli 12).

22 Politische Correspondenz 1, S. 545, Nr. 649 (1473 Aug. 9).

23 Politische Correspondenz 1, S. 546f., Nr. 653 (1473 Aug. 10).

24 Politische Correspondenz 1, S. 564, Nr. 670 (1473 Aug. 30); vgl. auch S. 527, Nr. 611 (1473 Juli 12) und S. 559, Nr. 664 (1473 Aug. 24).

25 Politische Correspondenz 1, S. 569f., Nr. 680 (1473 Sept. 10), S. 573, Nr. 689 (1473 Sept. 13), S. 575, Nr. 694 (1473 Sept. 26), S. 576, Nr. 697 (1473 Sept. 29).

26 S. Politische Correspondenz 1, S. 578, Nr. 702 (1473 Okt. 1).

27 Handelte es sich bei dem Verlobten Margarethas um Heinrich den Friedfertigen, Herzog von Braunschweig-Wolfenbüttel (Politische Correspondenz 1, S. 466, Nr. 503, S. 505, Nr. 565, S. 522f., Nr. 601), so ist dieser am 6. Dezember 1473 verstorben – ebenda, S. 605, Nr. 748 einschl. Anm. 1; so auch R. Klempin, Stammtafeln des Pommersch-Rügischen Fürstenhauses und seiner Nebenlinien, hrsg. von G. v. Bühlow, Stettin 1876. Vgl. aber auch den Hinweis des Statthalters von Berlin vom 27. August 1477, sie fänden in der Kanzlei eine Notiz, daß für Dienstag nach Nativitatis Mariae nach Gardelegen ein Verhandlungstag wegen der Vermählung Markgräfin Margarethas mit dem Herzog von Grubenhagen anberaumt sei, wüßten aber nichts davon. – Herzog Heinrich von Braunschweig, Grubenhagener Linie! Politische Correspondenz 2, S. 319f., Nr. 317 (1477 Aug. 27).

28 Politische Correspondenz 2, S. 253ff., Nr. 238 (1476 Aug. 26), S. 238 zu Nr. 225 (1476 Juli 26).

29 Politische Correspondenz 1, S. 522, Nr. 600 (1473 Juli 7), S. 767, Nr. 1003 (1474 Nov. 29).

30 Politische Correspondenz 1, S. 522, Nr. 600 (1473 Juli 2); 2, S. 243ff., Nr. 230 (1476 Juli 4), S. 262, Nr. 243 (1476 Okt. 13).

31 Politische Correspondenz 1, S. 578, Nr. 702 (1473 Okt. 1), S. 580ff., Nr. 708 (1473 Okt. 10/Okt. 20), S. 767, Nr. 1003 (1474 Nov. 29); 2, S. 179ff., Nr. 153 (1475 Sept. 14)

32 Schreiben Herzogin Sophias an Kaiser Friedrich III. vom 10. Juni 1475, in: Monumenta Habsburgica. Sammlung von Actenstücken und Briefen zur Geschichte des Hauses Habsburg in dem Zeitraume von 1473 bis 1576 I,1, Wien 1853, S. 439ff.

33 Politische Correspondenz 2, S. 281, Nr. 268 (1477 Januar 27).

34 Politische Correspondenz 2, S. 288, Nr. 274 (1477 Febr. 23).

35 Politische Correspondenz 2, S. 288, Nr. 274 (1477 Febr. 23), Anm. 1; Riedel, 2. Hauptteil 5, S. 260f., Nr. 1977 (1477, Febr. 28). Im April 1477 wünscht Kurfürst Albrecht zu wissen, wie sich Herzog Bogislaw ihm, Margaretha und den Mecklenburgern gegenüber verhalte. Er ordnete an, man solle der Markgräfin bisweilen mit Kleidergeld zu Hilfe kommen. – Politische Correspondenz 2, S. 298, Nr. 289 (1477 April 11), Anm. 1; Riedel, 2. Hauptteil 5, S. 264ff.

36 Politische Correspondenz 2, S. 308ff., Nr. 302 (1477 Mai 31).

37 Politische Correspondenz 2, S. 313, zu Nr. 307 (1477 Sept. 4).

38 Politische Correspondenz 2, S. 322 f., Nr. 321 (1477 Sept. 13), S. 320, zu Nr. 317 (1477 Sept. 20); vgl. auch: Riedel, Supplementband, S. 120, Nr. 43 (1477); Politische Correspondenz 2, S. 388 ff., Anm. 2 zu Nr. 401 (1478 Mai 26).

39 Des Thomas Kantzow Chronik von Pommern in hochdeutscher Mundart, hrsg. von G. Gaebel, Stettin 1897, S. 323.

40 Kantzow, S. 391 ff.

41 Riedel, Supplementband, S. 120, Nr. 43 (1477); Politische Correspondenz 2, S. 348 ff., Nr. 354 (1478 Febr. 8). Bereits im Leibgedingebrief der Markgräfin Elisabeth von 1437 waren dieser von ihrem Gemahl, Herzog Joachim von Pommern, Einkünfte aus dem Zoll der an der Oder gelegenen Stadt Gartz verbürgt worden. – Riedel, 2. Hauptteil 4, S. 154 ff., Nr. 1562 (1437 Aug. 27); Codex diplomaticus Brandenburgensis continuatus 1, hrsg. von G. W. von Raumer Berlin/Stettin/Elbing 1831 (Nachdruck: Hildesheim 1876), S. 265, Nr. 134 (1465); vgl. aber auch dazu das Verzeichnis der Hebungen, die Herzog Bogislaw X. seiner Gemahlin Anna zum Leibgedinge verschrieb, in: Diplomatische Beiträge zur Geschichte Pommerns aus der Zeit Bogislaws X., hrsg. von R. Klempin, Berlin 1859, S. 525 ff., Nr. 9 (1491).

42 Politische Correspondenz 2, S. 326 f., Nr. 327 (1477 Okt. 17).

43 G. W. von Raumer, Beiträge zur Kriegsgeschichte der Churmark Brandenburg im 15. Jahrhundert, in: Allgemeines Archiv für die Geschichtskunde des Preußischen Staates 1 (1830), S. 254–277.

44 Riedel, 3. Hauptteil 2, S. 226 f., Nr. 183; Politische Correspondenz 2, S. 370 f., Nr. 383 (1478 April 16), S. 378 f., Nr. 391 (1478 April 25).

45 Politische Correspondenz 2, S. 378 f., Nr. 391 (1478 April 25), S. 386 ff., Nr. 400 (1478 Mai 24); W. Brandt, Der märkische Krieg gegen Sagan und Pommern, 1476–1479; Diss. Greifswald 1898; W. Weißthanner, Die Kämpfe des Kurfürsten Albrecht gegen die Herzöge von Pommern 1478, in: Forschungen zur brandenburgischen und preußischen Geschichte 54 (1943), S. 375 ff.

46 Riedel, 2. Hauptteil 5, S. 142 f., Nr. 1889 (1478 Aug. 23); Politische Correspondenz 2, S. 416, Nr. 431 (1478 Aug. 17/23).

47 Codex diplomaticus Brandenburgensis continuatus 2, Berlin/Elbing 1833, S. 29., Nr. 31 (1478); Politische Correspondenz 2, S. 496 f., Nr. 539 (1479 April 15).

48 Politische Correspondenz 2, S. 470, Nr. 503 (1479 Januar 26).

49 Riedel, 2. Hauptteil 5, S. 295 f., Nr. 2005 (1479 Juni 4).

50 Riedel, 2. Hauptteil 5, S. 297 f., Nr. 2006 (1479 Juni 4).

51 Riedel, 2. Hauptteil 5, S. 298 f., Nr. 2007 und Politische Correspondenz 2, S. 521, Nr. 561, Anm. 2 (1479 Juni 10).

52 Politische Correspondenz 2, S. 540 f., Nr. 579 (1479 Juni 24).

53 Riedel, 2. Hauptteil 5, S. 301 f., Nr. 2010 (1479 Juni 27).

54 Politische Correspondenz 2, S. 547 f., Nr. 591 (1479 Aug. 2).

55 Politische Correspondenz 2, S. 608 ff., Nr. 660 (1480 April); vgl. auch: 3, S. 499 ff., Nr. 1161 (1485).

56 Codex diplomaticus Brandenburgensis continuatus 2, S. 44, Nr. 46 (1479 Aug. 1).

57 Politische Correspondenz 2, S. 57 und 547 f., Nr. 591 (1479 Aug. 2); Riedel, 3. Hauptteil 3, S. 118 (1479 Aug. 1).

[58] Kantzow, S. 392f.; vgl. auch: Entwurf zu den Hochzeitsfeierlichkeiten bei der Vermählung des Herzogs Bogislaw X. mit Prinzessin Anna von Polen (1490 Febr. 1) zu Stettin, 1 Diplomatische Beiträge zur Geschichte Pommerns, S. 503 ff., Nr. 7.

[59] Kantzow, S. 392.

[60] Codex diplomaticus Brandenburgensis continuatus 2, Nr. 44, S. 41 f.

[61] Politische Correspondenz 2, S. 590ff., Nr. 649 (1480 März 1). Kurfürst Albrecht selbst war zweimal verheiratet, zuerst, seit 1446, mit Margaretha von Baden; sie gebar fünf Kinder und starb 1457. Die zweite Ehe schloß er 1458 mit Anna, der Tochter des Kurfürsten Friedrich des Sanftmütigen von Sachsen; aus dieser Ehe gingen 13 Kinder hervor. Über die Lebensschicksale beider Frauen s.: Kirchner, Churfürstinnen 1, S. 121–182.

[62] Politische Correspondenz 3, S. 33 f., Nr. 714 (1481 Januar 22) und Anm. 5 (1481 April 23).

[63] Politische Correspondenz 3, S. 43 f., zu Nr. 723 (1481 März 21).

[64] Diplomatische Beiträge zur Geschichte Pommerns, S. 489 f., Nr. 5 (1487 Okt. 9).

[65] Kantzow, S. 337; vgl. auch S. 316.

[66] Kantzow, S. 337.

[67] Kantzow, S. 338 f.

[68] Politische Correspondenz 3, S. 53, Nr. 736 (1481 Mai 2); Riedel, 3. Hauptteil 2, S. 284, Nr. 231 (1482 Juni 17), Nr. 232 (1482 Juni 23).

[69] Politische Correspondenz 3, S. 290f., Nr. 993 (1483 Dez. 10).

[70] Riedel, 3. Hauptteil 2, S. 315 f. und 318 f.

[71] Kantzow, S. 343.

[72] Kantzow, S. 339.

[73] Verzeichnis der Aussteuer der Prinzessin Anna von Polen und Entwurf zu den Hochzeitsfeierlichkeiten (1490 Febr. 1), in: Diplomatische Beiträge zur Geschichte Pommerns, S. 503 ff., Nr. 7 und 8.

[74] Riedel, Supplementband, S. 128 ff., Nr. 103 (1498 Juli 12).

Maria Bogucka

Eine Königin, um die niemand trauerte. Elisabeth, die dritte Ehefrau König Jagiellos

Von Anfang an breitete sich um die dritte Heirat König Wladislaw Jagiellos (1350–1434) die Atmosphäre eines schockierenden Geheimnisses aus. Was hatte den König in die Arme dieser hageren, ältlichen Frau getrieben? – fragten die verblüfften Zeitgenossen, denn zur Zeit ihrer Heirat war die zukünftige Königin von Polen und Großherzogin von Litauen schon 47 Jahre alt. Nach den Maßstäben des 15. Jahrhunderts hatte sich Jagiello als Braut eine alte, bereits mit einem Fuß im Grabe stehende Frau gewählt. Die entrüsteten Chronisten vergaßen jedoch, daß der König zu dieser Zeit selbst bereits 67 Jahre alt war, also 20 Jahre älter als seine Braut. Aber das Alter eines Königs wurde anders gewertet als das einer Frau, umso mehr, als sie zwar adliger, aber nicht königlicher Abkunft war. Die Heirat des Königs mit einer Frau, die seine eigene Untertanin war, muß für das Land, wo noch nie zuvor so etwas vorgekommen war, schockierend gewesen sein. Die Frauen polnischer Herrscher wurden immer mit großer Sorgfalt ausgewählt. Sie waren stets aus königlichen oder herzoglichen Familien gekommen und hatten Polen nützliche Verbindungen und Bündnisse gebracht. Die unverhoffte Karriere dieser Dame, die durch Jagiellos plötzlichen Entschluß erwählt wurde, ihr schneller Aufstieg über die Köpfe aller anderen polnischen und litauischen Damen adliger Familien wurde von den Mitgliedern der mächtigen Sippen im ganzen Land mit offenem Neid beobachtet.

Für die Mitglieder der Gesellschaft des 15. Jahrhunderts war es nicht zu verstehen, was den König zu diesem ungewöhnlichen Entschluß bewogen hatte. Die Liebe nahm in der Beziehung zwischen Mann und Frau im Mittelalter meist einen sehr geringen Platz ein. Die Heiraten zwischen den Angehörigen aller sozialen Schichten, von den Rittern bis zu den Bauern, wurden auf der Grundlage gegenseitiger Familien- und Sippeninteressen durchgeführt. Es war deshalb für einen Herrscher eine Verpflichtung, sein privates Leben in Übereinstimmung mit den politischen Notwendigkeiten zu gestalten. Seine persönlichen Gefühle und Regungen konnten in Liebeleien und Abenteuern leicht befriedigt werden. Wie jeder Mann war er berechtigt, sich eine Mätresse zu halten. Die offizielle Heirat war jedoch immer eine Staatsangelegenheit.

Wie hatte Jagiello diese Regeln vergessen können? Hatte er sich einfach verliebt? War es die letzte Zuneigung eines alten Mannes, ein leidenschaftliches, emotionales Verhältnis, das erste nach den drückenden Fesseln seiner vorhergehenden zwei politischen Heiraten?

Das erste Mal hatte sich Jagiello im Jahre 1385 in Krewo mit Hedwig von Anjou, einer Dame aus dem berühmten Haus der Plantagenet (Anjou), vermählt. Aufgrund der Bestimmungen des Vertrages von Krewo trat Jagiello, Großherzog des noch heidnischen Litauen, zum christlichen Glauben über. Wladislaw, wie sein Taufname lautete, gelobte, daß ganz Litauen zur römisch-katholischen Kirche übertreten würde. Durch seine Ehe mit Hedwig wurde er zum Herrscher über Polen. Auf diese Weise wurde das polnische Königreich mit Litauen auf der Basis einer Personalunion vereinigt. Jagiello, ein derber Litauer, der weder lesen noch schreiben konnte, hatte sich wahrscheinlich immer etwas unbehaglich in der Anwesenheit Hedwigs gefühlt, einer intellektuellen Dame mit weitreichenden internationalen Verbindungen. Sie war eine enge Freundin des Papstes, geschmückt mit vielen persönlichen Tugenden, die ihr einen Schein von Heiligkeit gaben. Sie starb 1399 bei der Entbindung.

Die zweite Heirat Jagiellos mit Anna, einer Tochter des Grafen Willem von Cilli, wurde arrangiert, weil sie gleichzeitig die Enkeltochter des verstorbenen Königs Casimir des Großen, des letzten Herrschers der Piasten-Dynastie, war. Mit dieser Verbindung sollte Jagiellos Stellung sowohl in Polen als auch im Ausland gestärkt werden. Vom persönlichen Standpunkt aus erwies sie sich jedoch als ein völliger Fehlschlag. Denn als die junge Anna im Juli 1401 nach Kraków kam, wurde Jagiello sofort durch ihr unschönes Aussehen abgestoßen. Er versuchte verzweifelt die Hochzeit hinauszuschieben und erreichte tatsächlich, daß die Hochzeitszeremonie erst acht Monate später, im Januar 1402 stattfand. In den 14 Jahren, die die unglückliche Bindung währte, wurde nur eine Tochter geboren, der man den Namen Hedwig gab.[1] Anna von Cilli war nicht nur häßlich, sie war auch eine im Umgang schwierige Person. Sie mischte sich ständig in die Politik ihres Mannes ein und war als Feindin des Deutschen Ordens wohlbekannt. Ein deutscher Chronist schrieb nach ihrem Tode 1416, daß »dy was weder den ordin und herte den Konyng (Jagiello – M. B.) und dy Polen zcu dem krige; und sy vorstarb korczlich, sy hette anders mer ungelucken gebruwin«[2].

Als Anna starb, hatte Jagiello noch immer keinen Sohn als Nachfolger für den polnischen und den litauischen Thron. Und jetzt entschied er sich, eher seinen Leidenschaften zu folgen als wieder eine ungeliebte und abstoßende Frau zu nehmen, die ihm lediglich einige politische Vorteile und vielleicht einen Sohn bringen würde. Doch eine solche Entscheidung war für die Menschen des 15. Jahrhunderts schwer verständlich. Für sie waren die Verhaltensmuster eines Königs sehr streng festgelegt. Daher verbreiteten sich wahrscheinlich Gerüchte, daß Zauberei im Spiele war, die den Verstand des guten Königs trübte, um ihn dazu zu treiben, in einer solch unglücklichen Weise zu handeln. Der alte Jagiello weigerte sich hartnäckig, auf die Meinungen seiner Ratgeber zu hören. Er begann wie ein unverantwortlicher Jugendlicher zu handeln, der zu geheimen Treffen läuft und über die Auserwählte seines Herzens einen Regen kostbarer Gaben ausschüttet. Wäre sie nicht eine in einer Magnaten-Familie geborene Frau gewesen, wäre sie nicht eine enge Freundin der masowischen Herzogin Alexandra, Jagiellos Schwester, gewesen, hätte sie ohne Zweifel als Hexe auf dem Scheiterhaufen geendet.

Wir verfügen leider nicht über ihr Portrait. Man muß sich jedoch vorstellen, daß Elisabeth, die Tochter Ottos von Pilcza, Woiwode von Sandomierz und Haupt der mächtigen Sippe von Topors, sehr schön war. Sie soll auch von großer Anmut gewesen sein und einen Charme besessen haben, der unabhängig von ihrem Alter viele Männer zu ihren Sklaven machte. Nicht nur die Betörung des alten Königs, sondern der ganze Weg ihres abenteuerlichen Lebens zeugen von ihren außerordentlichen Qualitäten. Oder waren es vielmehr doch die enormen Reichtümer, durch die sie die Männer anzog?

Elisabeths Vater, Otto von Pilcza, hatte als Vertrauter des polnischen Königs Casimir des Großen mit dessen Unterstützung in seinen Händen verschiedene ehrenvolle wie auch einträgliche Würden und Besitzungen angesammelt: die Starostei von Ruthenien, die General-Starostei von Großpolen, die Kastellanei von Wiśnicz, die Starostei von Sandomierz; schließlich war er Woiwode von Sandomierz geworden. Elisabeths Mutter, Hedwig von Melsztyn, kam ebenfalls aus einer reichen und alten Familie. Die einzige Tochter dieses edlen Ehepaares wurde um 1370 geboren, und da Otto von Pilcza bereits vor 1385 starb, blieb sie als Waise zurück.

Als junges Mädchen, noch nicht 15 Jahre alt, war Elisabeth vielen Gefahren ausgesetzt. In der mittelalterlichen, von Männern beherrschten Welt konnte ein schönes, reiches Mädchen ohne väterlichen Schutz sehr leicht Opfer brutaler Handlungen werden. Die bloße Gewalt herrschte in der Gesellschaft des 15. Jahrhunderts trotz vieler Versuche, strengere Gesetze und zivilisiertere Verhaltensnormen einzuführen.

Das Gedicht »Über Tafelsitten«, das älteste polnische weltliche Gedicht, das gerade in diesen Jahren von einem Adligen aus Großpolen, Przesław Słota, geschrieben wurde (wir wissen wenig über ihn, nur die Tatsache, daß er in den Jahren 1398–1400 Burggraf von Poznań war), stellt in seinem zweiten Teil eine wahre Lobeshymne zu Ehren der Frauen dar:

Was euch anlangt, Ritter und Knappen,
ehrt die Frauen, es ist eure Pflicht...
Ich rühme Euch, Damen und Mädchen,
denn es gibt nichts Besseres als euch.
Eine tugendhafte Frau ist wie eine Krone,
möge derjenige zugrunde gehn, der Schlechtes von ihr spricht.
Sie haben diese Kraft von der Jungfrau Maria,
bei ihrem Anblick begeben sich Fürsten zu ihren Füßen,
und erweisen ihnen große Ehrerbietung.
Die Damen bringen uns Freude,
die Welt ist voll davon;
alle Güte kommt von ihnen,
aber wir müssen sie beschützen.
Frauen erweisen uns Ehre
und diejenigen, die sie verletzen sind böse.[3]

Diese Verse sollten jedoch nur als sehnsüchtige Gedanken betrachtet werden. Die das tägliche Leben dieser Epoche betreffenden Quellen zeigen uns genau entgegengesetzte Zeugnisse des männlichen Verhaltens gegenüber Frauen. Wie leicht war eine Frau zu verletzen – besonders eine Frau ohne Schutz von Vater und Ehegatten. Wie gefährlich war das Leben einer Waise oder Witwe!

Bald nach dem Tode ihres Vaters wurde Elisabeth Opfer eines »raptus puellae«, eines sehr häufigen Verbrechens im Mittelalter. Sie wurde gefangen genommen und ohne ihre eigene oder ihrer Mutter Zustimmung mit einem abenteuerlichen morawischen Baron, Wisel Czambor, verheiratet, der ihre großen Besitztümer an sich reißen wollte. Er konnte sich jedoch nur sehr kurze Zeit dieses Übergriffes erfreuen. Ein mächtiger Rivale kam, der tschechische Adlige Jenczik von Hiczyn (Jičin in Böhmen), entführte die junge Frau und zwang sie, mit ihm zu leben. Wisel kam nach Kraków, um am polnischen königlichen Gerichtshof sein Recht zu suchen; aber er wurde von Jencziks Soldaten auf der Straße getötet, als er ein öffentliches Bad verließ.

Aber auch Jenczik sollte sich seiner Beute nicht lange erfreuen. Er starb – oder wurde getötet? – nach nur zwei oder drei Ehejahren. Elisabeth war nun erneut gefährlichen Werbungen ausgesetzt. Zu dieser Zeit kümmerte sich jedoch ein mächtiger Verwandter, Spytek von Melsztyn, der Woiwode von Kraków und gleichzeitig Mitglied der mächtigen Sippe von Leliwas war, um die junge Frau. Als ihr Onkel – Elisabeths Mutter war seine Schwester – arrangierte er zum 2. Oktober 1397 eine neue Eheschließung für Elisabeth. Ob das mit ihrer Zustimmung oder gegen ihren Willen geschah, ist nicht bekannt. Sie heiratete einen Freund Spyteks, einen Adligen aus Großpolen, Wincenty Granowski, Mitglied der Sippe von Leliwas und Eigentümer der bedeutenden Kastellanei von Nakło. Später – 1409 – wurde er zum prefectus generalis – General-Starost – von Großpolen ernannt. Elisabeths große Mitgift hatte ihm gewiß geholfen, diesen wichtigen Posten zu erlangen.

Die dritte Heirat erwies sich als die erste, die Elisabeth offenbar akzeptierte, die vielleicht sogar eine glückliche war. Granowski war ein Mann von Rechtschaffenheit, ein enger Vertrauter des Königs – sein Name erscheint auf vielen Königsurkunden aus den Jahren 1387–1410 als Zeuge. Er wurde auch oft in wichtigen diplomatischen Missionen eingesetzt. Als tapferer Soldat nahm er an der berühmten Schlacht mit dem Deutschen Orden am 15. Juli 1410 bei Tannenberg teil. Er starb ziemlich unerwartet noch im gleichen Jahr. Im Land verbreitete sich das Gerücht, er sei vergiftet worden, doch wurde offenbar keine Anklage erhoben, und die Quellen berichten sehr wenig über diese Angelegenheit.

Elisabeth und Wincenty hatten fünf Kinder: drei Töchter – Hedwig, Elisabeth und Euphemy – und zwei Söhne – Otto und Jan.[4] Es war keine leichte Aufgabe für eine alleinstehende Frau, diese Kinder zu erziehen. Die Tatsache, daß sie außergewöhnlich reich war, vergrößerte nur das Risiko. Vielleicht Schutz und Sicherheit suchend, begann sie, den Hof der masowischen Herzogin Alexandra zu besuchen, der Lieblingsschwester König Jagiellos. Die beiden Damen wurden schnell sehr enge Freundinnen.

1416, nach dem Tod der Königin Anna von Cilli, war es wahrscheinlich Alexandras Idee, ihre Freundin mit dem verwitweten Bruder zu verheiraten. Sie liebte beide und wünschte, ihrem Bruder in jeder möglichen Weise nah zu sein. Sie besuchte Jagiello häufig im Wawel in Kraków – wie aus den Rechnungen des königlichen Hofes der Jahre 1397 bis 1420 zu entnehmen ist – oder traf ihn an verschiedenen Orten während seiner regelmäßigen Reisen durch das Land, besonders auf seinen periodischen Expeditionen in das Großherzogtum Litauen. Alexandra war eine außerordentliche, für ihre Zeit ungewöhnliche Frau. Sie gab sich mit den zeitgenössischen Normen für das Leben der Frau als passive, Kinder Gebärende, die zu Hause sitzt und bescheiden bei Handarbeiten auf ihren Ehemann wartet, nicht zufrieden. Die Schwester Jagiellos war eine Persönlichkeit, die sich ihrer eigenen Werte und Vorteile bewußt und an ihrer Umwelt interessiert war, die sich sowohl nach Wissen als auch nach Einfluß sehnte. Sie war wohlbekannt als Freundin der deutschen Ordensritter, die nahe Nachbarn des Herzogtums Masowien waren. Alexandra empfing die Mitglieder dieses Ordens gern am masowischen Hof, diskutierte mit ihnen politische und philosophische Angelegenheiten, führte Gespräche über Religion. Sie versuchte auch, die Handelsverbindungen zwischen Masowien und den preußischen Städten zum Vorteil beider Seiten zu verbessern und hoffte nicht nur auf ökonomischen Gewinn; sie wußte wohl, daß der Handel immer mit der kulturellen Entwicklung einherging. Sie fürchtete den Krieg über alles und versuchte, ihre Zeitgenossen zu besänftigen, focht gegen männliche Angriffslust und Neigung, brutale Gewalt zu gebrauchen. Elisabeth, die die meisten Ansichten und Meinungen Alexandras teilte, konnte der masowischen Herzogin als Königin eine wertvolle Verbündete sein.

Beide Frauen schmiedeten gemeinsam geheime Pläne: Im Januar 1417 machte Jagiello auf der Rückreise von Litauen nach Polen in der Stadt Lubomla im Distrikt Chełm Halt. Wie zufällig begegnete er hier beiden Damen. War das die erste Bekanntschaft zwischen dem

König und Elisabeth? Wir wissen es nicht sicher. Auf jeden Fall bezauberte die schöne Dame mit ihren großen, glänzenden Augen und ihrem entzückenden Lächeln den alten König. Der polnische Chronist Jan Długosz, ein Feind Elisabeths, schrieb darüber mit folgenden Worten: »Unter dem Zauber dieser Liebe, die von manchen Leuten eher als Behexen betrachtet wurde, begann König Wladislaw durch Vermittlung seiner Schwester Alexandra um Elisabeths Hand anzuhalten. Er als Herrscher von solchem Rang schämte sich nicht, einer Frau die Heirat vorzuschlagen, die an der Schwindsucht litt und seine Untertanin war, eine dreifache Witwe... verblüht und ältlich, deren soziale Stellung und Herkunft weit unter der seinen lagen. Seine noch gute und robuste Gesundheit wurde durch das Verlangen nach dieser einzigen Frau geschwächt, daher die unangenehmen Unpäßlichkeiten, die ihn in der Zukunft ergreifen sollten. Je großartiger und würdevoller der König war, umso schändlicher war diese Verbindung für ihn, sie beschädigte seinen Ruhm im Lande ebenso wie auswärts.«[5]

Der König und seine Schwester waren sich wohl bewußt, daß das Heiratsprojekt vom polnischen Adel nicht leicht akzeptiert werden würde, da er neidisch auf Elisabeths Aufstieg über die Häupter der anderen polnischen Adelsdamen sein würde. Die Werbung des Königs geschah daher von Anfang an unter Vermeidung jeder Öffentlichkeit. Dennoch konnten die Höflinge und Diener nicht blind und taub sein. Und wenn sie die kostbaren Pelze sahen, die der König der Umworbenen verehrt hatte, Pelze, in die sie gehüllt war, wenn sie Lubomla in einem kunstvoll geschnitzten königlichen Schlitten verließ, verbreiteten sich Vermutungen und Klatsch über das ganze Land.

Jagiello hatte es sich jedoch fest vorgenommen und wollte, vor Ungeduld ganz außer sich, die Hochzeitszeremonie so bald wie möglich arrangieren. Ende März besuchte er Elisabeths Heim in Łańcut; aber nach einem kurzen Treffen mit seiner Geliebten begab er sich in die Stadt Lwow. Von hier aus wurde ein königlicher Befehl an alle Mitglieder des königlichen Rates gesandt mit der Bitte, am 1. Mai in der Stadt Sanok anwesend zu sein. Der Zweck der Zusammenkunft wurde geheimgehalten. Selbst über das Erscheinen der beiden Damen – Elisabeth Granowska und Alexandra, Fürstin von Masowien, – wurden die Ratgeber des Königs nicht informiert. Als Jagiello schließlich ankündigte, daß er im Begriff sei, am nächsten Tag zu heiraten, waren die anwesenden Herren wie versteinert. Nachdem die erste Überraschung vorbei war, erhoben sich verschiedentlich Proteste. Die Adligen versuchten, Jagiello zu überzeugen, daß eine alte Frau, eine ihm nicht ebenbürtige Untertanin, für ihn nicht die rechte Gattin sei. Der König aber war unbeugsam. Er hörte weder auf die Bitten noch auf die Proteste. Das machte auf einige Adlige Eindruck, die, wenn auch ungehalten, ihre Gefühle zu verbergen suchten. Die anderen billigten widerstrebend letztlich die Heirat des Königs.

Am 2. Mai 1417 fand die Hochzeitszeremonie in der Pfarrkirche von Sanok statt. Der Erzbischof von Lwow, Jan Rzeszowski, segnete das »junge« Ehepaar. Später wurde ihm das um so mehr verübelt, als die Eheschließung nach kirchlichem Gesetz nicht statthaft war: Jagiello und Elisabeth waren in kirchlichem Sinne Bruder und Schwester, weil Elisabeths Mutter, Hedwig von Melsztyn, 1385 als Patin bei der Taufe Jagiellos fungiert hatte.[6] Das in Konstanz abgehaltene Konzil gab dem polnischen Herrscher Dispens, aber er erfolgte in der Tat erst nach der Heirat, und viele Menschen waren der Meinung, daß die dritte Heirat Jagiellos eine unrechtmäßige Verbindung war.

Eine scharfe Kritik an der Heirat findet sich in der von dem berühmten Historiker Długosz verfaßten Geschichte Polens. Er macht Jagiello Vorwürfe, weil er als Gattin »eine Frau mit runzeligem Gesicht, durch verschiedene Entbindungen ruiniert, mit Betterfahrungen mit verschiedenen Männern« genommen habe.[7] Solch eine unwürdige Heirat wurde natürlich durch unheimliche Anzeichen angekündigt, die in Sanok während des Hochzeitszeremoniells zu sehen waren. Das schöne Wetter war während der Hochzeit zu Ende, es verwandelte sich plötzlich in schlechtes. »Wolken und Kälte kamen plötzlich auf, es begann zu schneien und zu regnen, und die Gedanken der Menschen, die schon über die Heirat beunruhigt waren, wurden noch düsterer und sorgenvoller.«[8] Als Elisabeth von der Kirche in das Schloß zurückkehrte, geschah ein seltsamer Unfall: ein Rad ihrer Kutsche brach »an einem Platz, wo der Boden sehr schlammig war; trotzdem mußte sie die Kutsche verlassen und den Rest der Weges zu Fuß fortsetzen«.[9] Warum kein anderer Wagen für die Frau des Königs herbeigeschafft wurde, könnte man fragen.

Nach der Hochzeit bemühte sich Jagiello sehr intensiv aber letztlich vergeblich, für seine neue Frau soziale Anerkennung zu finden. Er drohte sogar, den polnischen Thron zu verlassen und mit seiner geliebten Gattin nach Litauen zu gehen und damit die polnisch-litauische

Union zu brechen. Der König war auch entschlossen, seine Frau formal in den Stand der Königin von Polen zu erheben. Nach einigen Monaten des Kampfes zwischen Jagiello und dem polnischen Adel fand die Krönungszeremonie in der Kathedrale des Wawel am 19. November 1417 statt; es war der Tag, der der heiligen Elisabeth, der Patronin der neuen Königin gewidmet war. Die rituelle Zeremonie, der nur wenige Adlige und Würdenträger beiwohnten, leitete wiederum Erzbischof Jan Rzeszowski. Kaiser Sigismund von Luxemburg hatte seine Gratulation und beste Wünsche übermittelt, die Patrizier der Stadt Lwow boten der Königin als ihre Huldigung 300 Zitronen dar. Aber das war alles.

Eine scharfe Satire auf die Königin schrieb Stanislaus Ciołek, einer der Sekretäre des Königs und späterer Bischof von Poznań.[10] Er nannte die Ehefrau Jagiellos »ein durch viele Entbindungen geschwächtes Schwein, das zu dieser Heirat durch Reichtümer, die es mit dem Spaten ihrer Zunge angehäuft hatte, den Löwen (Jagiello – M. B.) mit ihrer Schlauheit und mit dreister Lüge gefangen«[11] hatte. Im Lichte der Quellen ist es aber ziemlich unwahrscheinlich, daß Jagiello Elisabeth ihrer großen Reichtümer wegen geheiratet hatte. Es existiert kein Beweis dafür, daß der König irgendeine Mitgift erhalten hatte. Jagiello war wütend vor Zorn, als ihm die empörende Schrift vorgelesen wurde. Der Verleumder wurde sofort vom königlichen Hof verbannt. Auf weitere Schritte gegen ihn verzichtete man aber.

Ciołek hatte nur offen das geschrieben, was niederer Adel und Magnaten in Polen über die dritte Heirat Jagiellos dachten und sagten. Die Verbindung des Königs mit der Witwe Granowska wurde unter diesen Aspekten als eine unüberlegte und sogar sündhafte Tat angesehen. Die öffentliche Meinung wartete auf den Augenblick, an dem diese unerlaubte Liebe gründlich bestraft würde. Im August 1419 ereignete sich tatsächlich ein schwerwiegender Unglücksfall, der als Zeichen göttlichen Zorns gedeutet wurde: Auf seiner Reise nach Sroda, einer kleinen Stadt in Großpolen, kam Jagiello eines Tages in einen starken Sturm. Ein Blitz war in die königliche Kutsche eingeschlagen und tötete zwei Diener und vier Pferde. Der König wurde nur betäubt und war einige Tage taub. Daraufhin begann Jagiello – unsicher und voller Gewissensbisse – zum ersten Mal nachzudenken, ob er nicht einen Fehler begangen hätte.

In der Tat erwies sich das Glück des Herrscherpaares als von sehr kurzer Dauer. Nur etwas mehr als zwei Jahre konnte es zusammen verbringen. Trotz ihrer schwachen Gesundheit und zarten Konstitution suchte Elisabeth den König auf seinen zahlreichen Reisen durch das Land zu begleiten. Einige Historiker sind der Meinung, daß die dritte Ehefrau Jagiellos, die ja polnischer Herkunft war, außerordentlich zur Polonisierung ihres litauischen Gatten beigetragen hat. Wahrscheinlich war sie es, die ihn lehrte, Polnisch zu sprechen und sich alter polnischer Sitten gemäß zu verhalten. An der Kultur war sie interessiert, das wissen wir sicher. Dank ihrer Initiative kaufte Jagiello kurz nach ihrer Krönung in Kraków zwei Häuser für die Universität. Elisabeth bemühte sich auch, ihren Gatten in politischen Angelegenheiten zu beeinflussen. Wie ihre Freundin Alexandra versuchte sie, Krieg zu verhindern, wünschte den Frieden mit den deutschen Ordensrittern und bemühte sich um die Förderung des polnisch-preußischen Handels. Ihre Beziehung zu Jagiellos Tochter Hedwig war sehr herzlich. Es scheint, als ob diese vielgehaßte Frau eine außerordentlich offenherzige Person war, voller Liebe – sie war freundlich zu Jagiello, zu seiner Familie und überhaupt allen Menschen gegenüber. Sie mochte gute Gesellschaft, liebte es zu lachen, freigebig zu sein und die Menschen um sich herum glücklich zu sehen. Sie war eine hingebungsvolle Mutter, die ihre Kinder liebte und sie ermunterte, sie oft in den königlichen Residenzen Kraków und Niepołomice zu besuchen. Für ihren Sohn Jan versuchte Elisabeth den Grafen-Titel zu erlangen. Aber dieses Projekt mißlang, weil es vom polnischen Adel boykottiert wurde. Ihre Tochter Elisabeth heiratete Boleslaw, einen schlesischen Piasten und damaligen Herzog von Niemodlin. Die Heirat ging jedoch unglücklich aus, und die junge Elisabeth kam an den Hof ihrer Mutter zurück. Es scheint, daß die Zukunft ihrer Töchter für Elisabeth als guter und nachdenklicher Mutter eine dauerhafte Sorgenquelle war. Vielleicht fühlte sie den nahenden Tod und fürchtete – in Erinnerung an ihr eigenes Schicksal – um das ihrer Kinder.

In der zweiten Hälfte des Jahres 1419 begann die Gesundheit der Königin schwächer zu werden. Die ihr feindlich gesinnten Chronisten erwähnen die Ursachen ihrer Krankheit nicht. War es eine Schwangerschaft, wie es Długosz behauptet? Wie dem auch sei, sie war nicht in der Lage, die Mühsal einer langen Reise nach Litauen durchzustehen, wohin Jagiello im Herbst 1419 ging. Der König ließ daher Elisabeth in Kraków zurück, wenn auch »ungern«, wie es in Długosz' Werk heißt.

Sie sollten sich nicht wiedersehen. Während des langen, harten Winters wurde die Königin von Tag zu Tag schwächer. Am 12. Mai 1420, fast genau drei Jahre nach ihrer Heirat mit Jagiello, starb Elisabeth Granowska während der Abwesenheit ihres Ehemannes. Długosz schreibt, daß ganz Polen über die Nachricht von ihrem Tod jubelte. »Jedermann erfreute sich des Gedankens, daß dieser Tod den Schandfleck ausgelöscht hatte, der auf dem König und der ganzen Nation gelegen hatte; und es gab bei dem Begräbnis mehr Freude als zur Zeit ihrer Krönung.«[12] Während der Trauerfeier »zogen alle, die anwesend waren, geistliche wie weltliche Personen, ihre besten Kleider an und lachten und scherzten, während sie der Trauerzeremonie beiwohnten«.[13] Wenn auch dieses makabere Bild als literarische Übertreibung behandelt werden sollte, können wir doch annehmen, daß kaum jemand um Elisabeth trauerte. Selbst Jagiellos Schmerz, wenn auch noch so tief, war nur von kurzer Dauer: »Nur König Wladyslaw hatte Traurigkeit gezeigt, nachdem sie gegangen war, aber sie dauerte nicht sehr lange« – vermerkt der Chronist mit Befriedigung.[14] Stanislaus Ciołek, dem Verfasser der Schmähschrift auf die Königin, wurde bald vergeben und seine Karriere machte schnell Fortschritte.

Nur Jan, der jüngere Sohn Elisabeths – Otto war bereits vor 1419 verstorben – bewahrte das Andenken an seine schöne, edle Mutter etwas länger. Die Königin war in der Wawel-Kathedrale beigesetzt worden, in der sogenannten Mansionarius-Kapelle. Hier hat Jan 1426 einen Altar erbauen lassen, der der heiligen Elisabeth, der Patronin der Verstorbenen, geweiht war. Es wurde veranlaßt, an diesem Platze für die Erlösung von Elisabeths armer Seele täglich die heilige Messe zu lesen. Aber selbst diese Tage waren gezählt. Da sich Elisabeths Leben den Lebensformen ihrer Zeitgenossen nicht einfügte, wurde sie während ihres Lebens durch schlechten Ruf und nach ihrem Tod durch Vergessen bestraft.

Anmerkungen

[1] Monumenta Poloniae Historica 3, hrsg. von A. Bielowski, Lwów/Kraków 1878, S. 83.
[2] Scriptores rerum Prussicarum 3, hrsg. von Th. Hirsch, M. Toeppen, S. Strehlke, Leipzig 1868, S. 370.
[3] Aus dem Polnischen ins Englische übersetzt von B. Carpenter. Vgl. Monumenta Polonia. The First Four Centuries of Polish Poetry. A Bilingual Anthologie, hrsg. von B. Carpenter, Michigan 1989, S. 25.
[4] Vgl. Z. Wdowiszewski, Genealogia Jagiellonów, Warszawa 1968, S. 157.
[5] Jan Długosz, Opera omnia 5, hrsg. von A. Przeździecki, Kraków 1869, S. 239–240.
[6] Ebenda, S. 240.
[7] Ebenda.
[8] Ebenda.
[9] Ebenda.
[10] Monumenta medii aevi 2, hrsg. von A. Z. Helcel, Kraków 1875, S. 47–52.
[11] Ebenda, S. 50.
[12] Długosz, ebenda, S. 239.
[13] Ebenda.
[14] Ebenda.

Barbara Pätzold

»Liebes langer Mangel ist miines Herzen Angel« – Margareta Maultasch oder Der Kampf um Tirol

Unter den Beständen des Kunsthistorischen Museums in Wien wird heute ein silberner, am Rand und an seiner Innenseite vergoldeter, mit Lilien und Blattornamenten reich verzierter Becher aufbewahrt, der sich nach zeitgenössischen Berichten noch am Ende des 18. Jahrhunderts auf der Burg Tirol bei Meran, dem Stammsitz der Tiroler Landesfürsten, befand. Er wird als Brautbecher der Gräfin Margareta Maultasch bezeichnet, zu deren Besitz er wohl auch tatsächlich gehörte.[1] Die merkwürdig anmutende Inschrift auf dem Rande des Bechers aus gotischen Majuskeln LIEBES · LANGER · MANGEL · IST · MIINES · HERZEN · ANGEL, von Historikern des vergangenen Jahrhunderts übersetzt mit »langer Liebesmangel ist meines Herzens stärkster Mangel«, schien das durch Legenden und Sagen tradierte, entsprechend den herrschenden Moralvorstellungen vorwiegend negative Bild Margaretas[2], das auch teilweise von der Geschichtswissenschaft übernommen wurde, zu bestätigen.

Sie, die die Geschicke Tirols im 14. Jahrhundert maßgeblich beeinflußt hat, soll herrschsüchtig und bösartig, grausam und wankelmütig gewesen sein. Vor allem aber besessen von übermäßiger sexueller Begierde, die »das natürliche Anstandsgefühl weit überwog«[3], soll sich der Sage nach mit einer Schar junger Männer umgeben haben, die sie sexuell mißbrauchte. Viele der Jünglinge soll sie im Bett erwürgt und danach haben spurlos beiseite schaffen lassen. Andere wiederum, wie drei Leibeigene eines Ritters namens Hans Goldegger, die wegen ihres ansehnlichen Körperbaus und angenehmen Äußeren ihr Wohlgefallen erregten, soll sie in vielfältiger Weise begünstigt und schließlich sogar geadelt haben. Auch ein Verhältnis mit ihrem Hofmeister Konrad von Frauenberg wird ihr nachgesagt. Noch heute, so will es die Sage, spukt die Herzogin, umgürtet mit einem Schwert, auf ihrem Schloß Tirol. Oft reitet sie zu mitternächtlicher Stunde auf einem Pferd und flößt, bösartig wie im Leben, den Hirten in der Gegend mit ihrer Peitsche Angst ein.

Auch der merkwürdige Beiname der Tiroler Landesfürstin, der ihr angeblich bereits zu Lebzeiten beigelegt wurde[4], nährte die Phantasie des Volkes und regte auch die Wissenschaft zur Beschäftigung an. An Erklärungsversuchen mangelt es daher nicht. So soll der Name Maultasch von einer Ohrfeige herrühren, die sie von ihrem Manne erhalten habe. Abgesehen von dem offensichtlich sagenhaften Charakter dieses Erklärungsversuches lautet das mittelhochdeutsche Wort für Ohrfeige oder Maulschelle jedoch »mulslac« oder auch »mulstreich«. Ein anderer Deutungsversuch bringt den Namen mit Margaretas Burg Maultasch bei Terlan in Verbindung.[5] Da sich die Bezeichnung Maultasch für das Schloß, das zu Margaretas Zeit Neuhaus hieß, nach neueren Forschungen erst im 16. Jahrhundert nachweisen läßt, ist die heute vorherrschende Meinung wohl zutreffend, nicht das Gebäude habe der Tiroler Landesherrin zu ihrem Beinamen verholfen, sondern umgekehrt, dieses sei nach ihr benannt.[6] Am weitesten verbreitet ist wohl die Herleitung von Margaretas angeblich großem häßlichen Mund. So beschreibt auch Lion Feuchtwanger die Fürstin in seinem Roman »Die häßliche Herzogin Margarete Maultasch«. Doch auch dieser körperliche Makel ist sehr wahrscheinlich eine Erfindung späterer Jahrhunderte.[7] Auf ihrem Porträtsiegel jedenfalls, das sie seit 1353 benutzte und das entsprechend der herrschenden gotischen Kunstauffassung bereits die individuellen Züge Margaretas getragen haben dürfte, ist sie als schlanke junge Frau dargestellt, deren ausgeprägte Gesichtszüge keinerlei Verunstaltungen zeigen.[8] Der Einwand, es könnte sich um eine idealisierte Darstellung handeln, wird entkräftet durch die Aussage des zeitgenössischen Geschichtsschreibers Johann von Winterthur, der Margareta als »pulchra nimis«, überaus schön, beschreibt.[9]

Nach neueren Forschungen handelt es sich bei dem Beinamen der Tiroler Fürstin mit größter Wahrscheinlichkeit um ein derbes Schimpfwort. Im Mittelhochdeutschen umschreiben nämlich die Wörter »tasche« und »Maul« das weibliche Genital und zugleich auch eine »verächtliche Weibsperson«, eine Hure.[10] Demnach scheint Margaretas Beiname, der als sprachlicher Pleonasmus wohl seine schimpfliche Bedeutung verstärken soll, die ihr nachgesagte übermäßige sexuelle Veranlagung zu bestätigen. Auch die zitierte neuzeitliche Übersetzung der Umschrift ihres Bechers reflektiert diese aus der Volksüberlieferung überkommene Deutung.

Es erhebt sich die Frage nach dem Verhältnis von Sage und historischer Realität, nach dem Hintergrund für solch ein verächtliches Urteil über die Fürstin. Eine Analyse ihres Lebens kann allein eine Antwort geben.

Margareta wurde im Jahre 1318 geboren, ein Jahr nach ihrer geistig und körperlich behinderten Schwester Adelheid. Die Mutter der beiden Mädchen, Adelheid von Braunschweig, starb bereits zwei Jahre nach Margaretas Geburt. Erst seit 1315 war sie mit Heinrich, Herzog von Kärnten und Graf von Tirol, verheiratet. Ihr Tod machte diesen ein zweites Mal zum Witwer. Seine erste Frau, die böhmische Prinzessin Anna, älteste Schwester König Wenzels III., war 1313 kinderlos gestorben. Doch blieb Heinrich als Erinnerung an diese Verbindung der Titel eines Königs von Böhmen, den er zeitlebens nicht wieder ablegte, obwohl er seit 1310 böhmischen Boden nicht mehr betreten hat. Errungen hat er diese Würde, als ihm die böhmischen Stände nach dem Tode Wenzels und dem damit verbundenen Aussterben der Premysliden 1307 zum König gewählt hatten. Wenig talentiert zum Regieren, zog er sich wegen seiner Mißwirtschaft, des Verschleuderns seiner Güter und Einkünfte, seiner Verschwendung und Ausschweifung den Mißmut des böhmischen Adels zu, so daß es der nach der Ermordung des Habsburgers Albrecht I. neugewählte römisch-deutsche König Heinrich von Luxemburg leicht hatte, den Tiroler Landesherren zu vertreiben, seinen eigenen Sohn Johann mit Annas jüngerer Schwester Elisabeth zu verheiraten und ihn auf den böhmischen Thron zu verhelfen.

Wieder in seine Stammlande zurückgekehrt,[11] regierte Heinrich hier ebenso unbefriedigend wie in Böhmen. Das ihm und seinen beiden Brüdern von ihrem Vater, Meinhard II. von Tirol und Kärnten, hinterlassene Vermögen schmolz rasch dahin. Es mit vollen Händen für glänzende Ritterturniere und eine aufwendige Hofhaltung ausgebend, so daß Einnahmen und Ausgaben in einem eklatanten Mißverhältnis standen, führte Heinrich das von seinem Vater zu einem blühenden Territorium ausgebaute Tirol an den Rand einer Krise.

Meinhard II., Margaretas Großvater, hatte die Grafschaft systematisch ausgebaut. Basierend auf guten Beziehungen zu den benachbarten Adelsgeschlechtern hatte er eine gezielte und äußerst geschickte Erwerbspolitik zur Abrundung seines Territoriums betrieben, die vor allem zu Lasten der Bischöfe von Brixen und Trient ging. Für seine politischen Zwecke nutzte Meinhard auch sein enges freundschaftliches Verhältnis zu Rudolf von Habsburg, an dessen Königserhebung er wohl größeren Anteil hatte, als bisher angenommenen.[12] Jedenfalls belehnte ihn der König 1286 mit dem Herzogtum Kärnten und erhob ihn somit zum Reichsfürsten. Auch ein Ehebündnis zwischen Rudolfs Sohn Albrecht, der seinem Vater auf dem deutschen Königsthron folgte, und Meinhards Tochter Elisabeth, »Stammutter« aller späteren Habsburger, wurde vereinbart.

Die zweite wichtige Stütze der Herrschaft Meinhards bildeten die aus Zöllen, Steuern, aus dem Bergregal, der Meraner Münze, der Saline von Hall und den Abgaben seiner Feudalbauern reichlich fließenden Gelder. Mit Hilfe einer modern anmutenden Verwaltung, einer gezielten und klugen Wirtschafts-, Steuer- und Finanzpolitik, die sich allerdings nur auf sein Stammland Tirol, nicht aber auf Kärnten erstreckte, suchte Meinhard diese Einnahmen zu kontrollieren und zu mehren. Die seit 1288 (bis 1350) überlieferten Rechnungsbücher legen davon Zeugnis ab.[13] Durch weitgehende Einschränkung bzw. Ausschaltung von bisherigen Positionen des Adels und die Eliminierung der weltlichen Machtbefugnisse der Bischöfe, die in der Errichtung der Kirchenhoheit gipfelte, konnte er das Gerichtswesen dem Landesherrn, also sich selbst, unterstellen und ein für alle Bewohner Tirols geltendes Recht, das »Tiroler Landrecht« einführen. Die freie Erbleihe mit einem festen Zinssatz für die Bauern der gräflichen Grundherrschaften, die ihnen wesentlich günstigere Lebensbedingungen ermöglichte, als es das »Freistiftsrecht« der klösterlichen Grundherrschaften bot, gehörte ebenfalls zu den Maßnahmen, mit denen Meinhard II. maßgeblich die Entstehung eines eigenen Landes Tirol als eines der reichsten und fortgeschrittensten Territorien des römisch-deutschen Reiches prägte.[14]

Nicht nur als hervorragend funktionierendes Staatswesen mit einer blühenden Wirtschaft, sondern vor allem auch wegen seiner strategischen Lage war Tirol ein begehrtes Objekt im politischen Kalkül vor allem dreier großer, die politische Arena des beginnenden 14. Jahrhunderts bestimmender Geschlechter: der Wittelsbacher, der Habsburger und der Luxemburger. Mit seinen Alpenpässen, besonders dem Brenner, bildete es die Brücke nach Italien, an dem zumindest die Wittelsbacher und Luxemburger ein außerordentliches Interesse hatten. Denn im Bereich der Überlegungen und Wünsche Ludwigs des Bayern hatte es wohl schon bald gelegen, seinem Königtum durch die römische Kaiserkrönung Festigkeit und Glanz zu verleihen. Mit dem Erwerb Tirols würde ihm neben einer willkommenen Abrundung seines Hausmachtbesitzes nach Süden zugleich der Weg nach Italien problemlos offenstehen. Auch der böhmische König Johann von Luxemburg hatte Interesse an dem Alpenland als Durch- und Rückzugsgebiet nach und von Italien. Den Habsburgern, deren Gegner Johann im Entscheidungskampf zwischen Ludwig dem Bayern und Friedrich dem Schönen um die deutsche Krone gewesen war, konnte natürlich nicht daran gelegen sein, ihre Besitzungen durch die Luxemburger umklammert zu sehen. Vielmehr trachteten sie selbst danach, ihre oberrheinischen Stammlande mit den später hinzugekommenen Territorien Österreich und Steiermark, die die Hauptmasse ihres nunmehrigen Besitzes ausmachten, durch den Erwerb des dazwischenliegenden Tirols zu verbinden.

Ein probates Mittel jener Zeit, um Land und politischen Einfluß gleichermaßen zu gewinnen, war die Heirat. So nimmt es nicht wunder, daß sich die Augen der Mächtigen des Adels auf Tirol richteten, dessen Landesherr Heinrich 1320 erneut Witwer geworden war, ohne bisher einen männlichen Erben zu besitzen. Der wendige und diplomatisch geschickte Johann von Luxemburg witterte sofort eine Gelegenheit, um als Heiratsvermittler ins Geschäft zu kommen, denn der lebensfrohe Tiroler Fürst hatte beurkundet, sich ein drittes Mal verehelichen zu wollen, um vielleicht doch noch den ersehnten Erben zu bekommen. Bereits 1321 bot Johann, für den einst Heinrich hatte den böhmischen Thron räumen müssen, dem früheren Rivalen als Bedingung für einen Friedensschluß die Hand seiner schönen Schwester Maria mit einer Mitgift von 20000 Mark an. Johann verband mit diesem Angebot noch die Bedingung, daß zugleich eine der Töchter Heinrichs – Adelheid oder Margareta – mit seinem 1316 geborenen Sohn Wenzel, dem späteren Kaiser Karl IV., verlobt werden sollte. Allein Maria durchkreuzte diesen Plan. Offenbar verspürte sie wenig Lust, sich den politischen Plänen ihres Bruders zu opfern. Unter dem Vorwand eines religiösen Gelübdes weigerte sie sich, den alternden Tiroler Landesherren zu ehelichen, was sie jedoch nicht hinderte, bereits ein Jahr später die Frau Karls IV., des französischen Königs, zu werden. Johann verfocht hartnäckig sein Ziel weiter, doch noch einen Fuß in die Tiroler

Tür zu setzen und offerierte Heinrich nunmehr seine Cousine Beatrix von Brabant. Doch auch diese war nicht gewillt, sich verschachern zu lassen und erklärte, wie der Geschichtsschreiber Johann von Victring erzählt, »sie sei das einzige Kind ihrer Eltern und wolle ihre blühenden Lande und ihren heimatlichen Boden um keinen Preis verlassen und in eine andere Gegend übersiedeln«.[15] So wartete Heinrich mit seinen Gästen in den für die Hochzeit in der Nähe von Innsbruck bereits aufgeschlagenen Zelten beinahe zwei Jahre vergeblich auf seine vermeintliche Braut. Erst mit einem dritten Versuch glückte dem böhmischen König der Ehehandel, in den sich inzwischen auch schon die Habsburger eingeschaltet hatten. Denn ihnen konnten Johanns Aktivitäten hinsichtlich Tirols durchaus nicht gleichgültig sein. Sie traten als Vermittler einer Ehe zwischen Heinrich und Beatrix von Savoyen auf, die zugleich auch eine Verwandte Johanns war. Dieser sagte dem immer geldbedürftiger werdenden Heinrich von Tirol eine Mitgift von 40000 Mark zu. Der wiederum gab dem böhmischen König das Versprechen, dessen erst am 12. Februar 1322 geborenen Sohn Johann Heinrich mit einer seiner beiden Töchter zu vermählen.[16] Am 18. Februar 1328 endlich feierte Herzog Heinrich von Kärnten und Tirol im Kloster Wilten bei Innsbruck seine Hochzeit mit Beatrix von Savoyen.

Im Oktober 1327 war jedoch schon der Teil der Abmachungen zwischen dem böhmischen König und dem Tiroler Landesfürsten erfüllt worden, der das Schicksal ihrer Kinder betraf. In Begleitung des Bischofs von Olmütz und von Vertretern des böhmischen Adels war der gerade fünfjährige Johann Heinrich aus seiner böhmischen Heimat entgegen üblicher Gepflogenheit zur Erziehung an den Hof seiner Braut gebracht worden. Bei dieser Gelegenheit setzten sich die beiden Väter gegenseitig als Vormünder ihrer Kinder für den Fall ein, daß einer von ihnen vor deren Mündigkeit sterben sollte.[17] Ob diese Vereinbarung auf Drängen König Johanns zustande kam, wissen wir nicht. Ganz offensichtlich rechnete er sich aber angesichts des fortgeschrittenen Alters Heinrichs – er ging auf die sechzig zu – und dessen angeschlagenen Gesundheitszustandes reale Chancen aus, selbst diese Rolle übernehmen zu können und auf diese Weise sein Ziel einer Beherrschung Tirols und Kärntens zu verwirklichen. Dieses Kalkül sollte sich wenige Jahre später als richtig erweisen. Heinrich, der nach nunmehr zweijähriger Ehe mit Beatrix von Savoyen die Hoffnung auf einen Sohn beinahe aufgegeben hatte,[18] suchte seinerseits nach einer Möglichkeit, seinen Lehensbesitz für sein Haus zu erhalten. Nach Lage der Dinge war dies nur möglich, wenn es gelang, die Erbfolge in den Reichslehen Kärnten und Tirol für seine Töchter durchzusetzen. So bemühte er sich bei König Ludwig dem Bayern um eine Regelung in diesem Sinne. Er fügte jedoch hinzu, daß die Einsetzung seines Schwiegersohnes nur mit seinem Rat und Wissen erfolgen sollte, eine Klausel, die ihm jederzeit die Möglichkeit des Widerrufs gab. Andererseits glaubte er wohl seine Lande unter dem Schutz der Luxemburger sicher vor Übergriffen von außen. Ludwig der Bayer, inzwischen in Rom zum Kaiser gekrönt und nach dreijährigem Aufenthalt in Italien wieder auf dem Heimweg begriffen, bestätigte am 6. Februar in Meran eine entsprechende Urkunde,[19] allerdings unter der Bedingung, daß ihm der Tiroler Landesherr militärisch bei der Sicherung seiner noch recht instabilen Position in Italien unterstützen sollte. Eine schwere Erkrankung, die ihn im Frühsommer ans Bett fesselte, mag den Herzog in seiner Entscheidung bestätigt haben, seine Lande als Erbe für seine beiden Töchter zu sichern. Sein Gesundheitszustand wird auch ein Grund gewesen sein, warum er nun darauf drängte, die Hochzeit seiner Tochter mit dem jungen böhmischen Prinzen unverzüglich vorzubereiten. Er befand sich dabei in Übereinstimmung mit König Johann, dem Vater des Bräutigams, der gerade eigenständig in Italien operierte und nun greifbare Chancen sah, Einfluß in den angrenzenden Alpenländern zu gewinnen. Nachdem lange offengeblieben war, welches der beiden Mädchen die Braut sein sollte – auch der Erbvertrag vom Februar setzte noch beide Töchter gleichzeitig als Nachfolgerinnen ihres Vaters ein – war die Wahl nunmehr endgültig auf Margareta gefallen.[20] Am 18. September 1330 wurde die zwölfjährige Erbtochter Kärntens und Tirols mit dem vier Jahre jüngeren Bräutigam auf Schloß Innsbruck vermählt. Als Morgengabe versprach der Schwiegervater, der jungen Ehefrau im Namen ihres kindlichen Gemahls 5.000 Schock Prager Pfennige auf Stadt und Burg Bisenz anzuweisen, von deren Einkünfte sie jährlich 500 Schock erhalten sollte.[21]

Wie aber mag den beiden Kindern, deren Schicksal nun für immer verbunden schien, zumute gewesen sein bei diesem politischen Spiel! Johann Heinrich war sicher zu jung, um die Hintergründe seiner Ehe mit der reiferen Margareta zu erfassen. Wahrscheinlich ist es beiden noch nicht einmal als etwas Außergewöhnliches erschienen, bereits in solch einem jugendlichen Alter verheiratet zu werden, war dies doch in ihren Kreisen durchaus übliche Praxis. Ein Mädchen war generell mit 12 Jahren, ein Junge mit 14 heiratsfähig und damit volljährig. Nach ihren Sympathien füreinander waren beide nicht gefragt worden, denn Liebe war insbesondere in adligen Kreisen kein Kriterium für eine Heirat. Diese war vielmehr ein Mittel, um den Besitz eines Geschlechts auszubauen, das Territorium abzurunden, zu erweitern, zu festigen, um politischen Einfluß zu gewinnen und den Fortbestand der Dynastie zu sichern. Das Verhalten der Menschen hatte sich auf eine solche Denkweise eingestellt und so verliefen nicht wenige der unter dynastischen Aspekten geschlossenen Ehen durchaus harmonisch.

Margareta und Johann Heinrich aber waren für ein wirkliches Eheleben noch zu jung. Doch abgesehen davon empfanden offenbar beide von Anfang an wenig Sympathie füreinander. Von Margaretas Seite war das durchaus verständlich, war doch Johann Heinrich ein charakterlich sehr unausgeglichener, schwieriger Junge, der auch mit zunehmendem Alter für sie kein Partner wurde. Im Gegenteil, roh und rücksichtslos wie er war, hatte sie oft unter seinen Tätlichkeiten zu leiden. Er habe sie oft geschlagen und sogar durch Bisse in die Brust verletzt, berichten zeitgenössische Geschichtsschreiber glaubhaft.[22] Vielleicht geschah dies auch unter dem Einfluß von Alkohol, dem er häufiger und mehr zusprach als ihm guttat. Seine ganze Leidenschaft galt dem Spiel und der Jagd. Woher freilich die Gelder für diesen aufwendigen Lebensstil kamen, kümmerte ihn wenig – sein Schwiegervater bezahlte ja! Bei ihrem Vater hat Margareta sicher wenig Rückhalt gegenüber den Launen ihres haltlosen Gatten gefunden. Mit seiner jungen Frau beschäftigt, dürfte Heinrich kaum Anteilnahme an der unglücklichen Ehe seiner Tochter bekundet haben. Wenig Interesse an den Regierungsgeschäften zeigend, die er dem noch immer gut eingespielten Beamtenapparat, den sein Vater Meinhard geschaffen hatte, überließ, feierte er viel lieber glänzende, von Musikanten, Sängern, Schauspielern und Gauklern umrahmte Feste und gab sein Geld für Luxusgüter aus. Seine Rechnungsbücher – eine in dieser Geschlossenheit einmalige Quelle – verzeichnen Ausgaben für teure Stoffe, für Samt und Seide, Kleinodien aus Gold und Silber, Schmuck, Edelsteine, Perlen, für exotische Gewürze, Südfrüchte und vieles anderes mehr, die von Kaufleuten aus Florenz, Padua, Meran, Bozen, Augsburg, München, Regensburg und anderen Städten an den landesherrlichen Hof geliefert wurden. Neben der Hofhaltung Margaretas und ihres Gatten sowie ihrer Schwester Adelheid hatte Herzog Heinrich noch für einige illegitime Kinder und mehrere Geliebte – namentlich werden Alhaida, Greta und Hedwiga genannt – zu sorgen. Zur Finanzierung dieses aufwendigen Lebensstils reichten die Einkünfte jedoch nicht aus. Der Herzog war deshalb gezwungen, Besitzungen und sichere Einnahmequellen, wie Zölle, Salinen und Münze, zu verpfänden oder zu verpachten; er erhob außerordentliche Steuern, wie etwa die Rindersteuer, die Milchsteuer oder die Küchensteuer und nahm bei italienischen oder einheimischen Bankhäusern und Geldverleihern Kredite und Wechsel auf.[23] Der Adel nutzte diese Situation aus und hatte bald die Kontrolle über wesentliche, ehedem landesherrliche Einkünfte erlangt und konnte seinen politischen Einfluß auf Herzog Heinrich verstärken. Trotzdem war er keineswegs zufrieden mit dieser Entwicklung. Die zunehmend instabile Lage verbreitete ein Gefühl der Unsicherheit im Lande, denn man konnte ahnen, daß die böhmisch-tiroler Hochzeit, obwohl sie durch mehrere Jahre zurückliegende Absprachen zwischen König Johann und Herzog Heinrich lange absehbar war, weder den Kaiser noch die Habsburger Herzöge Albrecht und Otto gleichgültig lassen würde.

So war es auch. Beide Parteien sahen mit Unbehagen den Machtzuwachs, den der böhmische König als Schwiegervater und möglicher Vormund der jungen Margareta durch seine Einflußnahme in Kärnten und Tirol erlangen würde. So traf man sich bereits im November 1330 in Augsburg zu Verhandlungen. Ihr Ergebnis war ein Geheimabkommen, in dem über das Schicksal von Kärnten und Tirol befunden wurde. Im Falle von Herzog Heinrichs Tod sollte Kärnten als erledigtes Reichslehen vom Kaiser neu vergeben werden und zwar an Österreich resp. Habsburg, während die Grafschaft Tirol in Interessensphären aufgeteilt wurde: Nordtirol mit den Alpenpässe beanspruchte der Kaiser, Südtirol dagegen sollte an die Habsburger fallen. Diese sicherten dafür dem Kaiser Hilfeleistungen gegen eventuellen Widerstand seitens König Johanns zu.[24] Kalt hatte sich der Kaiser mit diesem Geheimabkommen über das von ihm selbst sanktionierte Erbrecht für Margareta und ihren Gemahl hinweggesetzt und über Tirol wie über ein herrenloses Land verfügt.

Schon wenige Jahre später sollte dieses Abkommen verwirklicht werden. Am 2. April 1335 starb Heinrich von Kärnten und Tirol auf seiner Stammburg Tirol bei Meran an der Ruhr und bereits einen Monat später traf sich der Kaiser mit den beiden Herzögen von Österreich, Albrecht und Otto, auf deren Bitte hin in Linz. Mit dem Argument, sie seinen als Söhne der Schwester des Verstorbenen die einzigen männlichen Nachkommen und damit die rechtlichen Erben, ersuchten sie Ludwig um die Belehnung mit dem erledigten Herzogtum Kärnten. Dieses Land nämlich stoße an ihr Gebiet und mittels desselben würden ihre anderen Ländereien an Sicherheit gewinnen. Kärnten würde für sie Schutz und Schirm sein.[25] Am 2. Mai stellte der Kaiser den österreichischen Herzögen die Belehnungsurkunden nicht nur für das Herzogtum Kärnten, sondern auch für den südlichen Teil der Grafschaft Tirol, sowie für die Vogtei über die Bistümer Brixen und Trient aus. Nordtirol dagegen wollte er seinen Söhnen vorbehalten. Die Herzöge mußten demgegenüber versprechen, ihm gegen König »Johann von Böhmen und dessen Kinder und Erben, den Herzog Heinrich von Niederbayern und die Landherren im Gebirge... und gegen jeden, der ihn angreifen würde wegen des Landes im Inntal« Hilfe zu leisten. Dazu sicherten sich beide Parteien gegenseitig das Durchzugsrecht durch ihre Gebiete zu, wobei es dem Kaiser dabei in erster Linie um die Wege nach Italien ging.[26]

Mit diesem Akt sollte Margareta nicht nur das ihrem Großvater Meinhard II. von König Rudolf von Habsburg verliehene Herzogtum Kärnten für immer verlieren, es sollten ihr auch die Stammlande Tirol genommen werden.

Margareta scheint geahnt zu haben, daß ihren Ländern Gefahr drohte. Denn sofort nach ihres Vaters Tod schickte sie einen Eilboten zu ihrem Schwiegervater nach Paris, wo dieser sich derzeit aufhielt, mit der Bitte, er möge unverzüglich nach Tirol kommen und in ihrem und ihres Gemahls, als seiner Kinder, Namen die Lande übernehmen, andernfalls würden Weiterungen entstehen und den Ländern Gefahren erwachsen. Johann, der mit einer schweren Augenverletzung, die er sich bei einem Turnier zugezogen hatte, daniederlag, gab dem Boten die wenig tröstliche Antwort, die Kinder brauchten keine Furcht zu haben. Sobald er gesund sei, würde er kommen und ihre Angelegenheiten zum Besten regeln.[27] Auch Margaretas Schwager, der spätere Kaiser Karl IV. und jetzige Markgraf von Mähren, hatte in einem vom 15. April datierten Beileidsschreiben zum Tode ihres Vaters zwar seiner »herzen lieben swester«, seinem Bruder und »darzu dem lande« seine

Hilfe zugesagt,[28] doch kam auch er nicht und das junge Fürstenpaar blieb auf sich gestellt.

Wieder ergriff die nunmehr achtzehnjährige Fürstin die Initiative, um ihre Lande zu sichern. Nichtsahnend und im guten Glauben an die einst zwischen ihrem Vater und dem Kaiser geschlossenen Verträge schickte sie den Kaplan und Sekretär ihres Vaters, den Abt Johann von Victring, dem wir die Kenntnis über diese Ereignisse verdanken, zu ihren habsburgischen Verwandten, den Herzögen Albrecht und Otto , nach Linz mit dem Auftrag, sie vom Tode ihres Vaters zu unterrichten und sie für die Dauer der Abwesenheit ihres Schwiegervaters um Schutz für ihre Lande zu bitten. Dem überraschten Abt, der zwei Tage nach der Ausfertigung der Belehnungsurkunde sein Anliegen vortrug, wurde die Antwort zuteil, daß Kärnten ihnen, den Herzögen von Österreich, nun durch den Kaiser gegeben worden sei, während dieser vernehmen ließ, die Kinder hätten die Frist, in der sie hätten um eine Wiederbelehnung bitten können, versäumt und nun habe er schon den Herzögen von Österreich die Gnade erwiesen.[29] Margareta gab ihre Sache jedoch noch nicht geschlagen, zumal sich der Tiroler Adel hinter sie stellte und sie als rechtmäßige Landesherrin anerkannte. Gemeinsam mit Bürgern und Bauern stellte er sich dem im Juni in Kärnten einrückenden Heer Herzog Ottos entgegen. Angesichts dieser Lage mußte der Kaiser zunächst von einer Teilung Tirols absehen und mit König Johann von Böhmen einen Waffenstillstand schließen. Ende des Jahres sandte dieser seinen Sohn Karl, Markgraf von Mähren, nach Tirol, der mit Margaretas und seines Bruders Zustimmung die Regierungsgeschäfte übernahm und gleichzeitig Vorbereitungen zur Rückeroberung Kärntens traf. Im Frühjahr 1336 begannen auch die militärischen Auseinandersetzungen. Die Legende erzählt, daß sich auch Margareta wagemutig daran beteiligt und die Gebiete ihrer Feinde verheert habe.

Der im Herbst 1336 zwischen König Johann von Böhmen und den Österreichern geschlossene Friedensvertrag zu Enns, dessen Bestimmungen drei Jahre später von Kaiser Ludwig bestätigt wurden[30], beendete die Auseinandersetzungen. Danach verzichteten die österreichischen Herzöge auf Tirol, während Kärnten als ihr Lehnsbesitz bestätigt wurde. Margareta wollte diese von ihrem Schwiegervater ausgehandelten Bestimmungen nicht unwidersprochen hinnehmen. Öffentlich ließ sie hören, wie Johann von Victring berichtet, daß sie

»nicht durch den König von Böhmen ihres Erbes beraubt werden wolle. Es gehe nicht an, daß ein Vormund sein Mündel an dessen nach den Bestimmungen des geheiligten Gesetzes und des geltenden Rechts ihm zustehendes Eigentum schmälere. Vielmehr sei es des Vormunds Pflicht, das Eigentum des Mündels zu verteidigen und zu schützen und vielmehr für dessen Bewahrung als für dessen Entziehung zu sorgen«.[31] Allein, auch dieser scharfe Protest war vergebens, Kärnten blieb für die Tiroler Landesherrin für immer verloren. Sie hat sich dennoch zeitlebens als Herzogin von Kärnten bezeichnet, und damit sowohl Protest als auch bestimmte Rechtstitel deutlich gemacht. Trotzdem mag Margareta eine gewisse Erleichterung darüber empfunden haben, daß wenigstens der Besitz ihrer Stammlande Tirol gesichert war.

Doch in ihrem Leben war damit nichts einfacher geworden. Ihre Ehe mit Johann Heinrich wurde immer unerträglicher. Mehr und mehr zog dieser, unterstützt von böhmischen Vertrauensleuten, die Regierungsgeschäfte an sich und drängte die aktive und zu einer selbstbewußten jungen Frau herangereifte Margareta, die sich als eigentliche Herrin Tirols betrachtete, an den Rand.[32] Doch sie war nicht länger gewillt, die Demütigungen, Beleidigungen und Gewalttätigkeiten, die Mißachtung und Zurücksetzung durch ihren jugendlichen, unreifen Gatten hinzunehmen und sie machte aus ihrer tiefen Abneigung gegen Johann Heinrich auch kein Hehl mehr. Nach nunmehr zehnjähriger Ehe habe sie noch immer keine Kinder, erklärte sie in der Öffentlichkeit. Sie wünsche sich aber, Mutter zu werden und dem Land einen Erben zu geben. Doch bezweifele sie, den jemals von ihrem jetzigen Gemahl zu erhalten, denn der sei impotent und habe die Ehe noch nicht vollzogen.[33] Die Klagen Margaretas trafen beim Adel Tirols auf offene Ohren. Zunehmend verbreitete sich wegen des wachsenden böhmischen Einflusses im Lande Unzufriedenheit mit der Herrschaft der Luxemburger, denn die einst von Margaretas Schwager Karl während seiner vormundschaftlichen Regentschaft in den Jahren 1335 bis 1337 entgegen früherer Zusicherungen König Johanns ins Land gerufenen Böhmen hatten mittlerweile einen großen Teil wichtiger Ämter besetzt und den einheimischen Adel verdrängt. Hatte Karl selbst noch seinen Kanzler Nikolaus von Brünn sowie Johann Heinrichs Kaplan Matthäus als Bischöfe von Trient bzw. Brixen eingesetzt, waren inzwischen auch landesherrliche Gerichte und die Verwaltung der landesherrlichen Steuereinnahmen unter böhmischer Kontrolle. Strenge Nachprüfungen, die bis in Herzog Heinrichs Zeiten zurückreichten, brachten manchem entdeckten Steuerhinterzieher empfindliche Bußen.[34] Vor allem Nikolaus, der zeitweilig sogar Landeshauptmann war, hatte es verstanden, seine Herrschaft auszubauen. Als Ratgeber des jungen Johann Heinrich übte er zudem großen Einfluß auf die Regierungsgeschäfte aus.

In geheimen Absprachen mit maßgeblichen Vertretern des Adels, unter ihnen ein illegitimer Halbbruder der Herzogin, faßte Margareta den Plan, Johann Heinrich aus Tirol zu vertreiben. Man war sich jedoch im Klaren, daß ein solches Vorhaben nicht aus eigener Kraft zu bewerkstelligen war. In Kaiser Ludwig dem Bayern glaubte man einen geeigneten Verbündeten suchen zu können. Nach wie vor hatte dieser ein lebhaftes Interesse an Tirol, denn nur der freie Zugang zu den Paßstraßen ließ eine aktive Italienpolitik zu. Gerade dieser Zugang aber war ihm erst unlängst von Margaretas Gatten verwehrt worden, was seinen Groll gegen die Luxemburger verständlicherweise neu belebt hatte. Noch einen weiteren Grund gab es für die Tiroler Gräfin, an den Kaiser heranzutreten. Für die Sicherheit ihres Landes benötigte sie aus dem eigenen Erleben und den Erfahrungen, die sie angesichts des Kampfes der Mächtigen um Tirol gemacht hatte, einen zuverlässigen und dauerhaften Schutz, den am besten ein neuer Gemahl als Landesherr garantieren konnte. Zugleich aber wünschte sie sich wohl nach dem Desaster ihrer unglücklichen Ehe mit dem böhmischen Prinzen einen Menschen, der ihr Zuneigung, vielleicht sogar Liebe, entgegenbrachte, dem sie vertrauen und eine echte Partnerin sein konnte. Wohl unter Berücksichtigung all dieser politischen und persönlichen Aspekte glaubte sie einen solchen Mann in Ludwigs gleichnamigem Sohn suchen zu können, der seit kurzer Zeit Witwer war.[35] Offenbar waren dem Kaiser bereits ähnliche Überlegungen gekommen, denn er ging auf Margaretas Angebot ein und »versuchte seinen Sohn zu veranlassen, die Gattin Johanns heimzuführen und sich in den Besitz des herrlichen Landes zu setzen«, wie Johann von Victring (VI,11) berichtet. Welcher Grund für Margareta ausschlaggebend war, bei ihrem möglichen Schwiegervater um seinen Sohn werben zu lassen, ist schwierig zu entscheiden, denn die Quellen schweigen dazu. Beides, was wir anführten, mag wohl eine Rolle gespielt haben. Für Ludwig den Bayern jedenfalls waren die machtpolitischen Gesichtspunkte ausschlaggebend, seinen Sohn mit der Tiroler Landesherrin verheiraten zu wollen. Doch stieß er zunächst auf wenig Gegenliebe bei dem 25jährigen Markgrafen von Brandenburg. Erst unter Aufbietung einiger Überredungskunst erlangte der Kaiser dessen Zustimmung.

Inzwischen hatte Margareta im Einverständnis mit dem Tiroler Adel beschlossen, eine Reise Johann Heinrichs zu Verhandlungen nach Polen und Ungarn, die er gemeinsam mit seinem Bruder Karl im April 1340 unternehmen wollte, für die geplante Verschwörung zu nutzen und die Herrschaft der Luxemburger zu stürzen.

Ludwig, Margaretas künftiger Gatte, vom Adel sofort als neuer Landesherr anerkannt, fühlte sich schon seines Sieges sicher, denn bereits am 29. Mai 1340 urkundete er als »herczog von Kernten, graf ze Tyrol und ze Görtz«.[36] Doch der Plan wurde verraten, wahrscheinlich von dem als Landeshauptmann fungierenden Bischof Nikolaus von Trient, dem Vertrauten Johann Heinrichs, der den beiden Luxemburgern Eilboten nachsandte, die dem Tiroler Landesfürsten meldeten, »seine Frau habe sich mit den Baronen seiner Grafschaft gegen ihn verschworen«, wie Kaiser Karl IV. in seiner Autobiographie, der Hauptquelle für diese Ereignisse, schreibt.[37] Johann Heinrich kehrte sofort zurück und konnte, unterstützt von dem wenig später nachfolgenden Karl die Rädelsführer, unter denen sich auch ein illegitimer Halbbruder Margaretas sowie ihr Hofmeister befanden, ergreifen und gefangensetzen. Ihre Burgen wurden erobert und geschleift; Margareta aber wurde nach Schloß Tirol gebracht, das sie, streng observiert durch böhmische Wachmannschaften, nicht verlassen durfte.

Sie gab jedoch ihre Absicht, sich ihres Mannes zu entledigen, nicht auf und anderthalb Jahre später glückte der erneute Versuch. Trotz der strengen Bewachung durch die Johann Heinrich ergebene böhmische Burgbesatzung war es ihr gelungen, eine Verbindung zu Kaiser Ludwig und ihrem Auserwählten herzustellen. Bei einem geheimen Treffen im Oktober 1341 hatten sich ihre Vertrauten der Unterstützung des Kaisers versichert.[38] Dieses Mal bot ein Jagdausflug, den der nichtsahnende Johann Heinrich mit wenigen Begleitern am 2. November 1341 von Schloß Tirol aus in die nähere Umgebung unternahm, eine Gelegenheit. Am Abend nach seiner Rückkehr fand er die Burgtore verschlossen und die böhmische Besatzung war von dem Margareta ergebenen Burggrafen Konrad von Schenna und seinen wenigen Getreuen vertrieben. Auf seine Forderung, die Tore zu öffnen und ihn einzulassen, erhielt der ehemalige Burgherr die Antwort, er möge sich eine andere Bleibe suchen. Die Verschwörung war überall im Lande gut vorbereitet, der Termin offenbar abgesprochen, denn bei allen anderen Burgen des Tiroler Adels, in die er Einlaß verlangte, ging es ihm ähnlich. Nur der von den Luxemburgern in den letzten Jahren begünstigte Tägen von Villanders gewährte ihm drei Tage Aufenthalt. Völlig ohne Geld, wie er am Morgen zu seinem Jagdausflug ausgeritten war, mußte er gezwungenermaßen einige Schmuckstücke, die er gerade trug, verkaufen, um seine Reisekosten zu bestreiten. Bei dem mit ihm befreundeten Patriarchen von Aquileja fand der Luxemburger schließlich einige Monate Zuflucht, immer in der Hoffnung, Tirol zurückzugewinnen. Denn er rechnete damit, daß der Papst weder der von Margareta geforderten Ehescheidung Dispens erteilen noch ihrer Heirat mit Markgraf Ludwig zustimmen würde, da beide miteinander im dritten Grad verwandt waren.[39] Mit dieser Annahme hatte Johann Heinrich recht. In einem Schreiben vom 29. November 1341 beauftragte Papst Benedikt XII. den Patriarchen von Aquileja, Margareta zu ermahnen, ihrem Gemahl Johann Heinrich treu zu bleiben. Falls sie sich aber eigenmächtig scheiden lasse und den Sohn des Kaisers ohne kirchlich getrennt worden zu sein, heirate, soll der Patriarch den Bann über das Paar und alle, die ihm behilflich wären, aussprechen.[40] Um diesem Auftrag des Papstes nachzukommen, wollte der Patriarch Margareta durch die Bischöfe von Brixen und Trient für den 20. Januar 1342 eine Aufforderung zusenden lassen, vor ihm in der Stadt Belluno zu erscheinen und zu ihrem Verhalten Stellung zu nehmen. Auch alle Bischöfe, zu deren Diözesen Tirol gehörte, waren geladen. Doch die Bischöfe ließen sich entschuldigen. Während der von Trient Krankheit vorschützte, erklärte der Brixener unumwunden, er würde damit Gefahren für seine Kirche heraufbeschwören, da er es schon jetzt als angeblicher Anhänger Johann Heinrichs nicht wagen könne, sich nach dem Schloß Tirol zu begeben. Auch könne er die Räte der Herzogin Margareta nicht einladen, da sie ihm nicht namentlich bekannt seien. Offensichtlich fürchten beide Kirchenfürsten um ihre Positionen, da sich die Mehrheit des Tiroler Adels auf der Seite der Landesherrin befand. Auch die unter Tiroler Herrschaft stehende Stadt Belluno war nicht bereit, ohne ausdrückliche Genehmigung ihres Generalkapitäns Engelmar von Villanders, eines der Räte Margaretas, dem Patriarchen die Tore zu öffnen. Der Brixener Bischof war lediglich bereit, das päpstliche Edikt an die Kirchentüren anzuschlagen und es durch Boten an die Fürstin überbringen zu lassen.

Der Patriarch gab sich damit aber nicht zufrieden und forderte die Bischöfe unter Androhung kirchlicher Strafen erneut auf, die Herzogin und ihre diesmal namentlich aufgeführten Räte für den 2. März 1342 nach Treviso zu laden. Zugleich wurde ihr bei erneuter Androhung von Bann und Interdikt geboten, sich zwischenzeitlich nicht mit Ludwig zu vermählen. Mit der Übermittlung dieser Vorladung war das kanonische Prozeßverfahren gegen Margareta der Form nach eröffnet.[41]

Die Angelegenheit erregte allenthalben größtes Aufsehen. Sie bot einerseits den Gegnern Kaiser Ludwigs des Bayern eine Handhabe, zusammen mit dem Papst die Stimmung gegen ihn weiter zu schüren, was, wie wohl nicht ganz zu Unrecht angenommen wird, die Wahl Karls IV. als Gegenkönig gefördert hat.[42] Vor allem aber setzte von päpstlicher und von luxemburgischer Seite gegen Margareta eine diffamierende Propaganda ein. Die damit beabsichtigte Schädigung ihres Rufes sollte bleibende Spuren hinterlassen.[43]

Doch hatte keiner mit Margaretas festem Willen und ihrer Zielstrebigkeit gerechnet. Sie lehnte es ab, der päpstlichen Aufforderung zu folgen und sich zu verantworten. Sofort nach der Wiedergewinnung ihrer Freiheit und ihrer Handlungsfähigkeit übernahm sie die Regierungsgeschäfte. Als erste Handlung beglich sie eine »Altlast«, Schulden in Höhe von über 1160 Mark, die ihr verstoßener Gatte bei einem ihrer führenden Männer, dem Richter von Rattenberg, Volkmar von Burgstall, hinterlassen hatte.[44] Doch auch in ihrer Eheangelegenheit ergriff sie sofort Maßnahmen. Sie wußte, daß Eile geboten war, mußte sie doch mit einem Eingreifen der Luxemburger rechnen. Noch im November begann nämlich auch eine heftige diplomatische Betriebsamkeit seitens des böhmischen Königs. Am 26. November versprach er den Herzögen von Österreich, die Verzichtsurkunde seines Sohnes Johann Heinrich, Margaretas und ihrer Schwester auf Kärnten zu beschaffen, das 1335 der Kaiser den Habsburgern zugesprochen, auf das Margareta jedoch offiziell ihren Anspruch nie aufgegeben hatte. Da dies auch nicht zu erwarten war, unterzeichnete Johann Heinrich als ihr legitimer Gatte allein. Dafür erhofften sich die Luxemburger die Unterstützung der österreichischen Herzöge.

Am 15. Dezember 1341 begab sich Markgraf Karl von Mähren nach

Wien zu Herzog Albrecht II., um ihn doch noch zu einem Eingreifen in Tirol zu bewegen. Als Ergebnis der Verhandlungen leistete Karl Verzicht auf Kärnten und Albrecht versprach, dem Luxemburger Hilfe zu leisten für den Fall, daß er von Kaiser Ludwig innerhalb seiner Länder und der seines Vaters angegriffen würde.[45] Das konnte, streng genommen, durchaus auch auf Tirol, auf das die Luxemburger noch reflektierten, bezogen werden, doch praktisch waren die Habsburger nicht zu einem Krieg gegen das Alpenland bereit.[46]

Auch Margareta traf als Reaktion auf diese Aktivitäten ihre Maßnahmen. Um allen Eventualitäten vorzubeugen und einen Angriff auf ihr Land auszuschließen, schickte sie ihre Vertrauten, unter ihnen Volkmar von Burgstall, Burggraf Konrad von Schenna und Engelmar von Villanders, um die Jahreswende 1341/42 zu Verhandlungen mit den mächtigen Herren von Verona, den Scalingern, die über mehrere wichtige Städte Oberitaliens geboten, nach Trient. Es sollten die freundschaftlichen Beziehungen, die seit Meinhards II. Zeit bestanden hatten, von Margaretas Schwager Karl und Ehemann Johann Heinrich aber abgebrochen worden waren, neu geknüpft werden.[47]

Jene Männer, die zu den einflußreichsten des Tiroler Adels gehörten, waren es auch gewesen, die Margareta sofort nach der Vertreibung ihres Gatten an den Münchner Hof gesandt hatte, um die Modalitäten für die Verbindung mit dem ältesten Kaisersohn auszuhandeln. Man scheint sich schnell geeinigt zu haben. Wieviel dem Kaiser daran gelegen war, daß die Hochzeit zustande kam, bezeugen die zahlreichen Gnadenbriefe und Verpfändungen sowie Dienstreverse zugunsten des Tiroler Adels. So belohnte er am 29. November Engelmar von Villanders für »die Dienste, die derselbe ihm oft getan hat und noch tun soll«, während sich Volkmar von Burgstall die von Margareta bestätigten Geldforderungen und einige Handfesten noch einmal beurkunden ließ, um ihrer ganz sicher zu sein.[48] Es ist anzunehmen, daß Ludwig den Unterhändlern Margaretas diese Privilegien erteilte, um sie für seine Ziele günstig zu stimmen. Offensichtlich ebenfalls als Gegenleistung für ihre Zustimmung zu der geplanten Eheverbindung des Wittelsbachers mit ihrer Landesfürstin konnten diese Abgesandten des Tiroler Adels auch die Zusicherung erlangen, die Markgraf Ludwig als designierter neuer Landesherr ihnen in dem sogenannten »Tiroler Freiheitsbrief« – man hat ihn auch als »Magna Charta Tirols« bezeichnet – am 28. Januar 1342 machte. Darin versprach der Markgraf für

»alli gotzhuser, gaistlichi und weltlichi, all stet, dörffer und märkt und ouch alle lüte edel und unedel, rich und arme swi die geheizzen oder swa die gelegen oder gesezzen sint in der Grafschaft ze Tyrol« sie bei ihren alten hergebrachten Rechten zu lassen, eine außerordentliche Steuer nicht ohne Rat der »landlütt« zu erheben, keine Tiroler Burg mit Fremden (d.h. Nichttirolern – B. P.) zu besetzen, das bestehende Recht zu bessern nach dem Rat der Besten des Landes und Margareta nicht wider Willen außer Landes zu führen. Von diesen Bestimmungen der Freiheitsbriefe profitierten nicht alle Bewohner Tirols gleichermaßen, sondern vor allem die führenden Adelsgeschlechter. Die Gunst der Stunde nutzend, versuchten sie neben der Vermehrung ihres Reichtums vor allem ihren Einfluß auf den Landesherrn zu sichern und die unter Meinhard II. ausgebaute landesherrliche Macht wieder zurückzudrängen.[49]

Der Kaiser wollte die Verbindung um jeden Preis und hatte als möglichen Ehekandidaten auch an seinen jüngeren Sohn, den erst 14jährigen Ludwig den Römer gedacht.[50] Doch hatte er wohl angesichts von Margaretas starker Persönlichkeit und der Erfahrung, die sie bereits mit einer Kinderehe hatte machen müssen, mit ihrer Ablehnung zu rechnen. So mußte letztlich Markgraf Ludwig auf Drängen des Vaters seine bisherige Haltung aufgeben. Dessen Argument, die Grafschaft Tirol sei kein Bissen zum Verschmähen – so erzählt es der florentinische Geschichtsschreiber Filippo Villani – habe er sich schließlich gebeugt.[51] So standen auch in Margaretas zweiter Ehe seitens ihrer neuen Familie machtpolitische Interessen im Vordergrund.

Der Kaiser drängte nun zur Eile. Über die Schwierigkeiten der Eheschließung – fehlende Scheidung Margaretas und fehlender Dispens des Papstes wegen zu enger Verwandtschaft – war er gewillt, sich hinwegzusetzen. Denn im Verlaufe der seit 1323 mit dem Papsttum geführten offenen, prinzipiellen Auseinandersetzung um das Verhältnis von Papst und Kaiser, um das Reichsrecht und das Approbationsrecht des Papstes bei der deutschen Königswahl war er seit 1324 wegen seines »Ungehorsams« und der Mißachtung des päpstlichen Gerichtes selbst mit Bann und Interdikt belegt und konnte somit von Papst Benedikt XII. keine positive Entscheidung in dieser Angelegenheit erwarten. So suchte er nach Möglichkeiten, die Ehe Margaretas ohne kirchliches Einverständnis zu trennen. Solche zu finden, beauftragte er zwei hervorragende Gelehrte seiner Zeit, Wilhelm von Ockham und Marsilius von Padua. Beide hatten wegen ihrer als ketzerisch verurteilten theologischen Auffassungen vor der Inquisition des Papstes fliehen müssen und bei Ludwig dem Bayern Schutz gefunden, wo sie nunmehr im Münchner Minoritenkloster lebten und wirkten. In scharfsinnigen Darlegungen legte Wilhelm in seiner Schrift »Consultatio de causa matrimoniali« (Beratung wegen der Eheangelegenheit) dar, daß die Hochzeit des Kaisersohnes mit Margareta durchaus problemlos stattfinden könne. Eine Ehescheidung der Tiroler Landesfürstin sei nämlich unnötig, da ihre Ehe mit Johann Heinrich gar nicht bestanden habe. Zudem sei in dringenden Fällen der Kaiser auch selbst berechtigt, Dispens zu erteilen. Marsilius, der in seinem Traktat »De iure imperatoris in causis matrimonialibus« (Über das Recht des Kaisers in Eheangelegenheiten) in Übereinstimmung mit seiner grundsätzlichen Auffassung der Unabhängigkeit von kirchlicher und weltlicher Gewalt das Eherecht einschließlich Dispens und Scheidung als »lex humana« begriff, plädierte dafür, daß Ludwig sich die Entscheidung in Eheangelegenheiten vorbehalten und die Ehe selbst auflösen könne. Der Kaiser entschied sich für Wilhelms Argumentation.[52]

In München begann man also zur Hochzeit zu rüsten. Markgraf Ludwig, der sich nach den Verhandlungen mit dem Tiroler Adel bereits jetzt als künftiger Landesherr fühlen konnte, erlaubte in einer Urkunde vom 26. Januar 1342 – zwei Tage vor Ausstellung des »Freiheitsbriefes« – seiner »lieb wirthin, der edel fürstinne fraw Margarethe, herzogin ze kernden, graefin ze Tyrol und ze Goertz 1000 mark geltes in ir kamer« zu nehmen. Bald danach brach der stattliche Hochzeitszug auf nach Tirol. Der Weg des Zuges führte wahrscheinlich entlang der Isar über Tölz, Mittenwald, Innsbruck, Matray, Jaufenberg und Meran zur Burg Tirol, dem bevorzugten Aufenthaltsort Margaretas.[53] Man hatte bereits den größten Teil der Reise hinter sich, als sich ein folgenschweres Unglück ereignete. Beim Überqueren des Jaufenpasses trat das Pferd des Bischofs von Freising fehl und riß seinen Reiter mit sich in die Tiefe. Gerade er hatte sich bereit gefunden, die Ehe mit Johann Heinrich für nichtig zu erklären.[54] Von vielen wurde dieser Vorfall als böses Omen betrachtet, und als der Zug am 8. Februar 1342 auf der Burg Tirol angelangt war, war keiner der anderen Bischöfe bereit, für den verunglückten Amtsbruder einzuspringen. Trotzdem fand zwei Tage später, an einem Sonntag, in der Kapelle des landesfürstlichen Kelleramtes in Meran vor dem Kaiser die Vermählung statt[55] entsprechend der von Wilhelm von Ockham vertretenen Auffassung, wonach sich eine kirchliche Scheidung von Johann Heinrich erübrigte. Der Sitte gemäß wurde die Ehe am Abend auf der Burg Tirol mit einem feierlichen Beilager vollzogen. Bereits einen Tag später belehnte der Kaiser seinen Sohn und seine Schwiegertochter mit der Grafschaft Tirol und dem Herzogtum Kärnten, das sich allerdings in österreichischem Besitz befand. Ludwig der Bayer hatte sein Ziel, den Erwerb Tirols für die Wittelsbacher Hausmacht, erreicht. Die Hochstimmung, in der er sich befunden haben mag, beschreibt Johann von Victring: »Der Kaiser aber betrat das Schloß Tirol, armierte und bewaffnete dasselbe und sang in der Freude seines Herzens mit hoher Stimme Jubellieder, indem er an der herrlichen Lage des Ortes, sowie an dem Besitz des Berglandes und einer so starken Festung am Eingang und Ausgang von Italien sein Ergötzen hatte«.[56]

Aus Anlaß seiner Hochzeit mag Ludwig seiner jungen Frau jenen Becher überreicht haben, der die Zeit bis heute überdauert hat. Seine Inschrift, »Liebes langer Mangel ist miines Herzen Angel«, die man sinngemäß übersetzen muß mit »Der lange Mangel an Liebe (oder auch, wie man deuten kann, »eines geliebten Mannes«) ist meines Herzens Stachel«[57], klingt wie ein Fazit von Margaretas bisherigem unglücklichen Leben und ist zugleich wie ein Versprechen ihres Mannes, solches nicht zu wiederholen. In der Tat scheint das Verhältnis der beiden Eheleute von Anbeginn recht harmonisch gewesen zu sein. Bereits im ersten Jahr ihrer Ehe erfüllte sich Margaretas Wunsch nach einem Kind, das jedoch gleich nach der Geburt starb. Auch von ihren übrigen Kindern, die sie Ludwig bis 1352 gebar – ihre Zahl ist nicht genau bekannt – erreichte nur der etwa 1343 geborene Sohn Meinhard, das Erwachsenenalter.

Ungetrübt war das Glück Margaretas also keineswegs. Abgesehen von dem frühen Tod des ersehnten Erstgeborenen schwebte bald noch ein anderer Schatten über ihrer Ehe: schon wenige Monate nach der Hochzeit verhängte Papst Clemens VI., ein Anhänger der Luxemburger und Nachfolger des im Juni 1342 verstorbenen Benedikt XII., über das Paar den Bann und über das Land das Interdikt; er erklärte ihre ohne kirchliche Erlaubnis geschlossene Ehe für ungültig. Erst 17 Jahre später sollten Margareta und Ludwig vom Bann befreit werden.

Margareta war demnach in den Augen der Öffentlichkeit eine Dirne, ihre Kinder galten als illegitim. Ihr ungewöhnliches und eigenständiges

Handeln, sich von einem ungeliebten Mann zu trennen, ihn gar zu vertreiben und sich selbst einen neuen Gatten zu wählen, hatte das Mißfallen der Zeitgenossen erregt und bei der Frage nach den Ursachen solchen Tuns die Phantasie beflügelt. Ein abnormes sexuelles Verhalten schien die einfachste Erklärung dafür zu sein. Im Zusammenspiel mit der Kirche, die den Verstoß gegen die kanonischen Ehegesetze scharf mißbilligte, rührten auch die Luxemburger die Propagandatrommel sowohl gegen Margareta als auch gegen Ludwig den Bayern. Sie scheuten sich nicht, die Verleumdungen gegen die Tiroler Fürstin auch von ihrer Kanzlei in Umlauf setzen zu lassen und Margareta noch in einem Schreiben von 1362 als »meretrix« – Dirne – zu bezeichnen,[58] obwohl für ihre angeblichen Ausschweifungen sich in den übrigen zeitgenössischen Quellen kein Hinweis findet.[59] Ihr ungebührliches, den geltenden Normen und Moralvorstellungen widersprechendes Verhalten war in den Augen vieler Zeitgenossen ein Frevel, eine Herausforderung Gottes, die entsprechende Strafen nach sich zog und die vermeintlich auch bald über das Land hereinbrachen. Von verheerenden Katastrophen sprechen die Quellen: Heuschreckenschwärme, Überschwemmungen, Erdbeben verwüsteten es, nach 1346 wütete die erste große Pestepidemie in Europa. Allzu gern suchte man einen Sündenbock. Das vermeintlich sündige Leben der ungewöhnlichen Landesherrin schien dazu angetan. So konnte sie zur Dirne – im heimischen Dialekt zur »Maultasche« – zum Opfer der gegen sie gerichteten Kampagne werden.[60]

Vorrangiges Ziel der Angriffe der Luxemburger war jedoch Ludwig der Bayer. Nachdem Papst Clemens VI.den Bann gegen ihn erneuert und von den Kurfürsten die Wahl eines neuen Königs gefordert hatte, wählten fünf von ihnen 1346 Markgraf Karl von Mähren als Karl IV. zu Ludwigs Gegenkönig. Im Interesse der Fortsetzung seiner Italienpolitik war Tirol nach wie vor von großer Bedeutung für den Luxemburger. Ein Vergleich, den der Kaiser 1344 versuchte, indem er Johann Heinrich eine seiner Töchter zur Frau anbot, dazu die Oberlausitz mit Görlitz und Bautzen nebst einer Zahlung von 20000 Mark,[61] hatte nur bedingten Erfolg. So kam es doch zum Krieg. Von Trient aus, wo Karls ehemaliger Kanzler noch immer auf dem Bischofsstuhl saß, stieß Karl im Bündnis mit Truppen des oberitalienischen und Teilen des wankelmütigen Tiroler Adels im Frühjahr 1347 nach Tirol vor. Vor dem gut befestigten Sitz der Landesfürstin kam er zum Stehen. Margareta, völlig auf sich gestellt, da Markgraf Ludwig derzeit in der Mark Brandenburg in Machtkämpfe verwickelt war, war nicht gewillt, ihre Stammburg kampflos zu übergeben. Energisch organisierte und leitete sie selbst die Verteidigung mit dem Mute der Verzweiflung. Sie blieb erfolgreich. Karl war gezwungen, sich nach Trient zurückzuziehen, da inzwischen Markgraf Ludwig von Norden herbeigeeilt war. Ihm gelang es, den Teil des Tiroler Adels, der sich auf die Seite des Luxemburgers geschlagen hatte, auszuschalten, so daß Karl in Tirol seinen Rückhalt verlor. 1350 sah er sich gezwungen, seine Ansprüche auf die Grafschaft endlich aufzugeben.[62] Die Position Ludwigs hatte sich nicht nur durch die Eliminierung des abtrünnigen Tiroler Adels, zu dem immerhin der Landeshauptmann Engelmar von Villanders gehörte, gefestigt, sondern auch dadurch, daß er alle einflußreichen Ämter mit Angehörigen ihm ergebener Adelsgeschlechter aus Bayern und Schwaben besetzte.[63]

Nach der erfolgreichen Verteidigung Tirols scheint sich das Verhältnis Margaretas zu Ludwig noch enger gestaltet zu haben. Die zahllosen und reichen Schenkungen, die letzterer seiner Frau vor allem in den fünfziger Jahren machte – so die Burgen Kufstein, Kitzbühel, Eppan und Klingen, die Stadt Wasserburg, ferner Zölle, Gerichte und andere Einnahmen – zeugen von der Fürsorge und Zuneigung für »seine liebe Frau«, wie er sie nennt.[64] Da Ludwig als Markgraf von Brandenburg oft über Monate hinweg abwesend war,[65] wird Margareta oft genug als Herrin Tirols – einen Anspruch, den sie nie aufgegeben hatte[66] – gezwungen gewesen sein, eigene Entscheidungen zu fällen. Im Gegensatz zu ihrem ersten Mann, der sie von allen Regierungsgeschäften ausgeschlossen hatte, ließ sie Ludwig von Anbeginn daran teilnehmen. So urkundet sie 1352 allein für den Burggrafen von Tirol, Peter von Schenna, dem sie versetzte Güter einlöst und für 150 Mark Berner Münze auf Dauer verpfändet.[67] Nicht selten erscheint Margareta in den Urkunden Ludwigs als Mitausstellerin und bestätigt Lehnsbriefe ihres Mannes.[68]

Um die Herrschaft über zwei so große und so wichtige Territorien ausüben zu können, die noch dazu geographisch weit voneinander entfernt lagen, war eine Teilung in die Regierungsgeschäfte schon aus praktischen Gründen angebracht. Die Voraussetzung für ein reibungsloses Funktionieren war jedoch beiderseitiges Vertrauen der Ehepartner, und dies ist ganz offensichtlich vorhanden gewesen. Margareta hat sich allerdings in die brandenburgischen Obliegenheiten ihres Mannes nicht eingemischt. Wahrscheinlich ist sie selbst nie in die Mark gekommen; ein Aufenthalt ist jedenfalls nicht nachweisbar. Auf die Dauer mag Ludwig diese doppelte Last vielleicht als zu beschwerlich empfunden haben. Auf jeden Fall bot die 1351 notwendig gewordene Erbteilung der bayerischen Herzöge die Gelegenheit, die Mark an seine Brüder Otto und Ludwig den Römer zu geben. Er erhielt dafür das an Tirol grenzende Oberbayern. Beide Territorien, denen sich Ludwig seit 1352 voll widmete, blieben zwanzig Jahre verbunden.

Als ein Schatten lag noch immer auf Margareta und Ludwig, daß ihre Ehe auch nach mehr als zehn Jahren nicht vom Bann befreit war. Bereits im Jahre 1355 schickte der Markgraf eine Abordnung aus einigen seiner Tiroler Getreuen mit allen Vollmachten zu Papst Innozenz VI., um die Lösung von Bann und Interdikt zu erwirken.[69] Ihm war wohl auch deshalb an einer Bereinigung der Sache gelegen, weil er seinem in den Augen der Kirche als illegitim geltenden neunjährigen Sohn Meinhard, der bereits seit 1354 mit der zwei Jahre jüngeren Tochter Herzog Albrechts II. von Österreich, Margaretha, verlobt war, eine Heirat ermöglichen wollte. Doch die Abordnung kam mit einem abschlägigen Bescheid zurück. Nun wandte sich Ludwig an den österreichischen Herzog mit der Bitte, sich für seine Angelegenheit beim Papst zu verwenden. Da Albrecht ebenfalls an dem Zustandekommen einer Verbindung seiner Tochter mit dem Tiroler Erbprinzen gelegen war, um das strategisch wichtige Land an Österreich zu binden, setzte er sich engagiert für Margaretas und Ludwigs Belange ein. Dabei konnte er seine ausgezeichneten Beziehungen zur Kurie nutzen[70] und sandte den Bischof von Gurk und Graf Friedrich von Cilly als Bevollmächtigte an den päpstlichen Stuhl. Diesmal war die Mission von Erfolg gekrönt. Im April 1358 erteilte Papst Innozenz VI. dem Erzbischof von Salzburg, dem Bischof von Gurk und dem Abt von St. Lambrecht die Vollmacht, das Tiroler Fürstenpaar wieder in den Schoß der Kirche aufzunehmen, ihnen Dispens wegen der zu nahen Verwandtschaft zu erteilen, ihre Ehe kirchlich einzusegnen, ihre Kinder, von denen lediglich der Sohn Meinhard noch lebte, zu legitimieren und auch für dessen Vermählung mit Herzog Albrechts Tochter Dispens zu erteilen, denn auch diese waren im dritten Grad miteinander verwandt. Voraussetzung dafür sollte aber die Erfüllung aller Margareta und Ludwig auferlegten Bedingungen sein, wofür Albrecht Bürgschaft leisten sollte.[71] Kurz nach dem Eintreffen dieser freudigen Nachricht wurde im Juni 1358 in Passau die Hochzeit der beiden 13 und 15 Jahre alten Kinder gefeiert.[72]

Erst am 2. September 1359 befreiten Beauftragte des Papstes Margareta und Ludwig vom Kirchenbann und ihre Länder vom Interdikt. Nachdem die kirchliche Ungültigkeitserklärung der ersten Ehe mit Johann Heinrich von Luxemburg, auch auf dessen Wunsch, erfolgt war, wurde in der Kapelle der hl. Margarethe entsprechend der päpstlichen Bedingung zunächst Margaretas und Ludwigs Ehe durch den Bischof von Freising und den Abt von St. Lambrecht in Anwesenheit zahlreicher hochrangiger Zeugen geschieden. Dabei erhielten sie die Auflage, bis zur Eheschließung getrennt zu leben. Am Tage darauf wurde die Ehe des Tiroler Fürstenpaares kirchlich eingesegnet, ihr Sohn Meinhard für ehelich erklärt[73] und zugleich auch dessen im Jahr zuvor geschlossene Ehe legitimiert.

Im Einverständnis mit ihrem Gemahl vermachte die Gräfin von Tirol am gleichen Tag im Beisein Herzog Rudolfs IV. als Nachfolger Albrechts II., ihr Land ihm und seinen Brüdern als Herzöge von Österreich für den Fall, daß sie, ihr Gemahl und ihr Sohn ohne Leibeserben sterben würden.

Auffällig an dieser Urkunde ist, daß Margareta noch zu Lebzeiten ihres Mannes und ihres Sohnes allein über ihr Fürstentum verfügt. Zwar versichert sie, dies geschähe mit beider Zustimmung, die Urkunde ist jedoch nur von ihr ausgestellt und besiegelt.[74]

Schon sehr bald sollten sich die Bestimmungen der Urkunde zum Teil erfüllen, denn bereits im September 1361 starb Ludwig in der Nähe von München, erst 47 Jahre alt, eines plötzlichen Todes. Mit 43 Jahren war Margareta nach neunzehnjähriger Ehe Witwe. Der noch unerfahrene, gesundheitlich nicht sehr robuste Meinhard, der die Geselligkeit des Münchner Hofes sehr liebte, sah sich plötzlich in die Rolle eines Herzogs von Oberbayern und Grafen von Tirol versetzt. Völlig überfordert von den Regierungsgeschäften, geriet er in die Abhängigkeit seiner Wittelbacher Verwandten und einer bayerischen Adelsfraktion. Beide Parteien trachteten danach, Meinhard völlig auszuschalten mit dem offensichtlichen Ziel, das Vermächtnis Margaretas vom 2. September 1359 zu umgehen und Tirol zu beherrschen. Zu Beginn seiner Regierung war der junge Fürst, wohl auch unter dem Einfluß seiner Wittelsbacher Verwandten, in einen ernsthaften Streit mit seiner Mutter geraten. Es ging dabei um die Tiroler Besitzungen, die ihr von seinem Vater zur Nutzung übereignet worden waren, und die Meinhard offenbar selbst zur Finanzierung seines aufwendigen Münchner Lebens mit Turnieren und anderen Geselligkeiten nutzen wollte. Margareta wandte sich schließlich an den Kaiser um Hilfe. Auf Anraten Herzog Rudolfs IV., dem an einem Wittelbacher Einfluß weder auf Meinhard noch auf Tirol gelegen war, sowie auf dringliche Bitten des Tiroler Adels entschloß sich der junge Fürst schließlich zur Rückkehr in sein Land, das er seit seinem Herrschaftsbeginn noch nicht betreten hatte. Diese Übersiedlung wurde mit Herzog Rudolfs Unterstützung heimlich und ohne Wissen der Wittelsbacher Herzöge im Oktober 1362 vorbereitet und kam einer Flucht gleich. Am 21. Oktober erreichte Meinhard Schloß Tirol.[75] Unter maßgeblichem Einfluß des Dompropstes Johann von Brixen, der zugleich Hofkaplan seines Schwiegervaters, Herzog Rudolfs, war, sowie seiner Räte aus dem führenden Teil des Tiroler Adels übernahm Meinhard nun die Regierungsgeschäfte seines Landes selbst.[76] Margareta, die nach dem Tode ihres Mannes in München gelebt hatte, folgte ihrem Sohn alsbald nach Tirol.[77]

Nur kurze Zeit währte die Herrschaft Meinhards. Bereits am 13. Januar 1363 starb er ganz plötzlich kaum zwanzigjährig in Meran. Margareta war nun wieder Herrin in Tirol und übernahm die Regierungsgeschäfte. Ihre Energie schien sie aber verlassen zu haben, wohl nicht zuletzt wegen der Schicksalsschläge, die sie kurz nacheinander erleiden mußte. So geriet sie mehr und mehr in die Abhängigkeit des Tiroler Adels. Dieser ergriff sofort die Gelegenheit, um seine Machtposition zu festigen. Zahlreiche Schenkungen, die Margareta im Januar 1363 wenige Tage nach dem Tod ihres Sohnes dem Tiroler Adel machte, zeugen davon.[78]

Am 17. Januar wurde ein neunköpfiger Rat eingesetzt, der die Regierungsgeschäfte an sich zog und Margareta völlig auszuschalten versuchte, wie eine am gleichen Tag ausgestellte Urkunde beweist. Darin verpflichtet sie sich, ohne die Zustimmung dieses Rates weder Ämter zu verleihen bzw. jemandem zu entziehen noch Verhandlungen zu führen und Verträge zu schließen. Die wichtigste Bestimmung, die ihr abgerungen wurde, war das Versprechen, nach ihrem Tode ihr Land niemandem ohne Genehmigung des Landeshauptmanns und des Rates zu vermachen.[79] Damit sollten zweifellos die Bestimmungen ihrer Vermächtnisurkunde vom 2. September 1359 außer Kraft gesetzt werden.

Den Habsburger Verwandten, denen Margareta in besagter Urkunde faktisch Tirol übereignet hatte, konnten diese Vorgänge nicht gleichgültig sein. Herzog Rudolf, der sich kurz nach Meinhards Tod in Lienz aufhielt und dort von den Ereignissen erfahren haben dürfte, eilte sofort nach Tirol. Am 26. Januar traf er sich mit Margareta in Bozen. In den Gesprächen mit ihrem Vetter mag ihr bewußt geworden sein, daß sie ihren Räten und dem auf den Ausbau seiner Privilegien und Güter bedachten Adel ihres Landes künftig völlig ausgeliefert sein würde und sie dessen Schutz nicht gewährleisten konnte.

Im Ergebnis der Verhandlungen zwischen Margareta, ihren Räten und Herzog Rudolf, in denen dieser dem Tiroler Adel offensichtlich auch Zusicherungen bezüglich früherer Privilegien machte, kam es schließlich am 26. Januar zur Ausfertigung einer Urkunde, in der Margareta die Bestimmungen ihrer Vermächtnisurkunde vom September 1359 dahingehend änderte, daß sie bereits jetzt, noch zu ihren Lebzeiten, ihren habsburgischen Vettern, »die von naturleicher gepurde und des geslächtes wegen unser allernächsten und rechtisten erben sin,... all unserew väterleichen lant und erbe« übergab, damit Land und Leute keinen Schaden erleiden sollten. Dieses tat sie mit ausdrücklichem »rat aller unser lantherren und ratgebern«, die namentlich aufgeführt sind. Alle Einwohner ihres Landes verpflichtet Margareta, den Herzögen von Österreich zu huldigen. Zugleich behielt sie sich die Regierung ihres Fürstentums und ihrer übrigen Besitzungen sowie die Nutzung aller bisherigen Einnahmen daraus auf Lebenszeit vor. Doch sollten ihr die österreichischen Herzöge Schutz und Schirm gewähren.

Von ihr ausgestellte, gegen ihr Vermächtnis gerichtete Urkunden erklärte die Tiroler Fürstin für ungültig.[80] Damit nahm sie offensichtlich Bezug auf das von ihren Räten am 17. Januar erpreßte Dokument. Im Namen der Habsburger regierte sie nun mit einigen Beratern, die ihr von Herzog Rudolf IV. zur Seite gestellt wurden, ihre Lande.

Doch nicht lange. Denn wie zu erwarten war, versuchten die Wittelsbacher Verwandten ihre Ansprüche geltend zu machen. Das mußten die Habsburger auf jeden Fall zu verhindern suchen. So reiste Herzog Rudolf im Spätsommer 1363 eilends in Bozen an, um sich erneut mit Margareta zu treffen. Angesichts eines drohenden Krieges der Wittelsbacher, zu denen auch ein Teil des Tiroler Adels überging, dürfte es ihm wohl nicht allzu schwer gefallen sein, die Fürstin davon zu überzeugen, zugunsten der Habsburger bereits jetzt auf alle Regierungsgewalt zu verzichten. Sie tat dies im Einvernehmen mit dem Rat endgültig am 2. September, wie der zeitgenössische Tiroler Geschichtsschreiber Goswin von Marienberg berichtet.[81] Als Begründung für sein Einverständnis mit der Übergabe seines Landes an Österreich führt der Rat in einer Urkunde vom 11. September, in der Margareta im Auftrag Herzog Rudolfs bestimmte Einkünfte für ihren standesgemäßen Lebensunterhalt zugewiesen werden,[82] an, die Herzogin sei nicht in der Lage gewesen, alle so zu beschützen, wie es notwendig gewesen wäre.[83] Margareta hat in ihrer Übergabeurkunde vom 29. September, in der sie auch ihre Untertanen vom Treueid entbindet, die gleichen Gründe angegeben. Es heißt dort »So haben wir doch angesehen die chranchait frewlichen geslechtes und haben betracht mit guter vorbetrachtung und mit zeitigem rat, daz wir dieselben land und herrschaft ze Tyrol, an der Etsch, in dem gepirg und in dem Intal, die also unser vatterlich erb gewesen sind,... nicht wol innehaben besorgen noch verbesen möchten, alz das uns und den egenanten land und leuten nüczlich und notdürfftig wer gewesen.«[84]

Die in Bayern gelegenen Güter, die Margareta einst von ihrem Manne erhalten hatte, sollten gemäß ihrer Verfügung nach ihrem Tode ebenfalls an die Habsburger fallen.[85]

Nach der Aufgabe aller ihrer Befugnisse in ihren einstigen Erblanden mochte sie wohl auch nicht länger hier bleiben. Vielleicht war es auch Rudolf, der ihr riet, Tirol zu verlassen und sich in Wien niederzulassen. Nur kurze Zeit nach den letzten Beurkundungen und der damit erfolgten Regelung aller Angelegenheiten, die das Land betrafen, erfolgte ihr Umzug. In Wien hat Margareta, Markgräfin zu Brandenburg, Herzogin in Bayern und Kärnten, Gräfin zu Tirol und zu Görtz, wie sie sich in ihren Urkunden titulierte, entsprechend ihrer fürstlichen Stellung wohl in eigener Hofhaltung fortan gelebt. Wenige Jahre später, am 3. Oktober 1369, starb sie, 51 Jahre alt.

Ihre Grabstätte fand Margareta in der Kirche des Minoritenklosters. Ihr Herz dagegen ruht nach ihrem Wunsche in der Kirche des St.-Klara-Klosters in Meran, ihrer Tiroler Heimat, mit der ihr Schicksal ein Leben lang so eng verknüpft war.

Anmerkungen

[1] H. Wieser, Der Brautbecher der Margarete Maultasch, Schlernschriften 234, Innsbruck 1965, S. 3 und 26f.

[2] So J. Egger, Geschichte Tirols 1, Innsbruck 1872, S. 372.

[3] J. Zingerle, Die Sagen der Margarete, der Maultasch, Innsbruck 1863; K. F. Klöden, Diplomatische Geschichte des Markgrafen Waldemar von Brandenburg 3, Berlin 1845, S. 56.

[4] Zingerle, Sagen S. 33; dagegen C. Fräss-Ehrfeld, Geschichte Kärntens 1, Klagenfurt (1984), S. 397.

[5] Nach Klöden, Diplomatische Geschichte, Teil B, S. 55, Anm. 2, allerdings ohne Quellenangabe, wurde diese Burg bereits 1256 erwähnt.

[6] Wieser, Brautbecher, S. 13f.

[7] Erst im 15. Jahrhundert wurde die Bezeichnung Maultasch mit dem angeblich unschönen Mund in Verbindung gebracht, vgl. Fräss-Ehrfeld, Geschichte Kärntens, S. 398.

[8] Wieser, Brautbecher, S. 13f.

[9] Johann von Winterthur, Chronik, ed. F. Baethgen (MGH. SS. nova series 3), Berlin 1924, S. 187.

[10] Vgl. M. Lexer, Mittelhochdeutsches Taschenwörterbuch, 36. Aufl., Leipzig 1980, S. 224; s.auch Wieser, Brautbecher, S. 16 mit weiteren Belegen.

[11] Nach dem Tode seiner Brüder Ludwig (gest. 1305) und Otto (gest. 1310), mit denen er nach dem Willen ihres Vaters seit 1295 zunächst gemeinsam regiert hatte, war Heinrich nun der alleinige Regent in Kärnten und Tirol.

[12] H. Wiesflecker, Meinhard II. von Tirol, in: Beiträge zur Geschichte Tirols, Innsbruck 1971, S. 128.

[13] O. Stolz, Der geschichtliche Inhalt der Rechungsbücher der Tiroler Landesfürsten von 1288–1350 (Schlern-Schriften 175), Innsbruck 1957.

[14] H. Wiesflecker, Meinhard II. (Schlern-Schriften 124), Innsbruck 1955; J. Riedmann, Mittelalter, in: J. Fontana, P. W. Haider u. a., Geschichte Tirols 1, Bozen/Innsbruck/Wien, S. 399–409.

[15] Johann von Victring, Liber certarum historiarum V,3, ed. F. Schneider (MGH in us. schol. 36/2), Leipzig/Hannover 1910, S. 76. Dt. Übersetzung: Geschichtsschreiber der deutschen Vorzeit 5, S. 203.

[16] Daß zu diesem Zeitpunkt tatsächlich noch nicht feststand, welche der beiden Töchter den böhmischen Prinzen heiraten sollte, geht aus einer Urkunde vom 20. November 1327 hervor, in der Heinrich bestimmt, daß diejenige seiner Töchter, die Johann Heinrich heiraten würde, ebensoviel erben würde, wie die andere Tochter. Vgl. A. Huber, Geschichte der Vereinigung Tirols mit Österreich, Innsbruck 1864, S. 134, Regest Nr. 17.

[17] Huber, Vereinigung, S. 134, Regest Nr. 17, 18 und 21.

[18] Sie starb bereits Ende 1331.

[19] MGH Leges IV, Constitutiones et acta publica 6.1, ed. J. Schwalm, Hannover 1914–1927, Nr. 677, S. 575.

[20] Die ältere Adelheid, die unheilbar krank war, wurde 1334 mit der Burg St. Zeno bei Reichenhall sowie Einkünften aus verschiedenen Gerichten ausgestattet. Sie lebte aber meist bei Margareta am Hof und starb 1375. Vgl. Druck der Urkunde bei Huber, Vereinigung, S. 138f.

[21] Codex diplomaticus et epistolaris Moraviae 6, hrsg. von P. Ritter von Chlumecky, Brünn 1854, Nr. 28, S. 395; Huber, Vereinigung, S. 136, Regest Nr. 31.

[22] So Johann von Winterthur, S. 187.

[23] Vgl. O. Stolz, Rechnungsbücher, bes. S. 30ff. und S. 56–61.

[24] Huber, Vereinigung, S. 137, Regest Nr. 36.

[25] Johann von Victring, VI,1; dt. Übers. S. 247.

[26] Huber, Vereinigung, S. 140f., Regest Nr. 42.

[27] Johann von Victring, VI,1; dt. Übers. S. 246f.

[28] Huber, Vereinigung, S. 140f. Regest Nr. 42.

[29] Johann von Victring, VI,1; dt. Übers. S. 249.

[30] Huber, Vereinigung, S. 142f., Regesten Nr. 55–60, sowie Urkunde Nr. 63, S. 145.

[31] Johann von Victring, VI,4, dt. Übers. S. 261.

[32] So urkundet er am 12. Juli 1339 allein für Engelmar von Villanders, dem er den Besitz eines Meierhofes zu Mühlbach bestätigt. (Wien, Haus-, Hof- und Staatsarchiv XIV/6, Bd. 1,Rep. VI, Nr. 272); am 16. Juli 1339 überlät er dem Rat und den Bürgern von Hall auf vier Jahre den Zoll zu Innsbruck und Hall gegen jährlich 300 Mark (ebenda, Nr. 273); am 17. März 1341 überläßt er der Stadt Hall auf ein Jahr die Zölle zu Innsbruck und Hall (ebenda, Nr. 276).

[33] Vgl. Huber, Vereinigung, S. 32 mit entsprechenden Quellenbelegen.

[34] Egger, Geschichte Tirols, S. 373

[35] Margarete von Dänemark, Ludwigs erste Gattin, war wohl Anfang 1340 verstorben.

[36] Vgl. F. H. Haug, Ludwigs V. des Brandenburgers Regierung in Tirol (1242–1361), in: Forschungen und Mitteilungen zur Geschichte Tirols und Voralbergs 3 (1906), S. 267, Anm. 1.

[37] Kaiser Karls IV. Jugenleben und St. Wenzelslegende, Kap. XIV, übersetzt und erläutert von A. Blaschka (Geschichtsschreiber der deutschen Vorzeit 83), Weimar 1956, S. 79; Neuere Edition mit Übersetzung, Einführung und Kommentar von E. Hillenbrand, Stuttgart 1979.

[38] Belege bei Huber, Vereinigung, S. 35.

[39] Ludwigs Großvater väterlicherseits und Margaretas Großmutter väterlicherseits waren Geschwister.

[40] Das Schreiben ist gedruckt bei: A. Huber, Das kirchliche Strafverfahren, gegen Margaretha von Tirol, in: Archiv für österreichische Geschichte 72 (1988), S. 311; vgl. auch Haug, Ludwigs V. Regierung, S. 20, Anm. 4.

[41] Vgl. Huber, Kirchliches Strafverfahren, S. 308–311, sowie den Druck der Dokumente S. 311–331.

[42] Vgl. F. Huter, Der Eintritt Tirols in die »Herrschaft zu Österreich« (1363), in: Tiroler Heimat 26 (1962), S. 21.

[43] In einem Schreiben aus der Kanzlei Karls IV. von 1362 wird Margareta als »meretrix« – Dirne – bezeichnet, der man »schamlose Unbeständigkeit« vorwirft. (Beleg bei Hu-

ber, Vereinigung, S. 30, Anm. 3). Vgl. auch Riedmann, Mittelalter, S. 419f. und Wieser, Brautbecher, S. 21.

44 Haug, Ludwigs V. Regierung, S. 18, Anm. 5.

45 Huber, Vereinigung, Regest Nr. 81, S. 154.

46 J. Riedmann, Karl IV. und die Bemühungen der Luxemburger um Tirol, in: Blätter für deutsche Landesgeschichte 114 (1978), S. 775–796.

47 Haug, Ludwigs V. Regierung, S. 24.

48 Ebenda, S. 21 f. mit Belegen.

49 Zur Gesamtproblematik der Freiheitsbriefe vgl. S. Hölzl, Die Freiheitsbriefe der Wittelsbacher für Tirol (1342), in: Tiroler Heimat 46/47 (1984), S. 5-37.

50 Ebenda, S. 15.

51 Filippo Villani, Historia, hrsg. von L. A. Muratori (Rerum Italicarum scriprores 14), Mailand 1729, Spalte 744. Villani schrieb sein Werk nach 1360 nieder.

52 Vgl. O. Bornhak, Staatskirchliche Anschauungen und Handlungen am Hofe Ludwigs des Bayern (Quellen und Studien zur Verfassungsgeschichte des Deutschen Reiches in Mittelalter und Neuzeit 7,1), Weimar 1933, S. 116ff.; A. Lhotsky, Geschichte Österreichs seit der Mitte des 13. Jahrhunderts (Veröffentlichungen der Kommission für die Geschichte Österreichs 1), Wien 1967, S. 341 f.

53 Haug, Ludwigs V. Regierung, S. 26.

54 Ebenda, S. 26.

55 F. Brzoska, Margarete, Gräfin von Tirol (Maultasch), in: Der Schlern 56 (1982), H. 1, S. 8. Haug, Ludwigs V. Regierung, S. 27, Anm. 1 vermutet, daß Bischof Heinrich von Regensburg die kirchliche Einsegnung vorgenommen hat.

56 Johann von Victring, VI,11, dt. Übers. S. 293.

57 Zum Problem der neuhochdeutschen Übersetzung der Inschrift ausführlich Wieser, Brautbecher, S. 31 ff. Danach bedeutet mittelhochdeutsch »Angel« soviel wie »Stachel«.

58 Vgl. Anm. 43.

59 Huber, Vereinigung, S. 30 mit Quellenbelegen.

60 J. Riedmann, Geschichte Tirols (Geschichte der österreichischen Bundesländer, hrsg. von J. Rainer), Wien 1982, S. 64.

61 J. Schultze, Die Mark Brandenburg 2, Berlin 1961, S. 60.

62 Zu diesen Ereignissen ausführlich Haug, Ludwigs V. Regierung, S. 43–57.

63 Huber, Vereinigung, S. 50.

64 Huber, Vereinigung, Regest Nr. 190, 202, 204, S. 182 und 184f.

65 Vgl. Schultze, Mark Brandenburg 2, S. 60.

66 Huber, Vereinigung, S. 54.

67 Wien, Haus- Hof und Staatsarchiv XIV /6, Bd. 1, Rep. VI, Nr. 330, 1352 Oktober 19.

68 Huber, Vereinigugn, Regest Nr. 174, 175, 179, 194, S. 178f. und 182.

69 Huber, Vereinigung, Regest Nr. 177, S. 179.

70 Riedmann, Geschichte Tirols, S. 61.

71 A. Huber, Geschichte des Herzogs Rudolf IV. von Österreich, Innsbruck 1865, S. 40f.; ders., Vereinigung, Regest Nr. 209, 210, 211, S. 188f.

72 Huber, Vereinigung, S. 66 mit Quellenbelegen.

[73] Huber, Vereinigung, Regest Nr. 224, 225, S. 191; Brzoska, Margarete S. 9.

[74] Huber, Vereinigung, Regest Nr. 226, S. 191; O. Stolz, Geschichte des Landes Tirol 1, Innsbruck/Wien/München 1955, S. 468f. mit Anm. 34; W. Kleindel, Urkund dessen... . Dokumente zur Geschichte Österreichs 996–1955, Wien o.J.(1981), S. 45. Drei Tage später, am 5. September, bestätigte sie in einer weiteren, von gleicher Hand geschriebenen Urkunde ihr Vermächtnis. Zugleich bittet sie Papst, Kaiser und alle geistlichen und weltlichen Fürsten, von denen sie bisher Lehen innehatte, diese entsprechend ihrem Vermächtnis den Herzögen von Österreich zu verleihen. Über die Echtheit dieser beiden Urkunden, die Empfängerausfertigungen, aber mit Margaretas Siegel beglaubigt sind, herrscht in der Forschung keine Einigkeit. Man hat gemutmaßt, sie seien erst im Januar 1363 nach dem Tode Meinhards auf Anraten Herzog Rudolfs ausgestellt, um die Urkunde Margaretas vom 17.1.1363, mit der sie sich dem Willen ihrer Räte und des übrigen Tiroler Adels unterworfen hätte, zu unterlaufen bzw. unwirksam zu machen. (Vgl. Huter, Eintritt Tirols, S. 25. ff.).

[75] Vgl. zu den Ereignissen Huber, Vereinigung, S. 70–77.

[76] Huber, Vereinigung, S. 77f.

[77] Belege bei Huber, Vereinigung, S. 76 mit Anm. 2.

[78] Huber, Vereinigung, S. 81f., dazu Regesten Nr. 261–292, S. 215–219.

[79] Ebenda, Regest Nr. 264, S. 215f.

[80] Vgl. den Druck der Urkunde bei Kleindel, Urkund dessen...., S. 46–51.

[81] Vgl. Huter, Eintritt Tirols, S. 29f.

[82] Es sind dies u.a. neben einigen Gütern die Einkünfte von der Feste Straßberg mit allem Zubehör, der Stadt Sterzing und dem Tal Passeyer auf Lebenszeit, dazu jährlich 6000 Mark Berner, (vgl. Huber, Vereinigung S. 94).

[83] Druck der Urkunde bei F. Kurz, Österreich unter Rudolf IV., Wien 1821, S. 81, Nr. XV; Huber, Vereinigung, Regest Nr. 330, S. 232.

[84] Druck bei Kurz, Österreich unter Rudolf IV., S. 384, Nr. XVII.

[85] Huber, Vereinigung, Regest Nr. 346, S. 235.

Eberhard Holtz

Eine Portugiesin in Österreich – Eleonore, Gemahlin Kaiser Friedrichs III.

Am 2. Februar des Jahres 1452 näherte sich eine von Portugal kommende Flottille dem italienischen Hafen Livorno. An Bord des größten, prächtig ausstaffierten Schiffes befand sich Eleonore, die Schwester des portugiesischen Königs Alfons V. Was mochte wohl in diesen Stunden in der zierlichen Infantin vorgehen? Hinter ihr lagen nicht nur über achtzig Tage einer äußerst strapaziösen Seereise, sondern auch Jahre der Kindheit und Jugend, die zeitweise nicht sehr ersprießlich gewesen waren. Das sollte sich – so schien es wenigstens Eleonore zu erhoffen – nun grundlegend ändern, wurde sie doch in Italien von ihrem bereits per procurationem angetrauten Gemahl erwartet – vom Oberhaupt des Heiligen Römischen Reiches, dem Habsburger Friedrich III. An der Seite des zukünftigen Kaisers, der an Rang und Würde alle anderen europäischen Herrscher übertraf und dessen Name so sehr an die Machtfülle der beiden Staufer Friedrich I. Barbarossa und Friedrich II. erinnerte, schien diese Hoffnung auch durchaus begründet.

Eleonore konnte an diesem Februartag nicht wissen, daß die Hälfte ihres Lebens bereits hinter ihr lag und die verbleibenden 15 Jahre oft genug von Einsamkeit, Zurücksetzung und Kümmernissen geprägt werden sollten. Das Schicksal der südländischen Prinzessin in dem fernen und fremden Österreich, das sich so sehr von ihrer warmen und bunten portugiesischen Heimat unterschied, ist in der Vergangenheit von Historikern mehrfach aufgegriffen worden.[1] Neuere Forschungen haben inzwischen weitere Details aus Eleonores Leben bekannt werden lassen. Aufgrund der Widersprüchlichkeit einiger Quellenaussagen sind allerdings auch Fragen weiterhin offen, wie z. B. das Geburtsdatum der Infantin.

Nach Nikolaus Lanckmann von Falckenstein, dem späteren Hofkaplan der Kaiserin, ist Eleonore am 8. September 1437 geboren worden.[2] Der portugiesische Chronist Rui de Pina (um 1440–1522) berichtet in seiner »Chronica do Senhor Rey D. Duarte«, daß König Eduard von Portugal (1433–1438) im August 1436 Verhandlungen in Leiria geführt und sich daraufhin nach Torres Vedras begeben hätte, wo seine Gemahlin am 18. September eine Tochter, die spätere Kaiserin Eleonore, zur Welt gebracht habe.[3] Diese Ausführungen stimmen genau mit den urkundlich belegten Aufenthaltsorten Eduards überein, der nachweisbar bis zum 20. August in Leiria und vom 10. bis 18. September 1436 in Torres Vedras weilte.[4] Demgegenüber führt der portugiesische Geschichtsschreiber A. Caetano de Sousa (1674–1759), sich auf die Quellenstelle bei Rui de Pina berufend, unverständlicherweise den 18. September 1434 als Datum an und setzt ins Jahr 1436 den Geburtstag von Eleonores Schwester Katharina.[5] So wird in der wissenschaftlichen Literatur häufig der 18. September 1434 als Geburtsdatum Eleonores genannt, obwohl aufgrund der bekannten Quellen der 18. September 1436 als Tag der Geburt wesentlich plausibler zu sein scheint.[6]

So unsicher das genaue Geburtsdatum Eleonores ist, so sicher steht fest, daß die Infantin dem Seitenzweig einer Herrscherfamilie entstammte, die zu den ältesten und vornehmsten Europas zählte. Ihr Großvater Johann I. und Begründer der seit 1385 herrschenden Dynastie Avis war ein illegitimer Sohn des letzten Königs aus dem alten portugiesischen Königshaus, dem burgundischen Sproß der französischen Kapetinger. In der Regierungszeit von Eleonores Großvater und Vater begann die auf Marokko, die ostatlantischen Inseln und die Westküste Afrikas zielende Expansionspolitik Portugals. 1415 fiel das marokkanische Ceuta in portugiesische Hand, und bis 1425 konnten wichtige Inseln wie Porto Sancho und Madeira erobert werden. Im Jahre 1434 umschiffte der Seefahrer Gil Eanes erstmals das Kap Bojador, das als eine Art Ende der Welt galt, und erbrachte damit den Nachweis von der Weiterführung der afrikanischen Küste.[7]

Spiritus rector der portugiesischen Eroberungszüge war Heinrich, ein Onkel Eleonores, bekannt unter dem Namen Heinrich der Seefahrer. Sein Bruder Eduard, Eleonores Vater, besaß dagegen ein ganz anderes Temperament. Er stand den kriegerischen Ambitionen Heinrichs distanziert gegenüber und war vielmehr bemüht, die durch die laufenden Kriege schwer angeschlagene Finanzlage des Landes zu sanieren und das Rechtssystem auszubauen. Eduard hatte Verbindung zu bedeutenden Gelehrten und trat mit Abhandlungen zur Kriegskunst, zur Naturwissenschaft und zur Religion selbst schriftstellerisch hervor. Sein bedeutendstes Werk stellt der »Leal Conselheiro« (Der rechtschaffene Ratgeber) dar, welches sich der ritterlichen Lebensführung und Bildung widmet. Seit 1428 war Eduard mit Eleonore, der Tochter König Ferdinands I. von Aragon verheiratet. Der Ehe entstammten außer Eleonore vier Töchter und vier Söhne, von denen je zwei im Kindesalter starben.[8]

Eleonore war also in eine Familie hineingeboren worden, in der man das Waffenhandwerk beherrschte, sich aber auch künstlerischen und wissenschaftlichen Dingen gegenüber sehr aufgeschlossen zeigte. Doch schon wenige Jahre nach der Geburt der Infantin wurde ebendiese Familie von schweren Schicksalsschlägen heimgesucht. Am 9. September 1438 starb König Eduard an der Pest. Eleonores älterer Bruder Alfons V. folgte ihm auf dem Thron. Für den Sechsjährigen war an eine selbständige Herrschaft natürlich nicht zu denken. Eduard hatte testamentarisch seine Gemahlin als Regentin eingesetzt, doch stieß dies auf Widerstand im portugiesischen Adel und in den Städten. Man betrachtete die Königin als Fremde und wollte lieber Peter, den Bruder Eduards, als Regenten. 1439 entzogen ihr die Cortes schließlich die Regentschaft und übertrugen sie ihrem Schwager. Die Königinwitwe dachte allerdings nicht daran, klein beizugeben. Sie konnte sich auf eine nicht unbeträchtliche Zahl einheimischer Anhänger und auf kastilische Hilfe stützen. Am 31. Oktober 1440 verließ sie heimlich ihren Witwensitz Almeirim, verschanzte sich in der Burg Crato und versuchte, von dort ihre Anhänger gegen Peter aufzuwiegeln. Nach Crato führte sie ihre jüngste Tochter Johanna mit, während sie die gerade kranke Eleonore in Almeirim zurückließ. Diese sollte ihre Mutter niemals wiedersehen. Ihr Onkel Peter zog mit bewaffneter Macht nach Crato und zwang die Königin zur Flucht ins kastilische Exil, wo sie 1445 verstarb.[9]

Nachdem sich Peter gegenüber der Witwe seines Bruders behauptet hatte, nahm er ihre Kinder in Obhut. Eleonore erhielt Guiomar de Castro, Gemahlin des 1. Grafen von Atouguia, zur Erzieherin und wuchs zusammen mit ihren Geschwistern in Lissabon auf. Weitere Kenntnisse über die Kindheit Eleonores besitzen wir nicht, doch es ist anzunehmen, daß ihr Onkel, ein kluger und weitgereister Mann, für eine gediegene Erziehung seiner Nichte sorgte.[10]

In die Zeit von Peters Regentschaft fallen auch die Anfänge der Kontakte zwischen Friedrich III. und dem portugiesischen Hof, die schließlich zum Ehekontrakt des römisch-deutschen Königs mit der Infantin führen sollten. Den Anstoß zu dem Heiratsprojekt gab wahrscheinlich Isabella, die Schwester Peters, die mit dem Herzog Philipp von Burgund verheiratet war. In einer Vollmacht für den burgundischen Gesandten zu diplomatischen Verhandlungen mit den Räten Friedrichs III. vom 22. Oktober 1447 findet sich der Vorschlag, zwei nichtgenannte, dreizehn- bzw. siebenjährige Schwestern des Königs Alfons V. von Portugal mit Friedrich III. und seinem Mündel Ladislaus zu verloben. Die Antwort fiel – wenigstens hinsichtlich der Person Friedrichs – positiv aus. Seine Räte schlugen im Februar 1448 vor, einen Boten nach Burgund zu entsenden, um zusammen mit burgundischen Gesandten auf Brautschau nach Portugal zu ziehen.[11]

König Friedrich III. war bereits 32 Jahre alt und noch immer unvermählt – für einen Herrscher der damaligen Zeit doch recht ungewöhnlich. Sicher, an Eheprojekten hatte es bis dahin nicht gefehlt, doch geplante Verbindungen mit Fürstentöchtern aus dem italienischen und französischen Raum scheiterten.[12] War Friedrich dem schönen Geschlecht gegenüber nicht besonders aufgeschlossen oder gab es andere Gründe für seine Ehelosigkeit? In einem Notizbuch, das der Habsburger seit 1437 führte, sind auch folgende Verse enthalten: »Lieb ist laid« und ... »wer leib hat an laid, dem ist wol, auf mainen aid. Es ste kurcz oder lang: Lieb ist laides anfang.«[13] Deuten diese Zeilen etwa darauf hin, daß Friedrich schmerzliche Erfahrungen mit den Frauen gemacht hatte? Eine mysteriöse Spur führt nach Nürnberg, wo der König 1442 und 1444 weilte. In einem Stammbaum der dortigen Patrizierfamilie Pfinzing von 1593 wurde hinter dem Namen Katharina Pfinzing nachträglich eingetragen: ... »hat Kaiser Friderich der Dritte mit sich von Nürmberg geführt vnnd eine zeitlang bei sich behaltten (und geschwangert)«. Diese Quellenaussage ist allerdings die einzige, die über eine mögliche voreheliche Beziehung des Habsburgers und zudem noch sehr vage berichtet.[14]

Das Heiratsgeschäft Friedrichs III. mit der portugiesischen Infantin wurde nicht – wie zuerst vorgeschlagen – über Burgund, sondern über König Alfons V. von Aragon-Neapel, den Onkel Eleonores mütterlicherseits, abgewickelt. Anfang August 1448 erschienen zwei Abgesandte des Habsburgers am neapolitanischen Hof. Von dort reisten sie, mit entsprechenden Empfehlungsschreiben versehen, nach Portugal weiter. In ihrer Begleitung befand sich ein Maler, der von der Infantin ein Bild anfertigen und Friedrich überbringen sollte. Der König gedachte offensichtlich das Projekt gründlich anzugehen und sich keine unansehnliche Frau unterschieben zu lassen.[15]

In Portugal aber waren inzwischen tiefgreifende politische Veränderungen eingetreten. Nicht Peter, sondern Eleonores Bruder Alfons empfing die Gesandtschaft. Der König hatte im Januar 1446 die Volljährigkeit erreicht und bald darauf mit allen Mitteln versucht, die Regentschaft seines Onkels abzuschütteln. Der Konflikt verschärfte sich schnell, so daß die Waffen entscheiden mußten. Am 20. Mai 1449 trafen die Heere des Onkels und seines Neffen bei Alfarrobeira aufeinander. Gleich zu Beginn der Schlacht wurde Peter durch einen Pfeil tödlich verletzt und der Kampf somit zugunsten Alfons entschieden.[16]

Es gibt keine Nachrichten darüber, welche Wirkung der erbitterte Familienzwist von Onkel und Bruder auf Eleonore hatte. Möglicherweise war sie froh, ihr Heimatland verlassen zu können, als das Heiratsprojekt mit Friedrich III. feste Formen anzunehmen schien. Denn das Bild des Malers wie auch der Bericht der von Portugal nach Österreich heimgekehrten Gesandten über das Aussehen der Prinzessin fielen überaus positiv aus, so daß sich der Habsburger zur offiziellen Brautwerbung entschied. Damit zögerte er wohl etwas sehr lange, denn als die Botschaft im Januar 1450 am portugiesischen Hof eintraf, war hier inzwischen der Sohn des französischen Königs Karl VII., der Dauphin Ludwig, ebenfalls vorstellig geworden und hatte um Eleonores Hand angehalten. König Alfons schien diesem Wunsch nicht abgeneigt zu sein. Doch da mischte sich Eleonore selbstbewußt ein: »die Prinzessin, der bereits bekannt geworden war, daß der Kaiser um sie werbe, erklärte, bestochen durch die Majestät eines so bedeutsamen Titels, wenn sie nicht der Kaiser heimführen würde, werde sie überhaupt nicht einwilligen. Denn sie freute sich schon jetzt auf den Namen Kaiserin und fand es prächtig, die Braut des Kaisers zu heißen.« So berichtet es wenigstens Enea Silvio Piccolomini und er setzt hintergründig hinzu: »Gilt doch bei Auswärtigen der Titel des Kaisers mehr, als bei seinen Untertanen.«[17]

Enea wußte, wovon er sprach. Der schreibgewandte italienische Humanist, der 1447 Bischof von Trient und zwei Jahre später von Siena wurde, stand seit 1442 als Kanzleisekretär in Friedrichs Diensten und hatte einen genauen Überblick über die Lage seines Herrn.[18]

Friedrich war 1424 nach dem frühen Tod des Vaters die Herrschaft in der steirischen Linie der Habsburger zugefallen. Bis zur Erlangung der Volljährigkeit stand er unter der Vormundschaft seines Onkels Friedrich IV., der in den habsburgischen Gebieten am Oberrhein und in Tirol herrschte. Sein Vetter Albrecht war der Vertreter der dritten Linie. Er regierte in Ober- und Niederösterreich und hatte seit 1438 die deutsche, böhmische und ungarische Königswürde inne. Für Friedrich änderte sich die Situation grundlegend, als 1439 sowohl sein gleichnamiger Onkel als auch Vetter Albrecht starben. Er wurde in Tirol Vormund für Sigmund, den minderjährigen Sohn Friedrichs IV., sowie in Ober- und Niederösterreich für Ladislaus Postumus, den nachgeborenen Sohn Albrechts, in dessen Namen er auch Ansprüche auf die Herrschaft in Böhmen und Ungarn stellen konnte. 1440 wählten ihn die Kurfürsten außerdem zum römisch-deutschen König. Hinter all diesen Titeln und Anwartschaften verbargen sich allerdings wesentlich mehr Probleme als wirkliche Macht und Reichtum. Friedrich besaß das materiell unbedeutendste Herzogtum innerhalb der drei habsburgischen Linien. Zwar führte er die vormundschaftliche Regierung für seine beiden minderjährigen Verwandten, doch hatte er sich besonders in Österreich mit den Ständen auseinanderzusetzen, die die Auslieferung des Ladislaus Postumus als ihren wahren Herrn forderten. Die gleichen Forderungen stellte der Adel in Ungarn und Böhmen, wo Johann Hunyadi bzw. Georg von Podiebrad gegen Friedrich zu Reichsverwesern gewählt wurden.[19]

Genauso kompliziert war die Lage im Heiligen Römischen Reich. Hier stritten seit geraumer Zeit König, Fürsten und Städte um die dringende Reform der politischen und kirchlichen Verhältnisse, wobei jede Partei in erster Linie den eigenen Vorteil im Auge hatte. So war es kein Wunder, daß das Thema Reichsreform auf einer Reihe von Reichstagen behandelt wurde, aber keine Ergebnisse zustande kamen. Auch Friedrichs Bemühungen auf den Reichstagen von Frankfurt 1442 und Nürnberg 1444 brachten keine Fortschritte. Als er 1444 in seine entfernte Heimat zurückkehrte, wurde er hier bald in Konflikte verwikkelt, die ihn 27 Jahre lang von den deutschen Kerngebieten fernhalten sollten.[20]

Ein König, der aufgrund der Schwierigkeiten in den eigenen Landen nur aus der Ferne und dadurch mehr schlecht als recht über sein Reich regieren konnte, wo indessen ein erbitterter Kampf zwischen den Vertretern des Adels um die politische Vormacht in den einzelnen Regionen entbrannte – das also war der Mann, für den sich Eleonore selbst entschieden hatte. Und dies war in Fürstenfamilien, wo Heiraten hochpolitische Angelegenheiten darstellten, durchaus nicht üblich, während Enea zufolge die Wiener Bürgerstöchter sich ihre Männer zunehmend selbst suchten.[21]

Doch welche Gründe bewogen eigentlich Friedrich, die Prinzessin aus dem fernen Portugal als Braut heimzuführen? War es eine besondere Affinität für eine temperamentvolle Südländerin? Hatte er in dieses Projekt eingewilligt, weil er bereits über dreißig Jahre alt war und sich langsam um die Erhaltung seiner Dynastie kümmern mußte? Oder war es nicht in erster Linie die verlockende Aussicht auf Geld und Reichtum, die die erfolgreich nach Afrika vorstoßende portugiesische Seemacht zu versprechen schien? So sahen es sicher viele Zeitgenossen, waren ihnen doch die knappe materielle Basis Friedrichs und seine Knauserigkeit bekannt.

Geld spielte dann auch eine wichtige Rolle bei den Heiratsverhandlungen in Neapel, an denen von deutscher Seite Enea Silvio Piccolomini führend beteiligt war. Nach vierzigtägigen Beratungen stand der Ehevertrag am 10. Dezember 1451 fest. Die Mitgift Eleonores sollte 60000 Gulden betragen. Außerdem wurde – neben anderen Fragen – festgelegt, daß Friedrich III. innerhalb eines halben Jahres Gesandte nach Portugal schicken sollte, die in Stellvertretung – per procurationem – die Ehe mit der Prinzessin schließen sollten. Darüberhinaus verabredete man die Ankunft Eleonores bis zum 1. November 1451 in einem von Friedrich III. festzulegenden italienischen Hafen. Von hier sollte es nach Rom weitergehen, wo Friedrich vom Papst die Kaiserkrone in Empfang nehmen wollte.[22]

Beim Abschluß der Verhandlungen in Neapel hielt Enea eine Rede, in der er den Glanz der Königshäuser hervorhob, denen Friedrich und Eleonore entstammten.[23] Daß von diesem Glanz bei Friedrich nicht allzu viel zu sehen war, sollten die Portugiesen bald zu spüren bekommen. Denn die im März 1451 zur Vollziehung der Prokuration nach Portugal aufbrechende Delegation war nicht eben hochrangig, bestand sie doch nur aus den beiden Hofkaplänen Jakob Motz und Nikolaus Lanckmann von Falckenstein sowie einigen Dienern.[24] Nach einer abenteuerlichen Reise durch die iberische Halbinsel langten sie, nachdem sie unterwegs von Räubern überfallen und ausgeraubt worden waren, in Pilgerkleidern und ziemlich heruntergekommen in Portugal an, wo sie sogleich ob ihres Aussehens festgesetzt wurden. Als die Prokuratoren den Zweck ihrer Reise offenbarten, ließ man sie wieder frei. Der Bischof von Coimbra sorgte schließlich dafür, daß sie mit neuer, ihrem Auftrag würdiger Kleidung ausgestattet wurden und sie König Alfons unter die Augen treten konnten.[25]

Am Hofe schüttelte man den Kopf darüber, was für eine Gesandtschaft Friedrich zur Heimführung seiner Braut losgeschickt hatte. Wie ein Landsmann der beiden Prokuratoren, der sich gerade zu dieser Zeit in Lissabon aufhielt, berichtet, ... »bedüncket ihm (König Alfons von Portugal) die Botschaft durch die Priester zu ring und schimpfflich seyn«.[26] Trotzdem fand am 1. August 1451 in Lissabon die Trauung Eleonores per procurationem statt, bei der Jakob Motz eine Rede hielt und der Infantin an Stelle Friedrichs den goldenen Ehering aufsteckte.[27]

Da die Vorbereitungen zur Abfahrt nach Italien, wo Talamone als Ankunftshafen bestimmt worden war, einige Zeit in Anspruch nahmen, hatten Motz und Falckenstein noch genügend Gelegenheit, viele Eindrücke von dem südlichen Land zu sammeln. Lissabon, von Lanckmann viel größer als Wien eingeschätzt, beeindruckte sie ebenso wie die vom 13. bis zum 25. Oktober währenden Festlichkeiten zur Verabschiedung der Prinzessin mit Stierkampf, Umzügen und Festgelagen. Es waren zugleich die letzten Wochen Eleonores in ihrer Heimat. Sie hatte bereits begonnen, sich in der deutschen Sprache kundig zu machen, verschob aber den weiteren Unterricht für die langen Stunden der Seefahrt. Dafür besuchte sie mehrere Klöster und fuhr zusammen mit den Prokuratoren am 4. November nach Finisterre, dem »Ende der Erde«, wo sie in der dortigen Kapelle eine Messe hörte. Am 12. November 1451 war dann der Tag der Abfahrt. In Eleonores Begleitung befanden sich außer den beiden Prokuratoren ihre Dienerinnen, eine Reihe von Adligen sowie 2000 bis 3000 Bewaffnete, die für eine sichere Überfahrt nach Italien sorgen sollten. Ihr Bruder begleitete sie noch ein Stück des Wegs, bis er Abschied von seiner Schwester nahm – es sollte ein Abschied für immer sein.[28]

Die Flotte der Infantin segelte durch die Meerenge von Gibraltar nach Ceuta, wo Eleonore am 22. November festlich empfangen wurde und »das zweimal so groß wie Wien war«, wie Falckenstein feststellte. Am 29. November wurde die Fahrt fortgesetzt. Man geriet in stürmische See und vor Marseille überfielen Piraten die Flotte, wurden aber in die Flucht geschlagen. Am 8. Dezember rissen an Eleonores Schiff die Ankertaue und es drohte ein Opfer der Wellen zu werden, bis ein schwerer Rettungsanker Schlimmeres verhütete. Von weiteren Attakken durch Seeräuber bedroht, erreichte man über Grimaud, wo das Weihnachtsfest begangen wurde, schließlich Anfang Februar 1452 den Hafen von Livorno. Wie schon über die Hinfahrt und den Aufenthalt in Portugal berichtet Lanckmann auch jetzt wieder detailliert über die einzelnen Ereignisse, schildert seine Furcht vor Mauren, Piraten, Seeungeheuern und der Seekrankheit, unter der besonders Eleonore und ihre Hofdamen zu leiden hatten.[29]

Eleonore kam also nach einer kräftezehrenden Seefahrt verspätet und dazu noch am falschen Ort in Italien an, wo inzwischen auch Friedrich III. eingetroffen war und in Florenz auf seine zukünftige Gemahlin wartete. Enea Silvio weilte zur gleichen Zeit in Talamone, um im vereinbarten Hafen die Braut zu empfangen. Ein Schiff aus der portugiesischen Flotte, die durch Sturm zerstreut worden war, traf auch wirklich hier ein, aber über den Verbleib Eleonores wußte niemand etwas zu sagen. Man munkelte schon, daß die Infantin von Seeräubern als Sklavin verkauft worden wäre oder ein Opfer des Meeres geworden sei. Erleichtert konnte Friedrich aber aufatmen, als er durch Nikolaus Lanckmann, der von Livorno nach Florenz gesandt worden war, die Nachricht von der Ankunft Eleonores erfuhr. Er bestimmte nun Pisa zum Ort, an dem seine Braut durch eine Abordnung feierlich in Empfang genommen werden sollte.[30]

Am 6. Februar traf Eleonore in Pisa ein, wohin auch Enea Silvio eilte. Bald darauf entbrannte zwischen der portugiesischen Begleitung und der von Friedrich nach Pisa entsandten Abordnung ein heftiger Streit um das Recht, dem König seine Braut in Siena zuzuführen. Nachdem man sich über eine Woche lang nicht einigen konnte, griff Eleonore ein und traf selbst die Entscheidung: »Seitdem meine Eltern zur Ruhe gebettet sind, habe ich von klein auf bis zu meinem jetzigen Lebensalter unter dem Herrscherwillen meines Bruders gestanden und kein Gebot desselben übertreten; nunmehr bin ich mit seiner Zustimmung einem Manne in die Ehe gegeben und ich muß daher den Vorschriften des Mannes gehorchen. Wenn die Gesandten meines Herrn, des Kaisers, zu dem Zweck abgeschickt sind, daß sie mich zu ihm führen, so kann ich sie nicht abweisen.« So soll es sich wenigstens Enea zufolge zugetragen haben, und er hat auch einen besonderen Grund, diesen Vorfall schön auszuschmücken: denn nicht dem ranghöchsten weltlichen Fürst der deutschen Delegation, Herzog Bolko von Teschen, sondern ihm selbst fiel die Aufgabe zu, Friedrich die Braut zuzuführen. Diesen Umstand begründet der Italiener damit, daß es beim Herzog ... »mit dem Verstand bei weitem schlechter ... bestellt war, als mit seinem Stammbaum und er größere Übung im Trinken hatte, als im richtigen Sprechen«.[31]

Am 24. Februar 1452 langte Eleonore am frühen Nachmittag in Siena an, wo sie vor der Porta Camullia von Friedrich erwartet wurde. Dort ließ der Rat der Stadt später zur Erinnerung eine Gedenksäule errichten, und der Maler Pinturicchio setzte diesem Ereignis durch sein bekanntes Wandgemälde in der Kathedrale von Siena ein Denkmal. Das erste Zusammentreffen der beiden Brautleute ist von Enea genau beschrieben worden: »Anfänglich war der Kaiser ganz blaß geworden, als er seine Braut in der Ferne kommen sah. Aber sobald er ihre reizende Gestalt in der Nähe erblickte und ihre wahrhaft königlichen Bewegungen mehr und mehr erkennen konnte, da kam er wieder zu sich und gewann seine frühere Farbe wieder; er war erfreut, daß er eine schöne Gattin gefunden, die weit schöner war, als ihr Ruf besagte, daß er sich nicht durch die Schilderungen getäuscht sah, wie es Fürsten zu geschehen pflegt, die durch Stellvertreter Ehen schließen.«[32]

Auch Enea, der trotz seines geistlichen Amtes ein Frauenkenner war und selbst in jungen Jahren frivole Liebesgedichte verfaßt hatte, war offensichtlich von Eleonore beeindruckt: »Sie war eine Jungfrau von mittlerer Statur, sechszehn Jahre alt; ihr Gesicht mit ganz schwarzen, leuchtenden Augen, dem kleinen Mund und den lieblich geröteten Wangen, verklärte ein heiterer Ausdruck, Nacken und Hals waren blendend weiß; sie war eine in jeder Beziehung reizende Gestalt, an der kein Fehler zu sein schien. Und war sie schon durch körperliche Schönheit ausgezeichnet, ihre Geistesgaben waren noch weit hervorragender.«[33]

Es wird Friedrich III. immer unterstellt, daß er blaß geworden wäre, weil ihm die Infantin zu zierlich als Mutter seiner zukünftigen Kinder erschienen sei. Möglicherweise war es aber eine rein menschliche Erregung, die den sonst so ruhigen König aus dem Gleichgewicht brachte, denn er umarmte die Prinzessin auch spontan. Sofort jedoch wurde das Protokoll wieder hergestellt. Dr. Heinz Leubing aus der österreichischen Delegation hielt im Namen Friedrichs eine Begrüßungsansprache, in der er die Freude seines Herren über die glückliche Ankunft Eleonores und auf das zukünftige Eheleben zum Ausdruck brachte. In der Antwort, die Enea im Namen der Infantin vortrug, wurde der Wunsch Eleonores bekräftigt, sich dem Willen Friedrichs völlig zu unterwerfen. »Sie bitte um nichts anderes, als daß sie wieder geliebt werde, sie ihrerseits habe sich dem Kaiser mit Leib und Seele ergeben.«[34]

Enea überliefert uns nicht, wie Eleonore den Anblick Friedrichs aufnahm. Der König war von großer Gestalt, breitschultrig, mit blonden Haaren und kräftiger Nase und hätte dem Alter nach der Vater der Portugiesin sein können. Seine vom frühen Tod der Eltern und den Auseinandersetzungen mit dem Onkel um das väterliche Erbe geprägte Kindheit und Jugendzeit hatten ihn zu einem ernsten, zurückhaltenden und wortkargen Mann reifen lassen. Er besaß eine an Geiz grenzende Sparsamkeit und Bescheidenheit, die sich auch in Mäßigkeit beim Essen und Abneigung gegen Alkohol niederschlug. Hinzu kamen eine scheinbare Schafsgeduld und Unempfindlichkeit gegen Mißerfolge jeglicher Art sowie Zähigkeit bei der Durchsetzung von Zielen. Sich – seiner königlichen Würde bewußt – stets aufrecht haltend, war er alles in allem eine stattliche Erscheinung, die ihren Eindruck wohl auch auf Eleonore nicht verfehlte.[35]

In Siena hielten sich die Brautleute nur ein paar Tage auf. Bald ging es weiter nach Rom, wo man am 8. März anlangte. In der ewigen Stadt fand am 16. März 1452 im Petersdom die richtige Trauung Friedrichs mit Eleonore statt, die der Papst höchstpersönlich vornahm. Die Prinzessin wurde im Brautschleier und rotem Samtkleid zum Altar von einem zwölfjährigen Knaben geleitet: von Ladislaus Postumus, den Friedrich kurzerhand nach Italien mitgenommen hatte, damit er nicht in die Hände des österreichischen, ungarischen oder böhmischen Adels fiel, und den er wohlbehütet in seinem Gefolge mitsichführte. Welche Bedeutung der Junge in dem Machtkampf Friedrichs mit seinen Widersachern spielte, wußte Eleonore wahrscheinlich in diesem Moment noch nicht, sollte es aber bald merken. Drei Tage nach der Trauung folgte die Kaiserkrönung. Wie Enea berichtet, zog Eleonore wieder aufgrund ihrer körperlichen Reize und ihrer Kleidung die Blicke der Anwesenden auf sich. Papst Nikolaus V. setzte zuerst Friedrich die Kaiserkrone, dann dessen Gemahlin das Diadem aufs Haupt, mit dem bereits ihre Vorgängerin Barbara von Cilli 1433 gekrönt worden war.[36] Außerdem verlieh er auf Wunsch Friedrichs am 22. März an Eleonore den Namen Helena.[37] Dieser symbolische Akt erfolgte angesichts der akuten Bedrohung Konstantinopels durch die Türken, hatte doch einst die Mutter Kaiser Konstantins, des Begründers dieser Stadt, ebenfalls so geheißen. Den neuen Namen allerdings hat Eleonore nie benutzt.

Nachdem das Kaiserpaar noch ein paar Tage in Rom verweilte, folgte es Ende März einer Einladung von Eleonores Onkel nach Neapel. So freudig für Alfons V. das Kennenlernen seiner Nichte war, die allgemeine festliche Stimmung wurde offensichtlich durch den Umstand getrübt, daß Friedrich die Ehe noch nicht vollzogen hatte. Dies wollte er erst in Österreich tun. Ob sich dahinter eine Rücksichtnahme auf seine jugendliche Frau oder andere Gründe verbargen, mag dahingestellt bleiben. Wenigstens wurde Alfons V. mißtrauisch und forderte Friedrich zur Vollziehung der Ehe an dem Ort auf, an dem 1450 der Heiratskontrakt ausgehandelt worden war und der deshalb prädestiniert schien. Als Friedrich ablehnte, wurde der König von Neapel deutlicher: »So willst Du denn meine Nichte als Jungfrau mit nach Deutschland nehmen, sie dort erst erkennen, und wenn sie dir dann mißfällt, uns zurückschicken oder sie am Ende gar beiseite schieben und mit einem anderen Weibe einen Ehebund schließen? Warum willst Du sie nicht vielmehr hier erkennen, damit, wenn sie Dir gefällt, Du sie als einen lieben Besitz mit Dir nehmen, wenn nicht, sie, die Dir zur Last sein würde, gleich bei uns zurücklassen kannst.« Natürlich ist es wieder Enea, der ganz offen über diese delikate Angelegenheit berichtet, die langsam peinlich wurde. Friedrich gab am 16. April nach, »er befahl deshalb nach deutscher Sitte das Lager herzurichten, legte sich darauf, ließ sich dann Eleonore in seine Arme geben, um sie zu umfangen, und in Gegenwart des Königs (Alfons V.) und unter dem Umstand aller Vornehmen die Decke überbreiten. Doch geschah nichts weiter, man gab sich nur einen Kuß. Sie waren ja beide in ihren Kleidern und standen sofort vom Lager wieder auf.« Die anwesenden südländischen Frauen protestierten vergeblich bei König Alfons, da sie mit diesem Vorgang nicht einverstanden waren. In der folgenden Nacht schließlich sollte es Ernst werden. Der mißtrauische Friedrich betrachtete mit Sorge die Vorkehrungen, welche die Frauen aus Eleonores Gefolge am Ehebett trafen, es mit Weihwasser besprengten und segnen ließen. Er befahl, für ihn ein anderes Bett herrichten zu lassen, und bat Eleonore zu sich. Diese erklärte nun, daß es Sitte sei, daß die Männer zu dem Lager der Frau kämen, und nicht umgekehrt. So kam denn Friedrich in das Schlafgemach seiner Frau, ergriff sie bei der Hand und führte sie in sein Gemach, so daß alles ein glückliches Ende fand. Ein paar Tage später mußte Friedrich seine junge Frau wieder verlassen, da ihn beunruhigende Nachrichten aus Rom erreichten – von einem gescheiterten Befreiungs- bzw. Fluchtversuch seines Mündels Ladislaus.[38]

Eleonore verbrachte noch einige Tage in Neapel, reiste dann nach Manfredonia weiter und fuhr schließlich mit dem Schiff über Zara nach Venedig. Unterwegs unternahm sie eine kurze Wallfahrt und stiftete einen goldenen Armring für den Dom von Zara – Handlungen, die charakteristisch für die tiefe Frömmigkeit der Königin waren. Am 28. Mai, dem Pfingstsonntag, wurde sie in Venedig von der Gemahlin des Dogen festlich empfangen, und hier traf sie auch ihren Gatten wieder. Reich beschenkt verließ sie die Perle der Adria am 2. Juni 1452, um sich auf den Weg in ihre neue Heimat zu machen, in die Friedrich bereits vorausgereist war.[39]

Alles in allem war für Friedrich der Romzug erfolgreich gewesen. Er hatte eine schöne Gemahlin heimführen können und war vom Papst am rechten Ort zum Kaiser gekrönt worden, was keinem seiner Nachfolger vergönnt sein sollte. Auch finanziell hatte sich der Aufenthalt gelohnt. Der Papst beteiligte sich an den Kosten, am Hof von Neapel hatte man umsonst Kost und Logis erhalten und schließlich konnte Friedrich noch verschiedene, ihm zustehende Abgaben eintreiben und Geschenke entgegennehmen, so daß er Italien reicher verließ als er es betreten hatte. Sein ganzes Auftreten blieb freilich äußerst bescheiden: mit geringer Streitmacht war er über die Alpen gezogen, und von einer Erneuerung der Herrschaft über italienische Gebiete konnte keine Rede sein. Bei den Italienern hatte der dürftige Aufzug des Kaisers Mißfallen erregt, und es spielten sich angeblich Szenen ab, in denen der Kaiser keine glänzende Figur abgab. Dem Hofnarren des Königs von Neapel soll er ein solch geringes Trinkgeld gegeben haben, daß dieser dem Narren Friedrichs ein geradezu fürstliches Geschenk überbringen ließ, um den Kaiser zu beschämen. Als die Venezianer Friedrich ihr berühmtes Glas als Ehrengeschenk übergaben, soll er es absichtlich fallen gelassen haben, weil er lieber Gold gehabt hätte. Wenn diese und weitere Schilderungen vielleicht übertrieben sind, vom ehemaligen Glanz des Kaisertums war sicher wenig zu spüren.[40]

Die österreichische Heimat empfing das Kaiserpaar mit sintflutartigen Niederschlägen. Die Kleidung jedes einzelnen wurde durch die Regengüsse total durchnäßt, und viele hielten, wie Enea berichtet »dies Unwetter für ein Vorzeichen des kommenden Unglücks, als ob an das Ende der italienischen Festlichkeiten der Anfang des deutschen Elends unmittelbar anknüpfen sollte.« In Villach, wo man eine Rast einlegen mußte, erhielt der Kaiser die Nachricht, daß die Österreicher, Böhmen und Ungarn den offenen bewaffneten Konflikt vorbereiteten. In Bruck beriet man schließlich darüber, ob man Wiener Neustadt anlaufen sollte oder nicht.

Friedrich entschloß sich, trotz der dort lauernden Unwägnisse zu seiner Residenz zu ziehen. Was war geschehen? Die revoltierenden österreichischen Stände unter Führung des Grafen Ulrich von Cilli waren mit böhmischer und ungarischer Unterstützung bereit, Friedrich sein Mündel mit Waffengewalt zu entreißen. Als das Kaiserpaar um den 20. Juni in Wiener Neustadt eintraf, wurde es zwar von treuen Österreichern empfangen, doch am 28. August erlitten die kaiserlichen Truppen bei einem Gefecht mit den heranrückenden Aufständischen eine Niederlage und konnten sich knapp hinter die Mauern der Stadt zurückziehen. Der Kaiser schickte vorsorglich seine Gemahlin nach Leoben, und das war auch gut so, denn Wiener Neustadt wurde vollkommen eingeschlossen. Welch niederschmetternden Eindruck mußten die Ereignisse auf Eleonore machen, die – kaum in ihrer neuen Heimat angekommen – vor ihren eigenen Untertanen fliehen mußte. Eine noch tiefere Schmach jedoch erlitt ihr Gemahl. Am 4. September mußte er kapitulieren und sein Mündel an Ulrich von Cilli ausliefern.[41]

Nach der Aufhebung der Belagerung konnte Eleonore wieder zu ihrem Gatten nach Wiener Neustadt zurückkehren. In dieser mit 7000 bis 8000 Einwohnern eher provinziellen Residenz verbrachte sie die kommenden Jahre. Obwohl Friedrich die Burg und die Stadtkirche umbauen und erweitern ließ, reichten seine finanziellen Mittel nicht hin, um seiner Frau die prächtige Umgebung und die reiche Ausstattung zu verschaffen, die sie von Lissabon her gewohnt war. Die Wohnverhältnisse blieben bescheiden. Einziges Schmuckstück war ein Tiergarten nahe der Burg. Das Leben am Hof bot wenig Abwechslung. Feierliche Anlässe, so Ende 1452 beim Besuch Herzog Wilhelms von

Sachsen, als Ritterspiele und Festlichkeiten durchgeführt wurden, fanden selten genug statt. Neustädter Bürgerfrauen bildeten Eleonores engere Umgebung und man vertrieb sich die Zeit mit Handarbeiten, wie Rechnungen des Kammeramtes für entsprechendes Material belegen.[42] Als einzige Portugiesin war der Kaiserin die Kammerfrau Beatrix Lopi nach Österreich gefolgt, die allerdings bereits am 9. April 1453 starb und im Stift Neukloster begraben wurde. Die noch heute erhaltene Grabplatte, welche das Abbild des Edelfräuleins zeigt, ist wahrscheinlich von Eleonore gestiftet worden.[43]

Der Tod der letzten Vertrauten aus der portugiesischen Heimat mochte wohl für Eleonore das Gefühl der Einsamkeit in ihrer neuen und fremden Umgebung verstärken, zumal auch ihr Gemahl häufig nicht in ihrer Nähe weilte. Hatte Friedrich es schon in Italien vermieden, mit seiner Gemahlin zusammen zu reisen, so setzte sich dies in gleicher Art fort: Das Kaiserpaar lebte des öfteren für längere Zeit getrennt, so seit Mitte 1453 Friedrich in Graz und Eleonore in Wiener Neustadt. Die Kaiserin wurde damit aber zugleich von der »großen« Politik weitgehend abgeschnitten, die im Jahre 1453 von einem einschneidenden europäischen Ereignis bestimmt war: der Eroberung Konstantinopels durch die Osmanen am 29. Mai 1453 und dem Ende des Byzantinischen Reiches. Angesichts einer ernsthaften Bedrohung Mitteleuropas durch die Türken war gemeinsamer Widerstand der europäischen Reiche dringend geboten. Hierbei stellte die Idee eines gemeinsamen Kreuzzuges gegen die Ungläubigen eine durchaus integrierende Kraft dar, ging es doch nicht nur um politische, sondern auch um religiöse Fragen: so soll Friedrich später sogar dem Sultan Mehmed II., dem Eroberer von Konstantinopel, seine Tochter Kunigunde zur Frau angeboten haben, um ihn zur Abkehr vom Heidentum zu bewegen.[44]

Während sich Friedrich in der Türkenfrage langsam zu Aktionen aufraffte und für April 1454 einen Reichstag nach Regensburg einberief, zu dem auch verschiedene europäische Herrscher eingeladen waren, sah Eleonore Mutterfreuden entgegen. Da der ersehnte Stammhalter lange Zeit ausgeblieben war, hatte man der Kaiserin geraten, Wein zu trinken, um damit der Unfruchtbarkeit zu begegnen. Eleonore lehnte dies jedoch strikt ab, und Friedrich erklärte drastisch, daß er lieber eine unfruchtbare, nüchterne Frau haben wolle als eine fruchtbare trunksüchtige.[45]

Auch die Verwandten der Kaiserin in Portugal und Neapel zeigten sich infolge der ausbleibenden Schwangerschaft beunruhigt. Durch Friedrichs seltsames Verhalten bei der Vollziehung der Ehe war man mißtrauisch geworden. In einem Brief König Alfons V. von Portugal an den Kaiser vom 25. März 1453 wird ziemlich deutlich der Wunsch geäußert, daß Friedrich seine Frau verehren und lieben solle. In der von Enea verfaßten Antwort beteuerte der Kaiser sein Eheglück und seine Liebe zu Eleonore. Die Bemerkung Eneas in der Vorlage, daß Friedrich von keinem Fremden der Aufforderung bedürfe, seine Frau zu lieben, ließ der Kaiser aber streichen.[46]

Bald jedoch – wohl im April 1454 – konnte Friedrich dem neapolitanischen Hof vermelden, daß seine Frau im sechsten Monat schwanger sei und er auf die Geburt eines Sohnes hoffe.[47] Auch Enea berichtet in einem Brief vom 12. April 1454 über die bald bevorstehende Niederkunft der Kaiserin.[48] Am 1. Juni 1454 konnte er dann dem Kardinal Carvajalin Rom mitteilen, daß die Kaiserin den langersehnten Sohn geboren habe, die Freude am Hof groß und das Kind gesund sei.[49] Dies ist allerdings die einzige Nachricht, die uns vom ersten Kind aus der Ehe Friedrichs mit Eleonore berichtet. Nicht einmal sein Name ist bekannt; wahrscheinlich starb es noch vor der Taufe.

In der Literatur wird als Erstgeborener des Kaiserpaars stets der Sohn Christoph aufgeführt, der am 16. November 1455 zur Welt kam.[50] Die Niederkunft Eleonores erfolgte unter dramatischen Umständen. Denn auch nach der Auslieferung des Ladislaus währten die Streitigkeiten Friedrichs mit den österreichischen Ständen fort. Einige Adlige suchten die Abwesenheit des Kaisers von Wiener Neustadt auszunutzen, um sich der kaiserlichen Residenz zu bemächtigen. Der Handstreich mißlang zwar, doch die Vorstadt wurde in Brand gesetzt und die Umgebung von Wiener Neustadt verwüstet. Erzürnt beschwerte sich der Kaiser bei den österreichischen Ständen über den dreisten Überfall und verwies dabei auf seine hochschwangere Frau, die trotz aller Schrecken den Sohn zur Welt brachte. Außerdem ließ er für seine Residenz eine neue Verteidigungsordnung ausarbeiten – zu mehr Gegenmaßnahmen gegen den aufmüpfigen Adel reichte seine Macht scheinbar nicht. Auch jetzt aber währte das Glück des Kaiserpaars über den Stammhalter nicht lange, denn bereits am 21. März 1456 verstarb Christoph.[51]

Ein Jahr später, am 23. November 1457, starb auch Ladislaus

Postumus. Sogleich begann der Machtkampf um sein Erbe, der in Ungarn und Böhmen mit der Wahl von Matthias Corvinus bzw. Georg von Podiebrad zu Königen endete. Die Anwartschaft Friedrichs auf diese zwei Kronen rückte damit in weite Ferne. Um das Herzogtum Österreich entbrannte ein heftiger Streit mit seinem jüngeren Bruder Albrecht, der durch einen Teilungsvertrag 1458 nur zeitweilig beigelegt werden konnte. Inmitten dieser neuen Turbulenzen gebar Eleonore am 22. März 1459 einen Sohn, der drei Tage später – am Ostersonntag – getauft wurde und den Namen Maximilian erhielt.[52]

Wenig später siedelte Eleonore mit ihrem Sohn von Wiener Neustadt nach Wien, dem Zentrum des Herzogtums Österreich, über. Der Aufenthalt in Wien sollte für die Kaiserin mit Demütigungen und Gefahren verbunden sein, wie sie deutsche Herrscherinnen nur selten erlitten hatten. Der erste Schlag traf sie, als ihre am 3. November 1460 geborene Tochter Helene bereits Ende Februar des folgenden Jahres verstarb.[53] Wenig später kam es zum endgültigen Bruch zwischen Friedrich III. und seinem Bruder Albrecht. Wegen der zu erwartenden kriegerischen Auseinandersetzungen bat der Kaiser die Stadt Wien, seine Gemahlin mit ihrem Kind zu schützen, worauf der Rat versicherte, den beiden »höchsten Kleinoden, die seine Majestät habe« beistehen zu wollen. Dieser Beistand war auch vonnöten, denn Anfang August zog Albrecht gegen Wien und versuchte, die Stadt einzunehmen. Der Kaiser war wieder einmal abwesend, doch wurde er von seiner Gemahlin würdig vertreten. Sie kam mutig in die vordersten Linien und ermunterte die Verteidiger zum – schließlich erfolgreichen – Widerstand.[54]

Ein Jahr später verschärfte sich die Situation noch. Im August 1462 wurde der kaisertreue Rat in Wien gestürzt. Die Anhänger Albrechts nahmen das Heft des Handelns in die Hand, und mit der zuvorkommenden Behandlung der Kaiserin war es vorbei. Eleonore unterrichtete ihren abwesenden Gemahl von den Vorgängen. Angesichts des drohenden Verlustes dieser wichtigen Stadt zog der Kaiser mit bewaffneter Macht vor Wien. Doch welche Schmach, die aufsässigen Wiener verweigerten ihrem Herrn den Einritt und vertrösteten ihn auf den nächsten Tag. Friedrich nahm diese Entscheidung gelassen hin, aber Eleonore war über die Demütigung empört, von der sie auch noch durch einen der Anführer der Aufständischen persönlich informiert wurde. Heftig wies sie ihn zurecht, worauf dieser scherzend einwarf, daß ihr Zorn durchaus verständlich sei, habe sie doch durch die Vorgänge für einige Nächte auf den Beischlaf mit ihren Gatten verzichten müssen. Auf diese Unverschämtheit folgte eine scharfe Antwort Eleonores, die gleichzeitig ein bezeichnendes Licht auf ihr Verhältnis zu Friedrich warf: »Nicht um den Bei-schlaf handelt es sich, den ich mehr als ein Jahr entbehrt habe und noch länger zu entbehren vermöchte, sondern um eure Frechheit und Unbesonnenheit, die ihr den eigenen Herrn und Fürsten von seinem eigenen Palaste und seinen eigenen Mauern zurückzutreiben euch vermaßet.« Genauso scharf ging sie später mit ihrem Gemahl ins Gericht, dem sie sein eines Kaisers unwürdiges Verhalten vorwarf. Und zu ihrem dreijährigen Sohn gewandt sprach sie: »Wüßte ich, mein Sohn, Du würdest einst wie Dein Vater handeln, ich müßte bedauern, Dich für einen Thron geboren zu haben.«[55]

Bestrebungen des Kaisers, Veränderungen im Wiener Stadtrat vorzunehmen, und verstärkte Übergriffe seiner Söldner führten dazu, daß die Wiener ihrem Herrn den Gehorsam aufkündigten und ihn am 21. Oktober mit seiner Familie in der Burg einschlossen. Sie boten Friedrich an, seine Familie unbehelligt zu lassen, wenn er die Herrschaft an Maximilian übergebe. Doch dies wurde empört zurückgewiesen, lieber sollte die Burg ihr aller Friedhof werden.[56]

Und dies wäre auch beinahe der Fall gewesen, wie Michael Beheim, ein Zeuge der Belagerung, berichtet. Die Wiener begannen nämlich mit dem Beschuß der Burg, bei dem das Gemach Eleonores durch einen Treffer beschädigt wurde, so daß die Kaiserin mit einer Kammer und Stube hinter der Burgkapelle vorlieb nehmen mußte. Langsam gingen den Belagerten auch die Lebensmittel aus. Maximilian wurden die eintönigen Mahlzeiten aus Gerste und Erbsen bald über und er forderte, solch ein Essen lieber den Belagerern zu verabreichen. Als ein österreichischer Adliger für den kleinen Kaisersohn Mehl, Eier und Milch zur Bereitung einer kindgerechten Nahrung in die Burg bringen wollte, wurden die Lebensmittel von besonders unversöhnlichen Wienern in den Schmutz getreten. Einige erdreisteten sich sogar, der Kaiserin und den Frauen ihres Gefolges das entblößte Hinterteil mit der Aufforderung entgegenzustrecken, in diese »Spiegel« zu schauen.[57]

Immerhin wehrten sich die belagerten Kaiserlichen erfolgreich ihrer Haut und hielten auch stand, als am 2. November Friedrichs Bruder AlbrechtWien in Besitz nahm. Die Erlösung nahte in Gestalt König

Georgs von Böhmen, der mit einem Heer zum Entsatz des Kaisers heranzog und am 2. Dezember einen Vergleich zustandebrachte. Friedrich mußte Wien und große Teile Österreichs an seinen Bruder Albrecht abtreten. Die kaiserliche Familie siedelte wieder nach Wiener Neustadt über. Bald darauf flammte der Krieg jedoch erneut auf. Friedrich erhängte die Acht über seinen Bruder und Wien, während Albrecht sich an den Papst um Hilfe wandte. Vergeblich bemühte sich dieser, Eleonore und die österreichischen Stände um eine Vermittlung. Erst der Tod Albrechts am 29. Dezember 1463 beendete den Konflikt. Der Kaiser gelangte nun in das Erbe von Ladislaus Postumus, und die Stadt Wien unterwarf sich am 10. Januar 1464. Friedrich gewährte den aufsässigen Wienern Vergebung. Eleonore soll sogar noch einen Schritt weiter gegangen sein. Sie verbot, gegenüber dem kleinen Maximilian die Ereignisse von 1462 zu erwähnen, damit er später als Herrscher keine Abneigung gegen die Bewohner der Stadt hätte.[58]

Maximilian war bisher der einzige überlebende Nachkomme des Kaiserpaars. Um so größer war die Freude, als Eleonore am 16. März 1465 eine Tochter namens Kunigunde gebar. Einmal wurde dieses Kind so krank, daß der Kaiser befürchtete, es wie schon drei andere zu verlieren. Er behauptete, daß Eleonore die Kinder durch fremde Spezereien falsch ernähre, brachte Kunigunde in sein Gemach und ließ sie dort mit einheimischen Speisen beköstigen. Und siehe da, das Kind wurde gesund und überlebte.[59]

Je nach Anschauung kann man dieses persönliche Eingreifen Friedrichs als Ausdruck väterlicher Sorge oder aber ernster Meinungsverschiedenheiten zwischen den kaiserlichen Ehegatten werten, wie das im allgemeinen getan wird. Die in diesem Zusammenhang immer wieder aufgestellte Behauptung, daß Friedrich und seine Frau sich nicht geliebt und Eleonore sogar unter ihrem Mann gelitten hätte, kann schwerlich bewiesen werden. Beide führten wohl vielmehr eine für den Hochadel dieser Zeit durchaus typische Ehe, die persönliche Kontakte auf ein Minimum reduzierte und für Liebe und Zuneigung wenig Raum ließ.[60] Sicher ist nur, daß beider Charaktere von einer Unterschiedlichkeit waren, die der kaiserliche Biograph Grünpeck auf folgenden Punkt brachte: »Wiederholt zeigte er sich gegenüber schlimmen Gerüchten und Schmähgedichten, die über ihn in Umlauf gesetzt waren, so nachsichtig, daß er, selbst wenn er einen auf einem Majestätsverbrechen ertappt hatte, ihn mit keiner anderen Strafe, denn nur mit den Worten züchtigte, es wäre äußerst schwierig, einer jeden Hure Kind zu erziehen und zu bessern; die Zungen wären von Natur gefreit, es stehe daher auch in jedes Belieben sie frei zu gebrauchen, und man dürfe sie durch keine Gesetzesbanden festketten. Er bekam deshalb von seiner Gattin Eleonore, die eine Frau von großer geistiger Energie war, häufig scherzweise Vorwürfe derart zu hören: Er sei nicht wert, seine Scham mit einem Schurz zu verdecken, da er das Unrecht nicht mit aller Strenge, um zu bessern verfolge; seine, des obersten Fürsten auf Erden, Geduld öffne ja allen Übeltätern Tür und Tor. Lachend warf darauf der Kaiser ein, die Rache sei die Wirtschafterin der Zeit, sie lasse keine Schandtat straflos ausgehen, aber auch keine Tugend ohne Belohnung dahinsterben.«[61]

Gegensätzliche Auffassungen gab es zwischen dem Kaiserpaar auch bei der Erziehung Maximilians. Während Friedrich die Kriegsspiele des Sohnes mit seinen Altersgenossen wohlwollend betrachtete, sah es Eleonore lieber, daß sich der Junge mit Religion beschäftigte, freute sich aber auch über seine Liebe zur Beizjagd.[62] Um eine für Maximilian angemessene Bildung zu unterstützen, sandte der Trienter Propst Johann Hinderbach, ein Vertrauter Eneas und Fortsetzer von dessen Geschichte Friedrichs III., der Kaiserin am 14. Mai 1466 ein von Piccolomini 1449 für Ladislaus verfaßtes Werk über Kindererziehung zu. Dennoch wurde der Kaisersohn nicht im humanistischen Sinne erzogen, wie es wohl in den Intentionen Eleonores gelegen hätte. Friedrich bestimmte einen Neustädter Chorherrn mit geringen pädagogischen Fähigkeiten zum Lehrer, dessen harte Hand Maximilian des öfteren zu spüren bekam.[63]

Im Gegensatz zu ihrem Gatten scheint Eleonore geistigen Dingen gegenüber wesentlich aufgeschlossener gewesen zu sein. Davon zeugen ihre Kontakte zu hochgebildeten Zeitgenossen, wie z. B. Enea Silvio Piccolomini, der sich zeitweise in Wiener Neustadt aufhielt. Daß sich der Italiener offensichtlich von der Persönlichkeit der Kaiserin beeindrucken ließ, zeigt nicht nur seine oben erwähnte Beschreibung Eleonores, sondern wird auch in einem Brief vom 23. Juli 1453 deutlich, in dem er gegenüber einem Bekannten ihre Klugheit, Schönheit und Bescheidenheit hervorhebt. Immerhin setzte sich Eleonore beim Papst für die Erhebung Piccolominis zum Kardinal ein – eine wichtige Voraussetzung dafür, daß er 1458 selbst den Stuhl Petri besteigen konnte.[64] Auch der bereits erwähnte Johann Hinderbach verdankte seine Karriere nicht zuletzt der Kaiserin. Als im Jahre 1464 der berühmte Brixener Bischof Nikolaus von Kues starb, schlug sie Hinderbach als Nachfolger vor. Zwar scheiterte dieses Vorhaben, aber zwei Jahre später half sie, die Nachfolge ihres Schützlings auf den Bischofsstuhl von Trient durchzusetzen.[65]

Im Briefwechsel stand Eleonore auch mit einer Namensvetterin, der hochgebildeten ersten Frau Herzog Sigmunds von Tirol, die großes Interesse an Büchern besaß und um sich einen frühhumanistischen Literatenkreis versammelte. Man unterrichtete sich gegenseitig über Neuigkeiten und suchte um Gefälligkeiten für Hofleute nach. So bat die Kaiserin die Herzogin, auf ihren Gemahl einzuwirken, damit Johann Hinderbach das Brixener Bistum erhielt.[66] Auch in anderen Fällen setzte sich die Kaiserin für ihre Leute ein, vermittelte ihnen günstige Heiraten, verschaffte ihnen Pfründen oder sagte für erwiesene Dienste anderweitig Dank, wie z. B. auch Nikolaus Lanckmann, der 1464 zum Hofkaplan ernannt wurde und einen Schutzbrief erhielt.[67]

Der Briefverkehr Eleonores mit zwei großen politischen Gegenspielern ihres Gemahls – mit König Georg von Böhmen und Matthias Corvinus von Ungarn – ist ebenfalls bezeugt. In der Korrespondenz wurden auch Themen der Reichspolitik berührt. Eleonore scheint in einzelnen Fällen von sich aus in Konflikte eingegriffen und ausgleichend gewirkt zu haben. So bat sie Georg in einem Brief vom 5. Oktober 1461, das Betragen des Kaisers nicht übelzunehmen und sich mit Markgraf Albrecht Achilles von Brandenburg auszusöhnen. Wenig später suchte sie bei demselben um Vermittlung im Streit Herzog Ludwigs von Bayern mit Albrecht Achilles nach.[68] Auch im Konflikt zwischen Friedrich III. und seinem Bruder Albrecht ist die Kaiserin – wie bereits erwähnt – um eine Lösung bemüht gewesen. Die Möglichkeit einer direkten Einflußnahme blieb ihr allerdings infolge ihres ständigen Aufenthaltes in Wiener Neustadt bzw. Wien fast völlig versagt. Zwar führte Eleonore – was nicht bei jeder ihrer Vorgängerinnen der Fall gewesen war – ein eigenes Siegel als Kaiserin, doch war sie mehr eine Herzogin von Österreich.[69] Das eigentliche Reich hat sie nicht kennengelernt, in den Königstädten und Metropolen wie Aachen, Frankfurt am Main oder Nürnberg ist sie nie gewesen und mit den Großen dieses Reiches, den Kurfürsten, Herzögen, Bischöfen konnte sie nur persönlich Bekanntschaft schließen, wenn sie am kaiserlichen Hofe weilten. Von dem als Kind erträumten Glanz der Kaiserkrone sah sie kaum etwas, bis 1463 hatte ihr Gemahl ja allein zu tun, seine Herrschaft in den eigenen Landen zu verteidigen. Zwar hat Friedrich trotz aller Schwäche nie das Reich aus den Augen verloren, sich auch in die Angelegenheiten entfernter Reichsteile stets eingemischt und zäh um die ihm zustehenden Rechte gekämpft, doch oft genug wurden ihm die Grenzen seiner Macht gezeigt.

Es wäre müßig, zu spekulieren, ob Eleonore eine größere Rolle in der Politik – wie etwa Barbara von Cilli oder Elisabeth von Luxemburg – hätte spielen können, wenn ihr Wirkungskreis nicht nur auf Österreich beschränkt geblieben wäre. Zum einen war sie im Unterschied zu ihren beiden Vorgängerinnen eine Fremde, die nicht mit den Verhältnissen des Reiches großgeworden war. Zum anderen ist es fraglich, ob Friedrich eine Einmischung in politische Entscheidungen überhaupt zugelassen hätte. Möglicherweise lebte er auch gerade deshalb längere Zeit an einem anderen Ort als seine Frau, um sich von ihrem geist- und temperamentvollen Wesen nicht in seiner oft beharrenden und starren Politik beeinflussen zu lassen. Daß diese Politik dann sogar später aufging, daß – weil Friedrich seine politischen Gegner einfach überlebte – zu Ende seines Lebens die Habsburger Lande vereint, die Anwartschaft auf Böhmen und Ungarn und das Erbe des mächtigen Herzogtums Burgund für seinen Sohn Maximilian gesichert und damit der Grundstein für den Aufstieg der Habsburger zur europäischen Großmacht gelegt werden konnte, hat Eleonore nicht mehr erlebt. Unter einer Magenkrankheit leidend, wurde ihre Gesundheit durch die am 9. August 1466 erfolgte Geburt ihres Sohnes Johann noch mehr angegriffen.[70] Die körperlich geschwächte Kaiserin reiste wenig später nach Baden bei Wien, um dort bei einer Bäderkur neue Kräfte zu sammeln. Auf dem Rückweg wurde ihr Zug von Männern der Burg Rauhenstein überfallen und der Troß geraubt. Obwohl den Räubern die Beute wieder abgejagt wurde, gab sich Eleonore nicht zufrieden. Sie ließ Truppen sammeln, die Burg belagern und erobern und die Täter als Gefangene nach Wiener Neustadt bringen. Es ging ihr wohl weniger um eine persönliche Rache, als vielmehr um die Wiederherstellung der kaiserlichen Würde, die durch den dreisten Überfall verletzt worden war.[71]

Im Frühjahr 1467 weilte für ein paar Tag der Schwager des Böhmenkönigs Georg Podiebrad, Leo von Rozmital, bei Eleonore. Er war 1465 mit einigen Begleitern zu einer großen Reise durch Europa aufgebrochen und hatte sich von der Kaiserin Empfehlungsschreiben für den portugiesischen Hof mitgeben lassen. Bei seiner Rückkehr machte er ein paar Tage am Hof des Kaisers in Graz Station, wo er aber nur bescheiden empfangen und ihm wenig Aufmerksamkeit gewidmet wurde. Ganz anders die Aufnahme bei Eleonore, die begierig war, Nachrichten und Geschenke von ihrem Bruder in Empfang zu nehmen. Schlittenfahrten, Festlichkeiten und Erzählungen von der Reise füllten nun eine Woche den sonst so trostlosen Alltag der Kaiserin aus.[72]

Dieser Besuch war wohl das letzte freudige Ereignis im Leben der Kaiserin. Als der Tod ihr am 3. Juni 1467 ihren Sohn Johann entriß, war ihre Kraft gebrochen.[73] Sie starb ein Vierteljahr später am 3. September kaum dreißigjährig in Wiener Neustadt. Zu diesem Zeitpunkt weilte hier ebenfalls ihr Gemahl und er war wahrscheinlich auch bei ihrer Beerdigung zugegen, die am 11. September in der Neuklosterkirche erfolgte.[74] Das Grab wird von einer roten, weiß geäderten Marmorplatte bedeckt, auf der Eleonore vermutlich im Krönungsornat von 1452 in Lebensgröße dargestellt ist und die wahrscheinlich wie das heute im Wiener Stephansdom befindliche Grab des Kaisers vom Bildhauer Niklas Gerhaert van Leyden angefertigt wurde.[75]

Es gibt keine Nachricht darüber, wie Friedrich den Verlust seiner Frau aufgenommen hat; ob er trauerte oder aber – wie üblich – keine Regung zeigte. Jedenfalls hat er nicht mehr geheiratet. Allerdings soll er in späteren Jahren einen unehelichen Sohn besessen und bei sich am Hof gehabt haben.[76] Sein Verhältnis zu Eleonore war wohl genauso eigentümlich wie sein ganzer Charakter selbst. In seinem Notizbuch jedenfalls findet sich nicht eine Bemerkung über seine Frau, was sicher kein Wunder ist, denn von Friedrich waren keine Gefühlsausbrüche zu erwarten.

Von der Nachwelt wurde Eleonore in durchgängig positiver Erinnerung behalten. Nicht nur deshalb, weil sie die Mutter Maximilians war, unter dem die Habsburger zur Dynastie europäischen Ranges aufstiegen, sondern wegen ihrer persönlichen Eigenschaften: »Die war ain tugentliche, diemutige, schone und wolgeperte fraw, der nach nye mensch hat mugen ubel sprechen, sunder wart sich genannt ein mueter der tugent.«[77]

Anmerkungen

[1] So E. Birk, D. Leonor von Portugal. Gemahlin Kaiser Friedrichs des Dritten 1434–1467, in: Almanach der kaiserlichen Akademie der Wissenschaften 9 (1859), 2. Abteilung, S. 153–188; L. Cordeiro, Uma Sobrinha do Infante, Imperatriz da Alemanha e Rainha da Hungria, Lissabon 1894; F. v. Krones, Leonor von Portugal. Gemahlin Kaiser Friedrichs III., des steirischen Habsburgers (1436–1457), in: Mittheilungen des Historischen Vereins für Steiermark 49 (1902), S. 53–120; A. Zierl, Kaiserin Eleonore und ihr Kreis. Eine Biographie (1436–1467), Dissertation Wien 1966; Dies., Kaiserin Eleonore, Gemahlin Friedrichs III., in: Ausstellung Friedrich III. Kaiserresidenz Wiener Neustadt, Wiener Neustadt 1966, S. 144–153.

[2] N. Lanckmann de Valckenstein, Historia desponsationis et coronationis Friderici III. et conjugis ipsius Eleonorae, in: Scriptorum rerum Austriacarum plurimam partem 2, hrsg. von H. Pez, Leipzig 1725, Sp. 577.

[3] Chronica do Senhor Rey D. Duarte, in: Cronicas de Rui de Pina, hrsg. von M. Lopes de Almeida, Porto 1977, S. 536.

[4] H. Baquero Moreno, Itinerarios de El-rei D. Duarte (1433–1438), Lissabon 1976, S. 90, siehe auch S. 21 f.

[5] A. Caetano de Sousa, Historia genealogica da casa real portuguesa 2, Lissabon 1746 (Reprint Coimbra 1946), S. 313 und 371.

[6] Siehe zur Datierung auch Krones, Leonor von Portugal, S. 114ff; Zierl, Eleonore und ihr Kreis, S. 35ff., die sich ebenfalls für den 18. September 1436 entscheiden.

[7] Vgl. J. Verissimo Serrao, Historia de Portugal 2, Lissabon 1978, S. 11ff.; H. Schäfer, Geschichte von Portugal 2, Hamburg 1839, S. 199ff.

[8] Zu Eduard vgl. Chronica Rey D. Duarte, S. 487ff.; Caetano de Sousa, Historia genealogica 2, S. 271ff.; Verissimo Serrao, Historia de Portugal 2, S. 52ff.

[9] Vgl. zu den Ereignissen Chronica do Senhor Rey D. Affonso V., in: Cronicas de Rui Pina, hrsg. von M. Lopes de Almeida, Porto 1977, S. 587ff.; Verissimo Serrao, Historia de Portugal 2, S. 54ff.

[10] Chronica Rey D. Affonso V., S. 667; vgl. Cordeiro, Uma Sobrinha, S. 41ff. Zu Peter vgl. Caetano de Sousa, Historia genealogica 2, S. 39ff.; Zierl, Eleonore und ihr Kreis, S. 28ff.

[11] E. Birk, Actenstücke, Herzog Philipps von Burgund Gesandtschaft an den Hof des römischen Königs Friedrich IV. in den Jahren 1447–1448 betreffend, in: Der österreichische Geschichtsforscher 1, hrsg. von J. Chmel, Wien 1838, Nr. IX und XI, vgl. Krones, Leonor von Portugal, Anhang III, Nr. 1 und 2.

[12] Vgl. zu den Eheprojekten Zierl, Eleonore und ihr Kreis, S. 5ff.

[13] A. Lhotsky, AEIOV. Die »Devise« Kaiser Friedrichs III. und sein Notizbuch, in: Mitteilungen des Instituts für österreichische Geschichtsforschung 60 (1952), S. 191.

[14] R. Perger, Kaiser Friedrich III. und Katharina Pfinzing – Geheimnis einer Beziehung, in: Mitteilungen des Vereins für Geschichte der Stadt Nürnberg 71 (1984), S. 87ff., Zitat auf S. 90.

[15] Monumenta Henricina 9, Coimbra 1968, Nr. 203–206; vgl. Krones, Leonor von Portugal, S. 59f; Zierl, Eleonore und ihr Kreis, S. 39ff.

16 Chronica Rey D. Affonso V, S. 696ff.; vgl. Verissimo Serrao, Historia de Portugal 2, S. 66ff.; Schäfer, Geschichte Portugals 2, S. 426ff.

17 Chronica Rey D. Affonso V., S. 759; Die Geschichte Kaiser Friedrichs III. von Aeneas Silvius 1, übersetzt von Th. Ilgen, Leipzig 1899 (Geschichtsschreiber der deutschen Vorzeit 88), S. 209f. Vgl. Cordeiro, Uma Sobrinha, S. 25ff.

18 Zu Enea Silvio Piccolomini vgl. V. Bayer, Die Historia Friderici III. imperatoris des Enea Silvio dèPicclomini, Prag 1872; A. Weiß, Aeneas Sylvius Piccolomini als Papst Pius II. Sein Leben und Einfluß auf die literarische Cultur Deutschlands, Graz 1897; Th. Buyken, Enea Silvio Piccolomini. Sein Leben und Werden bis zum Episkopat, Bonn/Köln 1931; A. Lhotsky, Aeneas Silvius und Österreich, in: Ders., Aufsätze und Vorträge 3, hrsg. von H. Wagner, H. Koller, München 1972, S. 26–71.

19 Zu Friedrich vgl. H. Koller, Neuere Forschungen zur Epoche Kaiser Friedrichs III., in: Bericht über den fünfzehnten österreichischen Historikertag in Salzburg 1981, o. O. 1984 (Veröffentlichungen des Verbandes Österreichischer Geschichtsvereine 23), S. 42ff.; A. Lhotsky, Kaiser Friedrich III. Sein Leben und seine Persönlichkeit, in: Ders., Aufsätze und Vorträge 2, hrsg. von H. Wagner, H. Koller, München 1971, S. 119–163; R. Schmidt, Friedrich III. 1440–1493, in: Kaisergestalten des Mittelalters, hrsg. von H. Beumann, München 1984, S. 301–331; V. v. Kraus, Deutsche Geschichte im Ausgange des Mittelalters (1438–1519) 1: Deutsche Geschichte zur Zeit Albrechts II. und Friedrichs III. 1438–1486, Berlin und Gotha 1905, S. 55ff.; Katalog Ausstellung Friedrich III. Kaiserresidenz Wiener Neustadt, Wiener Neustadt 1966.

20 Vgl. zur Reichsreform H. Angermeier, Die Reichsreform 1410–1555, München 1984, S. 100ff.

21 Die Geschichte Kaiser Friedrichs III., 1, S. 20f. Vgl. H. Ebner, Die soziale Stellung der Frau im spätmittelalterlichen Österreich, in: Frau und spätmittelalterlicher Alltag, Wien 1986 (Österreichische Akademie der Wissenschaften, Philosophisch-historische Klasse, Sitzungsberichte 473; Veröffentlichungen des Instituts für mittelalterliche Realienkunde Österreichs 9), S. 514.

22 Heiratsvertrag: Monumenta Henricina 10, Coimbra 1969, Nr. 247; Materialien zur österreichischen Geschichte 1, hrsg. von J.Chmel, Wien 1837, Nr. 161. Siehe auch ebenda, Nr. 153; Monumenta Henricina 10, Nr. 122, 123, 211, 11, Coimbra 1970, Nr. 1, 2, 6, 7, 25; A. Caetano de Sousa, Provas da Historia genealogica da casa real portuguesa 1, Buch 3, Coimbra 1947, Nr. 51; Sousa Viterbo, D. Leonor de Portugal, Imperatriz da Allemanha, in: Archivo Historico Portuguez 7 (1909), S. 440–453; 8 (1910), S. 34–46.

23 Die Rede ist abgedruckt bei M. Freher, Germanicarum rerum scriptores 2, Frankfurt/Main 1637, S. 18ff.

24 Monumenta Henricina 11, Nr. 24 und 52.

25 Lanckmann, Historia desponsationis, Sp. 571ff.; Chronica do Rey D. Affonso V, S. 759f.

26 Zitiert nach Krones, Leonor von Portugal, S. 97, Anm. 4.

27 Lanckmann, Historia desponsationis, Sp. 576ff.; Materialien zur österreichischen Geschichte 1, Nr. 170 und 173. Die Rede von Motz gedruckt bei Freher, Germanicarum rerum scriptores 2, S. 15ff.

[28] Chronica do Rey D. Affonso V, S. 761 f; Materialien zur österreichischen Geschichte 1, Nr. 177; Lanckmann, Historia desponsationis, Sp. 577ff.

[29] Ebenda, Sp. 588ff.

[30] Ebenda, Sp. 593ff.; Die Geschichte Kaiser Friedrichs III. von Aeneas Silvius 2, übersetzt von Th. Ilgen, Leipzig 1899 (Geschichtsschreiber der deutschen Vorzeit 89), S. 26ff.; Der Briefwechsel des Eneas Silvius Piccolomini, hrsg. von R. Wolkan, III. Abteilung: Briefe als Bischof von Siena, Wien 1918 (Fontes rerum Austriacarum 2, 68), Nr. 16, 18–20.

[31] Die Geschichte Kaiser Friedrichs III., 2, S. 49ff.

[32] Ebenda, S. 54. Zu den Ereignissen in Siena vgl. auch den Brief eines Mitglieds der portugiesischen Delegation, Lopo d'Almeida, Cartas de Italia, hrsg. von R. Lapa, Lissabon 1935, Nr. 1; H. Quirin, König Friedrich III. in Siena (1452), in: Aus Reichstagen des 15. und 16. Jahrhunderts, Göttingen 1958 (Schriftenreihe der historischen Kommission bei der Bayerischen Akademie der Wissenschaften 5), S. 24ff.; P. Parducci, Ìincontro di Federigo III imperatore con Eleonora di Portogallo, in: Bulletino Senese di storia patria 13 (1906), S. 297ff., 14 (1907), S. 35ff.

[33] Die Geschichte Kaiser Friedrichs III., 2, S. 49f. Vgl. zu den Porträts Eleonores H. de Campus Ferreira Lima, D. Leonor de Portugal. Filha D'El Rei D. Duarte, Imperatriz de Alemanha, notes iconograficas, in: Revista de Historia 10 (1921), S. 143ff.

[34] Die Geschichte Kaiser Friedrichs III., 2, S. 54.

[35] Vgl. zur Charakteristik Friedrichs B. Haller, Kaiser Friedrich III. im Urteil der Zeitgenossen, Wien 1965 (Wiener Dissertationen aus dem Gebiet der Geschichte 5).

[36] Die Geschichte Kaiser Friedrichs III., 2, S. 60ff.; Lopo d'Almeida, Cartas de Italia, Nr. 2; H. Keussen, Bericht eines Augenzeugen über den Einzug König Friedrichs III. in Rom, seine Trauung mit der Prinzessin Eleonora von Portugal und seine Krönung. 1452 März 8–23, in: Historische Vierteljahresschrift 20 (1920–21), S. 317ff.; J. Chmel, Regesta chronologica diplomatica Friderici IV. Romanorum Regis (Imperatoris III.), Wien 1838/40, Anhang Nr. 95–98; vgl. J. Martens, Die letzte Kaiserkrönung in Rom 1452, Dissertation Leipzig 1900, S. 51ff. Zur kritischen Situation in Österreich vgl. Quirin, Friedrich III. in Siena, S. 69f, S. 77.

[37] Materialien zur österreichischen Geschichte 2, Wien 1838, Nr. 3.

[38] Die Geschichte Kaiser Friedrichs III., 2, S. 87ff. Vgl. zum Aufenthalt in Neapel: Lopo d'Almeida, Cartas de Italia, Nr. 3; Lanckmann, Historia desponsationis, Sp. 598ff. Zur Morgengabe für Eleonore: Materialien zur österreichischen Geschichte 2, Nr. 22 und 23; Monumenta Henricina 10, Nr. 154; Chmel, Regesta, Nr. 2918; Diplomatarium Portusnaonense. Series documentorum ad historiam Portusnaonis spectantium quo tempore (1276–1514), hrsg. von J. Valentinelli, Wien 1865 (Fontes rerum austriacarum II,24), Nr. 224–226, 228–230.

[39] Die Geschichte Kaiser Friedrichs III., 2, S. 138ff.

[40] Vgl. H. Wiesflecker, Kaiser Maximilian I. Das Reich, Österreich und Europa an der Wende zur Neuzeit 1: Jugend, burgundisches Erbe und Römisches Königtum bis zur Alleinherrschaft 1459–1493, Wien 1971, S. 61.

[41] Die Geschichte Kaiser Friedrichs III. 2, S. 145ff.; Thomas Ebendorfer, Chronica Austriae, hrsg. von A. Lhotsky, Berlin/Zürich 1967 (MGH, SS NS 13), S. 416ff.

42 G. Gerhartl, Wiener Neustadt. Geschichte, Kunst, Kultur, Wirtschaft, Wien 1978, S. 122, 130ff.; Die Geschichte Kaiser Friedrichs III., 2, S. 231; Urkunden und Regesten aus dem Archive der k.k. Reichshaupt- und Residenzstadt Wien 2: 1440–1619, hrsg. von K. Uhlirz, in: Jahrbuch der kunsthistorischen Sammlungen des Allerhöchsten Kaiserhauses 17 (1896), Nr. 15312, fol. 13ì.

43 Gerhartl, Wiener Neustadt, S. 134f.

44 J. Cuspinian, Austria, Frankfurt/Main 1601, S. 52.

45 J. J. Fugger, Spiegel der Ehren des höchstlöblichsten kayser- und königlichen Erzhauses Oesterreich, hrsg. von S. v. Birken, Nürnberg 1668, S. 747.

46 Der Briefwechsel des Eneas Silvius Piccolomini, Nr. IX; Weiss, Aeneas Sylvius Piccolomini, Nr. 69 und 78.

47 Ebenda, Nr. XII; Die Reichstagsakten unter Kaiser Friedrich III., 5. Abteilung, 1. Hälfte, 1453–1454, hrsg. von H. Weigel, H. Grüneisen, Göttingen 1969, Nr. 14, 9.

48 Ebenda, Nr. 17, 11; Der Briefwechsel Eneas Silvius Piccolomini, Nr. 274, S. 467.

49 Ebenda, Nr. 290, S. 492.

50 J. Heumann, Comentarii de Re Diplomatica imperatricum augustarum ac reginarum Germaniae, Nürnberg 1749, S. 356.

51 Quellen zur Geschichte der Stadt Wien, 1. Abteilung 8, hrsg. von J. Lampel, Wien 1914, S. 124, Nr. 16060; Gerhartl, Wiener Neustadt, S. 139ff.

52 Heumann, Comentarii S. 354 f; Lanckmann, Historia desponsationis, Sp. 605; Wiesflecker, Kaiser Maximilian I., S. 65 f.

53 Lanckmann, Historia desponsationis, Sp. 606; vgl. Zierl, Eleonore und ihr Kreis, S. 134.

54 Copey-Buch der gemainen stat Wienn 1454–1464, hrsg. von H. J. Zeibig, Wien 1853 (Fontes rerum Austriacarum II,7), Nr. 129; Quellen zur Geschichte der Stadt Wien, 2. Abteilung 3, hrsg. von K. Uhlirz, Wien 1904, Nr. 3995. Vgl. K. Schalk, Aus der Zeit des österreichischen Faustrechts 1440–1463, Wien 1919 (Abhandlungen zur Geschichte und Quellenkunde der Stadt Wien 3), S. 175 ff.

55 Vgl. zu den Ereignissen J. Hinderbach, Historiae Austriacae, ab Aenea Sylvio scriptore, continuatio, in: A. F. Kollar, Analecta monumentorum omnis aevi vindobonensia opera et studio 2, Wien 1762, S. 622ff.; Schalk, Faustrecht, S. 273ff., S. 304, Krones, Leonor von Portugal, S. 82f.

56 Vgl. Schalk, Faustrecht, S. 307ff.; Ebendorfer, Chronica Austriae, S. 554f.

57 Michael Beheims Buch von den Wienern 1462–1465, hrsg. von Th. G. v.Karajan, Wien 1843, S. 74ff.

58 Vgl. Schalk, Faustrecht, S. 328ff.; Wiesflecker, Kaiser Maximilian I., S. 69ff.

59 Cuspinian, Austria, S. 52.

60 Vgl. Ebner, Soziale Stellung der Frau, S. 522.

61 Die Geschichte Friedrichs III. und Maximilians I. von Joseph Grünpeck, übersetzt von Th. Ilgen, 2. Aufl. Leipzig 1940 (Geschichtsschreiber der deutschen Vorzeit 90), S. 13.

62 Ebenda, S. 36; H. Fichtenau, Der junge Maximilian (1459–1482), München 1956, S. 12 ; Wiesflecker, Kaiser Maximilian I., S. 76.

63 Vgl. E. Hannak, Ein Beitrag zur Erziehungsgeschichte Kaiser Maximilians I. aus dem

Jahre 1466, in: Mitteilungen der Gesellschaft für deutsche Erziehungs- und Schulgeschichte 2 (1892), S. 146f; Fichtenau, Der junge Maximilian, S. 12f.

64 Der Briefwechsel Eneas Silvius Piccolomini, Nr. 129 und 236.

65 Vgl. A. A. Strnad, Johannes Hinderbachs Obedienz-Ansprache vor Papst Pius II., in: Römische Historische Mitteilungen 10 (1966–67), S. 140ff.

66 Vgl. M. Köfler, S. Caramelle, Die beiden Frauen des Erzherzogs Sigmund von Österreich-Tirol, Innsbruck 1982 (Schlern-Schriften 269), S. 92.

67 Lanckmann, Historia desponsationis, Sp. 608. Vgl. Krones, Leonor von Portugal, Anhang III, Nr. 29, 35, 42, 43, 46, 50, 51; Heumann, Comentarii, S. 357ff.

68 A. Bachmann, Briefe und Acten zur österreichisch-deutschen Geschichte im Zeitalter Kaiser Friedrichs III., Wien 1885 (Fontes rerum Austriacarum II,44), Nr. 329 und 511; F. Palacky, Urkundliche Beiträge zur Geschichte Böhmens und seiner Nachbarländer im Zeitalter Georgs von Podiebrad (1450–1471), Wien 1860 (Fontes rerum Austriacarum II,20), Nr. 252 und 256.

69 Vgl. O. Posse, Die Siegel der deutschen Kaiser und Könige von 751 bis 1806 2, Dresden 1910, Tafel 28.6 und 7.

70 Regesten Kaiser Friedrichs III. (1440–1493) nach Archiven und Bibliotheken geordnet hrsg. von Heinrich Koller, H. 4: Die Urkunden und Briefe aus dem Stadtarchiv Frankfurt am Main, Bearb. P.-J. Heinig, Wien/Köln/Graz 1986, Nr. 425; Heumann, Comentari, S. 355.

71 Vgl. Krones, Leonor von Portugal, S. 86f.

72 Des böhmischen Herrn Leòs von Rozmital Ritter-, Hof- und Pilger-Reise durch die Abendlande 1465–1467. Beschrieben von zweien seiner Begleiter, hrsg. von A. Schmeller, Stuttgart 1844, (Bibliothek des literarischen Vereins in Stuttgart 7), S. 182, 194f.

73 Lanckmann, Historia desponsationis, Sp. 606.

74 Ebenda; vgl. Gerhartl, Wiener Neustadt, S. 159.

75 Ebenda, S. 159f.

76 H. Simonsfeld, Ein venetianischer Reisebericht über Süddeutschland, die Ostschweiz und Oberitalien aus dem Jahre 1492, in: Zeitschrift für Kulturgeschichte, 4. Folge 2 (1895), S. 254.

77 Jakob Unrest, Österreichische Chronik, hrsg. von K. Grossmann, Weimar 1957 (MGH, SS NS 11), S. 6.

Gerlinde Nojack

Margery Kempe, Bürgermeisterstochter aus Lynn – Heilige, Ketzerin oder »exzentrische Lady«?

Wir schreiben das Jahr 1438. In ihrer Heimatstadt Lynn in der Grafschaft Norfolk (Ostanglien) ist eine energische, ganz von dem Gefühl ihrer göttlichen Sendung durchdrungene Frau Mitte der Sechzig damit befaßt, einem Geistlichen ihre Lebenserinnerungen zu diktieren.[1] Das »Buch der Margery Kempe«, die erste in der Landessprache verfaßte Biographie Englands, entsteht in einem langwierigen, emotionsgeladenen und vom Streit verschiedener Parteien über Margerys Leben überlagerten Prozeß.[2]

Bereits 1431 oder 1432, zu einer Zeit, da sie den Ruf einer Erretterin der Stadt Lynn und somit den Höhepunkt ihres gottgefälligen Lebens erreicht hatte, war Margery an einen Sekretär herangetreten und hatte mit dem Diktat begonnen.[3] Der Bericht über all ihre in tiefer Frömmigkeit gelebten Jahre, ihre persönliche Nähe zu Gott, all die Offenbarungen, die sie von ihm, von Jesus Christus und dem Heiligen Geist erhalten hatte, sollten den zutiefst verunsicherten Menschen ihrer Zeit und nachfolgenden Generationen ein Beispiel geben, Anleitung und Lebenshilfe sein.[4]

Indem Margery versucht hatte, der hl. Birgitta von Schweden[5], deren Werk sie seit ihren jungen Jahren kannte, nachzueifern, ja diese in der Innigkeit ihrer Beziehung zu Gott noch zu übertreffen[6], strebte die fromme Engländerin ihre Anerkennung als Heilige an.

Während sie diktiert, steigen die Erinnerungen an die Offenbarungserlebnisse wieder in ihr auf; sie fühlt die Nähe ihres Herrn, seine Stimme spricht aus ihr. Wieder und wieder ringen ihr »heilige Tränen über das Gesicht«, das Feuer der Liebe »entflammt heiß und wundervoll« in ihrer Brust, himmlische Musik dringt an ihr Ohr.[7] Zuweilen fällt sie in einen tranceähnlichen Zustand, der Fortgang der Arbeit wird verzögert. Margerys erster Schreiber stirbt, nachdem er 220 Seiten zu Papier gebracht hat.[8]

Den zweiten Teil ihres Werkes, das – so Margery – Gott selbst in

Auftrag gegeben hatte, erarbeitet sie mit einem Priester[9], der bedächtig vorgeht, mit ihr über ihre Erfahrungen diskutiert, auch Vergleiche anstellt zu den Schriften der Eremiten Richard Rolle[10] und Walter Hilton[11], die im 15. Jahrhundert als Leitfaden für ein tugendhaftes Leben galten.

Während der – mindestens – sieben Jahre des Diktats ist die öffentliche Meinung in der Stadt Lynn bezüglich Margerys Persönlichkeit durchaus gespalten. Die Dominikaner neigen zu der Auffassung, sie sei eine wirkliche Heilige, die Franziskaner sehen in ihr eher eine Betrügerin. So mancher Bürger der Stadt ist sich nicht sicher, ob sie vielleicht doch zu den Lollarden gehört, jener ketzerischen Gemeinschaft, die gerade in Ostanglien in den letzten Jahrzehnten eine breite Anhängerschaft gewonnen hat.[12]

Wie also verlief das Leben der Margery Kempe, was war sie für ein Mensch, welche Einflüsse wirkten auf sie, und welche Rolle spielte sie in den Auseinandersetzungen ihrer Zeit?

Margery wurde ca. 1373 als Tochter des John Brunham[13], Bürgermeister von Bishop's Lynn und Vertreter seiner Stadt im House of Commons[14] geboren. Sie stammte also aus der wohlhabenden städtischen Oberschicht, in der es zu dieser Zeit eigentlich üblich war, auch den Mädchen eine Bildung angedeihen zu lassen, die es ihnen ermöglichte, die Psalter selbst zu lesen und eigene Briefe zu schreiben.[15] Andere Frauen im England des späten Mittelalters verstanden es durchaus, sich schriftlich gewandt auszudrücken, wie es beispielsweise die Sammlung der Paston Letters beweist.[16]

Margery hingegen lernte weder lesen noch schreiben und scheint sich in ihrer Kindheit auch nicht zu Studien hingezogen gefühlt zu haben. Aus zeitgenössischen Poemen wissen wir, was Mütter ihren heranwachsenden Töchtern besonders ans Herz legten: An der Spitze rangierte die Liebe zu Gott und der Heiligen Kirche, regelmäßige Kirchgänge und Mildtätigkeit gegenüber den Armen waren erstrebenswerte Tugenden. Den Mann, dem das Mädchen vor Gottes Altar angetraut werden würde, sollte es lieben und ehren und ihm vor allem niemals Schande bereiten. Geschickt und weise hatte die junge Frau den Haushalt und die Bediensteten zu führen, mit dem erarbeiteten Wohlstand zufrieden und auf noch reichere Nachbarn nicht neidisch zu sein, im Falle eigenen Reichtums nicht übermütig zu werden. Den Kindern sollte sie eine gütige Mutter sein, sie auch wegen schlechten

Benehmens nicht verfluchen oder ohrfeigen. Ein solches, immer am Stande orientiertes tugendhaftes Leben würde zur Gnade Gottes und zur ewigen Seeligkeit führen.[17]

Zunächst scheint Margerys Leben in diese Richtung gelaufen zu sein, wobei sie die Gedanken der Frömmigkeit und Mildtätigkeit besonders verinnerlichte. Im Alter von zwanzig Jahren stand sie vor dem Traualtar und wurde standesgemäß verheiratet.[18] Über ihre Kindheit und Jugend bis zu diesem Punkt berichtet uns Margery nichts. Nur eine geheime Sünde aus diesen Jahren hält sie später für erwähnenswert. Offenbar fühlte sie sich dadurch schwer belastet. Weder durch Buße noch Beten noch Almosenspenden konnte sie sich von diesem Vergehen, über dessen Art wir nichts Näheres erfahren, innerlich befreien.[19]

Der Ehemann, dem Margery zugeführt wurde, war nicht nur ein angesehener und begüterter Bürger, Kaufmannssohn und städtischer Beamter in Lynn. John Kempe sollte sich als verständnisvoller Partner erweisen, der ideal zu Margerys Wesensart paßte. Das junge Paar verfügte über angemessenen Wohlstand. Margery stand bald einem gutbürgerlichem Haushalt mit umfangreicher Dienerschaft vor und gebar in den folgenden anderthalb bis zwei Jahrzehnten vierzehn Kinder.[20] Was aus ihren Kindern wurde, ob es Söhne oder Töchter waren, wieviele davon am Leben blieben, diese Fragen beantwortet Margery in ihrer Lebensbeschreibung nicht. Solche Dinge waren auch für das Anliegen ihrer Erzählung von untergeordneter Bedeutung. Nur einen ihrer Söhne rückt Margery später in den Mittelpunkt des Berichts, da er aus sündigem Leben zur Läuterung fand und dem Beispiel seiner Mutter nachzueifern bemüht war.[21]

Der eigentliche Wendepunkt in Margerys Leben trat mit der Geburt des ersten Kindes ein. Schon während der Schwangerschaft hatte sie schwer zu leiden. Die Geburt gestaltete sich äußerst langwierig und kompliziert; Margery quälte sich aber dabei nicht nur mit körperlichem Schmerz und Todesängsten, vor allem machte ihr die geheime Sünde, für die sie noch keine Absolution erhalten hatte, diese Stunden zur Pein. Angsterfüllt bat sie, einen Priester zu rufen. Dieser ließ nun nicht etwa Milde walten, sondern geißelte die Gebärende mit scharfen Worten, rügte und schalt sie ob ihrer Verderbtheit. So streng ging er mit ihr ins Gericht, daß sie die Beichte nicht zu Ende bringen konnte und nach all diesen physischen und psychischen Belastungen zusammenbrach.[22] »Ein halbes Jahr, acht Wochen und einige Tage« fühlte sie sich von Dämonen und bösen Geistern umzingelt. Teufel wollten sie verschlingen und verlangten von ihr, sie sollte die Mutter Gottes und alle Heiligen im Himmel verleumden. Obwohl John Kempe seine Frau ans Bett fesseln ließ, biß sie sich in ihrer Qual tief in die Hand und zerkratzte sich mit den Fingernägeln die Brust.[23]

Da plötzlich erlebte sie das Wunder, das wohl eng mit ihrer allmählichen körperlichen Genesung verbunden war: Die Teufel zogen sich zurück und Christus selbst, in Schönheit und Liebe erstrahlend, setzte sich an Margerys Bett. Er trug einen Mantel aus purpurner Seide und fragte: »Tochter, warum hast du mich verraten, da ich dich doch niemals verraten habe?« Schließlich stieg er auf einem Lichtstrahl zum Himmel auf, und Margery erlebte ein nie gekanntes Gefühl des tiefen Friedens und Glücks.[24]

Verwandte und Diener konnten sich diese Vorgänge nur als ein Wunder erklären: Monatelang war Margery dem Wahnsinn verfallen gewesen, nun sahen sie die junge Frau gesund und völlig bei Sinnen vor sich. Jesus selbst hatte sie aus den Fängen dunkler Mächte errettet, die geheime Sünde hatte er selbst ihr vergeben, Margery war innerlich frei.[25] Die geschilderte Vision, von Margery als Schritt zur Selbstbefreiung empfunden, bleibt zunächst ein singuläres Ereignis.

In den folgenden Jahren scheinen Margery und John sich mit wirtschaftlichen Problemen herumgeschlagen zu haben. Wenn auch Margery nur knapp darüber berichtet, werden entscheidende Züge ihrer Persönlichkeit dennoch deutlich. Zunächst lebten die beiden vorwiegend von den Einkünften einer Bierbrauerei, wobei Margery es war, die das Unternehmen führte. Sie sei bald der größte Brauer der Stadt gewesen, diktierte sie voller Stolz.[26] Diese Tätigkeit und der anfängliche Erfolg dabei vermittelten ihr das wichtige Gefühl wirtschaftlicher Unabhängigkeit, welches sicher eine Schlüsselrolle in ihrem Verhältnis zu John spielte. Der Bankrott der Brauerei entmutigte sie nicht; später betrieb die energische Frau eine Roßmühle. Auch hier bewies sie nur für einige Zeit Geschick, bis schließlich die Arbeiter davonliefen. Dennoch hat Margery sich bemüht, eine eigene Karriere aufzubauen, neben den Belastungen der fast ohne Pause aufeinander folgenden Schwangerschaften und Geburten den Beweis eigener Tüchtigkeit im Geschäftsleben zu erbringen.

Eine zwingende ökonomische Notwendigkeit für Margerys Berufsleben bestand nicht. Ihr Ehemann verfügte über ein zumindest ausreichendes Einkommen. Jedoch war Margery schon von Jugend an durch das Gefühl einer gewissen Herausgehobenheit als Tochter des Bürgermeisters und Parlamentsabgeordneten von Lynn geprägt, einem Abrutschen auf die mittlere Ebene trat sie durch außerordentlichen Ehrgeiz entgegen. John bekam sehr wohl ihre Überlegenheit zu spüren. Nach zwanzig Ehejahren sollte es schließlich die reiche Erbschaft ihres Vaters sein, die Margery die Möglichkeit gab, ihren Gatten zu dem seit längerem angestrebte Keuschheitsgelübde zu nötigen. Sie versprach ihm, dafür alle seine Schulden zu bezahlen.

Im Grund spiegelt die Ehe der Kempes auf prägnante Weise das veränderte Verhältnis der Geschlechter zueinander im späten Mittelalter wieder, wie es in der Literatur und auf bildlichen Darstellungen von dem seinem Weib hörigen Ehemann unter Kritik gestellt wird.

Margery hat ihre Erzählung so aufgebaut, daß der Leser die einzelnen Stufen des Weges einer zunächst nur auf irdisch-materielle Dinge orientierten »Kreatur«, wie sie sich selbst bezeichnet, zur spirituellen Perfektion nachvollziehen soll. Dabei enthüllt sie unbewußt Züge ihres Wesens und ihrer Ehe. Wurde die begüterte Bürgerstochter auch dem Stande nach verheiratet, so fand sie durchaus Gefallen an John , seinem Körper und an den Vergnügungen, die sie miteinander genossen. Es ist unwahrscheinlich, daß der eher zurückhaltende John , der uns als wenig aktiv und ziemlich unselbständig entgegentritt, der seiner Frau später bereitwillig (wenn nicht gar willenlos) zu all ihren Konsultationen und Visiten von Canterbury bis York folgte, sie in jedem Hafen erwartete, wenn sie von ihren fernen Pilgerreisen heimkehrte, das Eheleben der ersten Jahre allein bestimmt haben sollte.

In den ersten zehn oder mehr Jahren ihres Zusammenlebens ist Margerys Keuschheitsverlangen nur äußerst schwach ausgeprägt. Ihre Schwangerschaften und Geburten nimmt sie nahezu klaglos hin, sie zeigt sich sinnlich und spontan, liebt schöne und der neuesten Mode entsprechende Kleidung. Einmal zieht sogar während eines Besuches in der St.-Margarthen-Kirche ein fremder junger Mann die Aufmerksamkeit Margerys auf sich. Sie hätte sich gern zu ihm gelegt, wäre nicht ihr Ansinnen von seiner Seite aus abgewiesen worden.[27]

Erst in einer späteren Lebensphase – sie ist jetzt etwa Mitte der Dreißig bis vierzig Jahre alt – läßt sich eine starke Zunahme ihrer Frömmigkeit und gleichzeitig eine Abwendung von John erkennen. Verlor er für Margery an Attraktivität? War ihre Hinwendung zu Jesus Christus, das ließe sich aus einigen ihrer Visionen durchaus vermuten, auch die Hinwendung zu einem jüngeren, schöneren Mann?

Fragen wir uns aber nun, wie das England jener Jahre aussah, das Margerys Jugend und erste Ehezeit prägte; welche Veränderungen vollzogen sich im geistigen Umfeld seiner Menschen?

Nach dem Friedensschluß von Bretigny 1360 war im Hundertjährigen Krieg zwischen England und Frankreich zunächst eine Phase der Ruhe eingetreten. Umso deutlicher traten die Widersprüche im Innern des Inselreiches zutage.[28] Die Pestwelle, die 1348 ganz Europa verheerte[29], hatte auch England erreicht und mehr als ein Drittel der Bevölkerung hinweggerafft.[30] Angst und Verunsicherung unter den Menschen ob dieses scheinbaren Strafgerichtes Gottes mischten sich mit dem natürlichen Streben der Überlebenden, die Gunst der Stunde wirtschaftlich zu nutzen, ihre Arbeitskraft möglichst teuer zu verkaufen und sich herrenlos gewordene Ländereien anzueignen.[31] Der Staatsapparat reagierte mit scharfen Restriktionen bezüglich der Arbeitslöhne[32], Unzufriedenheit gärte in den verschiedensten Schichten der Bevölkerung. Wandernde Prediger wie John Ball von St. Marien in York zogen durchs Land und meldeten Zweifel an der Gottgewolltheit von Herren und Knechten an.[33] Nach der dritten Erhebung einer Kopfsteuer innerhalb von vier Jahren brach der Aufruhr offen aus: Zehntausende von Bauern und Handwerkern machten sich bewaffnet auf den Marsch nach London, um dem jugendlichen König Richard II. ihre Forderungen, die Abschaffung von Hörigkeit und Leibeigenschaft sowie die Aufhebung von Handelsbeschränkungen vorzutragen.[34]

Auch aus Margerys Heimatstadt Lynn brach eine Abordnung unter Führung von zwei Schuhmachern, einem Weber und einem Schneider auf; durch die Grafschaft Norfolk zog triumphierend der Färber Geoffrey Litster, der sich »King of the Commons« nannte. In Norwich und Yarmouth, nicht weit von Lynn entfernt, kam es zu Überfällen und Plünderungen, ebenso in den umliegenden Dörfern.[35]

Eng mit dieser großen Erhebung des Jahres 1381 war eine geistige Bewegung verbunden, die Margerys Leben viel direkter beeinflußte und sie regelrecht zur Auseinandersetzung herausforderte. Bereits in den siebziger Jahren des 14. Jahrhunderts, zu einer Zeit, da sich die Schwäche des Papsttums in Gestalt des Schismas 1378 besonders deutlich offenbarte[36], hatte John Wyclif am Balliol College in Oxford einen Kreis begeisterter Zuhörer um sich geschart.[37] Der Doktor der Theologie stellte in seinem Werk namentlich die Frage der Prädestination heraus und plädierte für die strenge Orientierung am Gesetz der Evangelien.[38] So gelangte er zu einigen für die katholische Kirche äußerst gefährlichen Schlußfolgerungen: Wenn es keine sicheren Beweise dafür gab, wer vorherbestimmt war und wer nicht, woher solle man dann wissen, ob der Papst zur wirklichen Kirche gehörte? Wenn aber Papst und Kardinäle nicht unbedingt prädestiniert waren, sollten dann nicht erst recht unter dem niederen Klerus zum Verderben verurteilte sich befinden? Aus diesen Gedanken leitete Wyclif ab, daß der römischen Kirche die Kraft zur Rettung der menschlichen Seelen fehlte.[39] Umso stärker rückte nun das selbständige Studium der Heiligen Schrift und damit die direkte Beziehung der Gläubigen zu Gott in den Vordergrund. Am Ende seines Lebens war John Wyclif zur prinzipiellen Ablehnung des Papsttums, der kirchlichen Hierarchie und der katholischen Kirchenpraktiken gekommen. Zweifel an der Wandlungslehre, der Verehrung von Hostien und Heiligenbildern hatte er schon lange Zeit geäußert. Unter den akademischen Schülern des »evangelischen Doktors« ragte besonders John Purvey heraus, der die erste Übersetzung der Bibel ins Englische vollendete.[40]

Als der irische Zisterziensermönch Henry Crompe im Jahre 1382 in einer Oxforder Vorlesung heftig gegen die Anhänger Wyclifs polemisierte, titulierte er dieselben »ketzerische Lollarden«. Amtlich gebraucht wurde diese Bezeichnung in England zum ersten Mal 1387 in einem Mandat des Bischofs von Worcester, das fünf Reiseprediger als »nomine seu ritu lollardorum confoederat« bezeichnet.[41] Anfangs stand die Charakterisierung »Lollarde« als Synonym für »Wyclifit«, später allerdings dehnten ihn die offiziellen Instanzen auf alle mit dem Verdacht auf Heterodoxie belasteten Personen aus. Im 15. Jahrhundert gewann der Begriff »Lollarde« einen Inhalt, der mit »Verbrecher« oder »Hochverräter« im Sinne der Auflehnung gegen staatliche oder kirchliche Gewalt identisch war.[42] Der Name selbst wurde von den Gegnern der Ideen mit dem mittelenglischen Wort »loller« (Müßiggänger, Bummler) oder dem lateinischen »lolium« (Schwindelhafer) in Verbindung gebracht. Die Lollarden selbst erklärten ihn anders: Für sie war der am Kreuz hängende Christus der am meisten gesegnete »loller« (von dem englischen Verb »to loll« – hängen).[43]

Die ersten zehn namentlich bekannten Lollarden waren sämtliche Theologen, Mitglieder der Universität Oxford, die nun die Idee Wyclifs von der freien, ungehinderten Predigt in die Praxis umsetzten. Die Bewegung der Reiseprediger, die immer mehr auch durch Laien Verstärkung erfuhr, erfaßte innerhalb weniger Jahre 28 englische Grafschaften, 19 große und eine Reihe kleinerer Städte. In Ostanglien und somit auch der Grafschaft Norfolk entwickelte sich ein besonderes Zentrum der Häresie.[44] Zu den ersten Predigern gehörte auch Philip Repingdon, direkter Schüler Wyclifs. Er sollte für Margery Kempe noch eine wichtige Rolle spielen. Von dem mit der Inquisition beauftragten Erzbischof Arundel, dem »Lollardenhammer« verhört, widerrief Repingdon eine Reihe von »Irrtümern«, die sich besonders auf die Wandlungslehre und die Rolle der Kleriker bezogen. Die Laienpredigt und dem freien Bibelstudium schwor er ab und wurde dafür mit dem Amt des Bischofs von Lincoln belohnt.[45]

Die lollardische Lehre aber, die ihren Anhängern, vor allem Handwerkern, Händlern und Bauern, eine ganz neue Art der Beziehungen zu Gott eröffnete, die eine kirchliche Hierarchie und das Beiwerk des Heiligenkultes nicht brauchte, schlug tiefe Wurzeln in allen Schichten der englischen Gesellschaft.[46] Auch der hohe Adel blieb davon nicht ausgespart: Einflußreiche Parlamentsmitglieder wie Sir Thomas Latimer und Sir Richard Stury sorgten dafür, daß die lollardischen Thesen in Gestalt eines Reformprogramms 1395 der Ständeversammlung vorgelegt wurden. Gleichzeitig heftete man die Forderungen in englischer Sprache an die Türen der St.-Pauls-Kathedrale und der Westminster-Abtei.

Es ist wahrscheinlich, daß Margerys Vater als Parlamentsabgeordneter und politisch interessierter Mann von diesen Vorgängen Kenntnis hatte, zumal jene Adligen und Bürger, die sich hinter dem Begriff »parlamentarische Lollarden« verbargen, ihr Programm weiter differenzierten und 1410 dem Hohen Hause Berechnungen vorlegten, denen zufolge der Wert der Temporalien des hohen Klerus mit 322000 marks veranschlagt wurde. Man forderte Enteignung, Einsetzung von tüchtigen Priestern, die mit einem Minimum auskamen und die Verwendung der eingesparten Summe für die Gründung von 15 neuen Universitäten und die Armenfürsorge, so daß gleichzeitig die Kommunen von letzterer entlastet würden.[47]

Mit diesen Schritten hatten die »Lollarden«, also die entschiedenen

Reformkräfte, soviel Zündstoff geliefert, daß sich die Situation zuspitzte. Sie rief einen sehr energischen Vertreter der römisch-katholischen Partei auf den Plan, der nun mit äußerster Konsequenz der Sache zuleibe rückte. 1396 wurde der vormalige Erzbischof von York, Thomas Arundel, auf den erzbischöflichen Stuhl von Canterbury erhoben. Einer seiner ersten Schritte war die Einberufung einer Provinzialsynode (Februar 1397), welche die Wyclifschen Lehren so scharf verurteilte, daß der Grundstein für eine entschiedene kirchliche Verfolgung seiner Anhänger gelegt war.[48] Die vorsorgliche wissenschaftliche Absicherung durch die von dem Franziskaner William Woodford verfaßte Schrift wider die »Wyclifistae« oder »Lollardi« tat ein übriges.[49]

Als im Jahre 1399 König Richard II. gestürzt worden war und Heinrich IV. aus dem Hause Lancester die Königswürde nur durch Parlamentsbeschluß an sich gebracht hatte[50], eröffneten sich Arundel noch günstigere Möglichkeiten. Der König war nicht nur von seiner politischen Machtposition her, sondern auch in seinem Innern labil.[51] Er brauchte die Kirche als Bündnispartner zur Stabilisierung der neuen Dynastie. Harte Maßnahmen zur Bekämpfung von Ketzern würden ihn enger mit dem mächtigen Arundel verbinden und gleichzeitig seine Seele erleichtern. So kam es zu der denkwürdigen Akte »De heretico comburendo« (1400), welche erstmals in England die Todesstrafe wegen Ketzerei verfügte.[52]

Die darauffolgenden Ereignisse spielten sich direkt in Margerys Lebensbereich ab: Der erste Lollarde, der den Feuertod erleiden sollte, war Kaplan der St.-Margarethen-Kirche in Lynn. Er hatte nicht nur an der katholischen Wandlungslehre gezweifelt, sondern auch geäußert, man solle sein Geld lieber den Armen geben als es auf Pilgerfahrten zu verschwenden. Statt des Kreuzes oder anderer toter Gegenstände wäre es sinnvoller, tugendhafte Menschen zu verehren.[53] Diese Sätze entfachten Tumulte in Lynn, aber so manchen Gläubigen regten sie zu tieferem Nachdenken an.

Am 26. Mai 1399 widerrief William Sawtry zunächst unter dem Druck des Bischofs Henry Despenser von Norwich vor der versammelten Gemeinde von Lynn seine »Irrtümer«. Als er aber bei einer späteren Anstellung bei der Kirche St. Swithin in London ähnliche Thesen von der Kanzel verkündete, nahm sich Arundel selbst seiner an und erklärte ihn nach mehrstündigem Verhör zu einem rückfälligen und unverbesserlichen Ketzer. Am 26. Februar 1401 führte man

William Sawtry auf einen freien Platz in Smithfield vor den Toren Londons, wo er vor einer größeren Zuschauermenge verbrannt wurde. Dieser Vorgang löste wohl im Lande Erschrecken aus, gleichzeitig aber anvancierte Sawtry zum ersten Lollarden-Märtyrer. Spätere Anhänger der Lehre sahen ihn sogar als Heiligen an.[54]

In diesen komplizierten Auseinandersetzungen, die sich zum Teil direkt vor Margerys Haustür abspielten, mag sich die spezifische Art ihrer Frömmigkeit geformt haben. Wenn sie später den Bischof von Lincoln, den abtrünnigen Wyclif-Schüler Philip Repingdon und schließlich gar Arundel selbst aufsuchen wird, um mit ihnen zu disputieren und sich ihre Rechtgläubigkeit bestätigen zu lassen, so ist das als Reaktion auf die geschilderten Ereignisse, ja Parteinahme in diesem Prozeß zu verstehen.

Obwohl Margery in ihrem Lebensbericht mit sehr vagen Zeitangaben wie »nach zwei bis drei Jahren« arbeitet, wird deutlich, daß etwa im Zusammenhang mit den Vorgängen um die Verbrennung William Sawtrys eine außerordentliche Verstärkung ihrer individuellen Frömmigkeit einsetzte.

Margery ging von da an 2 – 3 mal täglich zur Beichte, oft stand sie schon morgens um 3 Uhr auf, um zur Kirche zu eilen und den ganzen Tag im Gebet zu verbringen. Sie fastete ausdauernd und besorgte sich ein Hemd aus grobem Tuch, das sie aus Angst, ihr Mann könne es entdecken, in ihr Kleid einnähte. Ort ihrer umfangreichen Bußübungen war die St.-Margarethen-Kirche in Lynn. Hier kniete sie, stieß laute Seufzer und Klagelaute aus.[55]

Ihr Verhalten löste unter Nachbarn und Bekannten zwiespältige Empfindungen aus. Einige mochten sie wohl ob ihrer Frömmigkeit bewundern. Stärker aber keimte Mißtrauen: War nicht kürzlich der ehemalige Kaplan eben dieser Kirche, der auch durch ungewöhnliches Verhalten aufgefallen war, in Smithfield verbrannt worden? Margery geriet in ein eigenartiges Spannungsfeld. Instinktiv war sie bemüht, die kirchlichen Riten besonders zu pflegen, um somit Gott ganz nahe zu sein; im Bild der Zeitgenossen rückte sie aber in gefährliche Nähe der Lollarden, die gerade unter Umgehung dieser Zeremonien die direkte Beziehung zu ihrem Herrn suchten.

Von dieser Zeit an scheint es auch in Margerys persönlichem Leben, in ihrer Ehe, Konflikte gegeben zu haben. Mehr und mehr begann sie, alle weltlichen Freuden von sich abzustreifen und als Sünden zu begreifen. So berichtet sie, daß sie einmal neben ihrem Mann im Bett lag und plötzlich eine wunderbare himmlische Musik vernahm. Diese Musik erlebte sie als etwas ungleich viel Süßeres und Begehrenswerteres als alle bisher gekannten Genüsse. Dieser Vorgang wiederholte sich, so daß sie immer öfter ihren Ehemann bat, er möge von ihr lassen und ein Keuschheitsgelübde ablegen. Obwohl John Kempe ein sehr verständnisvoller Partner und ganz gewiß nicht der dominante Teil in dieser Ehe gewesen sein dürfte, wies er Margerys Ansinnen zunächst zurück, räumte aber ein, er werde es tun, wenn Gott es so wolle.[56]

Diese Tatsache verstärke nun noch Margerys Bedürfnis zu beten, zu büßen und zur Beichte zu gehen. Dabei hebt sie ausdrücklich hervor, daß ihre Bußübungen strikt von den Glaubenssätzen der Kirche bestimmt seien. Etwa zu dieser Zeit, 1409, hatte Erzbischof Arundel eine Erklärung veröffentlicht, in der er davor warnte, an eben jenen kirchlichen Vorschriften zu zweifeln. Wer dies täte oder gar das Gegenteil lehrte, würde den Ketzertod sterben. Im Frühjahr 1410 bestieg John Badby, ein Schneider aus Evesham (Diözese Worcester) mit großer innerer Festigkeit den Scheiterhaufen.[57]

Es scheint so, als habe Margery in dieser Situation, in der auch ihre eigene religiöse Position in Lynn äußerst umstritten war, einen Beweis ihrer Rechtgläubigkeit gebraucht und ersehnt. Schließlich geschah es, daß, während sie in der St.-Margarethen-Kirche kniete, ihr Christus erschien und zu ihr sprach. Er versicherte, sie werde schließlich den Sieg über alle ihre Feinde davontragen.[58] Diese wie auch die späteren Offenbarungen enthalten gewisse Grundaussagen, die vor allem auf die besondere Gnade hindeuten, die Margery vor Gott gefunden habe. So sprach der Herr an jenem Tag und fortan des öfteren in etwa folgender Weise: Meine Tochter, wie ich dir schon mehrfach versichert habe, sind dir deine Sünden vergeben, und wir werden einstmals auf ewig vereint sein. Du besitzt meine außergewöhnliche Liebe, Tochter, und deshalb verspreche ich dir, daß du im Himmel auch eine ganz besondere Gnade erfahren wirst. Meine Tochter, du wirst nach deinem Tode mit meiner gesegneten Mutter, meinen heiligen Engeln und den zwölf Aposteln, mit der Heiligen Katharina, der Heiligen Margarethe, der Heiligen Maria Magdalena und vielen anderen Heiligen im Himmel beisammensein. Du wirst dereinst bei deinem Tode keine große Pein erleiden, denn du sollst von dem Wunsch erfüllt sein, in deinem Sinn mehr mit meinem Leiden verbunden zu sein als mit deinem eigenen.

Der Teufel der Hölle wird keine Macht über dich gewinnen, denn mit deinem Wehklagen quälst du ihn mehr als alle Feuer der Hölle. Mit deinem Weinen und Klagen wirst du viele Seelen vor ihm retten.[59]

Neben diesen zukünftig sich immer wiederholenden Gnadenbeteuerungen für Margery griff Christus aber auch in den kirchlichen Parteienstreit ein. Er riet ihr, möglichst oft dem Abendmahl beizuwohnen und häufiger zu fasten als üblich, alles Dinge, welche die Lollarden als unnötig erachteten. Auch solle Margery stets der richtigen Seite der Kirche treu bleiben und Halt bei jenen Persönlichkeiten suchen, die der wahrhaften Partei angehörten. Zunächst befahl er ihr, sich an einen bestimmten Einsiedler in Lynn zu wenden, der in enger Beziehung zum Dominikanerorden stand.[60]

Damit begann eine neue Etappe in Margerys Leben. Sie strebte nun zielgerichtet nach Kontakten zu solchen Geistlichen, die über jeden Verdacht der Nonkonformität erhaben waren. In ihrer Erzählung beginnt Margery sogleich mit der Schilderung der Besuche bei Philip Repingdon, Bischof von Lincoln, und bei Erzbischof Arundel in London.[61] Aus Rückblenden ist jedoch zu entnehmen, daß sie zunächst mit Visiten im näheren Umfeld begann. Nachdem sie bei dem von Christus empfohlenen Eremiten in Lynn einen ersten verständnisvollen Zuhörer gefunden hatte, machte sie sich auf die Reise nach Norwich, obwohl sie gerade erst von einem Kind entbunden worden war und sich noch schwach fühlte.

In Norwich, der größten Stadt der Grafschaft Norfolk, wandte sich Margery an drei Persönlichkeiten, deren Zustimmung zu ihren religiösen Erfahrungen ihr besonders wichtig erschien. Dies waren der Vikar der Norwicher Kirche St. Stephens, der bekannte Carmelitermönch William Southfield sowie die greise Einsiedlerin Juliane von Norwich.[62] Bei allen drei Personen gelang es Margery, Bewunderung, Erstaunen und Ermutigung zu finden. Gleichzeitig bedeuteten diese Kontakte Sicherheit im Falle von Befragungen durch den Bischof von Norwich.

In den Gesprächen vor allem mit dem Vikar von St. Stephens wird erstmals deutlich, daß Margery Kenntnis der Werke Richard Rolles und Walter Hiltons besaß. Sie hatte sich diese Schriften vorlesen lassen wie auch die Offenbarungen der hl. Birgitta von Schweden. Zu letzterer fühlte sich Margery besonders hingezogen, war sie doch ebenfalls Ehefrau und Mutter gewesen, bevor sie sich ganz einem asketischen

Dasein hingab. Auch zu ihr hatten Christus und die Jungfrau Maria gesprochen, doch spürte Margery die innere Verwandtschaft mit Birgitta vor allem um der heiligen Tränen willen, die beim bloßen Gedanken an die Leiden Christi in ihr aufstiegen.[63]

Inwieweit die öffentliche Wirksamkeit Birgittas in Bezug auf das Papsttum, ihre Briefe an Urban V. Margery beeindruckten, ist nicht feststellbar. Freilich war Margery bemüht, in England auf die wichtigsten Persönlichkeiten der Kirche Einfluß zu nehmen, wie dies vor allem ihr Besuch bei Erzbischof Arundel zeigt. Ob die Frage der Stiftung eines eigenen Ordens für Margery eine Rolle spielte, wissen wir ebenfalls nicht, natürlich waren ihr in finanzieller Hinsicht enge Grenzen gesetzt.

Trotzdem, das klingt aus der gesamten Schilderung heraus, war Margery bemüht, Birgitta zu gleichen oder wenn möglich sie noch zu übertreffen. So betont Margery besondere Gesichte wie das Flattern einer Taube während des Erhebens der Hostie, solches habe Birgitta nie geschaut.[64]

Die folgenden Ereignisse sind mit großer Wahrscheinlichkeit auf das Jahr 1413 zu datieren.[65] In der Osterwoche entging Margery einem Annäherungsversuch ihres Mannes, indem sie so kläglich ausrief: »Jesus hilf!«, daß er es in der Folgezeit nie mehr vermochte, sie in besagter Weise zu berühren. Freilich quälte sich John Kempe eine Zeitlang mit diesem Problem, und erst während einer Pilgerreise, die beide im Sommer in trauter Zweisamkeit nach York unternahmen, konnten sie zu einer Übereinkunft gelangen. Margery versprach ihrem Mann, auf ihr dauerndes Fasten zu verzichten und außerdem seine Schulden zu bezahlen, wenn sie nur beide gemeinsam ein Keuschheitsgelübde ablegen würden. Resigniert willigte John ein, und die beiden widmeten sich den Freuden einer gemeinsamen Mahlzeit im Walde von Bridlington.[66]

Kurz zuvor war Margerys Autorität durch ein Ereignis untermauert worden, dessen Zeugen zahlreiche Bürger der Stadt Lynn wurden. Am Freitag vor Pfingsten, als sie in der St.-Margarethen-Kirche der Messe beiwohnte, ertönte plötzlich ein furchtbares Krachen und Poltern. Aus dem Gewölbe brachen ein großer Stein und ein Stück Holz heraus und fielen auf Margery nieder. Meister Alan, ein Carmeliter und Doktor der Universität Cambridge, eilte herbei und besah das Wunder. Die Waage zeigte bei dem Stein »3 Pfund« und bei dem herabgestürzten Balken »7 Pfund« an.[67] Margery hatte das Ereignis am Boden liegend und Jesus um Gnade anflehend zur völligen Überraschung der Gemeindemitglieder heil überstanden. Während Margerys Feinde den Vorgang für ein Warnzeichen Gottes hielten, folgten viele doch dem »ehrenwerten Doktor« Alan von Lynn in seiner Ansicht, dies sei ein wirkliches Wunder und Gott werde Margery vor jeder Gefahr schützen. Alan mußte es wissen, hatte er doch ein Register der Offenbarungen Birgittas von Schweden angelegt. Margery erwählte den Meister fortan zu ihrem Beichtvater.[68]

Nun war für Margery die Zeit gekommen, gemäß dem Auftrag Christi ihre Frömmigkeit auch außerhalb ihrer Heimatstadt zu demonstrieren und durch die besondere Art des Schreiens und Wehklagens Seelen vor dem Teufel zu erretten. In Begleitung ihres Gatten pilgerte sie im Sommer 1413 nach Canterbury. Die Erzbistumsstadt galt noch im 15. Jahrhundert als einer der wichtigsten Anziehungspunkte für englische Pilger, insbesondere der Schrein des hl. Thomas Becket zog Jahr für Jahr Zehntausende an.

Diese Kulisse wählte Margery für ihre Bet- und Bußübungen, und offenbar erregte sie durch die Weise ihrer ekstatischen Hingabe ein solches Aufsehen, daß die Anwesenden in der Kathedrale von Canterbury zwischen Erschrecken und Ablehnung schwankten. Vorsorglich rief man zwei Mönche herbei, die Margery befragten, was sie über Gott wisse. Da sie ohne Stocken in der Lage war, Passagen aus der Heiligen Schrift zu erzählen, senkte sich erst recht der schreckliche Verdacht der Ketzerei auf sie, war es doch allgemein bekannt, daß die Lollarden sich heimlich zu gemeinsamen Bibelstudien trafen. So vermochten die Mönche kein anderes Urteil über Margery zu fällen als das sie brennen solle. »Ergreift und verbrennt sie!« tobte die aufgebrachte Menschenmenge, während Margery unter der sinkenden Sonne stand und den Mönchen dankte. Denn je mehr sie leiden müsse, um so eher sei sie bei Gott. Den Vorwurf der Ketzerei jedoch wies sie entschieden von sich. So fügte sich das Wunderbare: Zwei jungen Männern gelang es, Margery trotz der wütenden Menschen sicher in ihr Quartier zu geleiten.[69]

Es dürfte außer Zweifel stehen, daß die folgenden Ereignisse in enger Beziehung zu Margerys Erleben, knapp dem Scheiterhaufen entgangen zu sein, stehen. Während die Visionen von grauenhaften Martyrien sich intensivierten, Christus ihr häufig für ihre Leidenswilligkeit dankte, bereitete Margery die Reise nach Lincoln vor. Der dortigen Diözese stand der bereits erwähnte vormalige Wyclif-Schüler Philip

Repingdon vor, der nun als besonders treuer Verfechter katholischer Dogmen galt. so wirkt es verständlich, daß Bischof Repingdon sich außerordentlich von Margerys Berichten über ihre Visionen und Offenbarungen beeindrucken ließ, wenngleich sie und John Kempe, den sie mit sich führte, drei Wochen auf diese Audienz hatten warten müssen.[70] Die erste Anregung, ein Buch zu schreiben, verdankte Margery Philip Repingdon. Möglicherweise hatte der Bischof ein Lehrbeispiel zur Läuterung der Lollarden vor Augen. Jedoch fühlte sie sich zu diesem Zeitpunkt noch nicht reif, ihre Erfahrungen festzuhalten. Zunächst begehrte sie, gemeinsam mit ihrem Ehemann ein Keuschheitsgelübde abzulegen und fortan die weiße Kleidung einer Braut Christi zu tragen. Letzteres hatte Christus ihr aufgetragen,[71] jedoch wagte der Bischof von Lincoln nicht, dieses Ansinnen abzusegnen. Er verwies Margery direkt an Erzbischof Arundel, der allein darüber befinden könne. Christus selbst zog Margerys bedingungslose Treue dem Wanken des Bischofs vor; er hieß seine Tochter, diesem mitzuteilen, daß er sich mehr um die vollkommene Liebe zu Gott sorgen solle als darum, was die Menschen über ihn reden könnten.[72] Dennoch würde Margery nun den Erzbischof persönlich aufsuchen.

Es ist frappierend, daß nach Margerys Lebensbericht das Treffen mit Erzbischof Arundel, dem mächtigsten Kirchenfürsten Englands, gerade zu einem Zeitpunkt stattgefunden haben muß, da der aufsehenerregendste Ketzerprozeß in der Geschichte des Inselreiches stattfand,[73] wenngleich Margery diesen nicht erwähnt.

Arundel selbst leitete am 25. September 1413 das Hauptverhör des Sir John Oldcastle, dem vorgeworfen wurde, daß er selbst Irrlehren hege, wyclifitische Reiseprediger schütze und beherberge und im Besitz häretischer Traktate sei. Oldcastle, als Lord Cobham einer der begütertsten und einflußreichsten Adligen der Grafschaft Kent, ein Mann von tiefer, wyclifitisch geprägter Frömmigkeit, verfügte über eine außerordentliche Ausstrahlungskraft auf die Menschen verschiedenster Schichten.[74] Selbst König Heinrich V. gehörte einst zu den engsten Vertrauten des Sir John Oldcastle. Als letzterer aber von seinen religiösen Ansichten nicht abrücken wollte, ließ er ihn in den Kerker werfen.[75]

Schon im Herbst 1413 verdichteten sich die Anzeichen, daß das Volk seinem Lord Cobham zu Hilfe eilen und es zu einem gefährlichen Aufstand kommen könnte.[76] In jenem Sommer und Herbst 1413 blieb

Oldcastle Erzbischof Arundel gegenüber in schriftlichen Bekenntnissen wie im mündlichen Verhör standhaft: Der Papst, so behauptete er, sei das Haupt des Antichrist, die Erzbischöfe und Bischöfe seine Glieder und die Bettelmönche der Schwanz. Einen Geistlichen brauche man überhaupt nur dann ernstzunehmen, wenn er ganz und gar nach dem Vorbild Christi und der Apostel lebte. An die Wandlung beim Abendmahl glaube er nicht. Buße und Beichte seien nicht notwendig. Pilgerfahrten in alle Welt hielt er für völlig unnütz; keiner würde dadurch zum Seelenheil gelangen.[77]

Eben zu dieser Zeit machte sich Margery mit ihrem Mann John auf den Weg nach London, wo Erzbischof Arundel im Lambeth Palace residierte. An einem spätsommerlich warmen Abend hielt Arundel seine Audienz im Garten ab. Nachdem Margery eine Weile das Treiben in der Halle des Palastes beobachtet hatte und dann zum Gespräch gerufen wurde, fühlte sie sich durchaus befugt, den Erzbischof zu belehren: »Mein Herr, unser Allmächtiger Gott hat Euch Euer Amt und die großen weltlichen Güter nicht gegeben, damit ihr es zulaßt, daß die Verräter Christi ihn täglich dadurch beleidigen, daß sie Fluchen und Eide schwören. Ihr solltet dem Einhalt gebieten oder sie aus Euerm Dienst entfernen.« – Was sie, Margery, selbst beträfe, so bitte sie um die schriftliche Genehmigung, jeden Sonntag zum Heiligen Abendmahl gehen zu dürfen und ihren eigenen Beichtvater zu wählen.[78]

Nach diesem klaren Bekenntnis zu den katholischen Dogmen suchte Margery des Erzbischofs Bestätigung für die Rechtmäßigkeit ihrer Visionen und die Art ihrer Weinkrämpfe und ihres Wehklagens zu erhalten. Sie beteuerte immer wieder, keine Ketzerin zu sein, der Erzbischof möge ihre spezielle Erwähltheit durch Gott anerkennen. Es muß ein langes Gespräch zwischen Margery und Erzbischof Arundel gewesen sein, denn sie redeten, bis die Sterne am Firmament erstrahlten. Der im Umgang mit Ketzern erfahrendste Mann Englands, der »Lollardenhammer« Arundel, erkannte wohl, daß er es mit einer der echten Lehre zutiefst ergebenen Frau zu tun hatte und ermutigte sie, ihren Weg in Gott fortzusetzen.[79]

Nach dieser inneren Übereinkunft mit dem Erzbischof von Canterbury als bisherigem Höhepunkt ihres Lebens war für die nun etwa vierzigjährige Margery der Zeitpunkt weiterer Vervollkommnung herangerückt, die sie vor allem durch ausgedehnte Pilgerreisen zu erlangen suchte. Auch die hl. Birgitta, der nachzueifern Margery unablässig bestrebt war, hatte etwa in diesem Lebensalter ihre Heimat verlassen und war mit ihrem Gatten Ulf zunächst nach Santiago de Compostela gereist. Kurz darauf, nach dem Tode Ulfs, hatte Christus sie zu seiner Braut erkoren.[80]

Margery nahm die Dinge mit großer Entschiedenheit in Angriff. Ihren getreuen Ehemann und ihre vierzehn Kinder in England zurücklassend, begab sie sich im Winter 1413/14 in die Hafenstadt Yarmouth, wo sie an Bord ging, um als erstes Ziel das Heilige Land anzusteuern.[81] Diese Reise, die Margery später als ein großartiges Erlebnis bezeichnete, muß mit enormen körperlichen Strapazen verbunden gewesen sein. Vom seeländischen Zieriksee aus wanderte sie, von kurzen Aufenthalten unterbrochen, im Verlauf von zwei Monaten gemeinsam mit anderen Pilgern bis nach Venedig. Dort nahm ein Schiff die Reisenden auf und brachte sie nach Palästina.[82]

Nach Margerys Beschreibung ist anzunehmen, daß ihre Begleiter weitaus weniger von Frömmigkeit durchdrungen waren als sie selbst.[83] Aus anderen zeitgenössischen Berichten wie den Paston Letters wissen wir, daß es für bürgerliche und adlige Kreise auch als Statussymbol galt, sich eine so weite Reise zu den geweihten Stätten leisten zu können.[84] Da die Intensität der religiösen Erlebnisse Margerys sich ständig steigerte, je näher sie den Passionstätten Christi in Jerusalem kamen, was sich in lautem Schreien, Weinen und Krämpfen äußerte, distanzierten sich die meisten ihrer Mitreisenden entsetzt von ihr. Wiederholt mußte Margery sich neuen Pilgergruppen anschließen, zuweilen wurde es ihr verweigert, mit den anderen zu speisen oder in einem Raum zu übernachten.[85] Unbeirrt aber setzte sie ihren Weg fort, verweilte in völliger Verzückung an jedem heiligen Ort Jerusalems. Wiederholt sprach Christus zu ihr über seine besondere Liebe für sie und den Stand der Gnade, in dem sie sich befinde.[86]

Eine neue Stufe ihrer Beziehung zum Herrn erreichte sie jedoch erst auf der Rückreise, als sie sich für einige Zeit in Rom aufhielt.[87] Hier kleidete sie sich ganz in Weiß. Seit dem Erlebnis Jerusalem befand sie sich in einem Stadium der Entrücktheit, in dem sie beim Anblick jeder Frau, die ein kleines Kind auf dem Arm trug, in Schreien und Weinen ausbrach, denn sie spürte die Nähe der Mutter Gottes. Gesteigert wurden diese Emotionen durch ein Gespräch Margerys mit der Dienerin der hl. Birgitta, das am 7. Oktober 1414 stattfand. Anschließend besuchte sie die Kapelle der Heiligen.[88] Einige Zeit nach diesem Erlebnis, am 9. November 1414, weilte Margery zum Gebet in der Kirche der hl. Apostel in Rom, als Gott selbst zu ihr sprach: »Tochter, ich will dich mit meiner Gottheit verehelichen.« Die dann folgende Zeremonie, die in Margerys Vision stattfindet, ähnelt ganz und gar dem Ablauf einer irdischen Hochzeit: Anwesend sind alle zwölf Apostel, die hl. Margarethe, die hl. Katharina sowie viele andere Heilige, Jungfrauen und Engel. Vor diesen Trauzeugen spricht die Gottheit: »Ich nehme Euch, Margery, zu meinem angetrauten Weibe, in guten wie in schlechten, in armen wie in reichen Tagen.«[89]

Dieses Erlebnis muß für Margery der Höhepunkt ihres bisherigen spirituellen Lebens gewesen sein. Fortan war sie in der Lage, 16 Jahre lang das »Heilige Feuer« in ihrer Brust zu spüren, 25 Jahre lang himmlische Klänge zu hören und wunderbare himmlische Gerüche wahrzunehmen.[90]

Was Margery nun allerdings von der hl. Birgitta unterschied war ihr offenkundiges Desinteresse an der internationalen Politik. Rom war zu dieser Zeit vom Papst verlassen, denn Weihnachten 1414 weilte Johannes XXIII. anläßlich des Konzils in Konstanz. Margery ist auf ihrer Rückreise ganz gewiß durch Konstanz gekommen[91] jedoch gab Gott ihr keinerlei Auftrag, in die sich dort entscheidenden Ereignisse einzugreifen. Die Verurteilung Wyclifscher Lehrsätze blieb ihr offenbar verborgen, auch die Probleme der Wahl eines einzigen rechtmäßigen Papstes und der Erneuerung der Kirche tangierten sie nicht. Ihre eigentliche politische Wirksamkeit entfaltete Margery nur in England, wohin sie nun zurückkehrte.[92]

Hier lebte sie mit John Kempe, der sie schon erwartet hatte, zunächst in großer Armut, denn die Reise hatte die letzten Geldreserven aufgezehrt. Die langen Anstrengungen und Entbehrungen warfen Margery schließlich auf das Krankenlager. Schon erhielt sie die letzte Ölung, als Gott zu ihr über die noch ausstehende Pilgerfahrt nach Santiago de Compostela sprach. Diese Vision verlieh ihr Kraft und ließ sie genesen. Nach kurzer Zeit besuchte sie wieder regelmäßig, in strahlendes Weiß gekleidet, die Kirchen in Lynn.[93]

Im Sommer 1417 brach Margery von Bristol aus auf, den Schrein des hl. Jakobus zu besuchen.[94] Der zwei Wochen währende Aufenthalt in Santiago de Compostela verlief ohne besondere Vorkommnisse. Alle wichtigen Wallfahrtsorte hatte die Engländerin nun besucht, eine außerordentlich enge Beziehung zu Gott erreicht, nur die Anerkennung durch ihre Landsleute stand noch aus.

Dies zeigte sich mit besonderer Deutlichkeit, als Margery nach ihrer Ankunft in der Hafenstadt Bristol[95] mit einer Gruppe von Pilgern durch die Midlands in Richtung East Anglia reiste.

Für die historische Phase des Jahres 1417 ist das »Buch der Margery Kempe« vor allem als Zeugnis der Lollardengeschichte herangezogen worden.[96] Das Verhalten der Engländer Margery gegenüber beleuchtet schlaglichtartig das schillernde Phänomen »Lollardismus« namentlich in der Zeit nach dem gescheiterten Aufstand von 1414.

Der Putschversuch gegen die Lancaster-Regierung vom Januar 1414 war Sir John Oldcastle und dessen Anhängern zur Last gelegt worden. Neben dem Plan, den König und dessen Brüder zu ermorden, sollen die Aufständischen auch das Ziel verfolgt haben, weltliche Besitzungen der Geistlichkeit zu enteignen, was nach Wyclifschen Ideen klang.[97] Bezeichnend ist aber, daß von den 38 zum Tode Verurteilten nur sieben, wie auch ihr »Anführer« John Oldcastle, gehängt *und* verbrannt werden sollten, während die übrigen 31 offenbar nicht der Häresie für schuldig befunden wurden, so daß ihnen »nur« der Tod durch des Strang zukam.[98] Seit jenem Vorfall mischten sich sowohl für die offiziellen kirchlichen und weltlichen Instanzen als auch für das Laienvolk in dem Begriff »Lollarde« Vorstellungen von Ketzerei mit denen des Hochverrats und Staatsumsturzes; jedes auffällige und von der Norm abweichende Verhalten wurde nun beargwöhnt. Als Lollarde und damit auch als Staatsfeind angesehen zu werden, war besonders gefährlich, nachdem König Heinrich V. den Krieg mit Frankreich wieder aufgenommen, die Schlacht bei Azincourt siegreich geschlagen hatte und England in einer Art patriotischem Taumel lebte. Außerdem hielt sich Sir John Oldcastle noch immer versteckt, und man fahndete nach Leuten, die ihn unterstützen.[99]

Auf dem Hintergrund dieser Ereignisse geriet Margery in arge Bedrängnis, als sie nach dem Besuch der Pilgerstätte in Hailes (Gloucestershire)[100] in Leicester eintraf, welches als ein Zentrum der Lollarden galt. Hier widerfuhr es ihr, daß sie während des Besuches einer schönen Kirche ein Kruzifix erblickte, welches in ihr das Heilige Feuer entfachte, so daß sie sich betend in heftigen Schrei- und Weinkrämpfen wand. Dieses Verhalten befremdete die Bürger von Leicester außerordentlich, und umgehend wurde Margery zwecks Verhör zum Bürgermeister zitiert. An diesem Vorfall zeigt sich, daß die ebenfalls zur strengen Wachsamkeit gegen Lollarden verpflichteten städtischen und königlichen Beauftragen in einigen Fällen härter durchgriffen als kirchliche Amtsträger. Der Bürgermeister beschimpfte Margery trotz ihrer Rechtfertigungsversuche als verlogene Dirne, Lollardin und Hochverräterin und ließ sie sofort einsperren.[101]

Als nächstes hatte sie sich vor einer Kommission unter Vorsitz des Earl of Leicester zu verantworten. Obwohl sie sich bei der Beantwortung der Fragen strikt an die Glaubenssätze der Kirche hielt, erweckte vor allem die Schilderung ihrer Visionen großes Mißtrauen. Man drohte selbst Vergewaltigung an, um zu überprüfen, ob ihre Keuschheit echt sei. Während Margery auf das entscheidende Verhör durch den Abt von Leicester warten mußte, brach nach ihrer Schilderung der furchtbarste Sturm über die Stadt herein, den diese je erlebt hatte.[102]

In der Allerheiligenkirche, in der sich eine große Menschenmenge versammelt hatte, befragte sie der Abt vor allem zum Problem der Transsubstantion. Margery antwortete, daß während des Abendmahls die Wandlung in das wirkliche Fleisch und Blut Christi stattfände und hatte sich somit klar von den lollardischen Grundsätzen distanziert. Von ihrer Unschuld konnte sie die Kommission aber erst überzeugen, nachdem sie auf den Knien liegend berichtet hatte, wie sie im Verlaufe ihrer Pilgerfahrten von Christus die Erlaubnis bekommen habe, Weiß zu tragen. Schließlich ließ man sie ziehen, wenngleich viele Bürger sie lieber hätten brennen sehen.[103]

Ähnliche Vorfälle ereigneten sich auch auf der weiteren Reise. In York wurde Margery von Erzbischof Henry Bowet verhört. Obwohl sie diesen von der Rechtmäßigkeit ihres Glaubens überzeugen konnte, weigerte sie sich zu schwören, daß sie nicht mehr auf der Straße ihre Lehren verkünden werde.[104] In dem südöstlich von York gelegenen Beverley predigte Margery vor einer größeren Menschenmenge,[105] wofür sie auch in dieser Stadt sofort als Lollardin eingesperrt wurde. Die außerordentlich ketzerfeindliche Stimmung in der Stadt trug zu ihrer Inhaftierung bei. Das Volk schrie, man solle diese falsche Häretikerin verbrennen. Margery nahm all diese Anfeindungen als Zeichen Christi hin, daß sie um seinetwillen leiden sollte. Immer wieder hatte er zu ihr gesprochen, daß sie für all ihr Leiden im Himmel umso größere Gnade erfahren werde.

Es gelang ihr schließlich, auch dieses Mal dem Scheiterhaufen zu entrinnen, und sie reiste über Lincoln zurück nach Lynn. Kaum hatte der daheim wartende Ehemann seine Frau in die Arme geschlossen, reisten beide nach London. Margery spürte wohl, daß sie sich in der Defensive befand und versprach sich Schutz gegen all diese Anfeindungen, wenn sie einen Bestätigungsbrief des neuen Erzbischofs von Canterbury, Henry Chichele, vorweisen könne. Dieses Schreiben erlangte sie ohne besondere Schwierigkeiten, so daß in der Folgezeit die Angriffe auf Margery sich in Grenzen hielten.[106]

Eine letzte große Auseinandersetzung bahnte sich nun im heimatlichen Lynn an. Ein weithin bekannter und für seine fesselnden Predigten berühmter Franziskanermönch siedelte zu dieser Zeit nach Lynn über. Margery erwähnt, daß er ihr viele Bücher über Kontemplation vorgelesen habe,[107] was die Ausbrüche ihrer religiösen Leidenschaft offenbar noch steigerte. Während besonders anschaulicher Predigten des Franziskaners brach Margery oftmals in übermäßig lautes Schluchzen und Wehklagen aus; erwähnte der Mönch den Leidensweg Christi, so fiel sie mit einem entsetzlich lauten Schrei zu Boden. Bald wünschte sie der Mönch wegen der ständigen Störungen nicht mehr in der Kirche zu sehen, und auch die Bürger von Lynn versuchten, sie am Besuch derselben zu hindern.

Als sich die Zwistigkeiten soweit steigerten, daß der Franziskaner öffentlich gegen sie predigte und ihr befremdliches Verhalten anprangerte, betete die Frau, Gott möge den Schrei von ihr nehmen, auch wenn er zu jenen Gaben zählte, die von ihrer Erwähltheit kündeten. So erlöste Gott sie von dem Schrei, aber nicht, ohne ihr nochmals seine Gnade zu beteuern.[108]

Mehr noch: Der Himmel schickte ein Zeichen, das vor aller Augen deutlich machte, daß Margery den rechten Glauben besaß. Nach Margerys Erzählung geschah es im Jahre 1421, daß mitten im Winter, vom Rathaus ausgehend, eine furchtbare Feuersbrunst die Stadt Lynn erfaßte. Die Bürger bekämpften die Flammen ohne jeden Erfolg, während Margery sich in Gebetskrämpfen wand, wobei sie auch wieder mächtig zu schreien und zu wehklagen anfing. In dieser Situation vollzog sich nun die wunderbare Wandlung: Bisher war Margerys sich auf so laute und erschreckende Weise äußernde Frömmigkeit fast ausschließlich auf schroffe Ablehnung der Mitmenschen gestoßen. Nun aber, da nur ein Wunder die Stadt noch retten konnte, griffen die so übel gesonnenen Nachbarn zum letzten Strohhalm. Sie baten Margery, sie möge doch ihre Gebete noch steigern und noch lauter schreien und Gott anflehen, vielleicht würde er dann auf wunderbare Weise ein großes Wasser schicken.

Was nun geschah, mutet geradezu wie eine magische Handlung an: Margery kniete betend in der schon brennenden Margarethenkirche und riet dem Priester, das Allerheiligste vor den Flammen emporzuhalten und dabei die Worte der Wandlung zu sprechen. Dann zogen sie und der Priester singend um das Feuer, wobei Margery furchtbar laut schrie und weinte und Gott bat, er möge Regen oder ein Gewitter schicken. Der Herr, so setzte sie ihre Gebete fort, möge die Sünden dieser Stadt vergeben, auch wenn sie zutiefst verworfen war, möge er sie dieses eine Mal noch vor der endgültigen Vernichtung bewahren.

Der Erfolg ließ nicht lange auf sich warten: Bald darauf traten drei Männer in die Kirche, durch die noch die Funken flogen. Ihre Mäntel waren mit Schnee bedeckt. Sie sprachen: Siehe, Gott hat uns große Gnade erwiesen und uns Schnee geschickt, so daß das Feuer gelöscht werden kann.[109] Diese Ereignisse brachten die Wende: Alle Bürger waren nun davon überzeugt, daß die wunderbare Rettung der Stadt vor der Feuersbrunst ausschließlich Margerys Werk gewesen sein konnte. Von da ab veränderte sich ihr Leben: Sie wurde oft von vornehmen Damen zum Essen geladen, von Geistlichen zu Gesprächen empfangen, und die Dominikaner dachten jetzt ernsthaft darüber nach, ihre Heiligkeit anzuerkennen.[110]

Die öffentliche Meinung schlug noch mehr zu ihren Gunsten um, als eines Nachts der nun schon an die sechzig Jahre alte John Kempe die Treppe hinunterstürzte und Margery sich nun ganz der Pflege ihres hilflos gewordenen Mannes hingab.[111]

Bezüglich jener Jahre – John Kempe starb 1431[112] – berichtet Margery über eine endlose Kette von Visionen stets gleichbleibenden Inhalts: Sie erlebt selbst mit, wie Christus sich von seiner Mutter verabschiedet, sie geht mit Maria und sieht Christus von Judas verraten, sie sieht ihn geschlagen, gekreuzigt und begraben, er erscheint seiner Mutter und ihr – Margery –, auch ist sie bei Maria Magdalena, als Jesus dieser erscheint.[113]

Margery fühlte sich nun endgültig in die himmlische Familie aufgenommen, was ihr wohl half, ihr schweres irdisches Los leichter zu ertragen. Nichts deutete jedoch darauf hin, daß sie die entscheidenden politischen Ereignisse jener Jahre zur Kenntnis genommen hätte.

Mit der Niederschrift des zweiten, wesentlich kürzeren Buches der Margery Kempe begann der Geistliche am Vitalis-Fest 1438.[114] Jetzt wird auch ein neues Thema aufgegriffen: die Geschichte der wundersamen Wandlung ihres Sohnes.

Schon als Kind war dieser – seinen Namen erfahren wir nicht – durch übles Betragen aufgefallen, und als er heranwuchs, zog es ihn zu einem lockeren Lebenswandel und häufig wechselnden Frauenbekanntschaften.[115] Trotz Margerys unaufhörlicher gestrenger Ermahnungen trieb er sein Verhalten noch mehr ins Extrem, als er von seinem Arbeitgeber, einem Kaufmann der Stadt Lynn, in eine Niederlassung nach Danzig versetzt wurde. Da erfüllte sich ein Fluch, den Margery über ihren Sohn gesprochen hatte: Sein Körper und vor allem sein Gesicht waren plötzlich von einem häßlichen Ausschlag übersät, so daß er aussah wie ein Lepra-Kranker. Nach langer Qual und sogar Gefängnishaft entschloß er sich, zu seiner Mutter zu reisen und um ihren Segen zu bitten. Als sich Margery davon überzeugt hatte, daß er all seine Taten ernsthaft bereute, versprach sie ihm, für ihn zu beten.

Er kehrte zurück nach Danzig, wo er heiratete und nach entsprechender Frist Vater wurde. Sein Leben war fortan ohne Tadel. Bei einem späteren Besuch des Sohnes in Lynn konnte sich Margery von der völligen Wandlung ihres Sprößlings überzeugen. Nicht nur von der Schlichtheit seiner Kleidung und seinen demütigen Worten zeigte sich die Mutter beeindruckt. Vielmehr bat er jetzt sogar um ihre Einwilligung, zu den heiligen Stätten reisen zu dürfen. Auch wollte er noch mehr über geistliche Dinge von ihr lernen.[116]

Von einer Pilgerfahrt nach Rom wieder in Danzig angekommen, überzeugte er auch seine junge Frau, daß seine Mutter eine wirkliche Heilige sei, und die Vorbereitungen der beiden auf die Überfahrt nach Ostanglien waren bald in vollem Gange. Das Ehepaar reiste nach Lynn, als wäre es eine Wallfahrt zu einem geweihten Ort. Hier schloß sich dann auch des Sohnes Lebenskreis: Nachdem er den Segen seiner Mutter empfangen und auch seinen schwerkranken Vater nochmals gesehen hatte, legte er sich plötzlich zu Bett und starb kurz darauf. Diese Läuterung ihres Sohnes muß für Margery eine ganz besondere Bestätigung ihrer persönlichen Frömmigkeit und der damit verbundenen Ausstrahlungskraft gewesen sein.

Die Schwiegertochter blieb bei Margery für anderthalb Jahre, dann aber sehnte sie sich nach ihrem Kind, das in Danzig bei den Verwandten zurückgeblieben war. Während sich die junge Frau beim Priester der St.-Margarethen-Kirche den Segen für die Überfahrt holte, mag in der wartenden Margery auch noch einmal das Fernweh erwacht sein, denn in nämlichem Augenblick befahl ihr Gott, mit übers Meer zu ziehen. John Kempe war gestorben, keine irdische Pflicht lastete mehr auf ihr, so folgte sie dem Ruf mit Freuden.[117]

Es ist erstaunlich, was Margery als Sechzigjährige noch zu leisten imstande war: Nach der Schiffspassage über einen norwegischen Hafen nach Danzig reiste sie von da aus per Schiff nach Stralsund. Weiter zog es sie zu einer bekannten Pilgerstätte nach Wilsnack in die Mark Brandenburg. Einmal vom Reisefieber gepackt, fiel ihr ein, daß sie noch niemals die heiligen Stätten in Aachen aufgesucht hatte. Erst auf dem Heimweg, den sie von Aachen aus zu Fuß bis zum Hafen Calais zurücklegte, werden Anzeichen von Ermüdung spürbar. Dennoch, so betont sie, verschonte sie Christus – im Gegensatz zu allen anderen mitreisenden Personen – bei der abschließenden Überfahrt nach England von der Seekrankheit.[118] Vom Tage der Rückkehr nach Lynn erfahren wir nur noch von Gebeten, welche nunmehr Margerys ganzes Leben bestimmten. Auch in diesen Gebeten betont Margery ihren Standpunkt im kirchlichen Parteienstreit. Sie betet an erster Stelle für alle Stände, die in der katholischen Kirche vertreten sind: für den Papst und all seine Kardinäle, für alle Erzbischöfe und Bischöfe, für den Priesterstand, für alle Mönche und Nonnen besonders für jene, die damit beschäftigt sind, den Glauben der Heiligen Kirche zu bewahren und zu verteidigen. Sie bittet Gott, sie zu segnen und ihnen den Sieg über all ihre Feinde zu sichern, sie selbst bittet, an dieser Gnade teilhaben zu dürfen. Des weiteren betet sie für den König von England und alle christlichen Könige, für alle Lords und Ladys und alle Reichen in dieser Welt. An dritter Stelle rangieren die Juden, Sarazenen und sonstigen Heiden. Danach dankt sie Gott für die große Gnade, die er ihr erwiesen hat. So wie er aus unwürdigen Kreaturen würdige gemacht habe, so möge er auch den Rest seiner Geschöpfe zu einem würdigen Leben führen. Nun schließt sie auch die falschen Ketzer, die im Glauben Verirrten und jene, die den Zehnten nicht zahlen, in ihr Gebet ein, des weiteren auch Diebe, Verbrecher, Dirnen und alle, die im Unglück leben.[119]

Wann Margery Kempe gestorben ist, liegt im Dunkel. Die letzten Zeugnisse von Margerys Leben sind zwei Urkunden vom 13. April

1438 und vom 22. Mai 1439, welche ihre Aufnahme in die Gilde der Heiligen Dreieinigkeit von Lynn dokumentieren.[120] Das Buch der Margery Kempe wurde im Verlaufe des 15. Jahrhunderts mehrmals kopiert. Im 16. Jahrhundert druckte man nur noch bestimmte Passagen, so daß unter den Lesern der Eindruck erweckt wurde, sie hätten es mit dem Lebensbericht einer Eremitin zu tun, man glaubte in ihr eine wirkliche Heilige zu sehen. Das ursprüngliche Manuskript galt jahrhundertelang als verschollen und wurde erst 1934 in einem abgelegenen Haus in der Grafschaft Yorkshire wiederentdeckt.

Eine Einschätzung der Persönlichkeit Margerys ist außerordentlich schwierig. H. E. Allen und S. B. Meech, die das Manuskript kritisch edierten, sind der Überzeugung, daß weder Margery noch ihre Beichtväter die Schriften weiblicher Heiliger oder Mystikerinnen wirklich kannten, mit Ausnahme der Offenbarungen der Birgitta von Schweden.[121] Abgesehen von den Werken Richard Rolles und Walter Hiltons, die ebenfalls auf Margery wirkten, kann bestenfalls vermutet werden, daß es in Norfolk Einflüsse flämischer und deutscher Mystik gab, die im 15. Jahrhundert in Form einer allgemeinen Tradition das geistige Klima mitbestimmten.[122] Wir stehen vor dem gleichen Dilemma wie in der Frage der Beziehungen zwischen dem Waldensertum und dem englischen Lollardismus: Die Lehren weisen oft große Ähnlichkeiten auf, aber nirgends sind direkte Kontakte nachweisbar.[123]

So gibt H. E. Allen zumindest zu bedenken, ob Margery Kempe nicht in der Tradition deutscher dominikanischer Mystikerinnen zu sehen ist, wobei sie besonders Christina Ebner (gest. 1356), Adelheid Langmann (gest. 1375), Margaretha Ebner (gest. 1351) und eventuell Dorothea von Preußen ins Spiel bringt.[124]

Auch an Versuchen, Margery als von Hysterie oder religiösem Wahn befallen hinzustellen, fehlt es nicht.[125] Schon von einigen ihrer Zeitgenossen muß sie so empfunden worden sein. Louise Collins nennt sie eine »exzentrische Lady«, die nebenbei die »geborene Touristin« war.[126] Mit Sicherheit lagen Margerys Persönlichkeit bestimmte psychische Eigenschaften zugrunde, die zur spezifischen Ausformung ihrer *vita religiosa* führten: Sie muß sensibel und phantasiebegabt gewesen sein, gleichzeitig aber verfügte sie über eine außerordentlich robuste körperliche Konstitution. Vierzehn Schwangerschaften und Geburten (und vielleicht noch zusätzliche Fehlgeburten) überstand sie ohne größere Nachwirkungen, ihr kolossaler Ehrgeiz trieb sie nach kaum überstandenen Entbindungen wieder auf Reisen. Bis ins hohe Alter hinein blieb sie agil, aktiv, ja geradezu lebenshungrig, verkraftete Reisestrapazen in erstaunlicher Weise.

Margerys Leben verlief nicht ohne Krisen, schwere Krankheiten und völligen finanziellen Ruin. Einige Male erreichte sie einen Punkt, an dem sie auf baldigen Tod und endgültige Erlösung von den irdischen Mühen hoffte. Ihre außerordentliche Zielstrebigkeit, die sich anfänglich in wirtschaftlicher Selbständigkeit äußerte und sich später immer mehr auf ein Leben als »Heilige« und das Bemühen um Anerkennung als solche konzentrierte, half ihr, Tiefen rasch zu überwinden.

Margery liebte es, im Mittelpunkt zu stehen, die Aufmerksamkeit ihrer Umwelt auf sich zu ziehen. Sie fühlte sich als aus der Masse Herausgehobene, Erwählte. Christus selbst stattete sie, von ihr so empfunden, mit entsprechenden Gaben aus: mit dem Schrei, mit den »heiligen Tränen«, mit Redegewandtheit und Überzeugungskraft. Er befahl ihr als seiner Braut, sich für alle sichtbar weiß zu kleiden.

Das Intellektuelle Niveau Margerys hielt sich in Grenzen, wenngleich sie ein gutes Gedächtnis für einmal gehörte oder erlernte Bibeltexte und kirchliche Glaubenssätze bewies. Der Christus, der zu ihr spricht, tritt uns als ein beinahe menschliches Wesen entgegen, er redet mit seiner Tochter und seiner Braut im ostenglischen Dialekt. Oftmals scheint er nur zu bestätigen, was *sie* will. Ebenso wie die englischen Kirchenautoritäten erfüllt er die Funktion, Margerys Rechtgläubigkeit und besonderen Gnadenstand zu sanktionieren. Die himmlische Familie, in die sich Margery aufgenommen fühlt, wirkt sehr irdisch; selbst die Vermählung mit der Gottheit scheint in der diesseitigen Welt entsprechend hiesiger Bräuche stattzufinden.

Margery sah ihren Auftrag darin, in einer Zeit des Wandels und der inneren Unsicherheit, des Wankens kirchlicher Autorität und der Verbreitung nonkonformistischer Gedanken ein Beispiel tadelloser Frömmigkeit zu geben. Ihr jegliche politische Wirksamkeit abzusprechen, dürfte nicht gerechtfertigt sein. Sie mischte sich bewußt ein in den Widerstreit zwischen orthodoxer Kirchenlehre und wyclifitisch geprägtem Reformdenken, das tief in staatlich-politische Prozesse eingriff. Demonstrativ wandte sie sich an den von Wyclif abgefallenen Bischof von Lincoln, Philip Repingdon, und den »Lollardenhammer« Erzbischof Arundel und ergriff deren Partei.

In der Literatur ist auf Parallelen zu spätmittelalterlichen Visionärinnen auf dem Kontinent hingewiesen worden.[127] Bei einem solchen Vergleich müßte jedoch die ganz unterschiedliche Ausformung der gesellschaftlichen Krisensituation in Frankreich und England zur Zeit des Hundertjährigen Krieges beachtet werden, die auch verschiedene Formen des Reagierens auf diese hervorbrachte.

Sucht man nach Vergleichbarem innerhalb der Region, so fällt auf, daß in den wirtschaftlich besonders hochentwickelten Grafschaften Ostangliens (vor allem Norfolk) Zeugnisse für das Erwachen weiblichen Selbstbewußtseins im 15. Jahrhundert sich verdichten. Der Lebensweg der Margery Kempe ist am besten dokumentiert auf uns gekommen, aber auch Frauen wie Agnes und Margaret Paston machten in jener Zeit von sich reden, indem sie außerordentliches Geschick im Rahmen der Anwendung neuer Wirtschaftsformen durch die Gentry bewiesen. Margaret Paston hinterließ nicht nur Beweise geschäftlicher Tüchtigkeit, sondern auch erstaunlich unkonventionelle Liebesbriefe an ihren Mann.

Ähnlich wie Margery Kempe trat Margery Backster aus Martham (Norfolk), Frau eines Zimmermanns, auf. 1420 hatte sie sich vor dem Bischof von Norwich zu verantworten. Ob beide Frauen voneinander wußten, ist nicht gewiß, durch die geographische Nähe aber durchaus denkbar. Auch Margery Backster hatte auf dem Gebiet der religiösen Auseinandersetzung von sich reden gemacht, wobei sie versucht hatte, besonders Frauen zur Stellungnahme in diesem Prozeß herauszufordern. Von aufgeschreckten und unsicher gewordenen Frauen wurde sie deshalb auch angezeigt, hatte sie doch behauptet, den einzig wahren Glauben zu besitzen und das Gesetz Gottes zu kennen, welches ihr Mann ihr heimlich nachts in der Schlafkammer vorlese. Mehrere Frauen wurden zu diesen Vorlesungen eingeladen. Als Ketzerin verbrannt zu werden, fürchtete sie nicht, denn sie habe das Privileg der Errettung in ihrem Körper.[128]

Seltsamerweise taucht der genannte Ehemann als handelnde Person in den Quellen nicht auf, er mußte auch nie vor dem Ketzergericht erscheinen. Es war Margery Backster selbst, die öffentliche Wirksamkeit entfaltete, indem sie ihre Mitmenschen, vor allem Frauen, instruierte, sie sollten nicht an die Wandlungslehre glauben, keine toten Gegenstände anbeten und auf unnütze Pilgerfahrten nach Walsingham verzichten. Es wäre wesentlich besser, freitags die Fleischreste vom

Donnerstagabend aufzuwärmen als unbedingt freitags Fisch zu kaufen und dabei Schulden zu machen.[129]

Im Gegensatz zu ihrer »frühprotestantischen«, ebenso außerordentlich selbstbewußten Namensvetterin blieb Margery Kempe fest im Rahmen katholischer Konvention. Es gelang ihr im Laufe des Lebens, die Gunst offizieller Persönlichkeiten sowie die Bewunderung der Juliane von Norwich, einiger Eremiten und Geistlicher zu gewinnen. Mag es ihr gelungen sein, einen kleinen Kreis von Anhängern, darunter auch Frauen, zum Nachdenken, zu vertiefter Frömmigkeit und zur Selbstfindung anzuregen, so stieß sie bei der Masse ihrer Zeitgenossen, die sich weder für die Auslegung der Abendmahlslehre noch für die Werke der Mystiker interessierte, weithin auf Ablehnung, ja sogar Abscheu. Den Ausschlag mag dabei das äußere Bild ihrer religiösen Lebensweise gegeben haben: das unaufhörliche Weinen und Wehklagen, schrille Schreie, Krämpfe und Ohnmachtsanfälle.

In mindestens fünf Fällen mußte Margery vor einer tobenden Menge fliehen, die lautstark forderte, sie auf dem Scheiterhaufen zu verbrennen. War sie nicht vom Teufel besessen? Dies war wohl die Vorstellung jener, die sie als »falsche Häretikerin und Lollardin« beschimpften.

Margery lebte in einem komplizierten Spannungsfeld zwischen individuell empfundener tiefer Frömmigkeit, verbunden mit der Vorstellung besonderer göttlicher Gnade und dem Mißtrauen ihrer Zeitgenossen, das durch die Erfahrung der kirchliche, staatliche und städtische Instanzen einschließenden umfassenden Lollardenverfolgung in den ersten Jahrzehnten des 15. Jahrhunderts bestimmt war. In der öffentlichen Meinung galten Lollarden wohl nicht nur als Ketzer und Staatsfeinde sondern auch als vom Teufel Besessene, Hexen. Hexenprozesse hatte es in England und Irland vereinzelt schon seit dem 14. Jahrhundert gegeben.

Margery Kempe durchbrach den gefährlichen Kreis, indem sie auf die Wundergläubigkeit der Bürger von Lynn baute: Die Errettung ihrer Heimatstadt aus den Flammen bewahrte ihr nicht nur das Leben sondern führte sie nahe an ihr Lebensziel: Bei einer Vielzahl der Mitbürger stand sie späterhin in dem Ruf, eine Heilige zu sein.

Anmerkungen

1 The Book of Margery Kempe. The Text from the unique MS. owned by Colonel W. Butler-Bowden, hrsg. von S. B. Meech und H. E. Allen, London/Oxford 1940. Die folgenden Quellenangaben beziehen sich auf diese Ausgabe.

2 R. W. Chambers, Einleitung zu: The Book of Margery Kempe. A Modern Version, hrsg. von W. Butler-Bowden, Oxford/London/Toronto 1954, S. XVff.

3 Book of Margery Kempe, S. XLVIII-LI.

4 Vgl. dazu: A. E. Goodman, The Piety of John Brunham's daughter of Lynn, in: Medieval Women. Studies in Church History, Subsidia 1, hrsg. von D. Baker, Oxford 1978, S. 347–358.

5 Revelations of St. Birgitta, hrsg. von W. P. Cummings, London 1929; Die Offenbarungen der Heiligen Birgitta von Schweden, hrsg. von S. Stolpe, Frankfurt (M.) 1961; J. Jorgensen, Saint Bridget of Sweden, London 1954.

6 Book of Margery Kempe, bes. S. 47 und 95–102.

7 Ebenda, S. 3f.

8 Ebenda, S. 4.

9 Der Priester beginnt mit der Niederschrift des 2. Buches am Vitalis-Fest 1438, nachdem er das 1. Buch kopiert hatte. Book of Margery Kempe, S. 221.

10 Zu den Werken von Richard Rolle: E. M. Thompsen, The Carthusian Order in England, London 1930, S. 147f.

11 Walter Hilton, Scale of Perfection, dt. Übersetzung: Glaube und Erfahrung, übers. von E. Strakosch, Einsiedeln 1966; The Cloud of Unknowning, hrsg. von P. Hodgson, London 1944; Die Wolke des Nichtwissens. Ein anonymes englisches Werk des 14. Jahrhunderts, übers. von E. Strakosch, Einsiedeln 1958; R. M. Clay, The Hermits and Anchorites of England, London 1962; E. Colledge, Medieval Mystics of England, London 1962; D. Knowles, The English Mystical Tradition, Cambridge 1961; Ders., Englische Mystik, Düsseldorf 1977; B. L. Manning, The People's Faith in the Time of Wyclif, Cambridge 1919; G. R. Owst, Preaching in Medieval England, Cambridge 1926; Ders., Literature and Pulpit in Medieval England, Cambridge 1933.

12 J. A. F. Thomson, The Later Lollards 1414–1520, Oxford 1965, S. 117ff.; Records of the City of Norwich 2, hrsg. von J. C. Tingey, Norwich/London 1910, S. 66.

13 Book of Margery Kempe, S. 6 und XLVIII.

14 Zu den genauen Daten der parlamentarischen Tätigkeit John Brunhams: Ebenda, S. XLVIIIf.

15 G. G. Coulton, Social Life in Britain from the Conquest to the Reformation, Cambridge 1938, S. 434.

16 Vgl. die Briefe der Margaret Paston in: The Paston Letters 1422–1509, 6 Bde., hrsg. von J. Gairdner, London 1901; Paston Letters and Papers of the Fifteenth Century, hrsg. von N. Davis, Oxford 1971.

17 Coulton, Sozial Life, S. 446ff.

18 Book of Margery Kempe, S. 6.

19 Ebenda, S. 8.

20 Ebenda, S. 9f.

[21] Ebenda, S. 221 ff.

[22] Ebenda, S. 7.

[23] Ebenda.

[24] Ebenda, S. 8.

[25] Ebenda.

[26] Ebenda, S. 9.

[27] Ebenda, S. 16 f.

[28] L. W. Cowie, The Black Death and Peasants' Revolt, London 1972, S. 58 ff; A. R. Bridbury, Economic Growth. England in the Later Middle Ages, London 1962, S. 11 f.; G. Mothes, England im Umbruch. Volksbewegungen an der Wende vom Mittelalter zu Neuzeit, Weimar 1983, S. 15 ff.

[29] F. Graus, Pest – Geißler – Judenmorde. Das 14. Jahrhundert als Krisenzeit, Göttingen 1988.

[30] J. Hatcher, Plague, Population and the English Economy 1348–1350, Cambridge 1977, S. 21 ff.

[31] M. McKisack, The Fourteenth Century 1307–1399, Oxford 1959, S. 329 ff.

[32] R. B. Dobson, The Peasants' Revolt of 1381, Bath 1970, S. 63 ff.; B. Putnam, Enforcement of the Statute of Labourers, New York 1908.

[33] J. H. Tillotson, The Peasant Unrest in the England of Richard II.: Some Evidence from Royal Records, in: Historical Studies 16, Nr. 62, Melbourn 1974; R. H. Hilton, Peasants Movements bevor 1381, in: Essays in Economic History Review 2, London 1952.

[34] Chroniques de J. Froissart X, Paris 1897, S. 96; Rural Protest: Peasant Movements an Social Change, hrsg. von M. A. Landsberger, London 1974, S. 128 f.; R. H. Hilton, Bond Men Made Free, Medieval Peasant Movements and the English Rising of 1381, London 1973, S. 227 f.

[35] Chronicon Angliae ab 1328 usque ad annum 1388, auctore monache quondam Sancti Albani, hrsg. von E. M. Thompson, London 1874, 2, S. 295 f., 309 f., 318 f. Vgl. auch den Sammelbd. The English Rising of 1381, hrsg. von R. B. Dobson und T. H. Aston, Past & Present Publications 1984; Social Unrest in the Late Middle Ages. Papers of the Fifteenth Annual Conference of the Center for Medieval and Early Renaissance Studies. Medieval and Renaissance Texts and Studies 39, hrsg. von F. X. Newman, New York 1986, S. 3-22.

[36] E. Perroy, L'Angleterre et le grand schisme d'occident 1378–99, Paris 1933.

[37] M. Vasold, Frühling im Mittelalter. John Wyclif und sein Jahrhundert, München 1984, S. 299 f., 302; G. Lechler, Johann von Wiclif und die Vorgeschichte der Reformation 1, Leipzig 1873, S. 287 ff.

[38] J. F. Laun, Die Prädestination bei Wyclif und Bradwardin, in: Festschrift für Gustav Krüger, Gießen 1932, S. 67; B. Töpfer, John Wyclif, mittelalterlicher Ketzer oder Vertreter einer frühreformatorischen Ideologie?, in: Jahrbuch für Geschichte des Feudalismus 5, Berlin 1981, S. 89–124.

[39] J. Wycliffe, Tractatus de Blasphemie, hrsg. von M. H. Dziewicki, London 1893, S. 43.

[40] M. Deanesly, The Lollard Bible and other Medieval Biblica Versions, Cambridge 1920, S. 462 ff.; H. Härtel, Lollaidische Lehrelemente im 14. und 15. Jahrhundert,

Diss. Göttingen 1969, S. 28 ff.; H. B. Workman, John Wyclif 1, Oxford 1926, S. 330f. Allerdings gibt A. Kenny, Wyclif, Oxford 1985, S. 94 Nicholas Hereford als Übersetzer der Bibel an.

41 Fasciculi zizaniorum, ascribed to Thomas Netter of Walden, hrsg. von W. W. Shirley, London 1858, S. 311 f.

42 M. Aston, Lollardy and Sedition, 1381–1414, in: Past & Present 17 (1960), S. 6.

43 G. Chaucer, Canterbury Tales, London 1963, S. 148; Deanesly, Lollard Bible S. 274.

44 Thomson, Later Lollards, S. 117 ff.

45 Härtel, Lollardische Lehrelemente, S. 27.

46 Mothes, England im Umbruch, S. 121 ff.

47 Workman, John Wyclif 2, S. 398 f.

48 Wilkins, Concilia 3, S. 227 ff.

49 Lochler, Wyclif 2, S. 48 f.

50 R. H. Jones, The Royal Policy of Richard II: Absolutism in the Later Middle Ages, New York 1968, S. 100 ff.; A. L. Brown, The Reign of Henry IV.: The Establishment of the Lancastrien Regime, in: Fifteenth-Century-England, 1399–1509. Studies in Politics and Society, hrsg. von S. B. Crimes u. a., Manchester / New York 1972, S. 1-28.

51 J. W. Wylie, History of England under Henry IV. 1–3, London 1884–1889, 2, S. 21, 245 f. 352 ff.

52 Wilkins, Concilia 3, S. 254.

53 Ebenda, S. 259 f; Historia Anglicana 2, hrsg. von H. Th. Riley, London 1864, S. 247.

54 Thomson, Later Lollards, S. 29, 117, 240.

55 Book of Margery Kempe, S. 12 ff.

56 Ebenda, S. 11.

57 Wilkins, Concilia 3, S. 325 f.; Walsingham, Historia Anglicana 2, S. 282; J. Foxe, Acts and Monuments 3, hrsg. von J. Pratt, London 1870, S. 235 ff.

58 Book of Margery Kempe, S. 16.

59 Ebenda, bes. S. 50.

60 Ebenda, S. 17.

61 Ebenda, S. 33 ff.

62 Ebenda, S. 41 f.

63 Ebenda, S. 38 ff.

64 Ebenda, S. 47.

65 Ebenda, S. XLVIII.

66 Ebenda, S. 22 ff.

67 Ebenda, S. 21.

68 In späteren Jahren erwähnt Margery stärker den Eremiten Master Robert Spryngolde als ihren Beichtvater, ebenda, S. 136 ff., 162.

69 Ebenda, S. 26 ff.

70 Ebenda, S. 33 f.

71 Ebenda, S. 32.

72 Ebenda, S. 35.

73 Die Reise zu Erzbischof Arundel erfolgte im Spätsommer 1413, ebenda, S. 36, XLVIII.

[74] C. E. Maurice, Lives of English Popular Leaders in the Middle Ages. Tyler, Ball and Oldcastle, London 1875, S. 257ff. und 277f.

[75] Wilkins, Concilia 3, S. 352f.; Foxe, Acts and Monuments 3, S. 324f.

[76] Walsingham, Historia Anglicana 2, S. 291; W. T. Waugh, Sir John Oldcastle, in: English Historical Review 20 (1905), S. 639.

[77] Fasciculi zizaniorum, S. 438f., 443f.

[78] Book of Margery Kempe, S. 36f.

[79] Ebenda, S. 37.

[80] Birgitta, die heilige, in: Realencyklopädie für protestantische Theologie und Kirche 3, hrsg. von A. Hauck, Leipzig 1897, S. 240.

[81] Book of Margery Kempe, S. 60.

[82] Ebenda, S. 66.

[83] Vgl. z. B. ebenda, S. 61.

[84] Paston Letters, Nr. 290, 641, 642, 727.

[85] Book of Margery Kempe, S. 61.

[86] Ebenda, S. 67–75.

[87] Ebenda, S. 80ff.

[88] Ebenda, S. 95. Margery verstand allerdings die Sprache der Dienerin nicht, so daß ein Dolmetscher herbeigeholt werden mußte.

[89] Ebenda, S. 86f.

[90] Ebenda, S. 90.

[91] Für den Hinweg nach Italien ist bezeugt, daß Margery durch Konstanz kam und dort mit einem päpstlichen Legaten zusammentraf. Ihm erzählte sie von ihrem besonderem Gnadenstand. Sie beschwerte sich ferner bei ihm über ihre Mitreisenden, die sie so schlecht behandelten. Daraufhin sah sich der Legat genötigt, die Pilger zu rügen und Margery zu empfehlen, sich einer anderen Reisegruppe anzuschließen. Ebenda, S. 61ff.

[92] Ebenda, S. 99–102.

[93] Ebenda, S. 104.

[94] Ebenda, S. 104f.

[95] Ebenda, S. 110.

[96] Vgl. Thompson, Later Lollards, S. 117ff., 195, 221, 229f.

[97] Chronicon Adam de Usk, hrsg. von E. M. Thompson, London 1904, S. 121; Walsingham, Historia Anglicana 2, S. 297.

[98] K. B. McFarlane, John Wycliffe and the Beginnings of English Nonconformity, London 1952, S. 171.

[99] Nach dem Tode Erzbischof Arundels am 20. 2. 1414 wurden die Maßnahmen zur Verfolgung der Lollarden eher noch verschärft, nachdem Henry Chichele dieses Amt übernommen hatte. Die nun völlig römisch-katholisch gewendete Universität Oxford hatte den Antrag eingebracht, daß von nun an jeder Staatsbeamte bei seinem Amtsantritt eidlich dazu verpflichtet werden sollte, Ketzereien unterdrücken zu helfen. Zu den »Förderern und Gönnern« der Lollarden gehörten jetzt sogar die Abschreiber ihrer Bücher. Wilkins, Concilia 3, S. 358ff.

[100] Book of Margery Kempe S. 110. Das »Blut Christi«, das in der Abtei von Hailes

aufbewahrt wurde, stieß bei den Lollarden auf besondere Ablehnung. Sie behaupteten, es sei nichts weiter als das Blut eines Hundes oder eines Erpels. Thomson, Later Lollards, S. 245.

101 Book of Margery Kempe, S. 111 ff.

102 Ebenda.

103 Ebenda, S. 114–117.

104 Ebenda, S. 125.

105 Ebenda, S. 129 f.

106 Ebenda, S. 135 f.

107 Ebenda, S. 142 f. Weiterhin las er ihr auch andere Bücher vor, wie z. B. die Bibel einschließlich der Ansichten der Doktoren darüber, Das Buch der Heiligen Birgitta, Hiltons Buch, Bonaventura, Stimulus Amoris und Incendium Amoris.

108 Ebenda, S. 152 ff.

109 Ebenda, S. 162 ff.

110 Ebenda, S. 164 ff.

111 Ebenda, S. 179 ff.

112 Ebenda, S. L.

113 Ebenda, S. 187–197.

114 Ebenda, S. 221.

115 Ebenda.

116 Ebenda, S. 222 f.

117 Ebenda, S. 225 f.

118 Über Margerys Reisen vgl. ebenda, S. 231–247.

119 Ebenda, S. 248–254.

120 Ebenda, Anhang 3.

121 Ebenda, Einleitung.

122 E. Underhill, Medieval Mysticism, Cambridge Medieval History 7, Cambridge 1932, S. 777 ff.; R. Jones, Studies in Mystical Religion, London 1909, S. 209.

123 R. H. Hilton, A Crisis in England 1376–1399, in: Medievalia Bohemica, Prag 1970, S. 155; M. Lambert, Medieval Heresy, Popular movements from Bogomil to Hus, London 1977, S. 219, 270; Thomson, Later Lollards, S. 240 f.

124 Book of Margery Kempe, Anhänge 4 und 5.; Dorothea von Montau. Das Lebensbild einer Danziger Bürgerin des XV. Jahrhunderts, in: Altpreußische Forschungen 11, Königsberg 1935, S. 59–101.

125 Book of Margery Kempe, S. XIV.

126 L. Collis, Leben und Pilgerfahrten der Margery Kempe. Erinnerungen einer exzentrischen Lady, Berlin 1986, S. 167, 176.

127 D. Einersen, Margery Kempe, in: Female Power in the Middle Ages. Proceedings from the 2. St. Gertrud Symposium Copenhagen, August 1986, hrsg. von K. Glente, L. Winther-Jensen, Kopenhagen 1989, S. 149.

128 Foxe, Acts and Monuments 3, S. 594.

129 Ebenda. Vgl. auch Coulton, Social Life S. 462 ff.

Erika Uitz

Alessandra Macinghi Strozzi, eine Frau aus der Geschäftswelt des spätmittelalterlichen Florenz. Nach ihren Briefen

Nur wenige Quellen, die Menschen – und schon gar Frauen – des Spätmittelalters unmittelbar zu uns sprechen lassen, wie Familienchroniken, autobiographische Mitteilungen, Tagebücher, Haus- und Haushaltsbücher, Denkwürdigkeiten, sind erhalten, aber durch keine andere Quelle erschließt sich die Persönlichkeit in ihrer mentalen Prägung und in ihrer individuellen Struktur so deutlich wie durch den Briefwechsel einander nahe stehender Menschen. In ihren Briefen sprechen sie über Alltagssorgen, geheime Wünsche, Erfolge, gegenseitige Beziehungen, ihr Verhältnis zu Eltern, Kindern, Enkeln, weiter entfernten Verwandten und Freunden, Geschäftspartnern, zur städtischen Obrigkeit oder ihren einzelnen Vertretern. Familiäre Höhepunkte, politische Ereignisse, Krieg und Frieden, Naturkatastrophen und Seuchen kommen zur Sprache, ebenso aber auch Lebensgewohnheiten und Wertvorstellungen.

Solcher Art sind auch die Briefe der Alessandra Macinghi Strozzi an ihre Söhne.[1] Es sind Zeugnisse des städtischen Alltags. Sie spiegeln das pulsierende Leben einer der bedeutendsten spätmittelalterlichen europäischen Fernhandels- und Exportgewerbemetropolen – nach dem Steuerverzeichnis (catasto florentin) von 1427 hatte Florenz fast 36000 Einwohner. Der Briefwechsel Alessandras mit ihren Söhnen beginnt Jahre später und umfaßt den Zeitraum von 1447 bis 1470.

Die Kunst und Kultur der Renaissance erlebten in dieser Zeit ihre volle Blüte. Der florentinische Bürgerhumanismus, Frucht der Verbindung von kommunaler Tradition und einsetzender humanistischer Bewegung, wirkte fort. Der lesende und schreibende Stand der Geschäftsleute (hommes d'affaires) bestimmte das Kulturniveau des florentinischen Bürgertums. Er interessierte sich für seine Geschäfte und für das Gemeinwohl des Stadtstaates.[2]

Auch die Familien- und Geschlechterbeziehungen blieben von den Ideen des florentinischen Bürgerhumanismus nicht unberührt. Sein erklärtes Ziel war die Vervollkommnung des Menschen. Dieser Anspruch kam auch einer partiellen Veränderung des überlieferten mittelalterlichen Frauenbildes zugute. Nicht zufällig wird dieser Wandel in den »Ricordi« sichtbar. Sie dienten der chronikalischen Aufarbeitung der Herkunft angesehener Kaufmannsfamilien. Ihnen lag daher daran, die guten Eigenschaften der Frauen ihrer Familie ins Licht zu rücken. Als deren ureigene Domäne tritt die Sorge für alles, was zum Haus gehört, die Wahrung guter Sitten, freundlicher Beziehungen aller Mitglieder des Hauses zueinander und nicht zuletzt die Sorge für die Kinder in den Vordergrund. In sexueller Hinsicht bahnte sich ein gewisses Verständnis für die Eigenbefindlichkeit der Geschlechter an.[3]

Die Verfasser der Ricordi, wie Donato Velluti und Giovanni Pagolo Morelli, waren spürbar beeinflußt von der Erinnerung an die starke Persönlichkeit der Mutter. Sie, die Mutter, eine kluge und schöne Frau, berichtet Velluti, habe die Brüder und ihn erzogen, während der Vater ununterbrochen unterwegs gewesen sei. Diese energievolle Frau kam bei der Besichtigung eines neu erworbenen Pachtgutes ums Leben. Die Aufsicht über den Landbesitz und die Kontrolle der landwirtschaftlichen Arbeiten gehörte zu den Pflichten der Ehefrauen, wie das auch der Briefwechsel der Dora del Bene und der Margherita Datini mit ihren Ehemännern erkennen lassen.[4] Die Ehefrau des Unternehmers, Kaufmanns oder Bankiers, kurz des homme d'affaires, agiert nicht mehr hinter dem verschlossenen Tor des Familienhauses. Sie »steht an der Schwelle zwischen Innen und Außen«. Dienstboten und Nachbarn, denen sie sich als kluge, würdevolle Frau darstellt, zollen ihr Anerkennung.[5]

Das Idealbild einer Frau zeichnete Giovanni Pagolo Morelli am Beispiel einer seiner Schwestern. Er schildert sie in den Ricordi als eine schön gewachsene, anmutige und zugleich kühne, freie Frau von männlichem Geist, voller Größe und Tugend, die auch Fertigkeiten im Lesen und Schreiben besaß und den Männern darin nicht nachstand.[6]

In der Tat wendeten die Familien der florentinischen Geschäftsleute der Bildung ihrer weiblichen Nachkommen im 15. Jahrhundert mehr Aufmerksamkeit zu als das bis dahin der Fall gewesen war. Bis zur Mitte des 14. Jahrhunderts hatte man Lesen und Schreiben nur in Vorbereitung auf ein Klosterleben für notwendig gehalten. Selbst die tüchtige Ehefrau Francesco Datinis, des durch seine Geschäfte von internationalem Zuschnitt hoch angesehenen Prateser Geschäftsmannes, Margherita, lernte erst spät, aus eigenem Antrieb zu lesen und zu schreiben.[7] Ein bis zwei Generationen später dagegen läßt sich der diesbezügliche Einstellungswandel in den Familien der florentinischen Oligarchie schon daran erkennen, daß Lesen und Schreiben zu den auf dem Heiratsmarkt gefragten Fertigkeiten junger Mädchen gehören.

Trotz dieser – allerdings wohl auf das gehobene Bürgertum beschränkten – Wertschätzung der florentinischen und toskanischen Frauen waren auch hier im Spätmittelalter die Möglichkeiten zur Verwirklichung der Frauenpersönlichkeit noch sehr begrenzt. Die verheirateten Frauen standen weiterhin unter der Vormundschaft ihres Ehemannes. Die patriarchalische Struktur der Ehe blieb festgeschrieben. Sie hatte ihre Stütze nicht nur im Erbrecht und in der katholischen Ehelehre, sondern auch in der Moralliteratur der Zeit. Wie streng sie bewahrt wurde, hing wesentlich auch von den jeweiligen Lebensumständen der Familien der hommes d'affaires ab. Man kann das sehr gut an der durch den umfangreichen Briefwechsel des Paares dokumentierten Ehe der Datinis beobachten. Die kinderlose Margherita Datini wurde von ihrem 25 Jahre älteren Ehemann in ihrer 34jährigen Ehe überwiegend schlecht behandelt, obwohl sie bei der Führung des Stadthaushaltes, der Verwaltung des Landbesitzes und der Abwicklung vielfältiger sonstiger Geschäfte ein gewaltiges Pensum an Arbeit leistete und ihr umsichtiges, kluges Vorgehen anerkannt war.[8] Für sein herzloses Verhalten erhielt der Finanzgewaltige aber keineswegs nur Beifall von seinen Geschlechtsgenossen. Sein bester Freund, Ser Lapo Mazzei mahnt ihn wiederholt um Mitgefühl und Liebe für seine Ehefrau. Aus dem umfangreichen Briefwechsel der Eheleute Datini ist aber auch ersichtlich, daß Margherita selbst sich gegen die ungerechte Behandlung zur Wehr setzte, ja, wie es scheint, mit Vehemenz aufbegehrte und an einem nach zwanzigjähriger Ehegemeinschaft erreichten äußerst kritischem Punkt drohte, ihren Mann zu verlassen.[9]

Das selbstbewußte Auftreten dieser Ehefrau, die überwiegend in dem nahen Prato, zeitweise aber auch in Florenz lebte, stellte sich aus der Sicht ihres Ehemanns als pure Aufsässigkeit dar. Diese Haltung Margheritas erklärt sich nicht nur aus ihrer persönlichen Eigenart. Sie hatte auch soziale Gründe. Als Tochter einer angesehenen Familie des niederen Adels fühlte sich die junge Frau ihrem Ehemann, einem typischen Aufsteiger, in sozial-kultureller Hinsicht offensichtlich überlegen. Gerade deshalb suchte dieser sie mit niedrigen Diensten und härtesten Anforderungen zu Gehorsam und Ehrerbietung zu zwingen.[10] Die im Interesse der Geschäfte jahrelang aufrechterhaltene räumliche Trennung der Eheleute und die Verfügung Margheritas über eine genügend große Zahl von Sklavinnen und Dienern ermöglichte es ihr dennoch, sich einen durch Geselligkeit und Frohsinn aufgelockerten eigenen Lebensraum zu schaffen.[11] Andere Frauen, die nicht über diese Bedingungen verfügten, die durch ihre Geburtsfamilie keine sozial-kulturelle Überlegenheit besaßen und deren Kraft vor allem durch die Pflege und Erziehung zahlreicher Nachkommen erschöpft war, erreichten diese Selbständigkeit nicht.

Die positiv veränderten, aber insgesamt widersprüchlichen Geschlechterbeziehungen in der florentinischen Renaissance prägen auch Handlungen, Einstellungen und Lebensstil der Alessandra Macinghi Strozzi. Wer war diese Frau?

Alessandra Strozzi, Tochter des Filippo Macinghi und der Katherina Alberti wurde 1406 geboren. War der Vater ein nicht allzu begüterter Kaufmann, so ist sie mütterlicherseits mit dem einflußreichen Geschlecht der Alberti verbunden.[12] Sechzehnjährig wurde sie mit dem Wollhändler Matteo Strozzi vermählt. Die Kaufmannsfamilie der Strozzi war im 14. Jahrhundert zu bedeutendem Vermögen gelangt. Ihre Angehörigen sind in den Listen der führenden Zechen zu finden. Sie saßen als Gemeindevertreter neben den Medici im Palazzo Vecchio, dem Sitz der Signoria, des städtischen Rates. Dem Clan gehörte auch der Bankier und Humanist Palla di Nofri Strozzi an, im Steuerverzeichnis von 1427 einer der beiden reichsten Bürger von Florenz.[13]

Als Abkömmling dieser alten, mächtigen und einflußreichen Familie übte der zum Florentiner Humanistenkreis gehörende Kaufmann und Unternehmer Matteo de Simone Strozzi, Alessandras Gatte, hohe städtische Ämter aus und schloß sich in den politischen Kämpfen von 1433/34, wie sein ganzer Clan, jener Partei an, die den Medici den Weg zur Alleinherrschaft über Florenz versperren wollte. Nach der Rückkehr der 1433 zunächst zum Exil verurteilten Medici wurde er im Herbst 1434 mit dem erwähnten Palla di Nofri Strozzi und etwa 100 weiteren Angehörigen der Oligarchie in die Verbannung geschickt, wo er bereits im Jahr darauf an der Pest verstarb.[14] Die Verbannung wurde später auch auf den ältesten und zweitältesten Sohn ausgedehnt. Als der Briefwechsel einsetzt, befindet sich der ältere, Filippo, in Neapel, während sich Lorenzo in Brügge aufhält. Beide werden in Unternehmen der Verwandtschaftsfamilie der Strozzi auf ihren späteren Beruf als Kaufleute und Bankiers vorbereitet.

Nach dem Tod ihres Mannes kehrte Alessandra 1436 nach Florenz in die Nähe der Verwandtschaftsfamilie zurück. Sie ließ sich mit ihren Kindern, den beiden Söhnen Filippo und Lorenzo, ihren beiden Töchtern Catherina und Alessandra und dem jüngsten, erst nach dem Tod des Vaters geborenen und nach ihm benannten Söhnchen Matteo im angestammten Wohnbezirk der Strozzi in der Kirchgemeinde Santa Maria a Ughi nieder. Hier befand sich auch das von ihrem Gatten ererbte Familienhaus, das sie den Söhnen und Enkeln unter allen Umständen zu bewahren gedachte. Es ist nicht identisch mit dem noch heute erhaltenen Palazzo Strozzi, der, erst ab 1489 erbaut, den wirtschaftlichen und politischen Wiederaufstieg des mit den Medici ausgesöhnten Geschlechts dokumentiert.[15] Eher scheint es ein für die Florentiner Oberschicht durchschnittliches, mit Nebengebäuden und Stallung versehenes Familienhaus gewesen zu sein, immerhin geräumig genug, um die Familie ihres Schwiegersohnes und in spe die Familien ihrer beiden ältesten Söhne aufnehmen zu können sowie Verwandten und Gästen großzügige Gastlichkeit zu gewähren, wie es das Ansehen und die »Ehre« der Familie erforderten. Das Familienhaus grenzte unmittelbar an 1434 konfiszierten Besitz des erwähnten Palla di Nofri Strozzi an.

Ein weiteres Stadthaus besaß Alessandra in der Kirchgemeinde San Lorenzo. Es war in Pacht gegeben und mußte 1446 verkauft werden. Den gleichen Weg ging in den dreißiger bis fünfziger Jahren, vor allem aufgrund des Steuerdrucks, der größte Teil ihres nicht sehr bedeutenden Landbesitzes. Er war in einer Zehnkilometerzone nordöstlich, südlich und westlich der Stadt gelegen.[16] Neben der Deckung der Steuerschulden diente der Erlös dringenden Anschaffungen und besonders der Geschäftsgründung und -erweiterung der Söhne.

Nach dem ersten Eindruck, den man bei der Durchsicht der Briefe gewinnt, scheint es sich, was die Vermögenslage betrifft, vor allem, wenn man bestimmte Fakten über die Lebenshaltung hinzunimmt, um sehr widersprüchliche Aussagen zu handeln. Da wird gegen den Willen des Schwiegersohnes auf Drängen der Mutter eine der beiden Töchter während ihrer Schwangerschaft versichert, damit man nicht mit der Tochter auch das Mitgiftgeld einbüßt.[17] Da wird das Amtsgewand des

Vaters verkauft und dem ältesten Sohn gutgeschrieben, dort wird die Tilgung einer Schuld des Erblassers, des Vaters und Ehemannes Matteo, solange hinausgeschoben, bis der Gläubiger Alessandra mit geistlichem Gericht und Exkommunikation droht – eine übrigens in dieser Zeit auch nördlich der Alpen durchaus übliche Praxis, Frauen gerichtlich unter Druck zu setzen –. Als schließlich gezahlt wird, ist es eine Vergleichssumme. Der Gläubiger erhält statt 9 Gulden nachweislicher Schuld nur 5 bezahlt und muß sich notariell damit abfinden. Als Vermittler fungiert der Pfarrer. Die Unterstützung durch den Sohn Lorenzo lehnt sie selbstbewußt ab. Diese Affäre weist Alessandra als eine mit der kaufmännischen Praxis völlig vertraute Frau aus. Sie weiß mit der Buchführung ihres verstorbenen Mannes umzugehen. Seine Geschäftsbücher sind in ihrer Verwahrung und sie stellt bei ihrer Durchsicht fest, daß ihr Gatte tatsächlich eine ungelöschte Schuld bei dem Kläger hat. Ihre Summe ist höher als der vorgewiesene Schuldschein ausweist. Nachdem der Vergleich mit dem Krämer erfolgt, der Schuldschein wieder in ihrer Hand und die Tilgung der Schuld laut notariellem Protokoll erfolgt ist, teilt sie dem ältesten Sohn mit, daß sie einen Eintrag im Hauptbuch des Gatten, wo der Kredit verzeichnet war, vornehmen wird. Die Söhne sollen darüber auch eine Eintragung machen. Darüber hinaus will sie den Vorgang in ihrem eigenen Notizbuch festhalten.[18] Ihr eigenes »kleines Ausgabenbuch«, in dem sie auch die Katasterverauslagungen für den jüngsten Sohn notiert, und dem sie die Schuldscheine beiheftet, die er ihr geschickt hat, ist übrigens auch 1459 in einem Brief an Filippo, den Ältesten, erwähnt. In diesem Buch wird auch ihr Anteil an den Kosten für die ärztliche Behandlung des zweitältesten Sohnes, Lorenzo, dem Filippo gutgeschrieben. Filippo erhält in dem Geschäftsbuch seiner Mutter ferner eine Gutschrift aus dem Erlös des väterlichen Amtskleides.[19] Die Mentalität der florentinischen Geschäftsfrau bricht auch im Hinblick auf die Transporterfordernisse durch. Grundsätzlich werden Frachten, die der Versorgung innerhalb der Familie dienen, an Fuhrleute so verteilt, daß man keinen oder nur einen ganz minimalen Fuhrlohn zu zahlen hat. Es kommt auch vor, daß der fällige Fuhrlohn von geringen, ungelöschten Schulden des Fuhrmanns abgesetzt wird und nur dessen inständiges Bitten die Auszahlung einer geringen Teilssumme vom Fuhrlohn bewirkt.[20]

Die große Knauserigkeit Alessandras ist keineswegs Ausdruck drückender Armut. Hier werden vielmehr ihre großen Anstrengungen zur Bewahrung und Erweiterung des der Kernfamilie verbliebenen Vermögens unter den schwierigen Bedingungen politisch Gemaßregelter sichtbar. Sehr aufmerksam verfolgte Alessandra deshalb die Steuerpolitik der Signoria, das Instrument der ökonomischen Entmachtung politischer Gegner. Sie bemüht sich, keine allzu großen Rückstände auflaufen zu lassen aber auch die Veräußerung von wertvollem Grundbesitz der Familie hinauszuzögern und möglichst zu verhindern.[21]

Aus Ersparnisgründen veranlaßt Alessandra ferner den geschäftlich nicht sehr erfolgreichen Schwiegersohn mit seiner Familie in das Familienhaus zu ziehen. Dem Werterhalt und der Wertaufbesserung dieses Hauses galten ihre Bemühungen ganz besonders. Als von der Stadt ein Haus aus dem konfiszierten Besitz des Palla di Nofri Strozzi verkauft worden ist, das unmittelbar an das eigene grenzt, hindert sie den Käufer, das erworbene Grundstück an Interessenten zu übertragen. Obwohl ihr zu diesem Zeitpunkt keine Mittel zum Erwerb des Hauses zur Verfügung stehen, macht sie energisch das Vorkaufsrecht der Strozzi geltend. Den Söhnen legt sie wiederholt sachkundig die Notwendigkeit des Zukaufs, der eine Wertsteigerung bedeuten würde, nahe. Zustande kam das Geschäft aber erst viel später und unter ungünstigeren finanziellen Bedingungen.[22]

Ein wesentlicher Zuwachs an Grund und Boden kommt durch einen Erbvertrag und die testamentarische Übertragung des Vermögens ihres Bruders Zanobi Macinghi an Alessandra Strozzi zustande. Alessandra hatte ein sehr enges Verhältnis zu ihrem ohne leibliche Erben gebliebenen Bruder, dem sie mehrfach bei der Deckung seiner Steuerschulden behilflich war und den sie in großer Hilfsbedürftigkeit in ihr Haus aufgenommen hatte. Er übertrug ihr daher 1451 seinen ganzen Besitz und seinen Anteil an der Mitgift der Mutter. Als er im Jahr darauf angesichts des nahen Todes sein Testament machte, setzte er Alessandra als seine Universalerbin ein. Das brachte ihr viel Ärger. Nach florentinischem Erbrecht hatte ihr Vater seine Söhne als wechselseitige Erben eingesetzt. Die Macinghi fochten daher die Übertragung des Erbes an Alessandra an. Ihrem Sohn Lorenzo in Brügge schreibt Alessandra deshalb, daß sie sich bereit macht, alles in ihren Kräften stehende zu tun, um den Einspruch abzuwehren. Dabei hofft sie sehr auf die Unterstützung durch ihren Ältesten. Fast erwartungsgemäß erlegt der Spruch der Signoria – auf der Grundlage des beschränkten weiblichen Erbrechts – Alessandra eine Entschädigungssumme von 500 Goldflorin auf.[23] In Anbetracht des wertvollen Landbesitzes, der im Ergebnis der Auseinandersetzung bei den Strozzis verblieb, war der Ausgang des Prozesses dennoch ein Erfolg für sie.

Wie andere Frauen grundbesitzender reicher Bürger befaßt sich auch Alessandra Strozzi mit dem Zustand des offensichtlich in Halbpacht ausgegebenen Landes. Sie macht gelegentlich Geld für Dung, Weinstäbe und Vieh flüssig. In drastischer Weise wird allerdings auch ihr Verhältnis, das einer Angehörigen der Oligarchie des Stadtstaates, zu den Bewohnern des Contado sichtbar. In einem Brief an ihre Söhne schreibt sie über den Zustand ihrer Liegenschaften in Pazzolatico: »Gott weiß, wie es dort abwärts gegangen sein mag. Piero und Mona Cilio leben zwar noch, aber sind beide kränklich. Für nächstes Jahr habe ich das Gut verpachtet, denn es liegt mir daran, es in rechten Stand zu versetzen. Und wenn die beiden Alten nicht sterben, so müssen sie eben betteln gehen. Gott sorge für sie.«[24]

Die Witwe ist schließlich auch für das gesamte Gebrauchsleinen der Familie zuständig. Den Flachs liefern die Söhne, sie läßt ihn wahrscheinlich im Hause verspinnen. Das Weben und Bleichen geschieht außer Haus. Die Endfertigung der Hemden, Hosen, Leinenkragen, Handtücher, Taschentücher etc. liegt dann wieder in ihrer Hand. Die Briefe von 1464 geben darüber detaillierte Aufschlüsse. Die Witwe nimmt eine Flachslieferung, die für die Wäsche der Söhne bestimmt ist, auf ihre eigene Rechnung. Dann teilt sie mit, daß sie Auftrag zum Weben gegeben habe, weshalb sie noch in Florenz bleiben wolle. Das Material für die Hemden der Söhne ist von ihr feinfädig bestellt worden. Die Gesichtshandtücher werden dagegen mit gröberem Garn gewebt, »damit sie besser den Schmutz wegnehmen«[25]. Die Handtücher sind anscheinend ohne Verzögerung fertig geworden. Das Zeug für die Hemden sei jedoch noch nicht gebleicht, »denn seit drei Monaten«, so schreibt sie, »haben wir hier viel Regenwetter gehabt und wenig Sonne. Sobald es gebleicht ist, will ich es zuschneiden und nähen, so es Gott gefällt und ich gesund bleibe«.[26] Alessandra ist zu dieser Zeit schon etwa 58 Jahre alt. Drei Monate später hat sie jedem der beiden verbliebenen Söhne sechs Hemden gesandt. Im darauf folgenden Jahr wehrt sie sich jedoch unter Vorhaltung ihrer Vermögenslage gegen eine Überforderung ihrer Vorsorge für die in Aussicht genommene Heirat des ältesten Sohnes. »Du meinst«, schreibt sie, »ich soll den Vorrat an

Hausleinen in Ordnung bringen. Was ich habe, wißt ihr ja und was ich für Dich bestellt habe, wird schon zur Zeit zur Stelle sein, am Ende noch vor der Frau. Und wenn die Sachen nicht so reichlich ausfallen, mußt Du es mir schon zugute halten, denn für dort und für hier zu arbeiten, vermag nur der, der den Säckel recht voll hat. Ich bin ein armer Teufel. Wenn ich aber Geld genug hätte, schöne Leinensachen zu machen, so würde ich es tun. Nun weiß ich aber, daß Du dort so reichlich ausgestattet bist, daß Du an dem, was ich hier für Dich bestellt habe, genug haben wirst, denn ich habe mein Möglichstes getan.«[27]

Auch günstige Handelsgeschäfte läßt sich Alessandra nicht entgehen. In den 50er Jahren fordert sie mehrmals größere Quanten Flachs (100, 170, 105 Pfund) von ihrem Sohn Filippo aus Neapel an. 1450 ist in diesem Zusammenhang ein zu erzielender Handelsgewinn von 100 Prozent erwähnt. Möglicherweise sind auch größere Kapern-, Rosinen- und Mandelsendungen vor den Fasttagen teilweise zum Verkauf bestimmt.[28]

Eine andere Aktivität Alessandras ist sicher nur zu einem Teil auf dem Hintergrund wirtschaftlichen Vorteils für die Kernfamilie zu sehen, sie liegt mehr im Interesse des Zusammenhalts der weiteren Verwandtschaftsfamilie. Es ist ihre Sorge für die Lehrjungen, die im Bank- und Handelsgeschäft der Söhne tätig werden sollen. Hierbei tritt der Familiencharakter dieser spätmittelalterlichen florentinischen Unternehmen deutlich hervor. Der Auswahlkreis für die Lehrlinge ist immer die Verwandtschaft der Strozzi. Alessandra präsentiert in den Briefen die zur Wahl stehenden Knaben mit ihren für die Anlernung wesentlichen Eigenschaften und scheint sich auch mitunter bei den Eltern für die gute Behandlung durch die Söhne zu verbürgen. So schreibt sie in einem ihrer Briefe: »Da sie sich (gemeint sind die Eltern – E. U.) nun an mich halten als an die, die ihn zu Euch gebracht hätte, so gib mir nur einen Wink, wenn ich ihn in diesem oder jenen ermahnen soll. Ich werde ihm dann ein paar Zeilen schreiben und ihm seine Verfehlungen vor Augen halten. Ab und zu will ich ihm auch sonst eine Zeile schreiben und ihm zu Gemüte führen, daß er mir Ehre machen soll.«[29]

Die enge Verknüpfung von Kern- und Großfamilie äußert sich auch in zahlreichen anderen Mitteilungen der Schreiberin. So warnt sie ihren zweiten Sohn Lorenzo, eine Erbschaft des Brügger Bankhausinhabers Jacopo degli Strozzi anzunehmen und sich in irgendeiner Weise in der Erbschaftsangelegenheit zu binden und zu verpflichten. Lorenzo, der wieder einmal den Rat der Mutter in den Wind schlug, scheint sich dadurch viel Verdruß eingehandelt zu haben. Auch Alessandra selbst blieb davon nicht verschont. Im April 1464 stellten ihr die mit den Angelegenheiten der Verbannten befaßten Beamten (Ufficiali della Torre) eine Aufforderung zu, die ihren Sohn Lorenzo binnen weniger Tage vor ihre Schranken lud. Gleichzeitig erhielt sie eine schriftliche Darstellung in der strittigen Sache. Darüber schreibt sie, »es ist so ein dickes Schriftstück, daß ich für den Augenblick nicht alles erzählen kann«.[30] In einer anderen, erfreulichen Angelegenheit des Brügger Bankiers, bei dem der Sohn Lorenzo seine Ausbildung erhalten hatte, engagierte Alessandra sich selbst. Sie übernahm es, für seine illegitime, kurzsichtige Tochter einen Ehemann zu finden.

Es drängt sich natürlich die Frage auf, ob der dargestellte Beitrag Alessandras zur Familienökonomie und die beiläufig berührten Beziehungen zur Verwandtschaftsfamilie bereits ein annähernd vollständiges Bild von den Aktivitäten dieser florentinischen Patrizierin des 15. Jahrhunderts vermitteln. – Diese Frage muß man anhand der Briefe verneinen. – Die Wahrheit ist, daß Alessandra Strozzi in den zwölf Jahren seit dem Tod ihres verbannten Mannes 1435 bis zur Niederschrift des hier erfaßten ersten Briefes 1447, sich mehr und mehr zum Kraftquell und zur zentralen Persönlichkeit ihrer engeren Familie entwickelt hat. Sie behält diese Rolle inne, bis der älteste der Söhne, Filippo, durch berufliche Erfolge, durch die Begründung eines eigenen Handels- und Bankunternehmens und in der Folge durch seine finanziell untermauerte Vertrauensstellung beim König von Neapel die nötige Reife für die volle, nicht nur formale, Vertretung der Familie erreicht hat. Indem sie über die Jahre der Verbannung vor allem den ältesten Sohn über alle das Geschlecht der Strozzi, die Vaterstadt und die in Florenz gebliebenen Familienmitglieder angehenden wichtigen Veränderungen und Ereignisse unterrichtet, erleichtert sie es ihm, später die Verantwortung als Familienvorstand wahrzunehmen. Jedoch auch als Filippo bereits als Familienoberhaupt anerkannt ist, fühlt sie sich noch voll verantwortlich für die Ehre und das fernere Schicksal der engeren Familie, was besonders in ihren Ehestiftungsabsichten für die Söhne hervortritt. – Dazu jedoch später. – Zunächst obliegt ihr, nachdem die beiden ältesten Söhne das Haus verlassen und ihre Lehrzeit in ausländischen Unternehmen der Strozzi in Neapel und Brügge aufgenommen haben, die Erziehung des jüngsten Sohnes und – bis zur Übergabe an geeignete Ehemänner – auch der Töchter.

Über die im Haus lebenden Töchter Catherina und Alessandra geben die Briefe an die Söhne relativ wenig Auskunft. Aus einem der Schreiben an Filippo könnte man schließen, daß die Beziehung der Mutter zu ihnen nicht sehr eng war, daß ihre Liebe hauptsächlich an den Söhnen hing. Schreibt sie doch: »Denn, meiner Treu, solange man noch Töchter im Hause hat, arbeitet man immer nur für sie; ist sie dagegen (in diesem Falle die Tochter Alessandra – E. U.) erst untergebracht, so will ich an nichts anderes denken, als für Euch drei zu schaffen.«[31] Dieser Eindruck täuscht aber wohl. Einmal ist zu bedenken, daß in Florenz das Heiratsalter der Männer im Durchschnitt bei 30 Jahren lag,[32] und demzufolge die Mütter, Stiefmütter oder Pflegeammen darauf eingestellt sein mußten, daß die jungen Männer, was ihr leibliches Wohl betraf, sehr lange an ihrem Rock hängen würden.[33] Und auch nach der Verheiratung war es, wie auch jenseits der Alpen, üblich, daß die Jungvermählten noch einige Jahre unter dem Dach der Eltern lebten. Die Mädchen aber heirateten mit 15 bis 17 Jahren. Es war das Alter, welches als das für gesunden Nachwuchs günstigste angesehen wurde. Die Eheschließung der Mädchen aber führte, falls sie nicht gerade an einen schon mehrfach verheirateten alten Mann gerieten, zunächst über die Türschwelle der Schwiegereltern. Das bedeutete praktisch eine radikale Abnabelung der Töchter von den leiblichen Eltern. Auch die Vervollständigung ihrer Erziehung lag von diesem Zeitpunkt an, zumindest indirekt, in der Hand der Schwiegereltern und vor allem der Schwiegermutter.[34]

Für die Briefschreiberin ist bei der Anbahnung von Ehen für die Töchter und für andere Mädchen in ihrer Familie deshalb immer äußerst wichtig, in welche Familie sie einheiraten. Neben dem Aspekt des Nutzens der Verbindung für die Geschäfte und Interessen der Familie spielt dabei auch immer das Wohlbefinden des Mädchens in der Familie des Mannes eine Rolle. Für ihre sechzehnjährige Tochter Catherina bringt Alessandra 1447 eine Ehe mit dem neun Jahre älteren Marco Parenti, einem wohlhabenden Seidenhändler und Inhaber einer Werkstatt zur Herstellung textiler Luxuswaren zustande. In ihrer darüber dem ältesten Sohn gemachten Mitteilung erwähnt sie, daß die Tochter auch in noch bessere Verhältnisse hätte verheiratet werden können, wenn ihr statt der aufgewendeten 1000 Gulden (500 von der Florentiner Mitgiftkasse und 500 in Bargeld und Aussteuer) 1400 bis 1500 Gulden zur Verfügung gestanden hätten. Aber sie zweifelt daran, ob das Mädchen dabei glücklich geworden wäre. »So habe ich«, schreibt sie, »alles wohl bedacht, beschlossen, das Mädchen gut auszustatten und auf anderes nicht zu achten. Sicherlich wird sie es so gut haben, wie irgendein Mädchen aus Florenz; die Schwiegermutter und der Schwiegervater sind überglücklich mit ihr und denken nur daran, ihr Freude zu machen. Oh und nun gar Marco, der Bräutigam... als sie sich verlobte, ließ er ihr den Stoff für ein Überkleid aus karmesinrotem Samtbrokat zuschneiden und dazu ein Unterkleid vom selben Stoff: das schönste Zeug, was es in Florenz gibt, in seiner Werkstatt gefertigt. Dazu bekommt sie ein Gewinde aus Federn und Perlen, das auf 80 Gulden zu stehen kommt, darunter einen Kopfputz, und dazu zwei Reihen geflochtener Perlen im Werte von 60 Gulden oder mehr. So wird sie, wenn sie das Haus verläßt, über 400 Gulden an sich tragen. Ferner hat er ein rotes Samtgewand in Auftrag gegeben, mit weiten Ärmeln und mit Marder gefüttert, für den Tag ihrer Hochzeit. Endlich noch ein rosenfarbiges Überkleid, mit Perlen bestickt: er weiß gar nicht, was er alles aufstellen soll; denn sie ist schön, und er möchte sie noch schöner ausstaffieren.«[35]

In der Haltung der Mutter offenbart sich die kaufmännisch-rechnerische und zugleich individualistische, gefühlsbetonte Mentalität der Renaissancefrau.[36] Diese leitet sie auch bei der bereits erwähnten Anbahnung der Ehe Isabellas, der illegitimen Tochter des Jacopo di Lionardo Strozzi in Brügge. Offensichtlich in Abweichung von der Florentiner Norm wird auch bei dieser Eheanbahnung der Altersunterschied gering gehalten. Der junge Mann ist nur etwa sieben Jahre älter als das junge Mädchen. Sein Alter ist mit 21 angegeben. »Bei ihrer Herkunft und bei ihrer Kurzsichtigkeit...sind wir bei ihrer Heirat«, schreibt sie, »nicht so sehr auf Reichtum bedacht gewesen als darauf, sie so zu betten, daß sie geliebt und gut behandelt werde, denn das hat sie offenbar nötig.«[37] – Die Verheiratung ihrer zweitältesten Tochter Alessandra, auch Lesandra genannt, scheint mehr Kopfzerbrechen bereitet zu haben. Mit achtzehn hatte sie das übliche Heiratsalter schon überschritten. Die Mutter spielt deshalb mit dem Gedanken, ihr über die 1000 Gulden, die sie auf der Mitgiftsparkasse hat, noch 100 bis 200 Gulden zuzulegen, knüpft daran aber die Voraussetzung

zung, »daß der Mann es verdient und daß man sich von ihm Hilfe und Förderung versprechen könnte«.[38] Es fand sich schließlich ein Enddreißiger aus der angesehenen Familie der Bonsi delle Ruote. Er stellt nach Florentiner Brauch die Mitgift von 1000 Gulden und die Aussteuer im Wert von 70 Gulden für seine Frau sicher. Die Mitgift durfte nicht zur Schuldendeckung – auch nicht bei Steuerrückständen – eingesetzt werden, sicherte die Töchter also materiell ab. Sie wurde von den Eltern aber häufig – und offensichtlich auch in der Familie Alessandras – auf das Erbe angerechnet. Über die Sicherstellung ihrer Tochter Alessandra wacht die Mutter auch später mit Argusaugen. So versichert sie noch 1464, falls die Staatspapiere Alessandras, worin offenbar ein Teil der Mitgift angelegt worden war, verkauft werden müßten, werde sie darauf achten, daß sie sicher und solide angelegt würden. Daß diese zweitälteste Tochter nicht auf Rosen gebettet sein würde, stellte sich wohl bald heraus. In einem ihrer Briefe erwähnt die Mutter den eklatanten Kleidermangel Lesandras.[39]

Nachdem die Töchter aus dem Hause waren, wandte die Mutter ihre Liebe und Fürsorge ganz auf ihren Jüngsten. Über ihn, der das Lesen, wie später auch der Enkel Alfonso, vermutlich bei ihr gelernt hat, teilt sie mit, er habe die Rechenschule verlassen, um nun elfjährig das Schreiben zu lernen. Danach soll er die Praxis eines Bankhauses kennenlernen. Alessandra nutzt später seine Schreibfertigkeit für die Korrespondenz mit den älteren Söhnen. – Die Trennung von diesem Jüngsten, der den Namen des Vaters trägt und ihm auch sonst nachkommt, kostet sie äußerste Selbstüberwindung. Schließlich aber gibt sie dem Drängen des ältesten Sohnes nach und sendet ihn zu dessen Unterstützung nach Neapel. Ihrem Sohn Filippo legt sie ans Herz, daß die weitere Erziehung des Bruders gerecht und ohne unnütze Härte erfolgen möge. Offensichtlich veranlaßte sie auch den Schwiegersohn Marco Parenti, in diesem Sinne an ihren Ältesten zu schreiben.[40] Der Tod dieses jüngsten Sohnes Matteo 1459 in der Fremde ist für die Witwe eine schwere Prüfung. Sie öffnet ihrem Sohn Filippo ihr Herz und spricht von ihrer Mutterliebe, »die größer ist« als sie es auszudrücken vermag. Aber es gelingt ihr, den Schmerz zu zügeln und sich tatkräftig den Alltagssorgen zuzuwenden. Dabei hilft ihr nicht nur ihr Glaube. Es ist nicht blinde Ergebenheit in die Fügung Gottes, sondern auch eine Überlebensmentalität, von der diese Renaissancefrau angesichts der hohen Kindersterblichkeit und der großen Opfer, die immer wieder Pest und andere Seuchen fordern, geprägt ist. Angesichts einer Pestwelle, die auch Neapel erreicht hat, wo sich der älteste Sohn noch befindet, schreibt sie Filippo, er solle mit den ersten aufbrechen und Neapel verlassen und mahnt: »Denke dran, daß unsere Lieben alle, mit Ausnahme meines Sohnes Matteo, an dieser Krankheit dahingegangen sind, und behalte das im Gedächtnis... Wenn es gilt sein Leben zu retten, tut man gut, Geschäfte und Verdienst beiseite zu setzen. Mehr als alles andere zerbricht unsere Pläne der Tod. Setzt drum alles daran, solange wie möglich zu leben.«[41]

Ungebrochen steht sie den beiden verblieben Söhnen mit Rat und Tat zur Seite. Sie zögert auch nicht, den erwachsenen Söhnen gehörig die Leviten zu lesen, besonders dem zweitältesten Sohn Lorenzo, der zu persönlicher Verschwendung neigte. Nach Brügge schreibt sie ihm: »Also habe ich an die Kommune zu zahlen und mit Nicolò Soderini herumzustreiten, so daß mir scheint, daß ich die Netze (gemeint sind Vogelnetze – E. U.) schon beiseite lassen muß.«[42] Nachdem sie ihm auch wegen weiterer Fehler sehr zugesetzt hat, fügt sie hinzu: »Denk daran, daß Du meine Ermahnungen nicht einfach so von Dir abschüttelst, sie sind mit Liebe und Tränen gegeben. Ich bitte Gott, daß er Dich dazu bringt, das zu tun, was ich wünsche. Nichts anderes müßte ich Dir sagen. Gott behüte Dich vor dem Bösen.«[43] Es ist ihr dringender Wunsch, Lorenzo unter die Obhut des Ältesten zu bringen. Gleichzeitig ermutigt sie die Söhne zur Selbständigkeit, warnt sie, sich unter die Leitung des überaus geizigen Oheims Nicolò zu begeben und bemüht sich, aus der Ferne ein gutes Einvernehmen zwischen ihnen zu stiften, das natürlich vor allem auch ein Verhältnis zuverlässiger Geschäftspartner sein soll. Als schließlich Lorenzo zu seinem älteren Bruder nach Neapel übersiedelt und sie von der Festlegung der Verantwortungsbereiche zwischen den Brüdern erfährt, durch die der ältere, Filippo, das Bankunternehmen und der jüngere, Lorenzo, den Warenhandel leitet, erfüllt sie das, als Ausdruck ihrer Eintracht, mit großer Freude.

Wiederholt äußert sie den Wunsch, bei den Söhnen zu leben. Auf ein diesbezügliches Gespräch mit ihrem Sohn Lorenzo eingehend schreibt sie ihrem Sohn Filippo 1465 nach Neapel: »Wenn es für Euch eine große Freude wäre, so kannst Du Dir denken, daß es für mich eine noch größere wäre, denn nach den Gesetzen der Natur muß meine Liebe und meine Zärtlichkeit für Euch größer sein, als die, die Ihr für mich fühlt. Und dazu kommt bei mir noch meine Notlage; denn ich kann schlecht ohne Euch auskommen, Ihr aber vermögt alles auch ohne mich.«[44]

In geschäftlichen Auseinandersetzungen ihrer Söhne mit Dritten, in denen sich solche an sie, die Mutter wendeten, greift Alessandra vorsichtig vermittelnd oder klärend auf Seiten Filippos oder Lorenzos ein. Geht es um die Herstellung von vorteilhaften Beziehungen, scheut sie keine Mühen. So teilt sie u. a. mit, daß sie Wein gekauft habe, um ihn im Namen Lorenzos an den Statthalter von Perugia zu senden. Die Rechnung müsse aus dem Verkauf einer Sklavin oder durch den Bruder Filippo beglichen werden.[45]

In der Angelegenheit eines Darlehens, mit dem die Söhne ihrem nicht sehr erfolgreichen Schwager Giovanni Bonsi eine Chance geben wollen, wird zuerst die Mutter um Rat gefragt, die bei dieser Gelegenheit einen guten Einblick in die Vermögensverhältnisse ihres Schwiegersohnes beweist und seine guten und weniger guten Seiten erwähnt. Sie spricht seine zu große Gutmütigkeit, Neigung zum Luxus und flaue Geschäfte an. In Geldangelegenheiten versucht sie Giovanni auch selbst zusammen mit dem Schwager Marco Parenti zu beraten, versichert sich aber auch ihrerseits der Meinung ihrer Söhne.[46]

Besonders die Eheanbahnungsversuche für Filippo beweisen, daß es Alessandra vortrefflich verstand, sich der Unterstützung der Familie und besonders gern ihres angesehenen, literarisch hochgebildeten Schwiegersohnes Marco Parenti zu versichern. Die Eheverhandlungen für den Ältesten bewegten die Mutter über einen langen Zeitraum. Ihre Gedanken, die von der Mentalität der Florentinerinnen ihres Standes zeugen, legt sie Filippo folgendermaßen dar: Wenn ich stürbe, hätte ich dann doch den Trost, daß ihr den Schritt getan hättet, den die Mütter sich wünschen, nämlich ihre Söhne beweibt zu sehen, und daß alles, was ihr mit soviel Sorge und Mühe in der langen Zeit erworben habt, Eure Kinder genießen werden. Aus diesem selben Grunde habe ich mich bemüht, das wenige, was ich hatte, zusammenzuhalten, und habe deshalb manches unterlassen, was ich zum Heil meiner Seele und dem unserer Toten sonst hätte tun können.«[47]

Eine geeignete Ehekandidatin für Filippo zu finden, scheute die Mutter keine Mühe. Sie beobachtete die jungen Mädchen beim Kirchgang. Worauf sie besonderen Wert legte, waren guter Wuchs, angenehmes Angesicht und natürliches Betragen; denn sie wünschte ihrem

Sohn eine »gute Gefährtin«, keine oberflächliche Person oder gar eine mit »schwachem Verstand«. Geeignet erschien ihr zum Beispiel ein Mädchen, das sich nicht schminkte, keine Luxusschuhe trug, den Tag über nicht müßig ging, sondern für die schwangere Mutter den Haushalt führte. Unterstützt vom Schwiegersohn trug sie sorgfältig Informationen zusammen, bevor sie Filippo ihre Vorschläge unterbreitete.[48]

Die Schwierigkeit bestand anscheinend nicht nur in dem entgegengesetzten Bestreben der Söhne, einen Eheschluß möglichst weit hinauszuschieben, sondern auch darin, daß die von ihrem sozialen Status her passenden Familien normalerweise ihre Töchter ungern nach auswärts, noch dazu an nicht amtsfähige, von den Bürgerrechten ausgeschlossene Verbannte gaben. Deshalb glaubten Mutter und Schwager, die Aufmerksamkeit Filippos auf bescheidenere, aber solide »Waren« des Heiratsmarktes lenken zu müssen. Im Juni 1464 hatte er auf das Drängen der Mutter und der Freunde Mutter und Schwager damit beauftragt, seine Heiratsangelegenheiten innerhalb eines Jahres auf den Punkt zu bringen. Die Mutter sollte mit der jungen Frau in das Haus der Verbannten kommen und dort mit dem jungen Paar dann leben. Als die Angelegenheit trotz großer Mühen Alessandras und Marco Parentis im September 1465 noch immer nicht vorangekommen war, schreibt Alessandra dem Sohn: »Solange Du Kaufmann bist, hast Du noch bei keiner Ware so viele Bedenken getragen, wie bei dieser... unseretwegen brauchst Du Dich aber nicht aufzuregen, denn wir bringen die Sache zu keinem Schluß, ehe Du nicht klar und deutlich Ja und Amen gesagt hast.«[49]

Der zweite Teil des Zitats gibt zumindest von der Seite des Mannes zu erkennen, daß, wie für Nürnberg beobachtet worden ist, sich im Spätmittelalter traditionelle Eheschließungspraktiken (Eheanbahnung durch die Verwandten ohne jedes Mitwirkungsrecht der Betroffenen) mit neuen Gewohnheiten (notwendiger Zustimmung und auch schon Mitwahl der Ehekandidaten) überschneiden.[50] Diese Tatsache wird noch durch den Ausgang der Eheanbahnungsangelegenheit unterstrichen. Filippo Strozzi nutzt nämlich nach eigener Entscheidung die Chance, die ihm 1466 die Aufhebung der Verbannung bietet. Er ehelicht, nunmehr vierzigjährig, etwa drei Monate nach dem diesbezüglichen Erlaß der Signorie, Fiametta Adimari, eine fünfzehnjährige Schönheit mit der hohen Mitgiftsumme von 1500 Gulden. Seine Wahl fiel damit auf die Tochter einer der vornehmsten Familien, die in den früheren Heiratsplänen von Mutter und Schwager nicht hatte im Vordergrund stehen können.

Alessandra scheint diese Entscheidung ihres Sohnes voll akzeptiert zu haben, obwohl sie wegen des Altersunterschieds dieses Mädchen zunächst ihrem zweitältesten Sohn Lorenzo lieber gewünscht hätte. Sie umsorgt die Schwiegertochter während ihrer Schwangerschaften und im Kindbett, kocht für die Wöchnerin und die Amme auch während der Fastenzeit kräftige Speisen und freut sich an dem aufgeweckten Erstgeborenen Alfonso, der sie unaufhörlich in ihrer Arbeit stört und hinter ihr her ist, »wie ein Küchlein hinter der Henne«.[51] – In der Namensgebung für den Erstgeborenen Filippos, der nicht, wie es die Großmutter gern gesehen hätte, nach dem Großvater Matteo genannt wird, sondern nach seinem Taufpaten, dem Herzog von Calabrien, Alfonso, zeigt sich der Aufstieg der Söhne, an dem Alessandra während ihrer Witwenzeit unaufhörlich mitgearbeitet hat, sehr deutlich. Ihr Anteil an diesem Aufstieg hat auch eine politische bzw. familienpolitische Komponente. Langfristig baute sie Beziehungen auf, die der Aufhebung der Verbannung ihrer Söhne im Endergebnis nützlich waren. Auch hierbei wurde sie tatkräftig von ihrem Schwiegersohn Marco Parenti unterstützt. Vor allem erschlossen sie sich – zu einem guten Teil über die Verwandtschaft – zuverlässige Informationsquellen über die internen Vorgänge in der Regierung des Stadtstaates, der Signorie.

Ihre zahlreichen, wegen der strengen Kontrolle der Post der Verbannten z. T. durch ein Nummernsystem verschlüsselten Mitteilungen in Sachen der Stadtpolitik an die Söhne beweisen intensive Kenntnis der politischen Verhältnisse und ein ausgeprägtes Urteil über führende Beamte der Signorie. Dieses Wissen nutzte sie auch, um auf die Geschehnisse mittelbar Einfluß zu nehmen. Es ist kein leeres Versprechen, das sie 1464, sechs Wochen nach dem Tod Cosimo Medicis gibt, wenn sie schreibt: »Und zweifle nicht daran: höre ich etwas, so will ich schon ein Wörtchen mitreden am rechten Ort und durch die rechte Person. Und ich werde nicht locker lassen, werde weder Geld noch guten Willen sparen, werde Freunde und Verwandte in Anspruch nehmen: kurz es soll an nichts fehlen.«[52] Unter anderem bewegt sie 1465 die mit dem Gonfalionere Nicolò Soderini sehr befreundete Äbtissin des Klosters Murate, an diesen einen eindringlichen Brief zu schreiben, in dem sie ihn an die unschuldig Verurteilten und vor allem an Alessandras Söhne, die seine Neffen sind, erinnert.

Ihr Blick reicht in dem Konflikt mit den Medici und in den Angelegenheiten der Söhne über die Grenzen der Signorie hinaus. Signifikant dafür ist ihr heftiger Protest gegen die Annahme des Amtes eines gewählten Konsuls der florentinischen Kolonie in Neapel durch ihren Sohn Lorenzo. Er wird dadurch verstärkt, daß sie auch die Meinung des gelehrten Schwiegersohnes wiedergibt und seine Enttäuschung über die Haltung Filippos zum Ausdruck bringt, der quasi als Familienoberhaupt dieses nicht verhindert hat. Sie fordert ihren Sohn Lorenzo auf, das Amt abzulehnen, »denn«, so argumentiert sie, »Ihr braucht Wohlwollen und keine Feindschaft«.[53] Damit sind zweifellos neue Spannungen mit den Medici gemeint, die aus der Annahme des Amtes erwachsen konnten.

Die das politische Leben der Signorie streifenden Aktivitäten der Verfasserin der Briefe bleiben, wie es analog bei tatkräftigen Frauen in deutschen spätmittelalterlichen Städten zu beobachten war, immer familienorientiert. Alessandra Strozzi selbst schreibt im Hinblick auf ihr Interesse für bestimmte politische Ereignisse: »All das würde mich wenig kümmern, wenn es sich nicht um Eure (der Söhne – E. U.) Angelegenheiten handelte«.[54]

Schließlich gestatten die Briefe Alessandra Macinghi Strozzis weitere, besonders für die vergleichende Kultur- und Sozialgeschichte, interessante Beobachtungen. Sie fußen auf den in ihnen enthaltenen direkten und indirekten Hinweisen auf florentinische Besonderheiten der Geschlechterbeziehungen außerhalb der Ehe. Eine umfangreiche soziologische Untersuchung über die florentinische Prostitution im 15. Jahrhundert legt nahe, daß diese stadtstaatlich und kirchlich geförderte Einrichtung angesichts zunehmender homosexueller Beziehungen und zunehmender Ehefeindlichkeit als Regulator für die Herstellung heterosexueller Geschlechterbeziehungen dienen sollte. Danach wäre ihr eine wichtige Funktion für die Sicherung legitimer Erben und den Fortbestand der Familien zugekommen.[55]

Die Briefe Alessandra Strozzis lassen die statistischen Ergebnisse der soziologischen Untersuchung in einem etwas anderen Licht erscheinen. Schon im engeren Verwandtenkreis der Strozzi ist das Vorhandensein illegitimer Kinder eine normale Erscheinung. Einer der Schwiegersöhne bringt ein zwölfjähriges Mädchen, einer der Söhne zwei Kinder mit in seine erste Ehe ein. Von der illegitimen Tochter Jacopo degli Strozzis war schon die Rede. Diese Kinder sind durchweg Kinder von Haussklavinnen. Im Falle des zweiten illegitimen Kindes ihres Sohnes Lorenzo empfiehlt Alessandra eine frühe Trennung von der Mutter, vermutlich wollte sie das Kind in ihr Haus aufnehmen. Die Söhne kamen dieser Aufforderung nicht nach. Die uneheliche Tochter Lorenzos wurde im Heiratsalter, wie das bei der illegitimen Tochter Jacopos schon der Fall gewesen war und wie auch die Eheleute Datini verfuhren, mit einer Mitgift ausgestattet und gut verheiratet.[56]

Die Haussklavin in einem frauenlosen Verbanntenhaushalt, aber auch in einem Florentiner Bürgerhaus war eine durchaus alltägliche Erscheinung. Nach den Angaben des catasto florentin hatten im Jahr 1421 261 florentinische Familien 294 Sklaven. Sklavinnen stellten zehn Prozent aller weiblichen Bediensteten.[57] Die Haussklavinnen galten als volles Eigentum der Familie und ihr sexueller Mißbrauch durch männliche Familienmitglieder und deren Freunde war moralisch akzeptiert. Die Kinder der Sklavinnen wurden ins Hospiz gegeben oder verblieben im Haushalt des Vaters bzw. des Eigentümers der Mutter und werden mit den anderen Kindern aufgezogen, wie das in anderen europäischen Ländern mit den Kindern der Hausmägde geschah. Da eine große Kinderzahl im Spätmittelalter für die städtische Oberschicht die Bedeutung eines Statussymbols hatte, erhöhte sie das Ansehen der Familie. Nebenbei konnte die Integration illegitimer Kinder in die Familie und ihre spätere Verheiratung mit weniger begüterten, aber tüchtigen Geschäftsleuten den politischen Anhang der führenden Familien vergrößern.[58]

Eine privilegierte Stellung unter den Sklavinnen nahmen Ammen ein. Nach dem catasto florentin war das immerhin der zehnte Teil an der Gesamtzahl. Die verbreitete Auffassung, daß der Säugling mit der Milch auch persönlichkeitsprägende Kräfte empfing, schützte die Ammen vor schlechter Behandlung.[59]

Alessandra zeigt sich über die Beziehungen ihrer Söhne zu den in ihrem Neapeler Haushalt lebenden Sklavinnen wohl unterrichtet. Sie erwähnt, daß Filippo, um als guter Christ zu gelten, nur wenige Sklavinnen gehalten habe. Sie billigt aber auch eine Zeitlang, vermutlich bis die Existenz der Söhne für eine Ehe fest genug begründet ist, daß er seine Haushaltsführung mit einer ihm ergebenen Sklavin noch eine Weile fortsetzen will, denn, so ihre Überlegung, eine legitime Frau hätte notwendigerweise eine starke Vermehrung des weiblichen Hauspersonals zur Folge.[60] Im Haus der vielbeschäftigten Mutter konnte eine Sklavin offensichtlich ebenfalls eine recht unabhängige Stellung erlangen. Vor der Sklavin Cateruccia hatten Mutter und Tochter wegen ihres Mundwerks regelrecht Furcht. Wohl wissend, daß Alessandra selbst, aber auch ihr Bruder Zanobi und ihre Tochter nicht zu Körperstrafen greifen würden, drohte sie ihnen, Alessandra zufolge, »alles mögliche Böse an« und zwang ihnen einen »ewigen Krieg« auf. Vor dem Verkauf scheute man sich aber, solange die Tochter nicht verheiratet war. Die Verhältnisse besserten sich jedoch anscheinend schlagartig, nachdem die Familie eine zweite, junge Sklavin gekauft hatte.[61]

Das Vorhandensein von Haussklavinnen vermag das Heiratsverhalten der florentinischen Männer bis zu einem gewissen Grad zu erklären. Auch dürfte die Prostitution für das wohlhabende Stadtbürgertum angesichts der ständigen Seuchengefahr als sexuelles Ventil kaum tauglich gewesen sein.

Aus den Briefen geht indirekt aber auch hervor, daß die Diffamierung der Frauen durch die Geistlichkeit im Spätmittelalter noch immer spürbar war und bei den Männern eine gewisse Ehefurcht erzeugte. Alessandra artikuliert dieses Symptom in einem Brief an ihren Sohn Filippo folgendermaßen: »Ich bete zu Gott, er möge Euch von all der Ängstlichkeit befreien, denn hätten alle anderen Männer so viel Angst vorm Heiraten gehabt wie Ihr, so wäre die Welt längst ausgestorben! Deshalb müssen wir Euch auf die Beine helfen, damit Ihr seht, daß der Teufel nicht so schwarz ist, wie er gemalt wird, und müssen Euch von Eurer Angst erlösen«.[62]

Obwohl es schwierig ist, bei einem Versuch der Auswertung der Briefe der Alessandra Strozzi nach einigen ausgewählten Gesichtspunkten die ganze Persönlichkeit der Verfasserin, ihre unermüdliche Aktivität und ihre manchmal sehr modern anmutenden Gemütsbewegungen sichtbar zu machen, gibt sie sich doch als eine außerordentlich starke Frauenpersönlichkeit zu erkennen. Und obwohl auch sie die traditionellen weiblichen Tätigkeiten des Textilhandwerks, vor allem Spinnen und Nähen, in ihrer »Freizeit« ausübt, konzentriert sich ihr Denken und Handeln doch darauf, die Familienehre zu wahren, deren gegenständlichster Ausdruck ein gut bewahrtes Familienhaus ist, und die Kernfamilie durch die Söhne wieder zu großem Vermögen und Ansehen zu bringen. Dazu befähigte sie nicht zuletzt eine praktisch orientierte humanistische Bildung, der hohle Phrasen fremd waren und die ihr ein selbständiges Urteilsvermögen in den wechselnden Lebenslagen ermöglichte. Das betraf auch die politischen Verhältnisse, die sie in ihrer Bedeutung für die Familie und die Geschäftslage einschätzte.

Aus den Briefen geht nichts über ihren eigenen Bildungsweg hervor, aber die hohe Wertschätzung ihres früh verstorbenen Gatten und ihre Bemerkungen über die Beziehungen der Ehepartner in einer rechten Ehe lassen darauf schließen, daß diese Ehe mit dem Geschäftsmann, Beamten und Humanisten Matteo de Simone Strozzi wesentlich zur Formung von Alessandras Persönlichkeit beigetragen hat, wie auch die Geistesverwandtschaft mit ihrem hochgebildeten Schwiegersohn Marco Parenti stabilisierend gewirkt haben dürfte.

In bemerkenswerter Weise war Alessandra Macinghi Strozzis Denken und Handeln von der Mentalität der italienischen Geschäftswelt geprägt. Diese Geschäftsleutementalität des Renaissancezeitalters, das Pendant zur Kaufmannsmentalität nördlich der Alpen,[63] äußert sich besonders in ihrem Verhältnis zur Familienehre. Unehre bringt es, sich in verantwortlicher Position an fremden Geld zu vergreifen. Diese Lehre erteilt sie ihrem gerade 19 Jahre alt gewordenen Ältesten in Neapel. Nutz und Ehre der Söhne stehen auf dem Spiel, wenn die Mutter den jüngsten, über alles geliebten Sohn aus Eigennutz im Hause behält. Auch für die Ehen der Söhne spielt die Bewahrung von Ehre und Ansehen eine wichtige Rolle. Ehre bringt die verantwortungsvolle Leitung eines Geschäfts. Ehre und Ansehen stehen auf dem Spiel beim Bankrott eines Zweiges der Verwandtschaftsfamilie oder auch schon, wenn eine einzelne Verpflichtung nicht eingelöst wird. Ehrverlust ist es, wenn der Lehrling sich nicht seines Fürsprechers würdig erweist. Ehre bringt es, sich als guter Christ darzustellen. Ehre erweist man einflußreichen Verwandten und Staatsbeamten, insbesondere durch großzügige Gastlichkeit und Geschenke.[64]

Höchst aufschlußreich für die Prägung dieser Frau durch die Mentalität der florentinischen Geschäftswelt ist auch die Tatsache, wie sie als Frau die Bewertung der Ehekandidatinnen als »Ware« aufgreift, für deren Auswahl man seinen »ganzen Witz zusammennehmen muß«.[65] Sie weiß am besten, worum es geht: nicht nur, wenn auch an erster Stelle, um eine gesunde Nachkommenschaft und um die Leitung eines Hauses mitsamt dem ländlichen Zubehör. Es geht in einer auf dauerhaften geschäftlichen Erfolg orientierten Ehe um Teilhaberschaft an den Geschäften des Ehemannes. Alessandra hatte mehrfach in ihrer näheren Umgebung erlebt, wie hilflos eine durch den plötzlichen Tod des Mannes mit ihren Kindern alleingelassene Frau dastand, die zuvor verwöhnt und von den Geschäften des Ehemannes dabei völlig ferngehalten worden war.

Ihre eigene Rolle ist eine ganz andere. Sie ist bei ihren Söhnen und Schwiegersöhnen hoch geachtet. Die Verwandtschaftsfamilie der Strozzi schätzt ihr Verständnis für geschäftliche Angelegenheiten, ihre Zuverlässigkeit in finanziellen Fragen und ihr Einfühlungsvermögen in familiären Belangen. Sie wird von Freunden als Vertreterin der Interessen der verbannten Söhne akzeptiert und von Bekannten um Fürsprache bei den Söhnen gebeten.

Alessandra selbst sieht ihre Rolle wohl auch so, wenn sie angesichts unehrenhafter Bankrotteure aus der Verwandtschaftsfamilie selbstbewußt und voller Verantwortung formuliert: »Und wenn der Ruf unseres Hauses nur noch auf meiner Existenz ruht, so muß ich mich eben darein finden«, und sie fügt, wohl typisch weiblich empfunden, noch hinzu: »immer in Angst vor dieser falschen Welt«.[66] Besser könnte man die Emanzipation dieser Renaissancefrau von alten, die demütige und untertänige Rolle der Frau betonenden Vorstellungen einerseits und andererseits ihre Erfahrungen auf diesem dornenreichen Weg wohl nicht beschreiben.

Anmerkungen

[1] Die für den vorliegenden Beitrag wichtigsten Ausgaben der Briefe: Alessandra Macinghi negli Strozzi, Lettere di una gentildonna fiorentina del secolo XV ai figliuoli esuli, hrsg. von Cesare Guasti, Florenz 1877; Alessandra Macinghi degli Strozzi, Briefe, hrsg. von A. Doren (Das Zeitalter der Renaissance. Ausgewählte Quellen zur Geschichte der italienischen Kultur I,10) – künftig zitiert als: Briefe; A. Macinghi Strozzi, Tempo di affecti e di mercanti. Lettere ai figli esuli, hrsg. von A. Bianchini, Mailand 1987. Über den Quellenwert von Privatbriefen: M. Beer, Eltern und Kinder des späten Mittelalters in ihren Briefen. Familienleben in der Stadt des Spätmittelalters und der frühen Neuzeit mit besonderer Berücksichtigung Nürnbergs (1400–1550), in: Nürberger Werkstücke zur Stadt- und Landgeschichte, hrsg. von R. Endres, G. Hirschmann und K. Ulshöfer (Schriftenreihe des Stadtarchivs Nürnberg 44), Nürnberg 1990, S. 63–71.

[2] Ch. Bec, Les marchands écrivains, affaires et humanisme à Florence 1375–1434 (Civilisations et Sociétés 9), Paris 1967, S. 386; V. I. Rutenburg, Italija i Evropa nakanune novovo vremenij, Leningrad 1974, S. 196; W. Bahner, Zu einigen Entwicklungslinien

der Renaissance in Italien, in: Renaissanceliteratur und frühbürgerliche Revolution, Berlin 1976, S. 51.

3 Zur Darstellung der Frauen in den Ricordi: M. C. de Matteis, La donna e la vita quotidiana nell'Italia tardo medievale, in: Frau und spätmittelalterlicher Alltag (Veröffentlichungen des Instituts für Mittelalterliche Realienkunde Österreichs, Österreichische Akademie der Wissenschaften, Philosophisch-historische Klasse, Sitzungsberichte 473), Wien 1986, besonders S. 420–428.

4 C. Klapisch-Zuber, Women servants in Florence during the fourteenth and fifteenth centuries, in: Women and Work in préindustrial Europe, hrsg. von B.A. Hanawalt, Bloomington 1986, S. 59; D. Herlihy, C. Klapisch-Zuber, Les Toscans et leur familles. Une étude du catasto florentin de 1427 (Editions de l'école des hautes études en sciences sociales), Paris 1978, S. 604; Le lettere di Margherita Datini a Francesco di Marco, hrsg. von V. Rosati, in: Archivio Storico Pratese 1974–1976, besonders Jahrgang 1974, S. 5 über Margherita Datini. Vgl. auch I. Origo, »Im Namen Gottes und des Geschäfts«. Lebensbild eines toskanischen Kaufmanns der Frührenaissance, Francesco di Marco Datini 1335–1410, besonders S. 143–219; F. und J. Gies, Women in the Middle Ages, New York 1980, S. 184–209; S. Heißler, P. Blastenbrei, Frauen der italienischen Renaissance. Heilige – Kriegerinnen – Opfer (Frauen in Geschichte und Gesellschaft 13), Pfaffenweiler 1990, S. 28ff. Margherita Datini lebte von ca. 1360–1423, die erwähnten Briefe der Dora del Bene sind 1381 abgefaßt, ebenda.

5 Matteis, La donna, S. 424f.; Bec, Les marchands écrivains, S. 72.

6 Matteis, La donna, S. 418.

7 Le lettere 1974, S. 5.

8 Origo, »Im Namen...«, S. 164ff., bes. S. 157f.

9 Ebenda, S. 157.

10 Margherita hatte Haus, Keller, Gemüsegarten, Stall und Mühle in ihrer Verantwortung. Täglich erhielt sie besondere Anweisungen von Francesco, so, dem Maultier die Beine bis zu den Hufen mit heißem Wasser abzuwaschen, der alten Mähre gut zerquetschte Hirse zu geben, die Tiere gut zu versorgen, die Stute beschlagen zu lassen, die Apfelsinenbäume ständig zu wässern, jeden Tag etwas Weißwein abzuziehen etc. – Als Francesco eines Tages sein Maultier völlig überfüttert nach Prato schickt, macht sie sich doch einmal Luft und schreibt: »um drei Uhr früh mußten wir es zur Ader lassen... wollte Gott, Du würdest mich so gut behandeln wie Dein Maultier«. Ebenda, S. 156.

11 Ebenda, S. 167.

12 Nach dem Kataster von 1427 gehörten die Alberti zu dem einen Prozent der Familien, die über ein Viertel des Besitzes aller Florentiner verfügten. Sie rangierten gleich hinter den Strozzi mit 2,6 %, den Bardi mit 2,1 %, den Medici mit 1,9 % Anteil am städtischen Gesamtvermögen. Wie die Albizzi besaßen sie immerhin einen Anteil von 1 %. Vgl. V. Reinhardt, Florenz zur Zeit der Renaissance. Die Kunst der Macht und die Botschaft der Bilder, Freiburg/Würzburg 1990, S. 14.

13 Ebenda, S. 58. – Zur Verwandtschaftsfamilie der Strozzi gehörten allerdings auch ärmere und arme Familien, denn die Verwandtschaftsfamilie – zuweilen auch als Clan bezeichnet – schloß alle blutsverwandten Namensträger mit ihren Frauen ein. Die Klein- oder Kernfamilie dagegen wird von den Eheleuten und ihren wirtschaftlich

noch unselbständigen, im elterlichen Haushalt lebenden Kindern gebildet. Der Zusammenhalt der Verwandtschaftsfamilie ist durch die traditionell führenden, ökonomisch und politisch erfolgreichsten Familien gegeben. Das politische Kräftespiel im Florenz des Renaissancezeitalters wird von den einflußreichsten Familien und ihrer zahlreichen Klientel (amici, Freunde, nannten sie ihre einflußreichen Gönner) bestimmt. Ebenda, S. 38f. und 48f. Zur Problematik der Familienstrukturen ferner: E. Maschke, Die Familie in der deutschen Stadt des Spätmittelalters (Sitzungsberichte der Heidelberger Akademie der Wissenschaften, Philosophisch-historische Klasse 4 (1980)), S. 11; M. Bellomo, Die Familie und ihre rechtliche Struktur in den italienischen Stadtkommunen des Mittelalters (12.–14. Jahrhundert), in: Haus und Familie in der spätmittelalterlichen Stadt, hrsg. von A. Haverkamp (Städteforschung A/18), Köln/Wien 1984, S. 102f. und 135.; A. L. Jastrebizkaja, Über einige Gesichtspunkte der Familienstruktur und der Verwandtschaftsbeziehungen der mittelalterlichen Stadt, in: Jahrbuch für Geschichte des Feudalismus 8 (1984), S. 191–204.

14 Briefe, Nr. 32, S. 131.

15 Reinhardt, Florenz, S. 72.

16 Vgl. L. A. Kotel'nikova, Selskoe chosjaistvo na semljach Strozzi krupnoi popolanskoi semi Toskany XV v. (Po materialam gosudarstvennogo archiva Florenzii, in: Srednie Veka 47 (1984), S. 30.

17 Angesichts der Schwierigkeit, bei steigenden Mitgiftkosten ihre Töchter nach ihrem Stand zu verheiraten, gründete die Kommune von Florenz 1434 den sogenannten Monte de Doti, eine Mitgiftsparkasse, in die schon bei der Geburt von Mädchen eingezahlt werden konnte. Diese Einrichtung besserte gleichzeitig die Staatsfinanzen auf, denn beim vorzeitigen Tod der Anwärterin verfiel die gesparte Summe, wenn sie nicht zusätzlich versichert war, dem Stadtstaat. Da die Mitgift in Raten ausgezahlt wurde, die Heiratskandidaten aber sofort bei der Ehegründung über die volle Summe zu verfügen wünschten, leistete die Familie der Braut – im Falle Catherina Strozzis ihre Mutter – Vorschuß. Daher war Alessandra daran interessiert, diese Summe auf jeden Fall gesichert zu wissen. Briefe, Nr. 1, S. 1; Nr. 4, S. 23; Heißler/Blastenbrei, Frauen, S. 62.

18 Briefe, Nr. 40, S. 159; Nr. 22, S. 95; Nr. 44, S. 178; Nr. 45, S. 183.

19 Briefe, Nr. 15, S. 64; Nr. 17, S. 72.

20 Briefe, Nr. 2, S. 11; Nr. 8, S. 36; Nr. 9, S. 43; Nr. 10, S. 45. Nr. 11, S. 49

21 Einer Erklärung für den Kataster von 1469 zufolge, die eine Steuerminderung bewirken sollte, konnte Alessandra jedoch nicht verhindern, daß ihr ohnehin nicht sehr großer Landbesitz im Laufe der Jahre weiter beträchtlich schrumpfte. Zu diesem Zeitpunkt gehörte ihr nur noch Land in Pazolattico und an anderen Orten lediglich einige Parzellen. Vgl. Kotel'nikova, Selskoe chosjaistvo, S. 33.

22 Briefe, Nr. 2, S. 12f.; Nr. 4, S. 20; Nr. 5, S. 23.

23 Briefe, Nr. 12, S. 54; Nr. 20, S. 87.

24 Briefe, Nr. 49, S. 209; Vgl. auch Nr. 62, S. 268.

25 Briefe, Nr. 32, S. 131f.; Nr. 35, S. 138f.

26 Briefe, Nr. 37, S. 144.

27 Briefe, Nr. 54, S. 232. Die Bemerkung Alessandras, sie sei ein armer Teufel, ist wohl

so zu verstehen, daß sie vor allem aufgrund des Steuerdrucks verglichen mit dem Vermögenszuwachs ihres verstorbenen Mannes tatsächlich eine beträchtliche Vermögensschrumpfung zu verzeichnen hat. Im Unterschied zu anderen Frauen der toskanischen Geschäftswelt verfügt sie daher auch nur über maximal zwei Mägde. Margherita Datini z. B. hatte dagegen eine ganze Schar weibliches und männliches Dienstpersonal zur Verfügung. Zur Vermögensentwicklung in Alessandras Händen vgl. Kotel'nikova, Selskoe chosjaistvo, S. 32.

28 Briefe, Nr. 5, S. 23; Nr. 6, S. 28; Nr. 8, S. 35 f.; Nr. 11, S. 48.

29 Briefe, Nr. 29, S. 116; Nr. 28, S. 113 f.; Nr. 70, S. 306..

30 Briefe, Nr. 33, S. 133; Nr. 25, S. 102; Nr. 27, S. 109.

31 Briefe, Nr. 9, S. 40.

32 Herlihy und Klapisch-Zuber errechnen nach den Ricordi als mittleres Heiratsalter für Florenz in den Jahren 1401 bis 1450 ein Alter von 30,9 Jahren bei Männern und 16,6 Jahren bei Frauen. Demgegenüber verringerte sich der Abstand in den Jahren 1451–1475 etwas. In dieser Periode heiraten Männer mit 29,5 und Frauen mit 18,7 Jahren. Les Toscans, S. 205.

33 Ebenda, S. 603.

34 Ebenda.

35 Briefe, Nr. 1, S. 1f. Die Eheschließung als gesellschaftlich-öffentliches Ereignis und Zeichen des gesellschaftlichen Status der Familien wird noch durch die ausführliche Eintragung der überaus reichen Brautgeschenke in seinem »libro di ricordi« unterstrichen. Auszüge bei Doren nach Guasti, in: Briefe, S. 4-7, Anm. 5.

36 Über die Veränderung der Gefühlswelt der Geschlechter in Deutschland, vor allem an Nürnberger Quellen seit etwa 1450 nachgewiesen: Beer, Eltern, S. 115 ff., S. 344 f.

37 Briefe, Nr. 14, S. 62.

38 Briefe, Nr. 9, S. 41.

39 »Das ist zum Beispiel die Alessandra«, schreibt die Mutter, »wenn die ihr Unterhemd flicken will, so muß sie das Obergewand gleich über das Hemd anziehen, bis jenes ausgebessert ist.« Briefe, Nr. 67, S. 292.

40 In Brief Nr. 8 (Briefe, Nr. 8, S. 35) bittet sie Filippo, den Jüngsten nicht zu prügeln. S. ferner Briefe, Nr. 1, S. 2f.; Nr. 2, S. 10; Nr. 3, S. 14 f.; Nr. 4, S. 18 f., Nr. 5, S. 24; Nr. 7, S. 32; Nr. 8, S. 35; Nr. 10, S. 47.

41 Briefe, Nr. 32, S. 131.

42 Zitiert nach Heißler / Blastenbrei, Frauen, S. 36.

43 Briefe, Nr. 12, S. 54.

44 Briefe, Nr. 46, S. 185; ferner Nr. 22, S. 96 und Nr. 23, S. 98. Um ihrem Wunsch, die Brüder zusammenzuführen, Nachdruck zu verleihen, wendet sie sich 1460 an Jacopo degli Strozzi in Brügge, in dessen Geschäft er tätig ist, Briefe, Nr. 24, S. 100 f.; ferner auch Nr. 51, S. 219.

45 Briefe, Nr. 26, S. 104.

46 Briefe, Nr. 67, S. 291 ff.; Nr. 69, S. 300 ff.

47 Briefe, Nr. 66, S. 284.

48 Briefe, Nr. 52, S. 222 ff.; Nr. 50, S. 212. – Eine ausführliche Darstellung ihrer gemeinsamen Bemühungen gibt Marco Parenti dem Schwager Filippo in einem Brief vom 27.

Juli 1465. Daraus geht auch hervor, daß die Initiative bei Alessandra gelegen hat: »Dann habe ich mich ein wenig ausgeruht«, schreibt er, »und mich anderen Gedanken zugewandt, die Frau Alessandra Strozzi bei mir angeregt hat.« Zitiert nach: Heißler/Blastenbrei, Frauen, S. 24.

49 Briefe, Nr. 55, S. 237.

50 Beer, Eltern, S. 111 f.

51 Briefe, Nr. 72, S. 315.

52 Briefe, Nr. 37, S. 146; vgl. ferner: Nr. 39, S. 153 und Nr. 60, S. 260.

53 Briefe, Nr. 57, S. 246; vgl. auch Nr. 58, S. 251.

54 Briefe, Nr. 50, S. 212. Vgl. auch: E. Uitz, Zeitlicher Frieden im Denken von Frauen des Spätmittelalters, in: Menschen und ihre Zeichen, hrsg. von I. Matschinegg, B. Rath und B. Schuh, Bielefeld 1990, S. 61–76.

55 R. C. Trexler, La prostitution florentine au XVe siècle, Paris 1980.

56 Ein ausgesprochen enges Verhältnis entwickelte sich zwischen der kinderlosen Margherita Datini und der ganz als eigenes Kind angenommenen Ginevra, die Francesco mit einer Sklavin gezeugt hatte. Auch nach dem Tod ihres Mannes suchte Margherita die Nähe der Tochter und beschloß ihren Lebensabend im Hause Ginevras und ihres Gatten, der aus einer angesehenen Familie von Prato stammte. Die Mitgift, mit der Ginevra ausgestattet worden war, betrug nicht weniger als die Catherina Strozzis, der Gattin Marco Parentis, 1000 Gulden. Vgl. Origo, »Im Namen...«, S. 169, 172 und 308 f.

57 Klapisch-Zuber, Women servants, S. 69.

58 In Florenz stammten von 7534 Kindern, die zwischen 1395 und 1485 in den Findelhäusern San Gallo und Santa Maria degl'Innocenti untergebracht wurden, 1096 von Haussklavinnen, Heißler/Blastenbrei, Frauen, S. 28.

59 Klapisch-Zuber, Women servants, S. 72.

60 Briefe, Nr. 54, S. 233; Nr. 30, S. 122.

61 Briefe, Nr. 11, S. 50; Nr. 9, S. 42 f.

62 Briefe, Nr. 60, S. 259.

63 S. dazu F. Irsigler, Kaufmannsmentalität im Mittelalter, in: Mentalität und Alltag im Spätmittelalter, hrsg. von C. Meckseper, E. Schraut, Göttingen 1985, S. 53–75.

64 Briefe, Nr. 5, S. 22; Nr. 68, S. 295 ff.; Nr. 69, S. 311; Nr. 44, S. 174 ff.; Nr. 47, S. 191 f.; Nr. 43, S. 170 ff.; Nr. 65, S. 281; Nr. 26, S. 106 f. Nr. 41, S. 162; Nr. 3, S. 14; Nr. 42, S. 165; Nr. 6, S. 26 f.; Nr. 29, S. 153, Nr. 32, S. 128; Nr. 1, S. 4, Nr. 50, S. 214, Nr. 54, S. 232.

65 Briefe, Nr. 58, S. 249; Nr. 54, S. 230.

66 Briefe, Nr. 42, S. 168. »e se la riputazione della Casa nostra è ridotta nelle cose mie, ho da stare contenta, e co tremore di questo falso mondo«, nach der italienischen Ausgabe von Bianchini (Alessandra Macinghi Strozzi. Tempo di affetti, S. 202). Bianchini (ebenda, Anm. 13) bringt diese Aussage in Zusammenhang mit dem Steuerverhalten Alessandras. Es war nicht unüblich, um weiteren Steuerbelastungen auszuweichen, sich in ein Fluidum von Armut und geschäftlichem Mißerfolg zu hüllen. Zu solchem Verhalten wurde selbst Margherita Datini von ihrem Mann angehalten. Für sich allein genommen könnte die Bemerkung Alessandras so gedeutet werden, zumal sie sich an

die Mitteilung über den Erhalt einer gewissen Geldsumme von den Söhnen, die sie bei der Bank von Zenobi di Dietisalvi gutschreiben ließen, anschließt (ebenda S. 202). Es folgen jedoch andererseits unmittelbar auf die besagte Passage Gedanken, die dem seelischen und leiblichen Wohl und der harmonischen Beziehung zwischen den Söhnen gelten. Aktueller Anlaß für diese Überlegungen war das unehrenhafte Verhalten von Bankrotteuren, über das sie den Söhnen in eben diesem Brief berichtet hat, ebenda, S. 199 f.; Briefe, Nr. 42, S. 165 f.

Auswahlbibliographie

Auf der Suche nach der Frau im Mittelalter. Fragen, Quellen, Antworten, hrsg. von B. Lundt, München 1991

Beer, M., *Eltern und Kinder im späten Mittelalter in ihren Briefen.* Familienleben in der Stadt des Spätmittelalters und der frühen Neuzeit mit besonderer Berücksichtigung Nürnbergs (1400–1550) (*Schriftenreihe des Stadtarchivs Nürnberg 44*), Nürnberg 1990.

Female power in the Middle Ages, hrsg. von K. Glente und L. Winther-Jensen, Copenhagen 1989.

Frauen in der Ständegesellschaft. Leben und Arbeiten in der Stadt vom späten Mittelalter bis zur Neuzeit, hrsg. von B. Vogel und U. Weckel (*Beiträge zur deutschen und europäischen Geschichte 4*), Hamburg 1991.

Frauenmystik im Mittelalter, hrsg. von P. Dinzelbacher und D. R. Bauer, Ostfildern bei Stuttgart 1985.

Gottlieb, B., *The problem of feminism in the fifteenth century,* in: *Women of the medieval world.* Essays in honor of J. H. Mundy, hrsg. von J. Kirhner and S. F. Wemple, Oxford/New York 1987, S. 337–366.

Heimann, H.-D., *Über Alltag und Ansehen der Frau im späten Mittelalter – oder: vom Lob der Frau im Angesicht der Hexe,* in: *Frau und spätmittelalterlicher Alltag,* hrsg. von der Österreichischen Akademie der Wissenschaften, Philosophisch-historische Klasse, Sitzungsberichte 473 (*Veröffentlichungen des Instituts für mittelalterliche Realienkunde Österreichs 9*), Wien 1986, S. 243–282.

Heloise und ihre Schwestern. Acht Frauenporträts aus dem Mittelalter, hrsg. von F. Bertini, München 1991.

Herrscherinnen und Nonnen. Frauengestalten von der Ottonenzeit bis zu den Staufern, hrsg. von E. Uitz, B. Pätzold, G. Beyreuther, Berlin 1990.

Histoire des femmes en Occident, hrsg. unter Leitung von G. Duby und M. Perrot, 2: *Le Moyen Age*, hrsg. unter Leitung von Ch. Klapisch-Zuber, Paris 1991.

Kroemer, B., *Über Rechtsstellung, Handelsspielräume und Tätigkeitsbereiche von Frauen in spätmittelalterlichen Städten*, in: *Staat und Gesellschaft in Mittelalter und früher Neuzeit.* Gedenkschrift für J. Leuschner, hrsg. von K. Colberg, H. H. Nolte und H. Obenaus, Göttingen 1983, S. 135–150.

Origo, I., *»Im Namen Gottes und des Geschäfts«.* Lebensbild eines toskanischen Kaufmanns in der Frührenaissance. Francesco di Marco Datini 1353–1410, München 1986.

Religiöse Frauenbewegung und mystische Frömmigkeit im Mittelalter, hrsg. von P. Dinzelbacher und D. R. Bauer, Köln/Wien 1988.

Rippmann, D. und Simon-Muscheid, K., *Weibliche Lebensformen und Arbeitszusammenhänge im Spätmittelalter und in der frühen Neuzeit.* Methoden, Ansätze, Postulate, in: *Frauen und Öffentlichkeit*. Beiträge der 6. Schweizerischen Historikerinnentagung, Zürich 1991, S. 63–98.

Wiesner, M., *Working Women in Renaissance Germany*, New Brunswick 1986.

Women and work in preindustrial England, hrsg. von Ch. Lindsay und L. Duffin, Beckenheim 1985.

Women and work in preindustrial Europe, hrsg. von B. A. Hanawalt, Bloomington 1986.

Writing Women's History. International Perspectives, hrsg. von K. Offen, R. R. Pierson und J. Rendal, London/Bloomington/Indianapolis 1991.

Wunder, H., *Historische Frauenforschung – Ein neuer Zugang zur Gesellschaftsgeschichte*, in: *Frauen in Spätantike und Frühmittelalter*. Lebensbedingungen – Lebensnormen – Lebensformen, hrsg. von W. Affeldt, Sigmaringen 1990, S. 31–41.

Register

Abkürzungen: Bf. = Bischof; dt. = deutscher; Gf. = Graf; hl = heilige, heiliger; Hz = Herzog; Hzn. = Herzogin; Kg. = König; Kgn. = Königin; Ks. = Kaiser; Lgf. = Landgraf; Lgfn: = Landgräfin; Mgf. = Markgraf; Mgfn. = Markgräfin; P. = Papst; s. = siehe.

Frauenforschung – Frauengeschichte

Erika Uitz · Die Frau in der mittelalterlichen Stadt
Herder / Spektrum Band 4081

Urte Bejick · Die Katharerinnen
Häresieverdächtige Frauen im mittelalterlichen Südfrankreich
Herder / Spektrum Band 4211

Hildegard von Bingen · Heilwissen
Von den Ursachen und der Behandlung von Krankheiten
Herder / Spektrum Band 4050

Hildegard von Bingen · Heilkraft der Natur – Physica
Rezepte und Ratschläge für ein gesundes Leben
Herder / Spektrum Band 4159

Irmgard Müller · Die pflanzlichen Heilmittel bei Hildegard von Bingen
Heilwissen aus der Klostermedizin
Herder / Spektrum Band 4193

Hildegard von Bingen · Scivias – Wisse die Wege
Eine Schau von Gott und Mensch in Schöpfung und Zeit
Herder / Spektrum Band 4115

Sylvia Curruca · Als Frau im Bauch der Wissenschaft
Was an den deutschen Universitäten gespielt wird
Herder / Spektrum Band 4180